企业合规管理丛书

企业管理人员合规工作指引

杨鸿飞　朱　峰 / 编著

中国友谊出版公司

图书在版编目（CIP）数据

企业管理人员合规工作指引 / 杨鸿飞，朱峰主编. 北京：中国友谊出版公司, 2024.6. --（企业合规管理丛书）. -- ISBN 978-7-5057-5910-7

Ⅰ.F272

中国国家版本馆CIP数据核字2024AR2025号

书名	企业管理人员合规工作指引
作者	杨鸿飞　朱　峰 主编
出版	中国友谊出版公司
发行	中国友谊出版公司
经销	新华书店
印刷	廊坊市靓彩印刷有限公司
规格	787毫米×1092毫米　16开 27.25印张　400千字
版次	2024年6月第1版
印次	2024年6月第1次印刷
书号	ISBN　978-7-5057-5910-7
定价	128.00元
地址	北京市朝阳区西坝河南里17号楼
邮编	100028
电话	（010）64678009

企业管理人员合规工作指引

编委会成员

顾问

江必新

编委会主任

韩秀桃　刘　鹏

编委会副主任

杨鸿飞　单一良

主编

杨鸿飞　朱　峰

副主编

单一良　张雪霞　陈凤霞　李国强　王青华

编写委员

安筱琼	安立新	陈凤霞	陈　朝	陈新敏	董军翔	傅政杰	高　璇
高　圆	海　瑞	韩奥博	韩雨萌	胡　古	胡月婷	黄磊碧	黄小芬
黄云艳	金　鹤	姜超峰	凌建新	李国强	李　雯	李秀莲	李欣禧
李雪品	刘家春	刘　妍	刘静晶	卢秀忠	芦　云	苗红亮	齐维熊
单明月	单一良	孙晓颖	吴　芳	王　斌	王　博	王慧婕	王利景
王青华	薛锦玉	闫炳方	杨鸿飞	杨云蕾	赵　锋	赵松梅	赵晓阳
		张　慧	张雪霞	张　娟	朱　峰		

企业管理人员合规工作指引
联合出版单位

中国司法大数据研究院
中国企业联合会企业合规工作委员会
中国行为法学会行为法学研究院
北京首联律师事务所
北京道冲律师事务所
北京扬轩律师事务所
北京浩天律师事务所
北京浩硕律师事务所
北京方镜法律咨询事务所
兰德合规管理咨询有限公司
律务通（北京）科技有限公司
上海合本天问企业咨询有限公司
北京格律合规信息咨询有限公司

前　言

　　企业合规管理是企业发展到一定历史阶段的必然产物，合规经营已经成为当今世界企业管理的基础。在国际市场全球化、国内经济一体化、企业经营法律化、市场管理标准化的基础上，合规已然成为企业发展改革的必由之路，也成为其做大做强的必然选择和提高国际市场竞争的必然要求。

　　2014年10月，党的十八届四中全会作出了"全面推进依法治国"的重大战略部署。在此背景下，国务院国有资产监督管理委员会（以下简称"国资委"）采取了一系列措施来推进法治央企建设，并于同年12月颁布了《关于推动国务院落实中央企业法制工作新五年规划有关事项的通知》，将"大力加强企业合规管理体系建设"作为"十三五"时期中央企业法治工作的重要着力点。

　　根据《法治中国建设规划（2020—2025年）》《法治社会建设实施纲要（2020—2025年）》等中央文件对企业依法合规经营提出的明确要求，为落实党中央部署要求，国务院国资委高度重视合规管理工作，先后印发的《关于全面推进法治央企建设的意见》《中央企业合规管理指引（试行）》《中央企业合规管理办法》以及最高检等提出的《关于开展企业合规改革试点工作方案》都明确要求加快提升合规管理能力，建立合规管理工作体系，制定合规制度准则，加强合规教育培训，形成全员合规的良性机制。全面加强中央企业的合规管理，要求中央企业加快建立健全合规管理体系，并在合规管理的职责、重点、运行以及保障等方面作出了规定。企业认真落实有关要求，合规管理工作取得积极进展和明显成效，为企业改革发展提供了有力支撑，也为经济发展带来重要保障。

　　截至目前，我国98家央企都成立了合规委员会，首席合规官由总法律顾问担任。国有企业是国民经济的支柱企业，发展好、建设好、管理好是核心。

　　受当前国际、国内复杂环境的影响和监管机构要求，重大风险防控始终是企业一项重中之重的工作。

　　为更好地提高企业管理人员合规管理能力，全面贯彻落实依法治国理念，坚持融入中心、服务大局、防范风险、创造价值，深入推进法治企业建设；为全面学习、全面把握、全面落实党的二十大精神，贯彻中央经济工作会议部署，进一步健全违规经营投资责任追究工作体系和工作机制建设，切实维护企业资产安全，有效防范化解企业重大风险，全面加强合规管理，全面提升合规管理水平，加强组织保障和人才支撑，切实推动合规管理各项工作落实落地，并树立牢固的法治理念、构建完善的治理机制、健全高效的合规管理体系、锻造优秀的合规管理能力，我们组织专家、教授、律师和企业合规实务专家等，编写了本套教材。

本套书着重考虑了：从规范性建设角度，聚焦核心业务流程、关键控制环节、监督问责机制等关键要素，针对重要领域和关键环节存在的易发多发问题，细化梳理业务流程，完善内控要求、风险应对措施和责任追究规定；加强新型商业模式、新兴业务重点领域的制度建设，及时准确进行外法内规化，确保内控制度体系覆盖企业全部业务领域和管理环节，落实到全体岗位和责任人员。重点针对有效防范化解重大风险提出专项建议，强调通过防风险实现行稳致远。强化底线思维、关联思维，切实做好重大风险评估、重大风险监测预警和重大经营风险事件报告及处置工作，牢牢守住不发生系统性风险的底线。重点强调企业加强稳产保供、提质增效及国际化经营等风险研判，建立重大风险防控责任台账，明确责任单位、防控目标及应对措施；注重数据和事实支撑，提高风险监测预警工作的精确性和有效性。

我们认为：企业应当健全合规管理制度，完善合规管理组织架构，明确合规管理责任，加强合规文化建设，全面构建合规管理体系，有效防控合规风险，确保企业依法合规经营，根据适用范围、效力层级等，构建分级分类的合规管理制度体系，制定全员普遍遵守的合规管理基本制度，明确总体目标、机构职责、运行机制、考核评价、监督问责等内容。

我们希望：全面推进合规管理，针对重点领域及合规风险较高的业务，制定合规管理具体制度或者专项指导，并根据法律法规变化和监管动态，及时将外部有关合规要求转化为内部规章制度。企业应当建立合规风险识别评估预警机制、建立合规审查机制、建立合规风险应对机制、建立违规问题整改机制、建立违规举报机制、完善违规行为追责问责机制、建立合规管理联席会议机制、建立合规管理有效性评价机制、建立合规管理考核评价机制。关注重点领域及合规风险较高的业务，比如：反垄断、反商业贿赂、市场交易、生态环保、产品质量、安全生产、劳动用工、税务管理、知识产权、数据保护、商业伙伴等。对外贸易、境外投资、海外运营以及海外工程建设等涉外业务重要领域。根据所在国家（地区）法律法规等，结合实际制定专项合规管理制度，规范海内外投资经营管理行为。

本书力求充分体现企业合规管理人员工作实务的特点和要求。一是紧密结合企业合规管理领域的法律法规及主要的政策性指导文件、相关标准、行业准则、技术规范等，着重介绍与企业合规工作实际相关的内容，在体系及内容安排上充分考虑该教材的阅读对象，在注重科学性、系统性的同时，注重法律法规与政策性文件的有效衔接。二是注重理论与实践相结合，充分吸取企业经营风险案例的经验教训，将可操作性融入到系统理论中，尽可能贴近企业实际需求，更好地适应企业日常经营管理，明确各等级专业技术人员的工作领域、工作内容以及知识水平、专业能力和实践要求。三是在兼顾前瞻性的基础上，注重合规管理的创新性。充分考虑社会经济发展和产业结构变化对企业合规人员专业要求，在内容上知识讲解与技能操作兼备，并以相应级别应掌握的操作技能为核心，以客观反映企业合规技术发展水平及其对从业人员的专业能力要求为目标。

本书编写过程中，参考了业内知名专家、学者的文献资料，许多企业高级管理人员、企业总法律顾问和企业合规专业人士也参与了指导和编写工作，在此表示感谢。

本书虽经过多次研究讨论，但是难免有不足或疏漏，热忱欢迎社会各界人士提出宝贵意见，以便在以后再版时修改和完善。

企业管理人员合规工作指引编委会

2023 年 7 月 18 日

目录

第一章　合规管理概述 ... 1

第一节　合规管理概念 ... 1
一、合规的含义 ... 1
二、企业合规管理的含义 ... 2
三、企业合规规范 ... 2
四、合规管理规范 ... 7

第二节　合规管理原则 ... 13
一、中央企业合规管理原则 ... 13
二、普遍性合规管理原则 ... 13

第三节　企业合规发展历程及发展趋势 ... 15

第四节　企业合规管理的价值与意义 ... 16
一、企业合规管理的价值 ... 16
二、企业合规建设的意义 ... 18

第五节　法律、内控、风险、合规协同一体化建设 ... 21
一、法律、内控、风险、合规之间关系 ... 21
二、一体化建设 ... 23

第二章　合规管理组织体系建设 ... 26

第一节　合规管理组织体系的构建 ... 26
一、合规治理结构 ... 26
二、合规管理机构 ... 26
三、合规管理协调 ... 27

第二节　合规管理职责 ... 29
一、党委（党组）职责 ... 29
二、董事会职责 ... 29
三、经理层职责 ... 30

  四、第一责任人 30

  五、合规委员会职责 30

  六、首席合规官职责 30

  七、业务及职能部门职责 31

  八、牵头部门职责 31

  九、监督部门职责 31

  十、全员合规责任 32

第三章　合规风险管理 33

 第一节　合规风险 33

  一、合规风险概念 33

  二、合规风险的特征 33

  三、合规风险产生的因素 35

  四、合规风险的分类 37

 第二节　合规风险管理 41

  一、合规风险管理概念 41

  二、合规风险管理具体流程 41

第四章　合规义务管理 59

 第一节　合规义务概论 59

  一、合规义务的含义 59

  二、合规义务的内容 59

  三、合规义务的分类 60

  四、合规义务的有效条件 61

 第二节　合规义务履行 62

  一、合规义务的主体 62

  二、合规义务分析 65

  三、合规义务清单整理 66

  四、合规义务的确认 66

  五、合规义务的维护 67

六、合规义务的使用与执行 ································· 67
　　七、合规义务的传达 ····································· 68
　　八、合规义务的评审 ····································· 68
第三节　合规义务管理要点 ································· 68
　　一、合规义务的识别 ····································· 68
　　二、合规义务的梳理与记录 ······························· 71
　　三、合规义务的更新和维护 ······························· 74

第五章　反垄断和反不正当竞争合规 ··························· 77
　第一节　经营者集中 ······································· 77
　　一、经营者集中交易的定义 ······························· 77
　　二、反垄断法具有域外管辖权 ····························· 77
　　三、申报方式 ··· 78
　　四、申报门槛 ··· 78
　　五、审查程序及时间 ····································· 79
　第二节　经营者集中合规风险的识别 ························· 80
　　一、法律风险 ··· 80
　　二、商业风险 ··· 81
　　三、交易合同风险 ······································· 82
　第三节　经营者集中合规风险防范机制 ······················· 82
　　一、规范化、系统化管理申报工作 ························· 82
　　二、落实保密信息和"防火墙"管理 ························· 83
　　三、加强交易合同管理 ··································· 83
　　四、完善风险管理体系 ··································· 84
　　五、建设合规文化 ······································· 84
　第四节　经营者集中合规风险应对措施 ······················· 84
　　一、成立申报工作小组 ··································· 84
　　二、授权委托第三方处理申报工作 ························· 85
　　三、尽早评估申报责任 ··································· 85

四、善用申报前的沟通机制 85
五、落实申报工作 85
六、注意商业敏感信息的保密 86
七、关注交易合同条款的拟定 86
八、跟进监管机构的批复 87

第五节 反垄断（反托拉斯）监管要求概述 88
一、经营者和市场的定义 88
二、垄断协议以及滥用市场支配地位 88
三、反垄断法（反托拉斯法）的域外效力 97

第六节 反垄断协议、滥用市场支配地位合规风险的识别 98
一、法律风险 98
二、商业风险 99
三、交易合同风险 100

第七节 反垄断合规风险防范 100
一、规范化事前管理 100
二、强化合同管理 101
三、建立健全反垄断合规风险管理体系 102
四、加强反垄断合规培训和考核，建设合规文化 103

第八节 反垄断合规风险应对 103
一、应对反垄断调查 103
二、应对反垄断诉讼 104

第九节 反不正当竞争合规环境及监管规定 106

第十节 反不正当竞争合规保护对象 107
一、自由竞争 107
二、公平竞争 107

第十一节 竞争合规的主要内容 110
一、垄断协议 110
二、滥用市场支配地位 111

三、经营者集中 111

　　四、反不正当竞争合规 111

第十二节　企业反不正当竞争合规管理 113

　　一、建立反不正当竞争合规管理组织体系 113

　　二、建立健全反不正当竞争合规管理制度体系 114

　　三、建立反不正当竞争合规运行机制 114

　　四、企业需要依法配合外部调查 115

第六章　人力资源合规管理 117

第一节　人力资源合规管理的概述 117

　　一、人力资源合规管理的职能与目标 117

　　二、人力资源管理的战略与规划 118

　　三、薪酬管理与福利 120

　　四、人力资源合规管理专员职责 121

第二节　绩效考核 121

　　一、绩效考核的概念与意义 121

　　二、绩效考核的原则与标准 122

　　三、绩效评价指标和方法 123

第三节　招聘录用 124

　　一、招聘信息发布 124

　　二、简历筛选与笔试面试 124

　　三、背景调查与利益冲突 125

　　四、录用通知 125

　　五、应届毕业生 125

第四节　标准劳动关系 126

　　一、劳动合同订立与劳动关系的确认 126

　　二、劳动关系管理 127

　　三、劳动合同变更、解除与终止 129

　　四、职工代表大会与工会 131

五、特殊员工 ··· 132

　　六、劳动争议案件处理 ··· 135

第五节　劳务派遣、业务外包与灵活用工 ··· 137

　　一、劳务派遣 ··· 137

　　二、业务外包 ··· 139

　　三、灵活用工 ··· 140

第六节　海外用工 ·· 142

　　一、外派员工 ··· 142

　　二、海外属地化用工 ··· 144

　　三、海外用工风险防控建设 ·· 145

第七章　企业知识产权合规管理 ··· 148

第一节　企业知识产权合规管理概述 ·· 148

　　一、企业知识产权合规的目的 ·· 148

　　二、企业知识产权合规相关的法律法规 ·· 149

第二节　企业知识产权合规管理体系 ·· 150

　　一、企业知识产权合规管理概述 ·· 150

　　二、企业知识产权合规管理机构及人员 ·· 151

　　三、企业知识产权合规管理制度建设 ··· 152

第三节　企业知识产权合规风险管理 ·· 153

　　一、企业知识产权合规风险的识别 ··· 153

　　二、企业知识产权合规风险的分析 ··· 154

　　三、企业知识产权合规风险的预防和应对 ······································ 154

第八章　反腐败和反商业贿赂合规管理 ··· 156

第一节　反腐败和反商业贿赂合规管理概述 ··· 156

　　一、合规目标 ··· 156

　　二、合规义务 ··· 156

　　三、主要合规风险 ·· 157

第二节　反商业贿赂合规管理要点 ························· 157
一、识别和评估商业贿赂风险 ···························· 157
二、建立健全反腐败和反商业贿赂制度 ···················· 158
三、突出人员管理重点 ································· 159
四、管理层承担合规责任 ······························· 160
五、加强危机管理和危机应对 ···························· 161
六、系统而有针对性的反商业贿赂培训 ···················· 161

第三节　利益冲突管理 ······························· 161
一、什么是利益冲突 ··································· 162
二、利益冲突典型表现 ································· 162
三、利益冲突立法 ···································· 163
四、利益冲突管理 ···································· 164

第四节　反洗钱 ··································· 165

第五节　合规监督 ································· 166
一、监测和分析 ······································ 166
二、内部审核 ······································· 166
三、合规内部调查 ···································· 167
四、绩效考核 ······································· 167
五、管理评审 ······································· 167

第六节　责任追究 ································· 168
一、严厉打击腐败和商业贿赂的声势 ······················ 168
二、强化个人责任的立法趋势 ···························· 168
三、企业内部处罚和外部处罚 ···························· 169

第七节　文化与合规 ······························· 169

第九章　企业治理合规管理 ··························· 170

第一节　企业治理合规管理概述 ························· 170
一、企业治理概念 ···································· 170
二、企业治理合规管理概念 ····························· 170

三、企业治理合规管理意义 ··· 171

第二节　规范企业治理合规管理 ··· 171

　　一、搭建完善的企业治理结构 ··· 172

　　二、管理者具备企业治理合规管理意识 ·· 174

　　三、企业制订全面的内部管理制度 ·· 175

第三节　企业治理风险识别、评估及应对措施 ·································· 177

　　一、企业治理风险识别 ·· 177

　　二、企业治理风险评估 ·· 178

　　三、企业治理风险应对措施 ·· 178

第十章　财务税收合规管理 ·· 180

第一节　税收征管税务风险监控 ··· 180

　　一、征管特征 ··· 180

　　二、税收大数据对企业税务风险的影响 ·· 182

　　三、财税合规风险概述 ·· 184

　　四、日常合规制度、税务尽职调查 ·· 185

　　五、税收争议应对体系 ·· 186

第二节　增值税税收合规风险管理 ·· 187

　　一、虚开增值税专用发票风险 ··· 187

　　二、纳税人身份与计税方法选择的风险 ·· 189

　　三、进、销项税额相关风险 ·· 190

第三节　企业所得税高发涉税风险 ·· 195

　　一、收入类 ·· 195

　　二、成本费用类 ·· 200

　　三、关联交易涉税风险 ·· 205

第四节　个人所得税税务风险管理 ·· 206

　　一、个人所得税税务风险分析指标预警 ·· 206

　　二、个人所得税税务风险常见表现形式 ·· 207

第五节　其他税种税务风险 ······· 213
　　　一、土地增值税税务风险点 ······· 213
　　　二、房产税税务风险点 ······· 215
　　　三、土地使用税税务风险点 ······· 216

第十一章　合同合规管理 ······· 219

　第一节　合同合规概述 ······· 219

　第二节　合同的合规风险点 ······· 220
　　　一、买卖合同 ······· 221
　　　二、承揽合同 ······· 223
　　　三、技术合同 ······· 224
　　　四、建设工程合同 ······· 226

　第三节　常见的合同管理不合规现象 ······· 228
　　　一、合同管理制度不够完善 ······· 228
　　　二、业务承办部门工作方式还待改进 ······· 229
　　　三、合同履行过程的监督管理不到位 ······· 229

　第四节　应如何做好企业合同管理合规 ······· 232
　　　一、完善合同管理制度 ······· 232
　　　二、加强全流程管控 ······· 232
　　　三、合理设定考核指标，加大依法合规管理考核力度 ······· 233
　　　四、审查合同的主要条款 ······· 233

　第五节　合同签署后的履行管理 ······· 235
　　　一、按照合同约定严格履行权利义务，树立诚信意识 ······· 235
　　　二、任何变更均需采用书面形式 ······· 236
　　　三、加强证据留存，慎用合同撤销权 ······· 236
　　　四、做好合同纠纷处理工作 ······· 237
　　　五、做好合同结算管理工作 ······· 237
　　　六、做好合同保管的保密工作 ······· 237

第十二章　企业数据合规管理 ············· 238

第一节　数据合规概述 ············· 238
一、数据合规的概念 ············· 238
二、企业数据合规管理的目的和依据 ············· 239
三、数据分类分级保护 ············· 241
四、数据合规管理的重要性 ············· 244

第二节　数据风险识别 ············· 245
一、数据风险类型 ············· 245
二、准确识别风险 ············· 246

第三节　数据风险评估与处置 ············· 247
一、数据风险评估概念及意义 ············· 247
二、数据风险评估流程 ············· 248
三、风险处置机制 ············· 249
四、数据合规审计 ············· 251

第四节　数据合规运行与保障 ············· 251
一、建立数据合规咨询机制 ············· 251
二、数据合规问题的发现和举报机制 ············· 252
三、激励和纪律 ············· 252
四、培训与承诺 ············· 253
五、数据合规管理信息化建设 ············· 255
六、数据合规文化培育 ············· 256

第十三章　出口管制合规管理 ············· 258

第一节　出口管制概述 ············· 258
一、出口管制相关概念 ············· 258
二、出口管制的适用范围 ············· 260
三、出口管制法律法规及政策 ············· 262

第二节　出口管制合规风险审查 ············· 266
一、审查依据 ············· 266

二、审查环节 ·· 268
　　三、审查内容 ·· 269
　　四、审查结果 ·· 273
　第三节　出口管制合规风险应急管理与机制建设 ·········· 274
　　一、出口管制合规风险应急管理 ·························· 274
　　二、出口管制合规机制建设 ······························ 276
　　三、出口管制合规的自动化系统管理 ······················ 281

第十四章　商业伙伴合规管理 ··································· 282
　第一节　商业伙伴合规概述 ·································· 282
　　一、商业伙伴的定义 ···································· 282
　　二、对商业伙伴进行合规管理的原因 ······················ 282
　　三、商业伙伴的风险 ···································· 283
　　四、相关法律和国际规则对商业伙伴的管理要求 ············ 284
　第二节　商业伙伴合规管理的组织机构与原则 ·················· 288
　　一、商业伙伴合规管理的组织机构与职责 ·················· 288
　　二、商业伙伴合规管理的原则 ···························· 289
　第三节　商业伙伴合规审查 ·································· 290
　　一、商业伙伴合规审查的基本内容 ························ 290
　　二、商业伙伴分级合规审查 ······························ 292
　第四节　商业伙伴合规风险管控 ······························ 294
　　一、设定与存在合规风险的商业伙伴合作的有效期 ·········· 294
　　二、签署合规管控条款和《合规声明》 ···················· 295
　　三、档案及后续管理 ···································· 295

第十五章　招标投标合规管理 ··································· 296
　第一节　招标投标概述 ······································ 296
　　一、强化招标人合规责任 ································ 296
　　二、坚决打击遏制违法投标和不诚信履约行为 ·············· 299
　　三、加强评标专家管理 ·································· 300

四、规范招标代理服务行为 ································· 301
　　五、进一步落实监督管理职责 ····························· 301
第二节　招标与采购概述 ····································· 303
　　一、采购概述 ··· 303
　　二、招标方式 ··· 305
　　三、招标组织形式 ·· 305
第三节　招标基本程序 ······································· 306
　　一、制订招标方案 ·· 306
　　二、组织资格预审（招投标资格审查） ··············· 306
　　三、编制发售招标文件 ···································· 306
　　四、踏勘现场 ··· 306
　　五、投标 ··· 307
　　六、开标 ··· 307
　　七、评标 ··· 308
　　八、签订合同 ··· 308
第四节　招标投标风险识别与合规管理 ·················· 308
　　一、招投标风险 ·· 309
　　二、串通投标的主要情形 ································· 311
　　三、工程担保及工程保险 ································· 314

第十六章　合规运行机制 ···································· 318
第一节　合规审查 ··· 318
　　一、合规审查的依据 ······································· 318
　　二、合规审查具备的特征 ································· 319
　　三、合规审查的分类 ······································· 320
　　四、合规审查的对象及事项 ······························ 321
　　五、合规审查的意见 ······································· 326
　　六、合规审查的结论 ······································· 326

第二节　合规措施 ·· 326
　　一、违规举报 ·· 326
　　二、合规调查 ·· 332
　　三、合规审计 ·· 342

第三节　合规整改和追责 ···································· 357
　　一、不符合和纠正措施 ·································· 357
　　二、持续改进的环节控制 ································ 360
　　三、违规管理与问责 ···································· 363

第十七章　合规保障体系建设 ································ 368

第一节　合规人才和组织保障体系 ···························· 368
　　一、合规人员的引进 ···································· 368
　　二、合规人员的培养 ···································· 371
　　三、合规组织保障 ······································ 374

第二节　合规资金保障 ······································ 378
　　一、资金预算 ·· 378
　　二、预算的审批、执行、控制与调整 ······················ 378

第三节　合规信息化保障 ···································· 379
　　一、合规信息化的优点 ·································· 379
　　二、合规信息化的基本原则 ······························ 380
　　三、合规信息化的主要任务 ······························ 384

第十八章　合规文化体系建设 ································ 385

第一节　合规文化体系概述 ·································· 385
　　一、合规文化的内涵 ···································· 385
　　二、合规文化建设的背景 ································ 387
　　三、合规文化体系建设的必要性 ·························· 389

第二节　合规文化建设与培育 ································ 392
　　一、合规文化的形成 ···································· 392
　　二、合规文化培育的必要性 ······························ 393

三、合规文化培育的方法 ………………………………………… 394
　　四、合规文化建设与培育的途径 ………………………………… 394
　　五、合规文化建设的意义 ………………………………………… 398

第十九章　合规管理体系有效性评价 …………………………………… 399
　第一节　合规有效性评价概论 ………………………………………… 399
　　一、合规管理体系有效性的主要体现 …………………………… 399
　　二、有效性的内涵 ………………………………………………… 400
　　三、有效性评价范围及内容 ……………………………………… 401
　　四、有效性评价原则 ……………………………………………… 403
　　五、有效性评价方式 ……………………………………………… 404
　第二节　合规管理体系有效性评价程序和方法 ……………………… 405
　　一、评价程序 ……………………………………………………… 405
　　二、评价方法 ……………………………………………………… 406
　　三、评估报告 ……………………………………………………… 407
　　四、外部评价机构 ………………………………………………… 407
　第三节　涉案企业合规第三方监督评估机制 ………………………… 408
　　一、什么是第三方监督评估机制 ………………………………… 408
　　二、企业合规与涉案企业合规 …………………………………… 408
　　三、涉案企业合规计划 …………………………………………… 409

参考文献 …………………………………………………………………… 412

第一章 合规管理概述

受经济全球化影响，营造公开、透明、公平、有序的市场经营环境，加强对企业的合规监管，已成为各国的共识，并逐步形成一套合规管理体系标准。为提升各类组织合规管理能力，促进国际贸易、交流与合作，基于最新的合规管理实践，依据依法治国和依法治企合规经营的总体要求，国务院国资委先后发布的《中央企业合规管理指引（试行）》《中央企业合规管理办法》及其他部委及组织出台的相关管理规定等，都作了相关规定。

ISO 于 2021 年 4 月正式发布实施 ISO 37301：2021《合规管理体系 要求及使用指南》及我国国家标准 GB/T 35770-2022《合规管理体系 要求及使用指南》，为各类组织建立并运行合规管理体系，传播积极的合规文化提供了整套框架要求和实施指南。为企业合规管理指明了发展方向。

第一节 合规管理概念

近年来，随着经济全球化的发展，合规问题已经引起国内各界的高度关注和重视。无论是企业家、法学家、律师、企业法务、企业管理者、业务部门负责人、注册会计师、税务师、审计工作人员还是政法工作者，都从各个层面开始研究合规，并付诸实践。

一、合规的含义

合规（compliance）中"合"是指符合、遵守、服从的意思，"规"是指合规规范，符合合规规范，包括但不限于法律法规、规定和企业章程及规章制度的行为规范等，即合乎规定。

在国际标准化组织发布的 ISO 37301：2021《合规管理体系 要求及使用指南》中合规定义为"履行了全部合规义务"。

《中央企业合规管理办法》称，合规是指企业经营管理行为和员工履职行为符合国家法律法规、监管规定、行业准则和国际条约、规则，以及企业章程、相关规章制度等要求。

综合上述规定，世界组织的一些标准和要求以及合规实践做法，合规概念为使企业及其员工的经营管理行为符合有关法律法规、监管规定、国际条约规则标准、行业准则、商业惯例、企业章程及规章制度和道德规范等行为规范的要求。

二、企业合规管理的含义

企业合规风险，是指企业及其员工在经营管理过程中因违规行为引发法律责任、造成经济或者声誉损失以及其他负面影响的可能性。

企业合规管理，是指企业以有效防控合规风险为目的，以提升依法合规经营管理水平为导向，以企业经营管理行为和员工履职行为为对象，开展的包括建立合规制度、完善运行机制、培育合规文化、强化监督问责等有组织、有计划的管理活动。

企业合规包含以下几层含义：一是企业在运营管理中要遵守法律法规；二是企业要遵守商业行为准则和行业规则；三是企业要遵守企业内部制定的规章制度；四是遵守道德伦理的要求。

三、企业合规规范

在专业术语上没有"合规规范"这个名词。所谓规范就是规则和标准，没有规矩不成方圆，没有规范就没有秩序，良好的社会秩序需要人们遵循一定的行为规范，从而调整一系列的利益关系，建立正常的社会关系。

从上述原理来看，"合规规范"就是企业经营应遵守的合规行为规范。合规规范包括法律法规、监管规定、国际条约、国际规则、标准、商业惯例、行业准则、企业章程及规章制度和道德规范等。

（一）法律法规

法律法规是企业经营管理要遵循所在国家或地区的现行有效的法律规定，在我国指中华人民共和国现行有效的法律、行政法规、司法解释、地方性法规、地方规章、部门规章及其他规范性文件以及对于法律法规的修改和补充。其中，法律有广义、狭义两种理解。广义上讲，法律泛指一切规范性文件；狭义上讲，仅指全国人大及其常委会制定的规范性文件。在与法规等一起谈时，法律是指狭义上的法律。法规则主要指行政法规、地方性法规、民族自治法规及经济特区法规等。

党内法规体系，是以党章为根本，以准则、条例等中央党内法规为主干，以部委党内法规、地方党内法规为重要组成部分，由各领域各层级党内法规组成的有机统一整体。按照"规范主体、规范行为、规范监督"相统筹相协调的原则，党内法规体系以"1+4"为基本框架，即在党章之下分为党的组织法规、党的领导法规、党的自身建设法规、党的监督保障法规四大板块。

（二）监管规定

监管规定是监督管理机构的规定，也指行政规定、行政政策等。在我国这一概念是指在我国现行行政机关规范性文件体系中，国务院制定或者发布的为"行政法规"的通称，国务院各部委、各省、自治区、直辖市的人民政府以及省、自治区的人民政府所在地的市以及设区市的人民政府根据宪法、法律和行政法规等制定或者发布的规范性文件，则被赋予了"行政规章"的称谓。但是，除了行政法规和行政规章外，现实政治生活中还存在大量的、上述机关或部门之外的其他行政机关（机构）制定和发布的规范性文件。这些文件，大多数学者称为"其他规范性文件"或"行政规章以下的其他规范性文件""规章以下的规范性文件"。

（三）国际条约

国际条约是国际法的首要渊源，是国际法主体间缔结的相互权利义务关系的书面协议。广义的条约除以"条约"为名的协议外，还包括公约、宪章、盟约、规约、协定、议定书、换文、最后决定书、联合宣言等。狭义的条约仅指重要的以条约为名的国际协议，如同盟条约、边界条约、通商航海条约等。国际法理论上，按照条约的参加国数量，条约可分为双边条约，即两个国际法主体间缔结的协议，多边条约，即两个以上国际法主体间缔结的协议，以及国际公约，即多数国家缔结或参加的通常对非缔约国开放的协议。按照条约的法律性质，条约可分为造法性条约和契约性条约，前者创设新的国际法原则、规则和制度或修改原有的国际法原则、规则和制度，后者指依照原有的国际法规则规范缔约国间某些具体的权利义务关系。签订于 1969 年 5 月 23 日的《维也纳条约法公约》对国际条约的缔结、生效、保留、遵守、适用、解释、修正、变更以及条约的无效、终止、中止、退出等制度作了具体的规定。

（四）国际规则

国际规则是指广泛适用于国家和国家之间，国家和区域之间以及国家和地区之间等世界所有组织成员一起共同遵守的法规条例和规章制度的总和，其主要内容包括经济、政治、人口、语言、文化、卫生、体育、环境、气候、运输和军事以及国际关系等有关的国际性公约、条约、协定和准则。诸如《服务贸易总协定》《公职人员国际行为守则》《联合国海洋法公约》《国际信号规则》《公民权利和政治权利国际公约》《联合国气候变化框架公约》《世界卫生组织烟草控制框架公约》《哥本哈根协议》《统一国际航空运输某些规则的公约》《联合国国际货物销售合同公约》等。

（五）标准

标准分为国际标准、区域标准和国内标准。

国际标准是指国际标准化组织（ISO）、国际电工委员会（IEC）和国际电信联盟（ITU）制定的标准，以及国际标准化组织确认并公布的其他国际组织制定的标准。国际标准在世界范围内统一使用，比如国际标准 ISO 37301《合规管理体系 要求及使用指南》、ISO 19600-2014《合规管理体系指南》、ISO 9001《质量管理体系认证》、ISO 31000《风险管理原则与指南》。

区域标准又称地区标准，是指世界某个地理、政治或经济区域内的国家有关机构，为发展本地区经济，维护该地区国家的利益，协调各国标准，由区域标准化组织通过并公开发行的标准。

例如：欧洲标准化委员会（CEN）制定的欧洲标准（EN）；欧洲电信标准学会（ETSI）制定的欧洲电信标准（ETS）；亚洲标准咨询委员会（ASAC）制定的亚洲地区标准（ASAC）；非洲地区标准化组织（ARSO）制定的非洲地区标准（ARS）；泛美技术标准委员会（COPANT）制定的泛美标准（PAS）；阿拉伯标准化与计量

组织（ASMO）制定的阿拉伯地区标准（ASMO）。

按照《中华人民共和国标准化法》的定义，国家标准是指农业、工业、服务业以及社会事业等领域需要统一的技术要求，包括国家标准、行业标准、地方标准、团体标准和企业标准。

国家标准：对需要在全国范围内统一的技术要求，应当制定国家标准。国家标准由国务院标准化行政主管部门制定。如 GB/T 35770—2021《合规体系要求及使用指南》等。

行业标准：对没有国家标准而又需要在全国某个行业范围内统一的技术要求，可以制定行业标准。社会团体制定的团体标准。如中国中小企业协会颁布的《中小企业合规管理体系有效性评价》。另特别说明的是职业类标准是由国家人力资源和社会保障部颁布，行业职业标准是由具有人力资源和社会保障部职称评审、职业能力评价、职业技能鉴定资质的机构颁布。如中国轻工业联合会颁布的《企业合规师行业职业标准》。

地方标准：对没有国家标准和行业标准而又需要在省、自治区、直辖市范围内统一的工业产品的安全、卫生要求，可以制定地方标准。地方标准由省、自治区、直辖市标准化行政主管部门制定，并报国务院标准化行政主管部门和国务院有关行政主管部门备案，在国家标准或者行业标准公布之后，该项地方标准即行废止。

企业标准：企业生产的产品没有国家标准和行业标准的，应当制定企业标准，作为组织生产的依据。企业的产品标准须报当地政府标准化行政主管部门和有关行政主管部门备案。已有国家标准或者行业标准的，国家鼓励企业制定严于国家标准或者行业标准的企业标准，在企业内部适用。

（六）商业惯例

商业惯例是指在一些商品交换领域，由于长期交易活动而成为习惯，并逐渐形成的为参与交易者公认并普遍得到遵行的习惯做法。商业惯例在法律上解释为：一定范围内或一定行业中，众多经营者倡导并且长期遵循、长期有效的行为规则，仅存在于私权领域，公权领域仅适用法律规定。

国际商业惯例是在长期的国际经济交往中经过反复使用而形成的不成文的规则。

为了使不成文的国际商业惯例更便于掌握和查找，一些民间性的国际组织或协会对不成文的惯例进行了整理和编纂，如《国际贸易术语解释通则》《跟单信用证统一惯例》等。国际商业惯例属于任意性的规范，只有在当事人明示选择适用的情况下才对当事人有约束力。当事人也可以对其选择的商业惯例进行补充和修改。

（七）行业准则

行业准则是指某一行业所遵循的标准或原则。是各级机关、团体、组织制发的各类文件中最主要的一类，其内容具有约束和规范人们行为的性质，故名称为规范性文件行业准则是对没有国家标准而又需要在全国某个行业范围内统一的技术要求所制定的标准。比如企业会计准则、内部审计准则等。

（八）企业章程

企业章程是指企业依法制定的，规定企业名称、住所、经营范围、经营管理制度等重大事项的基本文件，也是企业必备的规定企业组织及活动基本规则的书面文件。

企业章程是股东共同一致的表达，载明了企业组织和活动的基本准则，是企业的宪章。企业章程具有法定性、真实性、自治性和公开性的基本特征。企业章程与公司法一样，共同肩负调整企业活动的责任。作为企业组织与行为的基本准则，企业章程对企业的成立及运营具有十分重要的意义，既是企业成立的基础，也是企业赖以生存的灵魂。

（九）企业规章制度

企业规章制度是企业对生产技术、经济活动所制定的各种规则、章程、程序和办法的总称，主要包括生产技术规程、管理工作制度和各种责任制度。它一般属于上层建筑范畴，其中一部分反映生产过程客观规律的要求，一部分反映生产关系的要求。建立并严格执行合理的规章制度，有利于实现科学管理，消除工作中的混乱现象，更好地发挥职工积极性，保证企业生产经营活动的顺利进行，取得良好的经济效益。

（十）道德规范

道德规范是对人们的道德行为和道德关系的普遍规律的反映和概括，是社会规范的一种形式；是从一定社会或阶级利益出发，用以调整人与人之间的利益关系的行为准则,也是判断、评价人们行为善恶的伦理标准;是在人们社会生活的实践中逐步形成的,是社会发展的客观要求和人们的主观认识相统一的产物。

四、合规管理规范

合规管理规范一般不仅体现强制性法律法规的要求,而且体现非强制性的国际相关准则、行业标准及商业道德标准。内容包括但不限于:违规商业行为的举报和处理、健康与安全、酒精及药物和烟草的管理、就业平等、人身骚扰、个人信息及隐私、与政府合作、与社区协作、政治捐献及政治活动、环境与管理、行贿与贿赂、利益冲突、礼物与招待、出差、竞争与反垄断、商业合作伙伴合规管理、聘用第三方、贸易管理、保护企业财产、记录和报告的准确性、信息系统、内部交易、外部沟通、知识产权等合规问题的一系列制度。

(一)国际组织的合规管理规范

1.《合规与银行内部合规部门》

巴塞尔银行监管委员会(以下简称"委员会")一直关注银行监管问题和促进银行业机构稳健经营的做法。委员会就合规风险与银行内部合规部门发布《合规与银行内部合规部门》文件。为满足监管机构的监管要求,银行必须遵循有效的合规政策和程序,在发现违规情况时,银行管理层能够采取适当措施予以纠正。

2.《禁止在国际商业交易中贿赂外国公职人员公约》和《内控、道德与合规,最佳实践指南》

1997年11月21日,经济合作与发展组织(OECD)通过了《禁止在国际商业交易中贿赂外国公职人员公约》,对缔约国具有法律约束力。

经济合作与发展组织2010年2月发布的《内控、道德与合规,最佳实践指南》中,合规所针对的对象应是境外商业贿赂。

3.世界银行集团《诚信合规指南》

2010年,世界银行集团发布了《诚信合规指南》,以规制参与投竞标企业存在的腐败、欺诈、串通、强迫、阻碍调查等不合规行为。世界银行集团的制裁引发的是联合制裁,包括亚洲发展银行、非洲开发银行等其他国际银行的联合制裁,会导致违规企业被禁止参与国际银行机构融资的所有建设工程项目，相关企业也会被要求避免与违规企业发生业务往来，如此将给违规企业造成经济上、声誉上的巨大损失。其制裁措施包括附条件解除制裁、附条件免除制裁、制裁或永久制裁、谴责信等。

该指南将合规管理体系分为以下几个部分：禁止不当行为；职责；合规计划启动、风险评估及检查；内部政策；针对业务伙伴的政策；内部控制；培训与交流；激励机制；报告制度；不当行为的补救措施；集体行动。

世界银行集团一直致力于完善其制裁体系。作为这项工作的一部分，现行附带解除条件的取消资格制裁已成为世界银行集团最新修订版制裁程序下的默认或"基本"制裁，建立（或完善）和执行世界银行集团认为满意的诚信合规计划未来将成为世界银行集团解除取消资格制裁（或有条件解除取消资格制裁）的主要条件。

4.《亚太经合组织高效率公司合规项目基本要素》

亚洲太平洋经济合作组织（Asia-Pacific Economic Cooperation，APEC）发布的《亚太经合组织高效率公司合规项目基本要素》研究了如何通过强化合规体系抵御商业腐败，其中针对企业合规管理体系作出了详细的规定，分为以下几点：（1）开展风险评估；（2）制定和遵守书面的公司行为准则；（3）建立合规管理组织架构；（4）反腐败培训、教育讲座和持续指导；（5）开展基于风险和详尽记录的尽职调查；（6）审计和内部会计控制；（7）合规机制和报告要求；（8）激励；（9）惩处；（10）定期审查和测试。

5.《合规管理体系指南》

国际标准委员会 ISO 19600-2014《合规管理体系指南》，主要为企业建立和改进合规管理体系提供指导，无法应用于企业的自我声明或认证目的。目前已经被 ISO 37301：2021《合规管理体系 要求及使用指南》替代。

6.《经济合作与发展组织关于国际投资和跨国公司宣言》

"多国公司行为准则"是该宣言的重要组成部分，其总政策中规定：不得向公务人员或担任公职的人员直接或间接行贿和提供其他不正当的利益，亦不得听人教唆而有以上行为；除法律允许外，不得向公职候选人、各政党以及其他政治组织捐献财物，该宣言对跨国公司国际行为规范发展起到了重大作用。

7.《国际商务交易中打击勒索和贿赂行为准则》

国际商会提出的《国际商务交易中打击勒索和贿赂行为准则》，在商业交易中禁止勒索和贿赂，推荐各企业自愿遵守。同时鼓励各国政府进一步制定相关法律和机制，加强对索贿和贿赂的打击工作。

8.《国际商务交易活动中反行贿的建议案》

OECD通过并采用了《国际商务交易活动中反行贿的建议案》。该建议案指出贿赂在国际商务交易活动中已经是普遍现象，引起了道德和政治上的广泛关注，并且扰乱了国际的竞争环境。同时提出虽然所有OECD成员国都有各自国内的反贿赂法，但是只有极少数成员国有具体的可以打击行贿外国公职人员的法案。1996年4月17日，OECD通过《关于行贿外国公职人员课税减扣适用性的建议》，禁止公司把贿赂外国公职人员的费用作为正当支出进行课税减免，明确表示贿赂不被视为正常的商业开销，是犯罪行为，将受到严重处罚。OECD对原《理事会关于在国际商务交易活动中反行贿的建议案》进行了修订，在会计标准、外部审计、内部控制、公共采购和课税减免等细节问题上加入了相关规定并提出了指导意见。

9.《联合国反对国际商业交易中的贪污贿赂行为宣言》

1996年12月16日，联合国第51届会议第86次全体会议通过《联合国反对国际商业交易中的贪污贿赂行为宣言》。

10.《美洲反腐败公约》

1996年3月29日，美洲国家组织通过《美洲反腐败公约》，并于1997年6月3日正式执行。这是第一个区域性有效打击腐败的法律文件。截至2007年，有34个美洲国家签署该文件，33个国家加入该公约。

11.《联合国全球契约十项原则》

该契约包括人权、劳工标准、环境和反腐败4个方面，共10项：（1）企业应该尊重和维护国际公认的各项人权；（2）绝不参与任何漠视与践踏人权的行为；（3）企业应该维护结社自由，并承认劳资集体谈判的权利；（4）彻底消除各种形式的强迫性劳动；（5）有效废除童工制；（6）杜绝任何在用工与行业方面的歧视行为；（7）企业应对环境挑战未雨绸缪；（8）主动增加对环保所承担的责任；（9）鼓励无害环境技术的发展与推广；（10）企业应反对各种形式的贪污，包括敲诈勒索和行贿受贿。

12.《合规管理体系 要求及使用指南》

ISO 37301：2021《合规管理体系 要求及使用指南》给出了企业合规管理体系建设的路径、方案和方法，对合规管理体系运行机制也做了详细的说明。它是 ISO 19600-2014 的替代版，指导组织的合规管理体系建设，运行评价和持续改进。ISO 37301：2021 是 ISO 的 A 类标准，可用于认证、司法、行政和自我声明。

13.《反贿赂国际标准》

2016 年 10 月，国际标准化组织还颁布了 ISO 37001：2016《反贿赂管理体系认证》，反贿赂管理体系要求和使用指南，对于企业运营当中可能存在的不正当利益往来行为，给出了预防发现和应对措施。

14.《联合国反腐败公约》

《联合国反腐败公约》是联合国历史上通过的第一个用于指导国际反腐败斗争的法律文件，于 2005 年 12 月 14 日正式生效，2006 年 2 月 12 日对我国生效，该公约是联合国唯一一份具有法律约束力的国际性反腐败的文件。约定各缔约国均应当努力制定和促进各种预防腐败的有效法律文书和行政措施，以有效预防和打击腐败。对于企业，公约要求成员国确保私营企业根据其结构和规模实行有助于预防和发现腐败的充分内部审计控制制度，这包括企业的合规制度。

（二）欧美发达国家的合规规定

1. 美国

美国 1977 年颁布的《反海外腐败法》（英文简称"FCPA"）是该领域立法的鼻祖。FCPA 主要包括两个部分：反贿赂条款和会计条款，分别对贿赂外国公务人员的行为及会计账目掩盖贿赂款项的行为进行了规定，全方位打击跨国公司商业贿赂。尤其是会计条款部分，通过着眼于企业的内部控制体系，关注企业通过账外支付或其他欺骗手段隐瞒腐败行为的做法，将预防贿赂的措施提前，以期通过企业自律监管代替事后惩罚。

"长臂管辖"是美国民事诉讼中的一个重要概念，当被告的住所不在该法院地州但和该州有某种最低联系，所提权利要求的产生和这种联系有关时，就该项权利要求而言，该州对于该被告具有属人管辖权。

一个企业不需一定在美国设立，也不必在美国有业务经营，只要企业经营行为与美国市场、美国相关机构或者美国企业有联系，如果法院认定企业或者企业高管存在违反出口管理、贿赂等腐败行为，即使不是发生在美国，也同样受到美国"长臂法"的制约。

根据 FCPA 规定，其管辖适用的范畴，包括在美国任何证交所或柜台交易机构上市的公司，任何美国国民、公民、居民，任何受美国联邦或州法律管辖的实体，以及任何主要营业地点在美国的公司。只要满足了"最小联系"，即不论是电话、邮件还是银行转账，只要和美国发生了任何联系，美国都可以进行管辖。

2. 英国

2010 年英国《反贿赂法》将英格兰和威尔士先前与贿赂犯罪有关的分散法律编成法典，于 2011 年 4 月生效，确立了以下罪名：

三类一般贿赂罪：给予或收受贿赂或其他好处（包括提供、索取或同意收受贿赂或其他好处）；贿赂外国公职人员罪；以及新型法人犯罪：企业未能阻止与商业组织相关联并代表该商业组织提供服务的任何人进行贿赂。在管辖权方面，英国《反贿赂法》确定了更广泛的管辖权，甚至因此被称为"史上最严厉的反腐败法"。该法第 12 条规定，如果一个商事组织在英国设立，或者在其他国家设立，但在英国从事业务，则无论犯罪行为在什么地方发生，该法律对其都有管辖权。但相比于 FCPA，英国《反贿赂法》并没有通融费例外，即：如果是出于加速或取得外国官员执行政府行动之目的而给外国官员支付的便利性或加速性费用，仍然会被认定为"贿赂外国公职人员"，仍然会受到惩罚。同样，英国《反贿赂法》也并没有合理正当开销这一抗辩事由。

英国《反贿赂法》项下的处罚包括：对公司处无上限罚金；个人若被定罪，则最高刑期可达 10 年，罚金不封顶。

除了英美之外，近年来，其他发达国家也加大了打击跨国腐败的力度。德国、加拿大、法国、日本、韩国等发达国家均制定了类似美国 FCPA 的法律法规，不仅管辖在这些国家注册的企业，也包括在这些国家"从事业务"的企业，不管贿赂行为发生在哪个国家，都具有管辖权。

（三）我国企业的合规发展及规定

2006 年，原中国银行业监督管理委员会印发《商业银行合规风险管理指引》。

2008 年 7 月，中国证券监督管理委员会发布《证券公司合规管理试行规定》（中国证券监督管理委员会公告〔2008〕30 号），现已失效。

2016 年 12 月，原中国保险监督管理委员会发布《保险公司合规管理办法》。

2017 年 4 月，中国证券业监督管理委员会发布的《证券公司和证券投资基金管理公司合规管理办法》，并于 2020 年进行修正。

2017 年 12 月，国家标准化委员会发布 GB/T 3770—2017《合规管理体系指南》。

2018 年 11 月，为推动中央企业全面加强合规管理，国资委印发了《中央企业合规管理指引（试行）》。

2018 年 12 月，国家发展改革委、外交部、商务部等部门联合印发《企业境外经营合规管理指引》。

2021 年 3 月，国家人社部批准发布企业合规师职业，为专业技术职称。

2021 年 6 月，最高人民检察院、司法部、财政部等联合印发《关于建立涉案企业合规第三方监督评估机制的指导意见（试行）》。

2022 年 8 月，国资委发布了《中央企业合规管理办法》。

国家市场监督管理总局和各地方国资委也陆续出台了企业合规管理相关文件，如北京市国资委先是印发了《市管企业合规管理工作实施方案》，随后印发《市管企业合规管理指引（试行）》，上海、天津、重庆等直辖市国资委印发了市属国有企业合规管理指引；广东、浙江、江苏、陕西、四川等省级国资委相继印发了省属企业合规管理指引。各行业组织和社会团体也出台了相关行业或团体合规指引等。

第二节 合规管理原则

一、中央企业合规管理原则

（一）坚持党的领导

充分发挥企业党委（党组）领导作用，落实全面依法治国战略部署有关要求，把党的领导贯穿合规管理全过程。

（二）坚持全面覆盖

将合规要求嵌入经营管理各领域各环节，贯穿决策、执行、监督全过程，落实到各部门、各单位和全体员工，实现多方联动、上下贯通。

（三）坚持权责清晰

按照"管业务必须管合规"的要求，明确业务及职能部门、合规管理部门和监督部门职责，严格落实员工合规责任，对违规行为严肃问责。

（四）坚持务实高效

建立健全符合企业实际的合规管理体系，突出对重点领域、关键环节和重要人员的管理，充分利用大数据等信息化手段，切实提高管理效能。

二、普遍性合规管理原则

企业经营管理活动致力于创造利润和价值，因此要以企业利润和价值的有效创造作为标准，对企业管理体系有效性进行检验。合规管理在企业治理体系中发挥着基础性作用，应严格遵守以下原则，实施企业合规管理并开展相关工作。

（一）前瞻性原则

前瞻性在企业合规管理中的重要性体现在两方面：一方面是企业制定的合规政策可以帮助企业应对未来挑战，在面对未来挑战时，做好事前防范；另一方面，企业在经历了一定的发展阶段以后，会发现所有的企业风险和相关现象都走在法律法规的前面，也就是我们的合规政策不能像法律一样滞后，那样就不能预防企业风险，故只有具有前瞻性的企业合规管理才能有效地进行风险防范。

（二）协同性原则

为确保企业合规管理有效性，要尽量避免企业的任何部门、人员、流程发生不合规的行为，合规性操作应该与其他相关部门或组织协作，共同维护合规性，确保操作的顺利进行。因此，企业合规管理必须要求企业实施的协同一致性，要求企业合规管理贯穿企业所有流程，同时企业合规管理的文化要真正成为企业文化，要有员工必须遵守的准则。

（三）适应性原则

企业因行业、规模、经营环境不同，自身的风险管理战略、组织结构存在差异，其资源的实力也不尽相同，企业要根据自身的情况设定企业合规管理的政策方针，制订适合自身发展的合规管理计划，建立符合企业战略目标的合规管理体系。制定的合规管理目标要与企业自身的实力相匹配。

（四）公开透明性原则

随着信息技术的高速发展，现代科技通信技术使信息传播越来越快，要提高企业全体员工在企业合规管理中的参与感，就必须提高企业合规管理透明度，让员工更好地理解不同抉择和决定背后的原因。因此，企业合规管理要实现全员参与，企业管理的制度、流程的透明性就变得至关重要。

（五）独立性原则

企业的合规管理部门或者合规官在组织原则上应该保持独立性。不论企业如何组建合规部门，其工作职责都应该是独立的，独立性包括：合规部门在企业内部是独立的部门，由集团合规官或合规负责人全面负责协调企业的合规风险管理；在合规部门员工，特别是合规负责人的职位安排上，避免与其所承担的其他职责产生冲突；合规部门员工在履行职责时能够获取必需的信息并能接触到相关人员。

（六）客观公正原则

合规管理部门独立履行职责，严格依照法律法规和企业内部规定等对企业和员工行为进行客观评价,坚持统一标准对违规行为进行处理。

(七)专业有效原则

制定符合监管要求的合规管理制度,建立与企业实际相适应的工作机制,并根据发展需要持续改进完善,不断提升人员队伍专业化水平,确保合规管理发挥实效。

第三节　企业合规发展历程及发展趋势

2006年,国务院国资委发布了《中央企业全面风险管理指引》,这一年被称为"中国企业风险管理的元年"。

2014年,财政部《内部控制基本制度(试行)》(财办〔2014〕40号)内部控制实施。

2015年12月,国务院国资委正式下发了《关于全面推进法治央企建设的意见》,规定要持续完善合规管理工作机制,健全企业主要负责人领导、总法律顾问牵头、法务管理机构归口、相关部门协同联动的合规管理体系。这一年成为依法治企开启年。

2018年,国家标准化委员会发布的GB/T 35770—2017《合规管理体系指南》生效;国务院国资委发布了《中央企业合规管理指引(试行)》;国家发展改革委联合六部委共同发布了《企业境外经营合规管理指引》,这一年被称为"中国企业合规管理元年"。

2020年,最高人民检察院、司法部、市场监督管理局等部门正式启动合规不起诉的试点工作。这一年是刑事合规试点元年。

2021年,所有97家央企成立合规委员会,确立合规专业管理机构。

2021年3月18日,人力资源和社会保障部颁布了国家新职业"企业合规师",该职业正式列入职业分类大典;明确列入商业服务领域,是专业技术职称,同会计师、税务师、审计人员、工程师同属于国家二大类职业职称。从此企业合规管理走向职业化、专业化、标准化的发展道路。

2021年4月13日，首批12家互联网企业承诺合规经营，市场监管总局会同中央网信办、税务总局召开了互联网平台行政指导，首批向国家市场监督管理总局作出合规承诺，包括百度、京东、美团、奇虎360、微店、微博、字节跳动、叮咚买菜、拼多多、小红书、苏宁易购、唯品会共12家企业发布依法合规经营承诺书。企业正式向监管部门合规承诺。

2021年12月7日，中央企业合规管理进入新阶段，国务院国资委启动了中央企业"合规管理强化年"专项工作。

2022年10月1日，《中央企业合规管理办法》正式实施，标志着我国合规管理工作进入了一个新的发展时期。

2022年10月12日，我国国家标准委员会GB/T 35770—2022《合规管理体系要求及使用指南》，标志着合规管理体系标准化的确立。

2022年，合规管理强化年正式开启。

第四节　企业合规管理的价值与意义

一、企业合规管理的价值

企业合规管理的价值，有的从作为企业治理方式的角度，论证了企业合规管理在企业实现自我监管、获取商业利益、加强社会责任、提升员工素质和职业道德标准等方面的积极作用，有的从合规对监管机构执法、刑事审判的意义以及降低企业的违法成本的角度，论证了企业合规管理作为执法激励机制的价值。为了更好地明确企业合规管理在我国的价值，我们从以下几个方面进行分析。

（一）作为公司治理方式的价值

企业合规管理实质上是一种为防范企业风险所采取的治理方式。为实现良好治理，企业要制定合规制度，建立一系列政策和行为准则，督促企业各分支机构子公司、员工、商业伙伴等遵守合规义务，并在合规风险的识别、评估、防控和应对方面，采取必要的管理措施。从公司治理本身来看，目前有学者提出了"自我监管""商业效益""社会责任"，以及"道德行为"4种理论。

企业合规管理能够提升企业管理的价值和协助企业实现内控目标，从而防范合规风险。

（二）作为激励机制的价值

企业合规管理是一种企业治理方式，企业通过合规管理还可以实现行政监管激励机制和刑法激励机制。当前，随着政府监管力度的加强，西方国家先后建立了行政处罚和解机制以及通过刑事合规政策确定的刑事激励制度，使合规成为刑事司法机关作出不起诉、暂缓起诉协议或不起诉协议的直接依据。企业合规在行政执法和刑事司法激励机制中发挥积极作用。

（三）企业合规管理的内在价值

企业在建立合规计划或进行企业合规管理的起始阶段，大多面临一些合规风险，为了降低风险、减少违规成本，被动地走上企业合规管理之路。但是从西门子、滴滴、葛兰素史克、湖南建工集团等案例来看，合规管理机制的实施，可能使企业暂时牺牲部分商业利益和商业机会，却在不同程度上改变企业的经营理念和管理方式，在企业合规管理机制运行的过程中，形成深厚的合规文化底蕴。这样企业在追求商业利益的同时，就会更加注重承担企业的社会责任，从而树立良好的社会形象和声誉。

合规文化的确立，承担了保护劳动权益、保护环境、尊重知识产权、保护个人隐私、维护公平竞争等方面的社会责任和道德责任，其原因并不是企业放弃了对商业利益的追求，也不是企业无条件地从事公益活动，而是企业通过建立有效的合规计划，获得了监管部门和司法机关的宽大处理，降低了违规成本，减少了商业损失，促进了企业可持续发展。由此，很多企业放弃了"追求短期利益"，走上了"漫长的合规经营"道路，从而为合规管理机制的有效实施创造了良好的文化基础。

（四）企业合规管理的外在价值

企业合规管理通常是企业监管部门和司法机关在执法过程中，发现企业有涉嫌违法违规经营时采取的一种自我监管和治理方式。无论是行政监管部门还是刑事司法部门，通过督促和监督企业建立合规计划，并定期对其有效性进行评价，可以从外部督促企业实现合规管理，有效地发挥监管作用。

涉案企业建立合规计划，是其配合政府监管调查的一个重要标志。企业合规的外在价值是通过与行政监管部门和刑事司法机关达成和解，在涉案企业承认存在违法事实的前提下，全面配合监管部门和司法机关的调查，并根据合规计划对公司治理进行全面整顿，对企业的管理人员进行调整；通过合规计划的建立，企业会主动地承担披露义务和作出合规承诺，涉案企业将一些违规行为主动告知执法机关，将有关员工的违法行为告知调查人员；通过对合规计划的有效执行，企业对过去已经存在的违法违规行为能够进行自我坦白和改进，同时也会促使违法违规行为人及时地接受法律制裁，由此实现企业与员工的责任切割，使企业及相关责任人得到司法豁免，实现责任均衡承担和企业利益最大化。

二、企业合规建设的意义

随着"一带一路"建设的开展和市场全球化的需要，中国企业全球化转型的过程必须适应合规管理这一新规则。通过自身调整应对国际规则和标准，以便在更大范围内、更高层次上直接参与国际竞争，寻找在全球发展的新机遇，是中国企业需要面对的重要挑战。企业合规管理改善商业机会，维护可持续性发展，保护和提高组织的声誉及信誉，考虑相关方的期望，表明组织致力于有效管理其合规风险，提高第三方对本组织取得持续成功的信心。

（一）合规管理有利于控制和应对风险

完善的合规管理体系有助于企业及时识别并采取有效的措施控制和应对合规风险。风险控制是指风险管理者采取各种措施和方法，消灭或减少风险事件发生的各种可能性，或者减少风险事件发生时造成的损失。合规管理体系的建立给企业管理立了一道防火墙。

（二）合规管理能够适应监管部门的要求

企业合规管理能够最大限度降低违规行为的风险，同时降低相应的成本和声誉损失。

一些国际组织要求进行合规管理体系建设，比如世行、经合组织和一些国家有关合规的监管规定都要求在管辖范围内进行合规体系建设。

国务院国资委在 2015 年颁布了《关于全面推进法治央企建设的意见》，强调"着力强化依法合规经营"是一项重要的工作内容。2016 年，国务院国资委选择了中国石油、东方电气、中国移动、招商局集团、中国中铁等 5 家大型央企开展合规体系建设试点工作，在此基础上全部央企和部分地方国企均推进了合规管理体系建设。

国务院国资委出台的《中央企业合规管理指引（试行）》《中央企业合规管理办法》，国家发展改革委及六部委《企业境外经营合规管理指引》及各行业监管部门的合规管理办法，各级地方国资委及企业合规管理规定，都对企业或行业作出了明确的规定。

针对中国企业海外投资的快速发展，政府部门相继出台了相关文件来引导和规范中国企业海外投资行为，其中倡导企业在海外合规地开展经营活动是相关文件的核心内容。

2021 年 4 月 13 日，国家市场监督管理总局会同中央网信办、税务总局召于了互联网平台企业行政指导会，会议针对互联网平台经济领域存在的强迫实施"二选一"等突出问题，提出"五个严防""五个确保"，明确要求各互联网平台企业在一个月内全面自检自查，逐项彻底整改。

2021 年 4 月 13 日，国际标准委员会发布的 ISO 37301：2021《合规管理体系 要求及使用指南》转换为我国国家标准 GB/T 35770—2022《合规管理体系 要求及使用指南》。顺应市场规范要求，首先是市场化的选择；其次是监管机构的选择；最后是监管和市场的双向选择。选择合规是企业生存和发展的一道不可逾越的屏障，要实现从被动"要我合规"到主动"我要合规"的转变，但这同时也是企业壮大和成功的必由之路，为企业的健康发展打下了坚实的基础。

2022 年 10 月 1 日，国资委实施的《中央企业合规管理办法》，此后所有央企都要从事合规管理体系建设，设立合规委员会、首席合规官等。

合规的理论与实践的深入研究及发展，完善标准体系、建立职业建设体系等，为我国企业长足发展奠定了坚实的基础，让企业放心"走出去"，对内外循环都具有重大而深远的意义。

(三) 合规管理有利于企业提高核心竞争力

合规管理有助于企业创造价值,能够使企业提升管理效率,形成一套具有很强的执行力的管理机制,并提高第三方对本企业取得持续成功能力的信心。

随着"一带一路"不断发展和深入,中国经济已经进入了新的发展阶段。经济发展面临着严峻的资源与环境的制约,企业要转变发展方式,就必须走可持续的发展道路,这就要求企业改变陈旧的观念,从过去不注意资源节约和环境保护到现在重视资源节约与环境保护;从过去对可持续发展不重视到现在重视可持续发展;从过去对环境保护、劳工保护等方面不重视、不合规到现在对环境保护、劳工保护等方面更加注重合规性,诚信合规成为企业核心竞争力的一个重要组成部分。

(四) 合规管理有利于防范刑事法律风险

有效合规管理体系的建立,对于企业及员工起到安全保护,预防行政、刑事犯罪,提高企业诚信的作用。最高人民检察院开启涉案企业试点工作,建立企业合规第三方监督评估机制,标志着中国特色企业合规管理制度的实践探索快速迈上了新台阶,促进了合规制度有效应用,在刑事合规领域作出贡献。

(五) 合规管理有助于企业文化的再造和提升

商务部、中央外宣办、外交部、发展改革委、国资委、国家预防腐败局(已撤销)、中华全国工商业联合会在2012年制定了《中国境外企业文化建设若干意见》,该意见要求中国境外企业"坚持合法合规,严格遵守所在国和地区的法律法规,是境外企业文化建设的重要内容。境外企业要认真研究和熟悉当地法律法规,做到依法求生存,依法求发展。严格履行合同规定,主动依法纳税,自觉保护劳工合法权利,认真执行环境法规,确保国际化经营合法、合规。坚持公平竞争,坚决抵制商业贿赂,严格禁止向当地公职人员、国际组织官员和关联企业相关人员行贿,不得借助围标、串标等违法手段谋取商业利益"。

第五节　法律、内控、风险、合规协同一体化建设

一、法律、内控、风险、合规之间关系

（一）法律与合规管理的关系

合规遵守的"规"基本分为：法律法规、监管规定、监管标准、行业准则与商业惯例、企业内部规章制度、企业普遍遵守的商业伦理等。另外，国有企业还要遵守党内法规。不遵守上述规范就会产生合规风险。

法律风险按照国家标准分为：法律环境变化风险、违规风险、违约风险、侵权风险、怠于行使权利的风险、行为不当的风险。

合规风险和法律风险有交集的是法律法规，广泛意义上，监管的政策也可以纳入法律范畴。二者其他内容则没有关系，比如违反企业规章制度不是法律风险，而怠于行使权利、一般性的违约、行为不当等法律风险也不是全部合规风险。以行为不当的法律风险为例，如企业出现纠纷争议，如果在诉讼和仲裁两种方式中选择了诉讼，结果因为诉讼法律程序以公开审理为基础的原则，案件被公开，给企业声誉造成不利影响，这是法律风险，但与合规没有关系。在金融等行业，合规更是有特定工作内容，与法律工作界限明显。在欧美跨国公司，即使都对总法律顾问负责，但法律和合规仍然是各自独立的工作线条。

合规风险与法律风险都是现代企业风险体系中重要的组成部分，两者各有重合，又各有侧重。二者都是为了通过加强管理行为来防范可能发生的各类风险，为企业减少风险损失。

合规风险是指因违反法律或监管要求而受到制裁、遭受金融损失以及因未能遵守所有合规义务给企业带来经济或声誉损失的可能性。

法律风险是指企业在经营过程中因自身经营行为的不规范或者外部法律环境发生重大变化而造成的不利法律后果的可能性。通俗来讲，法律风险就是基于法律的原因可能发生的危险及其他不良后果，即在法律上是不安全的。

法律风险通常包括以下三个方面：一是法律环境因素，包括立法不全、执法不

公等；二是企业自身法律意识淡薄，在经营活动中不考虑法律因素等；三是交易相对方的失信、违约或欺诈等。法律有广义和狭义之分。广义的法律是指宪法、全国人大及其常委会制定的法律、国务院及其组成部门制定的行政法规和部门规章、地方制定的地方性法规和规章；狭义的法律是指宪法和全国人大及其常委会制定的法律。可见广义的法律和法规是一致的，狭义的法律仅仅是法规的一部分。而法律风险，一般是指广义的法律。但不能据此认为法律风险与合规风险之间存在着包含与被包含的关系，因为两者的风险内容不同。合规风险突出表现在监管机关的行政处罚、重大财产损失和声誉损失，而法律风险则侧重于企业对民事赔偿责任的承担。

（二）企业内部控制与企业合规管理的关系

保证企业经营管理合法合规，是企业内部控制的主要目标之一。企业内控管理与合规管理的区别体现在以下几个方面：

企业合规管理包括内部控制。企业合规管理在促使、保障企业遵守适用于企业的法律法规、规范和标准方面支持企业内部控制，是企业内部控制的基本内容、目标和保障。企业内部控制强调设计和建立相互制衡的组织机构和授权，设计、制定、实施企业内部控制的制度和流程，并对这些制度和流程的实施进行评价和监督。企业合规管理强调企业运营管理的各个方面是否符合适用于企业的各项法律法规、规范和标准的规定，包括是否符合企业内部控制的制度和流程。

企业内部控制与合规管理的共性体现在以下方面：

首先，从机制来说二者都属于内部管理机制范畴，它们的出现都是企业内部管理的不完善，导致财务舞弊现象的发生，或管理层的不作为导致企业文化氛围和文化素质较低，工作人员对自己的约束力和管控力不够，导致企业纪律松弛；其次，二者出现的目的是相同的，无论是内部控制还是合规管理都是为了弥补企业管理中的不足，在经营、发展和内部管控上形成良好的监督管理机制，同时也可以对合规风险进行评估分析，从而及时采取措施；最后，从过程来说二者都属于动态性过程，内部控制与合规管理不仅是为了应对企业中的某一问题，也是为了应对企业经营发展中自身出现的所有问题，只要企业还在经营，就处于运作中，内部管理和控制方式也应当与时俱进。

(三）企业内部控制、合规管理和风险管理之间的关系

内控主要是指企业在组织内部进行自我约束、评价、调整规划控制等，使政策措施以及程序的制定更具系统化，这一方式的实施主要是为了有效实现控制目标，这也是风险管理在具体实施中的重要基础。风险管理是企业管理中需要实施的必要内容，在解决风险方案中，使用比较频繁的是内部控制方式。而合规管理的实现会贯穿风险管理、企业管理及内控管理的全过程，是所有管理得以实施的重要基础。

内控管理的对象，主要关注企业内部程序性以及可控性的风险。全面风险管理的实施，对于战略层面以及决策层面的内容更为关注。在实施内控过程中，其范围上应该注重程序在实施中的具体过程，而全面风险管理的实施，除了需要注重程序，还需要注意在业务与战略内控管理在具体实施过程中，主要是运用制度信息系统、流程等方式对局部进行控制，这种控制呈现出一定的程序性。全面风险管理方式的实施需要建立在内控运用的策略以及手段基础之上，其中还包含对企业管理的优化管理，在具体实施过程中具有明显整体性。内控管理的实施与全面风险管理的实施在效果上存在一定差异，内控主要是强调项目在实施时的正确性，而全面风险管理主要是强调健全体系应对策略。

二、一体化建设

国务院国资委关于印发《<关于加强中央企业内部控制体系建设与监督工作的实施意见>的通知》，要求中央企业建立健全以风险管理为导向、以合规管理监督为重点，严格、规范、全面、有效的内控体系。进一步树立和强化管理制度化、制度流程化、流程信息化的内控理念，通过"强监管、严问责"和加强信息化管理，严格落实各项规章制度，将风险管理和合规管理要求嵌入业务流程，促使企业依法合规开展各项经营活动，实现"强内控、防风险、促合规"的管控目标，建立全面、全员、全过程、全体系的风险防控机制，切实全面提升内控体系有效性，加快实现高质量发展。

从各自工作内容看，内部控制、风险控制、合规管理的职能关系，实现其一体化管理要明确以下几项：

（一）明确内控体系建设是以风险管理为导向的

按照美国反虚假财务报告委员会下属的发起人委员会的定义，内控体系建设是以

风险管理为导向的，明确内控体系由控制环境、风险评估、控制活动、信息与沟通以及监控5项要素构成，这是一个风险管理的PDCA循环流程，内控体系是建设在风险评估基础上的，这点不难理解，但此处的"风险管理"为导向，是以什么风险管理为导向呢？《关于加强中央企业内部控制体系建设与监督工作的实施意见》明确内部控制体系建设目的是"认真落实党中央、国务院关于防范化解重大风险和推动高质量发展的决策部署，充分发挥内部控制体系对中央企业强基固本作用，进一步提升中央企业防范化解重大风险能力，加快培育具有全球竞争力的世界一流企业"。从这一点来看，是指以"全面风险管理"为导向的。

《银行业金融机构全面风险管理指引》明确指出，银行业金融机构应当建立全面风险管理体系，采取定性和定量相结合的方法，识别、计量、评估、监测、报告、控制或缓释所承担的各类风险。各类风险包括信用风险、市场风险、流动性风险、操作风险、国别风险、银行账户利率风险、声誉风险、战略风险、信息科技风险以及其他风险。

《中央企业全面风险管理指引》中所称企业风险，指未来的不确定性对企业实现其经营目标的影响。企业风险一般可分为战略风险、财务风险、市场风险、运营风险、法律风险等；也可以能否为企业带来盈利等机会为标志，将风险分为纯粹风险（只有带来损失一种可能性）和机会风险（带来损失和盈利的可能性并存）。

《中央企业合规管理办法》中所称合规风险，是指企业及其员工在经营管理过程中因违规行为引发法律责任、造成经济或者声誉损失以及其他负面影响的可能性。

不同的行业，全面风险的具体种类会有所区别。哪里存在这些风险，企业内部控制体系就要覆盖到哪里，切实落实"以风险管理为导向"。全面风险是未来的不确定性对企业实现其经营目标的影响，包括企业合规风险、员工个人从业廉洁风险等对企业实现其经营目标产生影响的全部各类风险。

（二）明确合规管理的重点是内控体系管理

2009年，财政部会同原证监会、审计署、原银监会和保监会制定发布了《企业内部控制基本规范》，自2009年7月1日起在上市公司范围内施行，鼓励非上市的大中型企业执行。该文件所称内部控制是由企业董事会、监事会、经理层和全体员工实施的、旨在实现控制目标的过程。明确内部控制的目标是合理保证企业经营管理合法合规、资产安全、财务报告及相关信息真实完整，提高经营效率和效果，促进企业实现发展战略。其中，合理保证企业经营管理合法合规是内部控制的目标之一。COSO定义的内部控制目标是：经营的效果与效率、财务报告的可靠性、法律法规的遵循性。其中有"法律法规的遵循性"的目标内容。但是"企业合规管理"的范围要比"法律法规的遵循性"范围宽泛。根据企业合规管理实践，结合《合规管理体系 要求及使用指南》对合规管理的要求，企业的经营管理遵循法律法规只是'合规管理"的一个内容分支。

合规管理内容包括确定企业外部和内部的合规义务、识别合规风险、制定合规风险防控措施、完善业务规章制度，除了要对企业生产经营管理行为的法律法规遵循情况进行管理，还有道德规范、企业外部相关方的期望、诉求（成文的和不成文的）的满足程度进行管理。从某种意义上说，后者的管理更是合规管理的重点。

《中央企业合规管理办法》第二十六条 中央企业应当结合实际建立健全合规管理与法务管理、内部控制、风险管理等协同运作机制，加强统筹协调，避免交叉重复，提高管理效能。严格要求四位一体建设、协同发展。

第二章　合规管理组织体系建设

建立完善的合规管理体系，首先需要建立多层级、集中管控的组织体系。通过体系建设，建立完整的、自上而下的组织体系，明确合规管理责任部门和具体职责。

第一节　合规管理组织体系的构建

虽然我国的国家标准、办法和指引等对合规组织构成的规定各不相同，但是根据《企业境外经营合规管理指引》以及《企业合规管理体系有效性评价指引》，从宏观角度看前述合规组织构成的规范主要从如下三个宏观方面展开：

一、合规治理结构

该结构旨在决策、管理、执行三个层级上划分相应的合规管理责任，以确保企业建立与企业运营相适应的权责清晰的合规治理结构。

在决策层级上，企业的决策层应通过原则性顶层设计，解决合规管理中的权力配置问题。在管理层级上，企业的高级管理层应分配充足的资源建立、制定、实施、评价、维护和改进合规管理体系。在执行层级上，企业的各执行部门及境外分支机构应及时识别归口管理领域的合规要求，结合本部门的实践经验改进合规管理措施，执行合规管理制度和程序，收集合规风险信息，落实管理层的相关工作要求。

二、合规管理机构

该机构负责履行合规管理职责，一般由合规委员会、合规负责人和合规管理部门组成，对于尚不具备条件设立专门合规管理机构的企业，可以将合规管理职能分配给相关部门（如法律事务部门、风险防控部门等），同时明确合规负责人。

三、合规管理协调

旨在实现合规管理部门与业务部门及其他监督部门的分工协作、实现企业与外部监督机构及第三方的沟通协调。

（一）公司治理层面

董事会负责制定企业整体的合规工作方向、方针，董事会下还可设置专门的风险合规委员会，负责董事会权力范围内的具体工作；监事会作为公司内部的监督机构，应当强化其在企业合规方面的监管管理责任；管理层层面，组建合规管理委员会，作为企业合规管理工作的领导机构，组织领导和统筹协调企业合规管理重大事项。

（二）专门的合规管理部门和人员层面

企业应设立首席合规官岗位，已有总法律顾问的，首席合规官由总法律顾问兼任，全面负责企业的合规管理工作。

企业还应当设置合规工作机构（如企业已有专门的法律事务部门，可由法律事务部门履行合规工作机构职责），作为合规管理的牵头和归口管理部门，部门内设立专职合规管理岗。

企业其他职能部门设立兼职合规员，具体负责该部门的日常合规管理工作。

（三）工作执行层面

1. 合规管理主体职责

在工作执行层面，业务和执行部门兼职合规员负责并指导本部门其他员工具体开展合规工作，在业务及职能部门原来职责上增加本部门合规管理主体职责：（1）建立健全本部门业务合规管理制度和流程，开展合规风险识别评估，编制风险清单和应对预案；（2）定期梳理重点岗位合规风险，将合规要求纳入岗位职责；（3）负责本部门经营管理行为的合规审查；（4）及时报告合规风险，组织或者配合开展应对处置；（5）组织或者配合开展违规问题调查和整改。中央企业应当在业务及职能部门设置合规管理员，由业务骨干担任，接受合规管理部门业务指导和培训。

2. 合规工作任务

从这些职责内容看，业务及职能部门负责本部门业务管理、职能管理工作的同时，要负责本部门的合规管理，主要有以下10项合规工作任务：（1）建立健全本部门主责的业务、职能合规管理制度与流程；（2）开展合规风险识别评估；（3）编制本部门系统的合规风险清单；（4）制定本部门合规风险应对预案；（5）定期梳理重点岗位合规风险；（6）将合规要求写入本部门系统人员岗位职责；（7）列出本部门需要嵌入合规审查的业务、职能管理事项清单；（8）及时报告合规风险；（9）组织应对处置本部门主责的业务、职能事项面临的合规风险，或配合应对处置与本部门主责的业务、职能事项相关的合规风险；（10）组织开展本部门主责的业务、职能事项发生的违规问题和整改，或配合开展与本部门主责的业务、职能事项相关的发生的违规问题和整改。

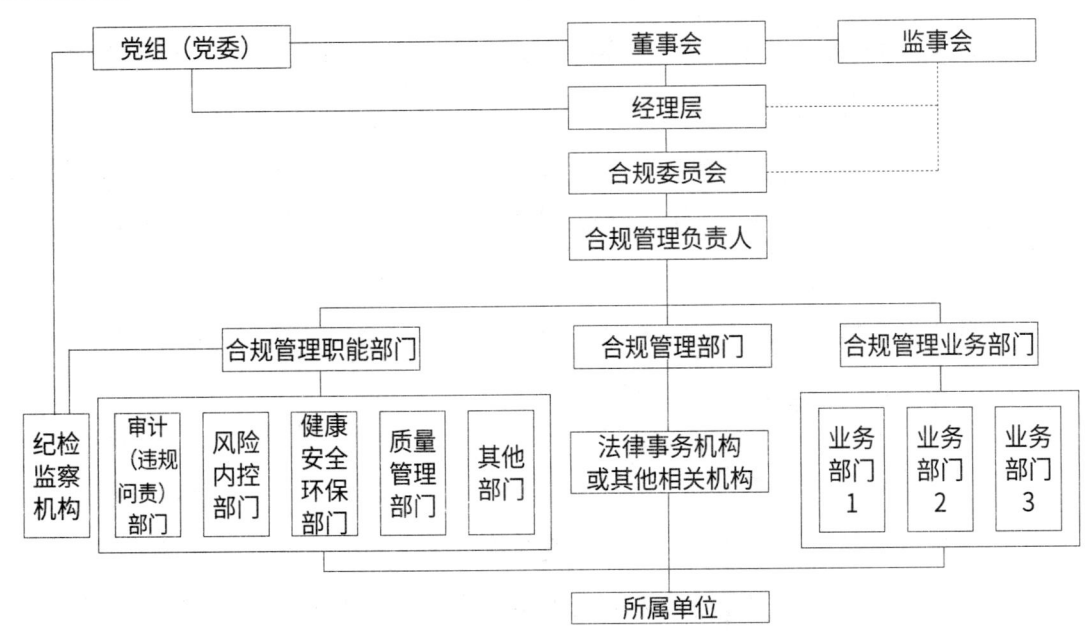

图1 合规组织管理架构

第二节 合规管理职责

为了实现合规功能,需要设置具体承担合规职能的组织或部门。设置合规部门或配备专门的合规工作人员是企业开展合规工作的必要条件。

企业合规管理的国际标准、指南以及我国国家标准、办法和指引,都对企业各层级的合规管理组织作出了规定。例如,国务院国资委《中央企业合规管理指引(试行)》和《中央企业合规管理办法》将企业合规组织分为9个层级,即:(1)党委(党组);(2)董事会;(3)经理层;(4)第一责任人;(5)合规委员会;(6)首席合规官;(7)业务及职能部门;(8)牵头部门;(9)监督部门;(10)全员。

在企业合规管理中,企业董事会应做合规管理的表率并对企业的合规管理承担最终责任。合规管理部门负责合规管理的组织、协调、支持和监督,并指导下属企业的合规管理工作。业务部门是合规管理的责任主体,负责并主动开展本业务领域日常合规管理工作,对本业务领域的合规性负首要责任。监察、审计、法律、内控、风险管理、安全生产、质量环保等相关部门,在职权范围内履行合规管理职责。

企业合规组织是企业实施合规管理以及建立企业合规管理体系的组织载体,是搭建独立、高效、协调合作的企业合规管理体系的重要组成部分,是企业有效进行合规管理、依法治企的组织保障。根据《中央企业合规管理办法》的规定,不同层级的合规组织具体职责如下:

一、党委(党组)职责

党委(党组)发挥把方向、管大局、保落实的领导作用,在职责范围内积极推进合规管理工作,保障党中央关于深化法治建设、加强合规管理的重大决策部署在企业得到全面贯彻落实。

二、董事会职责

董事会充分发挥定战略、作决策、防风险职能,履行以下合规管理职责:(1)审议批准合规管理基本制度、体系建设方案和年度报告等;(2)研究决定合规管理重大事项；（3）推动完善合规管理体系并对其有效性进行评价；（4）决定合规管理部门设置及职责。

三、经理层职责

经理层切实履行谋经营、抓落实、强管理职能，履行以下合规管理职责：（1）拟定合规管理体系建设方案，经董事会批准后组织实施；（2）拟定合规管理基本制度，批准年度计划等，组织制定合规管理具体制度；（3）组织应对重大合规风险事件；（4）指导监督各部门和所属单位合规管理工作；（5）法律法规、企业章程等规定的其他合规管理职责。

四、第一责任人

企业主要负责人作为推进法治建设的第一责任人，应当切实履行依法合规经营重要组织者、推动者和实践者职责，积极推动合规管理各项工作。

五、合规委员会职责

中央企业设立合规委员会，可以与企业法治建设领导小组或风险控制委员会等合署，履行合规管理的组织领导和统筹协调职责，定期召开会议，研究讨论合规管理重点工作，向经理层提出意见和建议。企业可以根据需要设立合规委员会办公室，办公室负责人由首席合规官或合规管理部门负责人担任，相关部门负责人为合规委员会办公室成员。

六、首席合规官职责

中央企业设立首席合规官，由总法律顾问担任并对主要负责人负责，履行以下合规管理职责：（1）参与企业重大经营决策，提出合法合规性审核意见；（2）领导合规管理部门推进合规管理体系建设；（3）向董事会、企业主要负责人汇报合规管理重大事项；（4）指导业务部门合规管理工作，对合规管理职责落实情况提出意见和建议；（5）指导子企业合规管理工作，对子企业首席合规官的任免、合规管理体系建设情况提出意见；（6）法律法规、公司章程等规定的其他合规管理职责。

七、业务及职能部门职责

业务部门是本领域合规管理责任主体,负责日常相关工作,履行"第一道防线"职责:(1)建立健全本部门业务合规管理制度和流程,开展合规风险识别评估,编制风险清单和应对预案;(2)定期梳理重点岗位合规风险,将合规要求纳入岗位职责;(3)负责本部门经营管理行为的合规审查;(4)及时报告合规风险,组织或者配合开展应对处置;(5)组织或者配合开展违规问题调查和整改。中央企业应当在业务及职能部门设置合规管理员,由业务骨干担任,接受合规管理部门业务指导和培训。

八、牵头部门职责

合规管理部门组织开展日常工作,履行"第二道防线"职责:(1)组织起草合规管理基本制度、具体制度、年度计划和工作报告等;(2)负责规章制度、经济合同、重大决策合规审查;(3)组织开展合规风险识别、预警和应对处置,根据董事会授权开展合规管理体系有效性评价;(4)受理职责范围内的违规举报,提出分类处置意见,组织或者参与对违规行为的调查;(5)组织或者协助业务及职能部门开展合规培训,受理合规咨询,推进合规管理信息化建设。

合规管理部门应当配备与企业经营规模、业务范围、风险水平相适应的专职人员,持续加强业务培训,不断提升合规管理队伍专业化水平。

境外重要子企业及重点项目应当明确合规管理部门,配备合规管理人员,落实全程参与机制,强化重大决策合法合规性审核把关,切实防控境外合规风险。

九、监督部门职责

中央企业纪检监察机构和审计、巡视巡察、监督追责、监事会等部门依据有关规定,如没有上述机构的可由监事会作为监督部门,在职权范围内对合规要求落实情况进行监督,对违规行为进行调查,按照规定开展责任追究,在职权范围内履行"第三道防线"职责:(1)对企业经营管理行为进行监督,对违规行为提出整改意见;(2)会同合规管理部门、相关业务部门,对合规管理工作开展全面检查或专项检查;(3)对企业和相关部门整改落实情况进行监督检查;(4)在职责范围内对违规事件进行调查,并结合违规事实、造成的损失等追究相关部门和人员责任;(5)对完善企业合规管理体系提出意见和建议；（6）公司章程等规定的其他职责。

十、全员合规责任

全体员工应当熟悉并遵守与本岗位职责相关的法律法规、企业内部制度和合规义务，依法合规履行岗位职责，接受合规培训，对自身行为的合法合规性承担责任，做到人人合规。

第三章 合规风险管理

所有类型和规模的企业都面临很多内部和外部的问题，使企业不能确定是否对实现其目标产生影响。这种不确定性所具有的对企业运行目标的影响就是所谓的"风险"。企业的所有活动都涉及风险，企业通过识别、分析和评估是否运用相应的风险处理措施来管理风险。通过这个过程，企业与利益相关方进行沟通和协商，监测和评审风险，以及为确保不再进一步需要风险处理措施而修正风险，这个过程即为本章节所述的合规风险管理过程。

第一节 合规风险

一、合规风险概念

合规风险是企业合规管理的重要客体之一，对于合规风险概念的正确认知关系到企业合规管理体系的科学构建。在详述企业合规风险管理流程之前，我们首先应当明确何谓"合规风险"。

合规风险从广义上来讲，是指企业在经营过程中没有遵守外部的法律法规可能遭受的法律制裁或者监管惩罚，从而给企业带来财产损失和声誉受损的风险；从狭义上来讲，是指企业在经营过程中因为未遵守专项或重点领域合规要求，可能遭受的法律制裁或者监管惩罚，从而给企业带来财产损失和声誉受损的风险。综上可知，合规风险是指不确定性对于合规目标的影响，是企业及其员工在经营管理过程中因违规行为引发法律责任、造成经济或者声誉损失以及其他负面影响的可能性。

二、合规风险的特征

合规风险的特征是风险发生的可能性以及不遵守组织的合规政策和义务从而导

致的后果,具有自身的生成规律和发展特点。准确理解和科学认知企业合规风险的特征,有助于帮助企业及时、全面、系统、准确地建立起完整的合规风险管理体系,从而更好地识别、预警和应对各种企业合规风险。企业合规风险包括以下几大特征:

(一) 普遍性

在企业建立和经营过程中时常会伴随着各种各样的合规风险,普遍性是企业合规风险的首要特征。企业作为市场经济的重要主体,往往会为了追求自身经济利益的最大化铤而走险,同时由于不对称的市场信息,企业难以时刻作出科学全面的决策,会诱发各式各类的合规风险。合规风险与企业的经营活动相伴相随,不会被完全消灭,只能通过企业的科学应对被有效地控制在企业可承受的范围之内,所以合规风险的普遍性也决定了企业合规制度和实践存在的必要性。

(二) 动态性

由于企业经营处在一个动态变化的环境之中,受众多不确定因素影响,企业所面临的合规风险会随着外部经营环境的变化、内部企业经营业务的变化、企业管理体系的变化以及企业生长周期的变化而变化。动态性是合规风险的最显著特征之一,这也就要求企业应当结合内外部具体状况,对自身的经营管理活动进行动态监测、预警,以此应对不断变化的合规风险,从而促进企业的长远健康发展。

(三) 传导性

传导性或称传染性、扩散性,企业在经营活动过程中如不加以防范,合规风险可能会由一个风险源迅速扩散至其他风险源,从而导致企业出现重大经营危机。企业合规风险的传导性特征要求企业合规管理树立系统全面的思维模式,不能仅仅局限于对某个项目或环节的合规风险进行识别、排查预警,还应关注不同项目环节的合规风险之间的内在关联,将全面合规管理和专项合规管理工作结合起来,形成一套全面客观的企业风险合规管理体系。

(四) 可识别性

风险是客观存在的,识别合规风险是企业合规风险管理的前提条件,企业可以通过收集、整理、分析信息从而明确风险源,并根据外部法律法规的规定及内部管理制度来识别合规风险。从运营管理的角度来讲，企业可以通过对商业活动、产品、服务、运营管理等各流程进行梳理，调查分析，识别流程中的合规风险。企业管理人员或者外部中介机构在对企业进行合规风险评估时，需要充分了解企业的业务、流程/运行状况以及企业文化，同时要与企业各重点风险岗位人员进行沟通交流，由此，才能发现和识别企业的合规风险。

(五) 可管控性

可管控性是指企业通过对各类合规风险进行精准识别、评估、预警、应对与防范，从而有效地将其控制在企业可承受的范围内。由于企业的合规风险来源大多可以预见，企业可通过科学合理的合规管理，甚至可将部分处于萌芽状态的合规风险及时消灭，做到防患于未然。因此，这就需要企业树立现代化的合规管理思维，建立科学有效的合规风险管理体系，组织培训企业员工掌握好现行的法律法规、地方性政策、商业规则和行业规则，从而实现对企业合规风险的有效预警和应对，不断增强企业市场竞争力，进一步促进企业的可持续发展。

三、合规风险产生的因素

企业在经营过程中，处于商业生态系统中企业的合规风险既受外部营商环境、监管规定的影响，也受自身内部管理制度、员工行为的影响。因此，企业合规风险主要来源于以下两大方面：

(一) 外部因素

企业经营环境以及外部法律法规、监管规定是不断变化的，而所有外部因素的变化都可能导致企业合规风险的变化。

1. 宏观经济形势变化

当前宏观经济形势面临下行压力增大的问题，在市场需求疲软和竞争加剧的双重压迫下，企业经营者往往会为了追求经济利益而选择牺牲合规管理，这将为企业发展埋下大量的合规风险隐患，企业合规管理也面临着更为严峻的考验。

2. 法律法规、行政监管政策的变化

企业面临的法律法规、行政监管政策的变化是其合规风险的重要来源之一。随着社会经济的发展，新的经营模式和经济形态产生变化，行业监管中发现的企业各种违法违规行为不断增多，为落实"依法治国""依法治企"的战略要求，国家的法律法规会持续不断地更新，政府部门也会根据当前的经济形态出台相应的监管政策，而新的法律法规和行政监管政策要求企业必须遵守。

3. 国际环境的变化

随着经济全球化趋势的发展，我国积极推进"一带一路"倡议，越来越多的企业选择"走出去"，而对于"走出去"的企业，国际环境以及不同国别法律制度带来的政治环境、营商环境和市场竞争态势对企业经营活动的影响重大，其中国际关系的变化以及国际条约、国际惯例都将使企业经营面临更多的合规风险。

(二) 内部因素

企业内部合规风险来源主要受商业发展模式、企业内部规章制度建设状况、员工个人行为以及商业合作伙伴等因素影响，这些因素都可能给企业带来内部合规风险。

1. 商业发展模式

由于市场环境的影响，商业模式更新迭代迅速，大量的新商业模式不断涌现，给传统企业以及传统的商业模式带来冲击，企业为生存，往往会根据市场环境的变化调整自身的商业模式。企业进入新的商业领域，对新领域的行业规则、监管政策不熟悉，也容易导致合规风险。

2. 企业内部规章制度建设状况

企业内部各业务领域、岗位以及流程规范的制度建设状况是影响企业内部合规风险的重要因素之一。在激烈的市场环境下，企业迫于经营压力急于谋求发展和壮大，可能会采取相对激进的经营理念，在规模、营收、利润等方面必然追求一定的增长速度，快速发展意味着风险管控能力较弱，进而导致合规风险管理的不善。企业内部规章制度建设是否健全、完善，一定程度上将影响企业在进行风险管理工作时的管理环境，这也给企业评估、监测、应对合规风险带来了不确定性。

3. 员工个人行为

员工个人不当动机、员工接受合规知识培训的情况，包括但不限于员工对业务规律的认知是否充足；对业务制度的学习了解；对工作技能方法的掌握；所在业务领域的业务绩效激励无针对性，导致其缺乏工作积极性等因素也会造成合规风险。

4.商业伙伴

随着经济全球化的深入发展，企业之间商业交往更加密切。企业在经营过程中会有诸多不同的商业伙伴，商业伙伴的不当行为给企业带来合规风险，使其遭受处罚的现象已屡见不鲜。商业伙伴的违规风险可能波及自身，从而导致企业需为此承担法律责任，遭受行政处罚、刑事处罚、国际组织制裁，造成企业经济或声誉受损等。因此，企业在商业合作过程中不仅需注意自身合规风险的防范，同时也应预防商业伙伴可能带来的合规风险。

四、合规风险的分类

（一）根据合规风险涉及范围不同进行分类，可分为全面合规风险和专项合规风险

1.全面合规风险

全面合规风险是指企业在运营过程中所面临的较为系统性的合规风险，其可能涉及企业的生产经营以及管理的各个领域和环节。与全面合规风险相对应的即为全面合规管理。

2.专项合规风险

专项合规风险是指企业在生产运营以及管理等局部领域或者环节所隐藏的合规风险，包括专门领域的合规风险和专门项目的合规风险。与专项合规风险相对应的即为专项合规管理。

（二）根据企业是否对合规风险采取处置措施，合规风险可分为固有合规风险和剩余合规风险

1.固有合规风险

固有合规风险是指企业未采取任何相应的合规风险管理措施，处于非受控状态下的全部合规风险。固有合规风险是绝对风险，存在合规义务的地方，就存在遵循和违

反合规义务的不确定性，就存在合规风险。在没有任何合规管理措施的情况下，合规风险处于最大值状态时即处于固有合规风险状态。

2. 剩余合规风险

剩余合规风险是在企业现有的合规风险管理措施管控下，仍然存在尚未被有效控制的部分合规风险。剩余合规风险是在固有合规风险基础上做了减法。存在合规义务的地方，就存在固有合规风险，但是不一定存在剩余合规风险。必须考察企业为了管理和控制固有合规风险，采取了哪些合规风险管控措施，并要核查这些合规风险管控措施是否得到落实，是否有效管控，除去已经有效控制的合规风险，剩下的合规风险即剩余合规风险。

（三）行为不合规风险

根据合规义务的来源渠道不同，合规风险可分为行为不符合外部监管强制性要求的合规风险、行为不符合企业自愿性承诺的合规风险和行为不符合伦理道德规范的合规风险。

1. 行为不符合外部监管强制性要求的合规风险

行为不符合外部监管强制性要求的合规风险，即不符合国家及经营所在地的法律法规、监管机构、行业组织等规定要求，包括但不限于违反商业法规风险、生产安全风险、职业健康安全风险、环境风险、社会责任风险、刑事法律、劳动人事、数据安全、社会治安等风险。

2. 行为不符合企业自愿性承诺的合规风险

行为不符合企业自愿性承诺的合规风险包括但不限于产品质量风险、售后服务风险、产品功能持久性风险、产品节能风险、产品绿色风险、产品智能化风险、产品知识产权风险、商业秘密风险等。

3. 行为不符合伦理道德规范的合规风险

行为不符合伦理道德规范的合规风险可能包括但不限于商业贿赂风险、操纵市场价格风险、不道德欺诈风险、不廉洁腐败风险、舞弊风险、对产品不负责任风险、违背企业核心价值观风险、人权风险等。

（四）根据合规风险可能的发生地，合规风险可以分为可能发生在岗位上的合规风险和可能发生在管理流程中的合规风险

1. 可能发生在岗位上的合规风险

可能发生在岗位上的合规风险，是指岗位人员在履行岗位授予的职责过程中对合规目标产生影响的不确定性。

2. 可能发生在管理流程中的合规风险

可能发生在管理流程中的合规风险，是指在管理流程运行过程中，流程某环节中人员行为对合规目标产生影响的不确定性。

客观上，合规风险一旦发生，它既存在于某个岗位上，也同时存在于某个流程的某个环节。但这样分类的好处在于，从岗位定义的合规风险适合于规章管理体系比较健全，强调岗位管理和岗位履行职责的企业，开展基于岗位合规风险识别分析评估，建立合规管理体系；从流程定义的合规风险适合于流程型管理体系比较完善的企业，开展基于流程合规风险识别评估，建立合规管理体系。

（五）根据合规风险持续时间的长短，合规风险可分为临时性合规风险和常态化合规风险

1. 临时性合规风险

临时性合规风险是指主要集中或者暴露在某一短暂的时间段内的合规风险。就临时性合规风险而言，企业往往需要采取及时、有针对性的合规管理措施加以防范和化解，因此相应的临时性合规管理一般带有应急性色彩。

2. 常态化合规风险

常态化合规风险是指伴随企业成长发展的全过程中的合规风险，不仅仅于某一个具体时间段里存在或者暴露，常态化合规风险一般具有持续性和过程性的特征。

此种分类有助于企业合规人员分门别类地制定企业合规管理制度和机制，并且采取不同的合规措施来识别和应对不同时间段的合规风险，切实做到未雨绸缪、防患未然，从而有效地提升企业合规管理的科学性、针对性以及可持续性。

（六）根据合规风险安全等级的不同，合规风险可分为高等级合规风险、中等级合规风险和低等级合规风险

1. 高等级合规风险

高等级合规风险主要是指企业引发法律责任、受到相关处罚、造成经济或声誉损失以及其他负面影响的后果及可能性等级较高的某类合规风险，其主要存在于企业的初创期或者高速发展期。此类合规风险在实践中可能表现为企业在具体经营过程中反复出现的某类合规风险；企业或其员工的行为已涉嫌严重违法犯罪后所暴露出来的相关合规风险。

2. 中等级合规风险

中等级合规风险主要是指企业引发法律责任、受到相关处罚、造成经济或声誉损失以及其他负面影响的后果及可能性等级不高的合规风险，其主要存在于企业的重要转型期或者过渡期。此类合规风险在实践中可能包括企业在运行中重点岗位、人员、流程所可能涉及的相关合规风险；企业或其员工的行为已经涉嫌轻度违法或者违规后所暴露出来的相关合规风险。

3. 低等级合规风险

低等级合规风险主要是指企业引发法律责任、受到相关处罚、造成经济或声誉损失以及其他负面影响的后果及可能性等级偏低的合规风险，其主要存在于企业的成熟期。低级别合规风险往往意味着企业合规的制度体系比较完善、管理机制比较健全、风险应对比较科学、企业合规文化比较良好等。

此种分类方式可以有效地帮助企业建立和完善合规风险的预警机制，从而科学识别各类合规风险安全等级，促使企业及时有效地应对各类合规风险。但同时需要注意的是各等级合规风险也可能存在互相转化的问题，即高等级合规风险在经过科学识别和应对后可以转化为低等级合规风险；低等级合规风险若未被重视和有效应对也可能转化为高等级合规风险。

第二节 合规风险管理

一、合规风险管理概念

合规风险管理是明确环境信息，合规风险评估，合规风险监督检查、监测预警，合规风险应对，是沟通协调、循环往复、持续改进的过程。

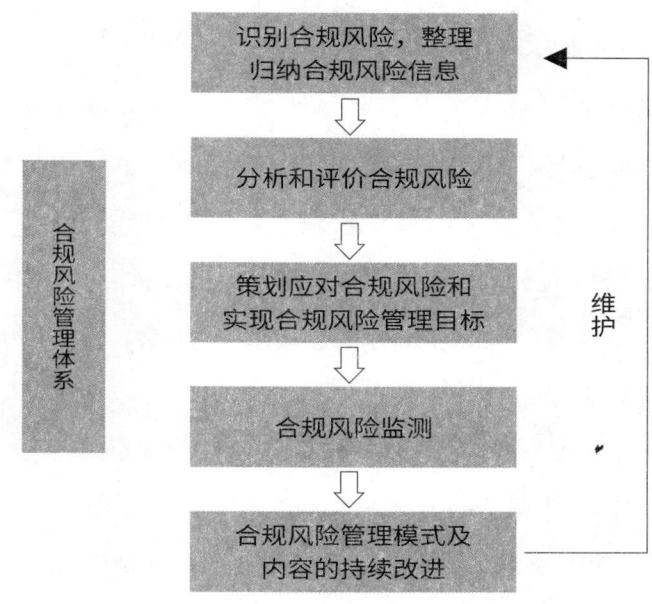

图 2 合规风险管理体系

二、合规风险管理具体流程

（一）第一步：明确环境信息

国家发改委等七部委发布的《企业境外经营合规指引（试行）》及 ISO 37301《合规管理体系 要求及使用指南》，在不同章节提及合规风险都有规定通过明确状况，企业明确其目标，界定管理风险要考虑的外部和内部因素具体参数，确定风险管理过程的范围和风险准则。在明确风险管理过程的状况时，这些参数需要细致地梳理，特别是与特定风险管理过程联系起来考虑。

1. 明确企业外部状况

外部状况是指企业寻求实现其目标的外部环境。为了确保在建立风险准则时，目标和外部利益相关方的关注点被予以考虑，理解外部状况是十分重要的。它基于企业宽泛的状况，但具备法律法规要求的具体细节、利益相关方的观点、风险管理过程范围风险的其他因素。外部状况可以包括但不局限于：（1）社会、文化、政治、法律法规、金融、技术、经济、自然和竞争环境，无论国际、国内、区域，还是本地；（2）影响企业目标的主要动力和趋势；（3）与外部利益相关方的关系，外部利益相关方的观点和价值观。

2. 明确企业内部状况

内部状况是指企业寻求实现其目标的内部环境。风险管理过程应与企业的文化、过程、结构和战略相一致。内部状况是企业内能够影响管理风险方法的因素。明确内部状况的原因在于：首先，风险管理是在企业的目标状况下进行的；其次，具体项目、过程或活动的目标和准则，应依据企业的整体目标予以考虑；最后，一些企业未能意识到实现其战略、项目或经营目标的机会，这就影响了持续的企业承诺、信誉、诚信和价值观。

因此，明确内部状况是必要的，内部状况包括但不仅限于：（1）治理、组织结构、作用和责任；（2）方针、目标，为实现方针和目标制定的战略；（3）基于资源和知识理解的能力（如资金、时间、人员、过程、系统和技术）；（4）与内部利益相关方的关系，内部利益相关方的观点和价值观；（5）企业的文化；（6）信息系统、信息流和决策过程（正式与非正式）；（7）企业所采用的标准、指南和模式；（8）合同关系的形式与范围；（9）明确风险管理过程状况。

企业应确立活动的目标、策略、范围和参数，或风险管理过程应用到企业的哪些部分，风险管理应充分考虑满足进行风险管理的资源需求，所需的资源、职责、权限和要保存的记录也应予以规定。

同时，合规风险管理过程的状况还应根据企业需求而变化，它可以包括但不仅限于：（1）确定合规风险管理活动的目标；（2）确定合规风险管理过程的职责；（3）确定所要开展的合规风险管理活动的范围以及深度、广度，包括具体的内涵和外延；（4）以时间和地点，界定活动、过程、职能、项目、产品、服务或资产；（5）界定企业特定项目、过程或活动与其他项目、过程或活动之间的关系；（6）确定风险评价的方法；（7）

确定评价风险管理的绩效和有效性的方法;(8)识别和规定所必须作出的决策;(9)确定所需的范围或框架性研究,它们的程度和目标,以及此种研究所需的资源。

对以上因素和其他相关因素的关注,有助于确保所采用的风险管理方法适合于环境、组织,以及影响目标实现的风险。

3. 确定风险准则

企业应确定用于评估风险重要性的准则。该准则要反映企业的价值观、目标和发展方向。一些准则可以服从或引用法律法规要求或组织签署的其他要求。风险准则应与企业的风险管理方针一致,在风险管理过程开始时予以确定,并进行持续评审。

确定风险准则时,要考虑的因素应当包括以下内容:(1)可能出现的致因和后果的性质和类别,以及如何予以测量;(2)可能性如何确定;(3)可能性和(或)后果的时间范围;(4)风险程度如何确定;(5)利益相关方的观点;(6)风险可接受或可容许的程度;(7)多种风险的组合是否予以考虑,如果是,如何考虑,以及哪种风险组合应予以考虑。

(二)第二步:进行合规风险评估

合规风险评估包括合规风险识别、合规风险分析、合规风险评价。

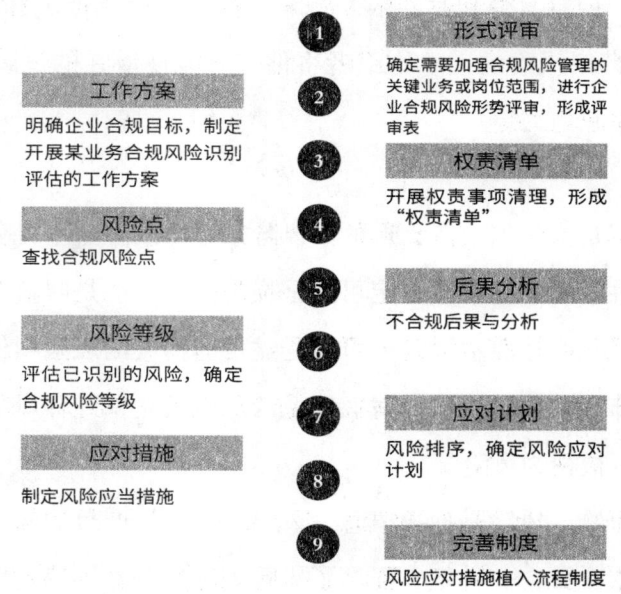

图3 合规风险评估流程图

1. 合规风险识别概述

(1) 概念。合规风险识别是企业发现、确认和描述风险的过程，其中包括对风险源、风险事件及其原因、影响范围和潜在后果的识别。

(2) 目的。合规风险识别的目的是识别企业潜在的合规风险（内部和外部）行为，采取积极的应对措施来防范和控制风险。基于合规风险识别的结果，企业应当采取必要的措施管控合规风险，并在内部开展有效的预防性工作，使企业能够在业务所在国或地区开展合规经营，以实现企业的合规目标，可持续健康发展。

(3) 作用。合规风险识别包括以下作用：

①规范了风险识别的工作流程。风险识别是一个过程，具体包含三项活动：发现风险、确认风险、描述风险。

②规范了风险识别的工作内容，具体包括对风险源、风险事件及其原因和潜在后果的识别。

③规范了风险识别的工作方法。可以通过历史数据、理论分析、有见识的意见、专家的意见，以及利益相关方的需求等来进行风险识别。

2. 风险识别的内容

风险识别的工作内容具体包括对风险源、风险事件及其原因和潜在后果的识别。其中风险源是能够带来风险的人、物或者事件，可能使潜在的危险转化成为现实的损失，因此识别风险源是关键。

(1) 风险源

一个风险源可以是有形的或者无形的。风险来源与风险密不可分，风险是指事件发生带来的不确定性后果，这种不确定可能是损失，也可能是收益。能带来收益，但收益大小不确定的风险叫作收益风险；可能受益可能损失的风险叫作机会风险；只会带来损失的风险叫作纯粹风险，比如我们所说的危险就是指纯粹风险。能够带来风险的人、物或事件都可被视为风险源。

风险源是具体事物，风险是抽象概念。风险，就是生产目的与劳动成果之间的不确定性，大致有两层含义：一种定义强调了风险表现为收益不确定性；而另一种定义则强调风险表现为成本或代价的不确定性。

（2）风险源的类别有哪些

风险源的分类有多种，这里介绍一种较为全面的分类方法，它基本包含所有可能的风险源。它把风险源分为7种：

①物质因素。物质因素或称自然因素，它是指由自然环境和实物条件的变化导致损失，例如地震、干旱、暴雨等都可能导致建筑物、人员或材料的损失。当然物质环境既可能带来损失也可能带来收益，物质因素是最基本的风险源。

②社会因素。社会因素是指组成社会的个体的道德信仰、价值观、行为方式以及社会习俗、社会结构和制度变化带来的风险因素的可能。不同国家和地区的社会环境存在差异，并可能因此产生差异性的产品和服务需求、消费和工作习惯等，从而增加企业经营的不确定性和风险隐患。

③政治因素。政治因素包括官员选举、新的政治环境、国家政策，尤其是指企业市场营销活动的外部政治形势、国家方针政策及其变化可能对企业的影响。在一个国家，政治环境可能是非常重要的风险源，安定团结的政治局面不仅有利于经济的发展和人们收入的增加，而且影响到人们的心理状况，使得市场需求发生变化。党和政府的方针政策变化，也直接关系到社会购买力的提高和市场消费需求的增长变化，跨国公司在识别风险因素时也要充分考虑东道国的政治环境，包括政局是否稳定，政府对外资是否友好等因素。

④法律因素。法律因素是指国家或地方政府颁布的各项法规、法令、条例等。在企业经营中，相当一部分不确定性来自司法系统。法律环境的变化对企业的营销活动具有一定的调节作用，同时对市场消费需求的形成和实现也具有一定的调节作用。企业研究并熟悉法律环境，不仅可以保证自身严格依法经营和运用法律手段保障自身权益，还可通过法律条文的变化对市场需求及其走势进行预测。同时，从整个国际环境的角度来看，各种不同法律体系的存在对企业提出了重大挑战，跨国公司面临越来越复杂的法律风险。

⑤技术因素。技术因素包括互联网、物联网、大数据、云计算、人工智能、电子商务等新技术的诞生与发展。20世纪80年代以来，全球范围内新技术迅猛发展，新技术的变化会使得行业生产效率提升、客户需求日趋多样化、行业运营方式变革等，给企业原有的运营模式和竞争优势带来挑战。为此，企业或组织必须关注技术创新

步伐，分析技术变化带来的市场机会或威胁，探讨研究与开发对企业营销战略的影响作用，关注政府对技术创新的规制及其社会影响等。

⑥经济因素。经济因素是企业营销活动的外部社会经济条件，包括经济周期波动、价格变动、消费者的收入水平和消费结构变动、经济发展水平、行业发展状况、城市化程度等多种因素。企业的很多风险都与经济环境密不可分。当前，经济全球化、金融一体化令经济环境出现了许多新的变化，在企业风险识别时应予以重视。

⑦认知因素。认知因素是指人们对环境的认识水平和认识程度，又指人们为认知环境而不断调整自身经济活动和社会行为，协调人与组织、人与自然互相关系的实践活动的自觉性。

相同的风险因素可能是由不同的风险源产生的。在此方法体系下准确识别企业合规风险需要把握三个步骤：首先，应当识别引致合规风险的风险源；其次，识别合规风险源的分布情况；最后，匹配合规风险源对应的"规"并定义具体合规风险。

（3）如何识别合规风险源的分布情况

合规风险源与合规风险两者的分布特征存在内在的一致性：有合规风险源的地方，是可能存在合规风险的地方，是需要采取合规管控措施的地方。因此，识别合规风险，首先要识别合规风险源在哪。

识别合规风险源的分布情况目前有两种方法：第一种是围绕岗位职责内容，识别岗位人员掌握的权力和权力内容清单；第二种是围绕业务流程每个步骤的工作任务，识别流程每个环节责任执行人员掌握的权力和权力内容清单。

其中企业最大的最广泛的合规风险源是权力，没有权力，不合规行为的发生缺少了首要条件。经过对违规案例、违规事例实证统计分析发现，由权力引致的合规风险事项发生占违规总量的96%，从占比看，权力是合规风险源中最主要的合规风险源，也将主要决定合规风险因素分布。

企业中不同的岗位有不同的职责，并且职责有多有少，每项职责发生的业务频次也各不相同。企业内部的内控失灵问题、舞弊甚至违纪违规、腐败贪污和贿赂犯罪等问题，出现在以下"八项权力"分布的业务领域和岗位：

①审核权。审核权是指决定事情做与不做的管理活动。行权内容包括：销售、人事、

采购、放行、计量、财务资金等领域的决策审核活动。应注意识别是否有审核权，如决策权、审批权等具有审核性质的核准工作，或者本人作为其更高分管领导，能够直接影响和改变权力的行使，如本人是公司上级集团的部门、公司领导。

②市场客服与销售权。市场客服与销售权是指负责资产定价与卖出、推销产品/服务并卖给客户的业务活动。行权内容包括：向特定方介绍资产情况；向客户介绍、营销产品，服务功能，销售政策，价格优惠条件；销售合同签订；售后服务、维修、保养、置换等销售前、销售中、销售后的业务工作。多为市场客服与销售岗位、售后服务经办人员的主要活动。

③人事权。人事权是指负责围绕企业人员管理的专业活动。行权内容包括：雇佣、招聘、任免、考核、人员奖励与处罚、职称评定、岗位选拔、评先进或劳模等针对企业人员的管理活动，多为人力资源岗位经办人员的主要活动。

④采购权。采购权是指负责购买企业生产经营、行政办公所需的业务活动。行权内容包括：投资业务活动；确定供应商、分包商、租赁商合格名册；确定采购数量、采购方式，进行采购策划，制定采购文件；确定投标人，确定价格和中标人、分包商、租赁商选择；签合同、合同变更，选择供方，确定资产、产品、服务购买价格的业务活动。或本人作为其分管范围的责任人，能够直接影响和改变权力的行使，如采购分管领导。

⑤放行权。放行权是指负责利用特定尺度标准进行检验、认证、判断、评价的业务活动。放行权根据其所处的流程环节不同分为：首次验收放行权和再监督放行权。首次验收放行权内容包括：理化检验、质量检验、品质控制、进出门管理、技术控制、安全控制、环境保护等一线生产经营岗位经办人员的业务活动，多为一线质检岗、技术岗、品管岗、门卫等岗位经办人的主要活动。再监督放行权内容包括：技术审核、专业评审、专业认证、监督权、环境监督管理、安全监督管理等在经办人员工作后进行复核把关的管理活动。多为中层专业和职能管理岗位人员的主要管理活动。

⑥计量权。计量权是指负责确定数量多少的业务活动。行权内容包括：计量劳动工作量、产品、服务、物资、设备数量，如货物计数、采购结算、开具验收单、物料领用、消耗计量、工作量计量、分包量计量、容积测量、计时计件、财务记账等计

数计量业务，或本人作为其分管范围的责任人，能够直接影响和改变权力的行使如物资、设备直接分管领导。

⑦财务资金管理权。财务资金管理权是指负责与企业资金流全过程有关的资金/现金进、出、存、保管的活动。行权内容包括：资金进、出管理，费用开支预算、计划；收款、付款、费用开支、费用报销、后勤财务管理、津贴福利开支管理等经手钱财业务，或本人作为其分管范围的责任人，能够直接影响和改变权力的行使，如财务、资金分管领导。

⑧拥有关键信息权。拥有关键信息权是指履行岗位职责过程中能接触、掌握，或直接经手形成的，需要控制受众范围的信息的机会。包括：参与公司高层内部决策会议、重要商务活动、重要管理活动；拥有、知晓、掌握、创造关键商业信息，如公司内部商业秘密、工作策略、工作战略、重要人事安排、重要工作部署、采购分包其他投标人、标底、预算等信息。拥有关键信息往往由人员在履行前面7项中一项或者一项以上的时候产生的拥有关键信息的权力。

以上8个方面的权力，即"八项权力模型"，是企业生产经营过程中最容易导致不合规风险发生的权力，识别了以上八个方面权力在岗位职责中的分布，就可以将合规高风险识别出来，进一步采取合规风险管理措施，有效管理合规风险，实现合规风险识别从早和小做起。

3. 识别合规风险的方法

识别合规风险的方法，即把合规义务与企业的活动、产品、服务和运行（企业的经营管理行为）联系起来，运用一些具体手段，如基于过往案例、基于专家经验，基于归纳推理，基于头脑风暴等方式，发现和列举出企业存在的合规风险。如何有效地识别合规风险，目前并没有适用于所有企业的万能解决方案，企业可以结合自身的实际情况选择合适的识别方法。以下介绍几种常用的合规风险识别方法：

（1）事件库分析法

事件库分析法是指企业根据自身以往的合规风险案例，或者其他企业相同或类似的合规风险案例，通过研究分析、总结，以提升企业合规风险识别和预防能力的方法。企业可以挑选先前发生的合规风险案例，如果企业是初创企业或者先前没有发历过类似的合规风险案例,可以参考其他企业或相同行业、业务领域等的案例。

(2)流程分析法

流程分析法是通过对企业主要的经营管理活动中流程的梳理,发现每一项经营活动中可能存在的合规风险。其具体步骤包括:首先,应对企业的业务流程进行梳理描述,然后以业务流程为主线识别每个环节上分布的各项权力,在此基础上,检索和描述现有制度规定的管理措施;其次,评估现有的管理措施规范、控制合规风险的有效性,确定合规风险点;最后,确定合规风险点的具体合规风险内容。

该方法与业务流程相结合,能有效识别业务流程中分布的风险点,企业管理者可以有针对性地制定合规风险管理措施。

(3)因果图法

因果图法又称为鱼骨图法、石川图法。所谓因果,就是将造成某种结果的各种原因,以系统的方式图解,即以图来表达结果与原因之间的关系。因果图法是从损失的结果出发,首先找出可能产生风险损失的大原因,然后再从大原因中找出中原因,再进一步找出导致中原因的小原因,以此类推,直到找出引起风险损失的根本原因。

(4)合规义务识别法

合规义务识别法是通过对不同责任类型、不同领域的法条或者规范进行整理,如可以按照民事责任、行政责任、刑事责任进行划分,识别不同责任体系下公司合规责任;通过对流程涉及的不同法律领域进行法律梳理,从而发现不同领域内存在的合规风险。

(5)溯源分析数据法

溯源分析数据法或称历史事件数据法,通过对过往损失或失败事件建立数据库进行统计分析,可以帮助分析、识别失败的缘由。企业管理层还可以通过评估、分析失败的原因来解决问题,从而避免事件的再次发生,这是比单独处理每一个失败事件更有效的解决方法。

(6)测试法

测试法是指通过前期评估、访谈调研、召开座谈会等方式对企业合规风险进行测试评估。例如企业可采取小组讨论和访谈的方式,集合管理层、员工和其他有关人员的知识和经验进行交流。一般来说,小组讨论或面谈由发起人或面谈负责人召集,讨论合规风险的起源、分布等情况。这种座谈会主要以一对一的方式进行，其目的是查明被访谈人对实际的过去事项和潜在事项的公正的观点和认知，有利于集思广益，结合各参与者的知识和经验来识别重要的潜在合规风险。

(7) 专家调查法

专家调查法也称德尔菲法，是指众多专家就某一专题达成一致意见的一种方法。例如项目风险管理专家可以以匿名方式参与问卷调查并发表其对于有关重要项目风险的见解，汇总问卷结果后召集专家们研讨辩论，请他们进一步发表意见，经过多次的讨论后能够得出各专家关于主要项目风险的一致看法。这种方式有助于减少数据中的偏移，并防止任何个人对结果产生过大的影响。

这些合规风险识别技术与方法，通过提供若干识别合规风险的角度，能够为企业构建符合自身经营管理需求的合规风险识别框架。同时，这些技术、方法往往是综合运用的。如：事件库分析法作为企业内部和外部合规咨询团队最常用的合规风险识别方法，往往需要辅之以其他方法（如测试法、访谈调研、头脑风暴法、德尔菲法等）以及日常的合规管理工作。

4. 合规风险分析

风险分析是理解合规风险性质和确定风险等级的过程，为风险评价和风险应对提供基础。合规风险分析根据目的、可获得的信息数据和资源，在风险识别的基础上，考虑不合规事件发生的原因、后果大小及其发生可能性大小等因素，最后形成合规风险列表清单。

合规风险分析的步骤和内容包括：

(1) 描述风险，明确风险发生的原因

合规风险分析需要标准和依据，风险描述是合规风险分析的第一步，通过简单且准确的描述首先对风险进行定性，考虑：该风险发生后在哪些方面及以怎样的方式给企业造成什么样的影响？该风险对既定目标将产生哪些影响以及不同影响的程度如何？该风险发生的真正原因是什么？该风险可能在什么情况下以什么方式发生？

(2) 分析风险发生的结果

分析风险发生结果主要分析合规风险对企业的经营管理和业务发展所产生影响的

大小。具体可以考虑但不限于以下因素：第一，后果的类型，包括财产类的损失和非财产类的损失，例如商誉损失、企业形象受损等；第二，后果的严重程度，包括财产损失金额的大小、非财产损失的影响范围、利益相关者的反映等。如对发生结果进行定量分析可分为4个维度进行，每个维度可以进一步细化为若干评分标准；影响程度分为3个等级，分别赋予1—9分，得分越高意味风险程度越大，如表1所示。

表1 合规风险发生结果的定量分析示例表

分析维度	分值			
	9	5	1	0
财产损失大小	很大	一般	较小	无
非财产损失大小	很大	一般	较小	无
影响范围	广（全国范围内甚至全球）	中等（全省或者市范围内）	较小（本区范围内或者本企业）	无
影响持续时间	1年以上	1年	1年以内	无

（3）分析风险发生的可能性

分析说明风险发生的可能性大小，需要对风险发生的可能性进行量化分析，例如可从以下5个维度进行：内部合规规范的完善程度；合规规范的执行力度；人员相关合规素养；外部监管执行力度；违规行为1年内已发生的次数。每个维度可以进一步细化为若干评分标准；影响程度分为3个等级，分别赋予1—5分，表示发生可能性依次加强，得分越高风险发生的可能性越大，如表2所示。

表2 合规风险发生可能性定量分析示例表

分析维度	得分		
	5	3	1
内部合规规范的完善程度	很不完善，需要重新制定	较完善，需要修改补充	完善
合规规范的执行力度	很难得到执行，执行无效	部分执行，执行效果一般	执行非常准确、有效
企业合规文化落实	没有得到落实，落实无效	较为完善，需要修改、补充、改进	完善
人员相关合规素养	不了解相关合规规范	了解主要合规规范	了解所有相关合规规范
外部监管执行力度	无相关监管规定，监管力度弱	有相关监管规定，违规行为并未及时查处	有严格监管规定，监管到位，对违规行为处罚严厉
违规行为1年内已发生次数	超过3次	2次	1次

（4）形成合规风险列表清单。综合以上步骤的分析内容，最后形成较为直观清晰

的合规风险列表清单，有助于后续对合规风险进行评价，如表3所示。

表3 合规风险列表清单示例表

事项	风险描述	合规义务来源	对应企业行为	风险发生原因	风险发生后果	风险发生可能性
1						
2						
3						

5. 合规风险评价

合规风险评价是把合规风险分析的结果与风险准则相比较，或者在各种风险分析结果之间进行比较，以确定风险的等级，决定该风险是否可接受或可容忍的过程。

一般而言，可将企业合规风险分成高、中、低三个级别，风险值大于15的为企业不可接受的高风险区域，在该区域内，无论相关活动可带来什么收益，风险等级都是无法承受的，应不惜一切代价进行风险应对；风险值小于5的为企业广泛可接受的低风险区域，该区域的风险很小，无须采取任何应对措施；其他为企业较可接受的中等风险区域，对该区域内风险的应对要考虑应对措施的成本与收益，并衡量机遇和潜在后果。具体等级划分方式如表4所示。

表4 合规风险等级示例表

合规风险等级	对应的合规风险值范围	对应的区域
低风险	＜5	广泛可接受区域
中风险	5~15	较可接受区域
高风险	＞15	不可接受区域

6. 合规风险评估报告

根据对合规风险评估过程中所收集的信息的总结和判断，合规风险评估工作的最后，应当是以一份清晰全面的合规风险评估报告落地收尾。合规风险识别评估报告是企业建立和维护合规管理体系、建立系统性合规风险管理机制、持续有效地管理风险的充分依据。

（1）报告主体

应当以业务部门为单位，从业务角度来审查该报告中对风险的评估是否准确，如业务部门向合规管理部门报告、合规管理部门向合规管理委员会报告。

(2) 报告内容

包括但不限于合规风险评估实施过程总结（例如风险评估背景、范畴、评估方法、评估实施过程、已发生违法、违规事件及其处理结果等）；合规风险基本评价（例如已识别的风险领域、风险分级、整体评价结论等）；存在的合规风险（例如企业需要处理的风险类型、风险内容清单等）；合规风险发生的原因及可能的企业损失；合规风险处置建议、应对措施等。

(3) 报告种类

根据侧重点的不同，报告的种类也可分为定期评估报告及专项合规风险评估报告。

(4) 报告形式

常见的报告形式有以叙述的形式编写的平铺直叙式以及表格式，如表5所示。

表5 合规风险报告评估表示例表

业务活动目标	风险领域	关键指标	所属业务部门	风险点	处置建议和应对措施

风险评估是企业合规风险管理的基础，是风险管理过程的核心环节。企业进行合规风险管理的最终目的是通过风险评估和风险应对，把风险控制在可接受或可容忍的范围内。风险评估为风险监测预警以及应对决策提供输入，输入的形式可以是风险评估报告或报警信息。

实施风险评估的意义在于：（1）识别那些导致风险的主要因素或系统、组织的薄弱环节；（2）评估风险及其对目标的潜在影响，为决策者提供相关信息；（3）增进对风险的理解，帮助确定风险是否可接受，以利于风险应对策略的正确选择；（4）有助于建立风险应对的优先顺序；（5）有助于通过事后调查来进行事故预防；（6）满足监管要求等。

（三）第三步：合规风险监测预警

1. 合规风险监测预警概念

风险监测就是要对企业风险的发展与变化情况进行全程监督，以便根据实际需要进行相应的策略调整。风险预警则是在风险监测的基础上，对企业面临的风险进行预测和报警。风险监测是风险预警的基础,风险预警是对风险评估成果的最佳应用。在实践中,风险预警一般包括风险监测。

企业的风险会随着内外部环境的变化而变化。随着企业的不断发展,企业经营管理活动中的各项风险可能会增大或者衰退乃至消失,也可能由于环境的变化而出现新的风险。风险监测预警系统是根据企业内外部环境的变化,通过收集相关的信息和数据,监测风险因素的变动趋势,并评价各种风险状态偏离预警线的程度,然后向决策人员发出预警信号并采取预控对策的信息化系统。

企业建立风险监测预警系统有助于警示企业应当及时采取应对措施,提高企业应变能力,以便防患于未然。

2. 合规风险监测预警原则

(1) 全面性,指应对风险源头、风险类型、法律法规变化、监管部门指导、舆情变化、历史违规行为等因素进行综合、全面地监测和预警。

(2) 及时性,及时性是风险预警的最基本的特点和要求。

(3) 前瞻性,监测和预警指标需要具有前瞻性和敏感性,不能等风险变成事故才予以警示。

(4) 可持续性,风险监测和预警要保持连续性和持续性,要贯穿整个合规风险管理过程。

(5) 可操作性,对企业业务活动的风险监测和预警要遵循可操作性,符合实际客观情况。

3. 风险监测预警范围

(1) 横向方面。管理领域,如公司治理、劳动管理、网络安全管理等;业务领域,如采购、营销、产品开发、物流等。

(2) 纵向方面。外部合规规范的遵守,如适用的法律法规、行业监管规则等;企业内部规章制度的执行,如管理制度、业务流程等。

4. 风险监测预警方法

风险监测预警目前大部分采用的是建立企业风险合规库持续更新监测的方法,包括但不限于合规风险库、风险管理专家库、风险案例分析库等。

（1）合规风险库。综合企业正常运行需要遵守的外部依据和内部依据，形成完整规范的合规风险库。其中外部依据包括法律法规、行政规章、规范性文件、监管规定、党内法规、相关标准、国际条约、规则以及行业普遍遵守的职业道德和行为准则。内部依据则包括企业章程、规章制度、规范以及其他企业对外自主作出的承诺。

（2）风险管理专家库。建立风险管理专家库是从外部向企业合规风险管理提供支持的有利形势，必须根据合规风险的性质和管理要求，选取相关专业的专家进行支持，确保风险管理工作的质量。专家库的成员可包括法律专家、经济师、会计师、审计师、统计师、分析师、税务师以及其他专业领域的专家学者。

（3）风险案例分析库。企业通过梳理自身或同行业曾经历过的并且在此之后仍可能会面临的合规风险，总结相关经验后确定某领域的合规管理对象。包括梳理已存在和常见的合规风险案例、司法判例、监管案例，了解监管逻辑与监管红线并对其作出综合的分析判断，通过不断更新、记录，快速、动态地掌握合规风险管理重点，并建立相应的合规风险管控制度。

风险监测预警系统的建立对于企业制定合规管理战略，为企业经营目标保驾护航具有重要意义。

5. 风险监测预警制度实施的具体步骤

《中央企业全面风险管理指引》规定，"企业应定期总结和分析已制定的风险管理策略的有效性和合理性，结合实际不断修订和完善"。风险预警的设置应具有合理性与可操作性，避免企业合规风险运行机制的形式化、盲目化。企业可通过定期对关键风险指标变化的管理、更新，推动合规风险预警制度的实施。

风险监测预警制度实施的具体步骤可包括以下内容：（1）对合规风险进行定性定量后，分析风险成因，从中找出关键成因，如金额、时间、特定行为等因素；（2）将关键成因量化，确定其度量，分析、确定风险事件发生（或极有可能发生）时该成因的具体数值；（3）以该具体数值为基础，以发出风险预警信息为目的，加上或减去一定数值后形成新的数值，该数值即为关键风险指标；（4）建立风险预警系统，即当关键成因数值达到关键风险指标时，发出风险预警信息，若关键成因数值无法自动更新，企业应根据相关事项发展进度定期在风险预警系统中更新风险关键成因的数值；（5）制定出现风险预警信息时应采取的风险控制措施；（6）跟踪监测关键成因数值的变化，一旦出现预警，及时实施风险控制措施。

（四）第四步：合规风险应对

1. 合规风险应对概念

风险应对是企业根据合规风险分析与评价结果，确定风险应对措施和解决方案，制定风险应对措施清单并落实执行的阶段，是调整风险影响范围的最终"关卡"。企业在选择风险应对策略时应当考虑各种环境信息，内部和外部利益相关者的风险偏好、风险承受度以及法律法规和其他方面的要求等因素。企业前期进行的合规风险识别、分析、评价以及预警工作都是为最终的合规风险应对阶段服务。

2. 合规风险应对体系

企业应对合规风险，必须形成体系化的风险防控模式。可以从以下三个角度入手，构建层级式的合规风险应对体系。

（1）业务风险角度

①事前参与，包括资信调查、尽职调查、法律方案设计、合规义务库建设、合规风险评估、合规培训、律师库建设、危机监测等；

②事中控制，包括合同审查、法律谈判、法律意见书、合规审查、合规考核、危机预警等；

③事后救济，包括合规调查、委托代理人、参加庭审、申请执行、危机公关等。

（2）部门职责角度

①业务部门，强化风险防范责任，每一个业务部门应当设立专人直接对接法务风控部门；

②法务防控部门，该部门的风险管理职责和权力应该得到来自高层的授权，并被所有部门周知；

③企业管理部门，该部门应设置风控委员会，处理法务防控部门提出的专门问题以及对特殊事项进行权衡决策。

（3）管理层级角度

①业务层面，每一笔业务交易应当都有法务风控部门深度参与；

②企业层面，企业组织架构、岗位职责、企业文化都贯穿着法务风控意识；

③战略层面，企业整体商业模式选择、战略定位都应有法务风控参与，并有权利有责任发表意见。

3. 合规风险应对措施

合规风险应对具体措施：(1) 制定和执行整改及防控目标和计划；(2) 制定、修改和完善企业内部合规规范；(3) 与存在重大合规风险的部门管理层商谈，明确合规风险应对措施和职责，纳入绩效考核指标；(4) 对相关业务模式、业务流程进行整改和完善；(5) 开展专项合规培训与合规活动；(6) 严格问责，对违规行为进行违规调查和处置等。

违规事件所造成的后果及其影响程度不尽相同，因此企业在应对合规风险时应当根据违规事件级别，轻重缓急，分别处置。

(1) 一般违规事件，建议由业务部门采取有效措施，及时处理，并通报合规管理部门。

(2) 较大合规事件，建议业务部门应当立即向业务分管领导和合规管理负责人报告并通报合规管理部门，由业务部门主导、合规管理部门配合，及时采取应对措施，化解风险。

(3) 重大合规事件，建议业务部门应当立即向业务分管领导、合规管理负责人和合规管理委员会领导报告并通报合规管理部门。成立由业务主管部门牵头、合规管理负责人参与，业务部门主导，合规管理部门参加的处置工作小组，及时采取应对措施，最大限度化解风险，降低损失。

(4) 特大合规事件，建议业务部门应当立即向业务分管领导，合规管理负责人及合规管理委员会报告并通报合规管理部门，由合规管理委员会主导处置事件。发生重大、特大合规事件时，建议及时向公司董事会报告相关情况。

实务中合规风险所涉及方面过多过广，而一家企业合规的重点问题领域一般不会超过三类。如医药企业的医药代表商业贿赂、不正当竞争等问题；房地产和建筑企业的违反招标投标规定、商业贿赂、侵占资金、房企融资"四道红线"等问题；互联网科技企业的个人信息保护和数据合规、网络安全等问题；跨国公司的出口管制、经济制裁、反腐败等问题；外贸企业的出口退税、虚开、偷逃骗税等问题；生产制造企业的劳动用工、安全环保等问题；文化创意、出版发行类企业的侵犯知识产权、不正当竞争等问题。只有把握问题导向，结合企业业务特点和监管要求，从痛点问题入手，才能使合规落到实处。

第四章 合规义务管理

在合规管理中，合规义务是一个核心概念。国际标准 ISO 37301：2021《合规管理体系 要求及使用指南》对应（GB/T 35770—2022 中国国家标准）将"合规"定义为"履行组织的全部合规义务"。从合规义务出发，企业履行合规义务即合规，未履行合规义务即不合规，履行合规义务中的不确定性即为合规风险，这种不确定性变成事实，即发生了合规风险事件。企业为保证合规义务得到履行而进行的管理就是合规管理。

第一节 合规义务概论

一、合规义务的含义

合规义务是企业必须遵守的合规要求或合规承诺。企业合规义务是企业合规规范规定的企业必须履行的义务，合规义务来源于企业。

合规义务是企业合规的基础，识别合规义务是合规管理的基础性工作。企业应系统识别其合规义务及这些合规义务对组织活动、产品和服务的影响。企业在建立、制定、实施、评价、维护和改进合规管理体系时，应考虑这些合规义务。企业应以适合其规模、复杂性以及结构和运行的方式记录其合规义务。合规义务的来源应包括合规要求和合规承诺。企业应按部门、职能和企业活动的不同类型确定合规义务，以确定哪些人受这些合规义务影响。

二、合规义务的内容

企业应将合规义务作为建立、开发、实施、评估、维护和改进其合规管理体系的基础。合规义务包括合规要求和合规承诺。合规要求主要来自外部合规规范，具有强制执行力的效果，合规承诺主要来自内部。合规义务是企业的自主意思表示，是自愿设定的义务和接受的约束。

（一）合规要求

合规要求是指企业所在国家（地区）、地方政府、行业组织、社区制定的强制性规范，涉及面包括商业行为、生产安全、职业健康、社会责任等。其存在方式可能为法律法规，许可、执照或其他形式的授权；监管机构发布的命令、条例或指南，法院判决或行政决定，条约、惯例和协议。这些规范的共同特征是具有强制性，企业的经营管理行为必须符合这些规范，如有违反，企业将会受到监管机构的处罚或制裁。

合规要求一般都是比较客观的、明确的。很多合规要求会随着社会环境的变化而变化，企业在满足合规要求时，应充分识别相应的合规义务。

（二）合规承诺

合规承诺是企业为了获取市场信任而作出的超出合规要求的承诺。合规承诺源于合规要求和合规义务，合规承诺可以是外部的要求，也可以是自觉发起的承诺。很多企业签订"合规承诺书"来表示释明合规承诺。

合规承诺可以分为两类：一类是伦理道德方面的承诺，诸如公平交易、诚信经营、以人为本；另一类是企业为了市场竞争而作出的业务技术上的承诺，诸如售后服务、绿色环保、人性化设计等。对于这些承诺，尽管监管机构也颁布了很多监管规范，但这些规范通常是取行业的均值，如果企业想在激烈的市场竞争中占有一席之地，就必须将自身产品提升到一个更高的标准。

企业自愿选择遵守的要求可以包括：一是与社区团体或非政府组织的协议；二是与公共权力机构和客户的协议；三是企业要求，例如政策方针、原则和程序或规程；四是自愿性原则或行为准则；五是企业对质量或环境承诺；六是企业的合同安排产生的义务；七是相关的组织和行业标准。

三、合规义务的分类

合规义务分为三类：重大合规义务、实质性合规义务、控制性合规义务。

企业应以适合其规模、复杂性、组织结构和运营管理的方式制定合规义务文件。合规义务信息应包括合规要求和合规承诺，合规义务与企业本身密切相关，合规义务决定合规风险。在企业生产经营过程中，由于合规义务的存在，员工行为会对合规义务的遵循存在不确定性，导致合规风险的产生。

（一）重大合规义务

重大合规义务与组织所面临的重大风险高度相关，一旦违反这些义务就会引发重大合规风险或者使风险管控失去控制。相对于某一个方面的合规风险源，企业外部及内部会有很多的法律及规定，相应地也有很多的控制性合规义务，包括组织承诺的和强制的合规义务。如果要把所有的合规义务都确定下来是不现实的，也是没有必要的。确定合规义务如果不按轻重缓急予以区分，则会在总体上降低合规义务人对合规风险，尤其是重大合规风险的敏感度。因此，一个企业在确定与合规风险相关联的合规义务时，应将重大的合规义务优先确定下来。

（二）实质性合规义务

实质性合规义务来源于法律法规及企业的规章制度，但又不同于法律法规及企业的规章制度，相对而言实质性合规义务更加接近行动指令和要求。相比较具有普适性的法律法规及相关规定而言，实质性合规义务与企业的实际情况更加紧密关联从而各具特点。

（三）控制性合规义务

控制性合规义务的来源，包含但不限于企业为了管理某个合规风险已经制定的，以及应当制定而没有制定的内控流程所生成的义务。控制性合规义务不求是否全面或者重大，而在于是否能有效地管控风险。

四、合规义务的有效条件

（一）合规义务的适用性

合规义务获取、存档、备案，企业应选择和确认从上述途径获取的合规义务的适用性，同时做好存档、备案工作，以便查找和使用。

(二) 便于评审、修订

企业应根据合规义务的更新和变化，修订、更正企业相关制度，确保合规有效性。

(三) 及时传达

对需要传阅的法律、法规及行业标准，由企业相关部门根据各部门具体情况传送相关领导、各部门员工，进行培训、学习安排，并由企业正式传达。对需要转化为企业规章、制度的，应经过民主程序制定或更新，并传达给企业全体员工，使员工能够了解其所应履行的合规义务和不履行合规义务的后果。

(四) 实时纠正

企业应建立有效的合规实施的沟通/举报机制，将不符合或不合规的信息传达到合规部门。合规部门需确定纠正措施对问题进行纠正，并将完成信息反馈回各部门。

第二节 合规义务履行

一、合规义务的主体

(一) 合规义务人

合规义务的主体（合规义务人）指合规义务的具体责任人。合规义务人不仅包括组织本身，还包括组织内部的工作人员以及组织外部的第三方及其工作人员。企业是法律或其他规范下所拟制的虚拟对象，其合规性需要通过工作人员的行为来体现。具体如下：

1. 企业

企业是首要的合规主体。企业是法律上拟制的人，有着法律赋予的地位，可以用自己的名义独立享受权利和承担义务。经过长期经营的企业甚至会形成自己独立的企业人格，即通常所称的企业文化。企业是财产的集合体，也是自然人的集合体。企业所有的决策是由自然人作出的，企业所有的行为也都是由自然人实施的，但自然人进行决策和实施行为的后果是由企业承担的。自然人可以作为个体对企业施加影响，也可以作为其他组织的代表或者其他组织的一部分对企业施加影响。

2. 股东

股东包括自然人股东和法人股东，也可以进一步分为控股股东和非控股股东。控股股东对企业的决策和行为会产生较强的影响，因此对企业的合规也可能有比较大的影响。非控股股东在通常情况下也会对企业的合规施加影响。

3. 实际控制人

在此特指非股东的实际控制人。实际控制人包括自然人和法人，通过协议关系或者其他形式对企业施加影响，也影响着企业的合规。

4. 董事和监事

董事和监事是自然人，按照公司法和企业章程的规定组成董事会和监事会，形成企业治理机构，主导企业的决策和经营管理，其依照董事或者监事职权作出的决策和表态对企业的合规可能造成显著的影响。

5. 管理层

管理层由自然人组成，大多数情况下与企业签订劳动合同，可能与股东或者实际控制人重合，更直接地代表企业作出决策并控制着企业的行动。

6. 普通员工

员工是自然人，同企业签订劳动合同，但相对于**管理层**人数更多，是维持企业运营的基本力量，而且广泛地在企业经营活动中代表企业与第三方发生业务往来，他们的行为将在很大程度上影响企业合规。

7. 商业伙伴

在很多情况下，经销商、授权加盟商等业务伙伴由于与企业有着密切的业务联系，被第三方认为与企业有利益关联，其行为也会影响企业的合规。

（二）重点合规义务人员

《中央企业合规管理指引（试行）》要求的重点人员包括管理人员、重要风险岗位人员、海外人员，对这些人员应当强化考核与监督问责，加大培训力度，加强监督检查和违规行为追责。具体要求如下：

1. 管理人员

促进管理人员切实增强合规意识，带头依法依规开展经营管理活动，认真履行承担的合规管理职责，强化考核与监督问责。

2. 重要风险岗位人员

根据合规风险评估情况明确界定重要风险岗位，有针对性地加大培训力度，使重要风险岗位人员熟悉并严格遵守业务涉及的各项规定，加强监督检查和违规行为追责。

3. 海外人员

将合规培训作为海外人员任职、上岗的必备条件，确保遵守我国和所在国法律法规等相关规定。

各地合规管理指引几乎都沿用了上述三类合规重点人员，同样值得关注的是《四川省省属企业合规管理指引（试行）》独具创造性地增加了新入职人员，在 ISO 37301 中也明确要求加强员工招聘过程中的合规审查，开展新入职人员合规制度和合规要求专题培训，强化源头管控。

（三）企业管理者的合规义务

企业的守法义务需要企业管理者落实，对于企业及法定代表人，依照公司章程的规定，可以是董事长、执行董事或经理，应当遵守法律、行政法规和公司章程，履行勤勉义务。按照勤勉义务，企业管理者应当采取措施预防、纠正和处理企业员工的违规行为，确保企业合规经营。最高领导者作为合规第一责任人，应当起到表率的作用。

企业管理者不仅要确保本人的行为合规，还要确保企业员工的行为合规。管理者以企业名义从事违规行为，也是企业的违规行为，由此给企业造成损失，企业管理者对企业或企业股东承担赔偿责任。除此之外，企业管理者有义务确保企业员工的行为合规。员工从事企业业务时的违规后果由企业承担。

二、合规义务分析

合规义务的范围有多大，没有标准的答案。商业判断规则是确定企业管理者是否履行合规义务的基本规则。按照该规则，合规风险应当与合规措施成比例。企业在分析合规风险时，考虑的因素包括企业的经营业务、所在行业、规模大小、员工人数、内部组织、监督的可能性、以往的违规行为、适用的法律。在具体案件中，为各个因素设定权重，综合考虑各种因素，分析出合规风险大小，然后比较合规措施与该合规风险是否匹配（即比例原则），确保企业员工的行为合规。

在合规义务分析过程中，需要比较分析现有合规义务与更改后的合规义务可能对该企业带来的影响。基于这一比较，企业要确定合规义务的优先选择内容，并在此基础上确定实施控制措施的必要性与控制措施的程度。

（一）合规义务分析主体

合规义务分析主要由区域企业合规师（合规官）或者职能部门牵头，对应业务部门配合实施，共同建立合规义务分析小组，向企业的最高领导者或治理机构报告。企业合规师联合业务部门主管，根据本企业建立和维护的合规风险清单、企业管理制度、岗位职责说明书、最新的法律法规、政策性文件，以信息统计和计算分析等方式进行合规义务的分析。

合规义务分析小组应该由法律和非法律业务专业人员组成，合规义务包括法律法规及以外的其他合规义务，新的人员的加入，有助于提高对非法律合规义务的分析与管理。同时，小组成员也应当由总部到一线各层级的代表人员共同组成，以有利于各层级的合规义务分析与管理。

（二）合规义务的分布特征

合规义务与合规风险是一一对应关系，而不履行或违反合规义务会导致合规风险，合规义务在哪里，合规风险就在哪里。因此，合规义务的分布特征也是合规风险的分布特征。

合规义务主要是用来规范权力的正确行使。没有权力的地方，也就没有必要制定合规义务对行为进行约束和规范。行使权力的过程实质是分配利益的过程，利益分配过程就必然有利益和分配不公的情形。为解决利益纷争，监管机构出台相关的强制性管理规定，所有合规义务伴随合规权力产生。权力决定合规义务的分布特征。根据对不合规案例事实的统计分析，市场客服与销售权、审计权、人事权、采购权、放行权、计量权、财务资金权和拥有关键信息权八项权力，密切影响行为的合规性，决定着合规义务分布规律。

因此，对合规义务的分析应当结合合规义务的分布特征，进行系统分析，及时更新合规义务，最大限度地防范和控制合规风险。

三、合规义务清单整理

企业应系统识别其活动、产品和服务所产生的合规义务，并评估其对企业运行所产生的影响。企业应在建立过程中识别新增及变更的合规义务，以保证持续合规；评估已识别的变更的义务所产生的影响，并对合规义务管理进行必要的调整。为保证企业合规管理体系的有效运行，对合规管理体系进行持续跟踪、监测、调整，企业应当保持其合规义务的文件化信息。合规义务的文件化信息以清单形式保存。

合规义务清单是为了更好地管理合规义务，明确合规义务的来源，实现合规义务与责任人的一一对应，故合规义务清单应当包括合规义务来源、合规义务内容、合规风险点、责任人、不合规的后果以及管控方式。当合规义务出现增加和变更时，合规义务清单应进行实时调整。

合规义务清单的制定包括法规识别和收集、合规义务的获取、合规义务清单的制定及保存。法规识别和收集范围包括国际公约、国家法律法规、部门规章、地方政府规章、企业要求、企业的管理规定等等。

四、合规义务的确认

确认企业的合规义务，从以下两个方面展开：

（一）确定企业的业务流程

识别企业的战略发展流程、研发流程、生产流程、营销流程、投资流程、人力资源管理流程、财务管理流程、知识产权管理流程等，明确它们各自所应遵守的主要法律法规、监管规定、国际规则等，然后形成企业的合规义务清单。例如，在营销环节，企业要遵守反不正当竞争法中的禁止混淆名称、不得实施商业贿赂、禁止虚假宣传等规定，遵守广告法中的不得使用"国家级""最高级""最佳"等用语，不得发布虚假广告等规定，以及价格法中的不得有不正当价格行为等规定。

（二）确定企业应遵守的专项合规要求

专项合规要求包括反贿赂合规要求、反腐败合规要求、反洗钱合规要求、反垄断合规要求、劳动用工合规要求、知识产权合规要求、环境保护合规要求、数据与网络安全合规要求等。这些专项合规要求作用于企业的业务和管理，形成企业需要承担的合规义务。

因为合规要求数量大，且处于不断变化之中，很难一次性识别企业应遵守的全部合规义务，即使耗费大量人力和物力梳理得相对齐全了，可能也很难消化和应对。因此，合规义务的梳理和识别、评估，需要特别关注企业当下从事的业务以及与企业所在行业、所采取的商业模式、所采用的运作流程密切相关的法律法规、国际规则、行业监管规定，这才是重点梳理对象。

企业可以先建立通用的或某行业的合规要求和合规义务库，然后针对自己的某项具体业务梳理合规义务，把梳理工作变成筛选和增补工作。

五、合规义务的维护

企业处在一个时刻变化的环境里，合规义务会随着环境的变化而变化，所以企业需要建立一个针对合规义务的动态识别机制，企业可以建立合规义务动态维护管理流程和合规义务持续维护表，以便根据法律法规、监管要求、国际条约、国际准则等外部合规要求的变化，及时更新合规义务库。

六、合规义务的使用与执行

企业对于识别出的适用法律的合规义务应严格遵守与执行。

对企业的经营活动可能会产生重大影响的合规义务及其变化情况，企业合规部应及时通报管理者代表，由管理者代表作出进一步的决定。各部门应根据本部门适用的具体法律合规义务，对本部门的运行进行合理规定与管理，并对有关人员进行相应的培训。

应对合规义务的执行情况进行监督，具体参见测量和监控管理程序规定。对违反合规义务的按纠正与预防措施管理程序进行。

七、合规义务的传达

业务部门及职能部门应及时将登记后的合规义务的具体适用内容传达到合规管理部门，接收部门应对传达内容签字确认。使用部门存疑时，应及时将有关信息反馈至其他业务部门，其他业务部门应及时进行回复。对确定的与企业有关的合规义务，当相关部门或人员需要其文本时应及时向其他业务部门提出申请，其他业务部门依文件控制程序执行申请。

八、合规义务的评审

企业应当定期评审合规义务，合规义务随环境的变化而变化，一方面是外部环境的变化，一方面是内在承诺的变化。为实现企业持续合规，企业及时掌握这些内外部的变化，及时评审、调整、更新自己的合规义务和合规承诺。对于合规义务评审可以分期、分专项进行，用以识别合规义务的准确性和针对性，为企业合规有效性打下坚实的基础，如表6所示。

表6 合规义务评审示例表

序号	合规义务名称	生效日期	具体内容	企业相应制度	相关环境因素及运行证据	符合情况

第三节 合规义务管理要点

一、合规义务的识别

在市场经济中，国家监管机构出于维护市场健康、有序发展的需要，制定了许多强制性的法律法规等规范性文件。同时，针对国有企业、国有资产的监管部门还发布了许多监管要求，以及各种合规管理指引等规范性文件。由于市场竞争激烈，企业为获得投资人、客户、供应商、员工、社区、商务合作方等相关方的信赖，对自身生产经营过程和产品品质管理等方面会主动作出若干承诺，这些都是合规承诺的内容。

企业应系统识别其合规义务及这些合规义务对组织活动、产品和服务的影响。企业在建立、制定、实施、评价、维护和改进合规管理体系时，应考虑合规义务。企业应以适合其规模、复杂性、结构和运行的方式记录其合规义务。

（一）识别内容

企业要遵守的合规义务是合规风险识别评估的前提，所以在开展合规风险识别分析评估之前，企业需要考虑一些内容，具体包括：

第一，所在市场的相关权威监管机构的治理标准和法律、法规（东道国/所在国）如何规定？有何要求？

第二，客户、股东、企业内部员工、商业合作伙伴等相关利益方的诉求如何？

第三，企业的业务活动有哪些？

第四，风险识别和分析方法是否适合企业的经营模式？

第五，其他专业领域（如内部审计、法律部门和风控部门）是否参与合规风险识别、分析、评估流程，并发挥其作用？

第六，企业管理层是否参与并致力于持续改进工作流程？

第七，风险排序是否透明完整？

第八，风险是否进行记录？

第九，企业内部治理、管理体系成熟度如何？

（二）识别要求

企业应系统识别其经营管理活动、产品和服务所产生的合规义务，并评估其对企业运行所产生的影响。合规义务的来源包括被动的合规要求和主动的合规承诺。企业建立、制定、实施、评价、维护和改进合规管理体系时，合规义务是必须考虑的核心要素。

在识别合规义务前，企业需要考虑以下内容：一是所在市场的监管机构的相关监管要求；二是合规管理体系的相关方及其诉求；三是企业业务活动的内容；四是风险识别所需方法；五是参与合规风险识别评估的内外部门；六是合规团队的资源、独立性，与治理机构的联系等诸多因素。

企业应系统识别其合规义务及其对组织活动、产品和服务的影响。企业在确立、制定、实施、评价、维护和改进合规管理体系时，宜考虑这些合规义务。企业应以适合其规模、复杂性、结构和运行的方式记录其合规义务。

合规义务包括合规要求和合规承诺，是企业落实"外规内化"的"桥梁"。梳理合规义务的主要工作内容包括对企业业务、对外部要求（法律法规等）以及对企业有关合规承诺的梳理。需要注意的是，单对法律法规进行识别并不能自动地知晓企业需要承担的合规义务，只有把法律法规等合规要求作用于企业业务，才能识别企业应该承担的合规义务。

合规管理的对象是企业及其员工的经营管理行为，即企业的业务活动。这里的业务活动包括直接帮助企业创造利润的经营行为，如投资、采购、销售、运营等行为，以及致力于提高前述创造利润行为的效率和防范其风险的管控行为，如人力资源管理、财务管理、风险管理、知识产权、安全环保管理等。合规管理本质上是一种风险管理，面向投资、采购、销售等经营行为，同时也面向人力资源、财务、行政后勤等管理行为，甚至是内控、监察、风控等风险管理自身的管理行为。

任何企业都是在合规之下开展经营活动的。企业合规义务是企业业务行为的边界，包括法律法规、监管规定、道德规范、国际规则以及内部管理规定等。在法治社会背景下，这些"合规"的数量日益庞大，而且错综复杂，并一直处于变化之中，甚至有的"规"自身也不尽完善，这给合规义务识别和合规风险识别带来了较大的难度，需要从专业角度认真对待。

企业应当以适合其规模、复杂性、结构和运营的方式来确定合规义务。另外，对于合规承诺，企业应当以经济适宜的原则来确定，不要将超出自身能力的事务纳入承诺范围，否则承诺了却无法做到，反而有害无益。例如，我国网络安全法对网络运营者等主体的法律义务和责任作了全面规定，包括守法义务，遵守社会公德、商业道德义务，诚实信用义务，网络安全保护义务，接受监督义务，承担社会责任等，并在"网络运行安全""网络信息安全""监测预警与应急处置"等章节中进一步明确、细化。涉及网络运营业务的企业建立合规管理体系时，不仅要从该法中识别到网络运营企业的义务，还要识别到企业员工的义务；不仅要识别到正常提供网络服务过程中应履行的义务，网络运营企业还负有应对网络安全事件的义务，负有为公安机关、国家安全机关依法维护国家安全和侦查犯罪的活动提供技术支持和协助的义务。

从上面的内容可知，企业应系统地识别合规义务及其对组织活动、产品和服务的影响。企业应以适合其规模、复杂性、结构和运营的方式来确定合规义务，并本着经济适用的原则来确定企业的合规承诺，承诺了就要做到，做不到就不要作出承诺而让企业陷于不诚信的境地，没有诚信的合规义务和合规管理，是无法形成合规生产力的，反而让企业处处被动。但是，具有强制性的合规要求是企业必须遵循的，不具有随意性，也不可选择，必须列入企业合规义务的范围。企业要根据这些要求识别合规义务，制定合规义务清单文件，并在企业内部以正式文件进行发布。企业可根据《企业合规义务初始识别工作表》识别和建立本企业的书面合规义务内容清单，描述其对企业的影响，并确定企业是否遵循。

二、合规义务的梳理与记录

梳理合规义务是合规管理体系建设中的一个关键环节，只有明确了合规义务，才能明确各职能部门要承担的义务和要遵循的规则。

确定合规义务是企业建立合规管理体系的最基础的活动，企业应从外部监管要求和内部发展战略、业务领域、产品服务、经营模式等方面去梳理和识别需要履行的合规义务，并根据外部监管要求及企业合规承诺的变化进行及时调整，梳理和识别的范围应覆盖企业所有的业务领域。梳理完的合规义务建议以清单的形式进行保存和宣贯，方便相关方查询。信息化建设好的企业可以通过知识管理工具进行系统化的管理，提升管理效率。

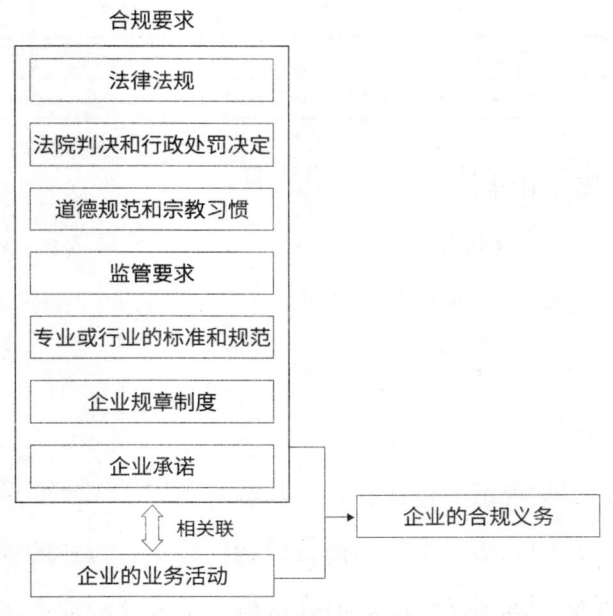

图4 合规义务梳理模型

在适当的情况下，企业应建立并维护一个单独文件（如登记册或日志），列出其所有合规义务，并建立定期更新该文件的机制。除列出合规义务外，该文件还包括但不限于：（1）合规义务的影响；（2）合规义务的管理；（3）与合规义务相关的控制措施；（4）风险评估。

在企业进行合规义务识别时可以从以下几个方向开展梳理：

（一）从企业的义务流程展开

识别企业的产品研发生产流程、销售流程、营销管理、交付流程、财务管理流程、人力资源流程、发展战略流程等，明确各流程需要遵守的主要法律法规、监管规定、行业规则、产品标准等内容，形成企业的合规义务清单如表7所示。

表7 合规义务清单示例表

业务流程	合规义务	相关要求	合规义务识别
财税业务流程	1. 个人所得税法	企业为员工代扣代缴个人所得税	
	2. 会计法		
	3. 会计准则		
市场营销流程			
销售业务流程			
资金活动业务流程			
研发与开发业务流程			
采购业务流程			
……			

（二）从企业遵守的合规义务来源展开

每个企业根据不同的合规重点类型，对于本企业所需要的外部法律法规、监管规定、行业准则、国际条约和准则、商业惯例、企业依法制定的章程和规章管理制度，有效降低企业合规风险。

1. 合规义务来源

（1）法律法规、监管规定、行业准则、国际条约和准则等要求。企业从经营管理的需要出发，必须满足国家法律法规、监管机构的规定、行业的规定和国际条约准则等要求基础上开展经营管理活动。企业所在的地方政府、行业组织、社团规定的法律法规、行业要求、规定和诉求。一般包括规范商业行为的法规、安全生产的法规、环境保护、卫生健康、风俗信仰、社会治安、政策要求、行业管理标准、职业道德标准等,这些都是强制性的合规义务来源。上述规定都具有一定的强制性,所以企业业务行为必须遵守这些规定,违反了这些规定,企业将受到监管机构相关利益方的制裁。

(2) 来自企业自身的承诺。合规承诺是企业对市场、客户等相关方的主动承诺,承诺越多需要遵守的要求就越多,合规风险就越多;承诺越少需要遵守的要求就越少,合规风险就越少。从经营管理水平和第三方的要求方面,应主动进行合规承诺,最终制定企业的合规义务文件。其中也包含道德规范:一类是伦理道德和所提供的产品、服务的承诺。企业伦理道德规范承诺是企业自己对社会的合规承诺,其内容一般包括公平、公正、公开诚信、对产品生命周期负责践行企业核心价值观、尊重人权,以人为本等。另一类是企业为了提高市场核心竞争能力,需要做的业务沟通和专业技术承诺,包括与相关方的信息沟通,相关方要求识别的相应产品技术标准与改进产品质量标准、售后服务、产品功能持久性、产品的知识产权、商业秘密等方方面面。企业为了获得市场和客户相关方的认可,围绕所提供的商品、服务质量承诺的业务行为必须符合这些承诺。

合规目标也是企业义务的重要来源,企业的管理人员基于企业的总体目标,以及对企业重大战略分析和发展方向设置合规目标。

表8 合规义务来源表单

序号	合规义务			业务活动		
	文件名	生效日	相关条款	业务名称	行为活动	是否遵从
1	环境法	X年X月X日		安全生产	污水排放	
2	行政处罚法					
3	刑法					
4	章程					
5	制度					
6	……					

(三) 从重点专项领域展开

重点专项领域包括但不限于反洗钱、反贿赂、反垄断、环境保护、知识产权、数据安全、财税、劳动用工等，把合规工作要求进行分析和归纳整理成企业需要承担的合规义务。对合规义务做拆解，与企业管理制度、业务流程建立对应关系，实现合规义务的落地执行，建立调查表。在不同的业务领域，对法律法规的效力级别、标准级别、企业内部规定等进行逐个梳理，整理出所有合规义务数量等。

表9 重点专项合规领域合规义务示例表

业务类型	业务活动	重点专项合规领域							
		反不正当竞争	反垄断	反腐败	安全生产	数据保护	环境保护	知识产权	出口管制	……
资金管理	筹资									
	资金营运									
	担保业务									
	……									
采购业务	采购计划									
	采购付款									
	……									

（四）从组织结构展开

企业组织架构分为三个层级，即企业层面、业务部门层面和工作岗位层面，从这三个方面来梳理合规义务。在企业建立、开发、实施、评估、维护和改进的过程中主要关注内部和外部的问题，构成了企业合规的主要组成部分，也是合规义务的组成部分之一。企业应确定与其目的相关并影响其实现合规管理系统预期结果能力的外部和内部问题。

表10 企业组织结构合规义务梳理示例表

序号	义务编号	岗位职责	岗位名称	合规义务	部门名称	业务流程名称	备注
1	A001				销售部		
2					财务部		
3							

三、合规义务的更新和维护

企业应有适当的程序识别法律、法规、准则的出台和其他合规义务的改变，确保持续合规。企业应有程序评价已识别的变更和任何变更的实施对合规义务管理的影响。

（一）合规义务的更新

1. 合规义务更新情形

有下列情形，合规义务清单应当考虑更新：（1）定期更新合规义务清单，常见做法是每年至少一到两次；（2）合规义务清单中的法律法规和其他要求的内容有变化时；（3）合规义务清单中的相关方发生变化时；（4）企业发生新建、改建、扩建项目变更或产生其他新的环境因素的变更时；（5）企业的外部环境发生重大变化时，包括社会环境、自然环境、政治环境、经济环境等。

2. 合规义务更新流程

合规义务更新流程包括：（1）确定新的和更改的合规义务，以确保持续合规；（2）评估已识别变更的影响，并在合规义务管理中实施任何必要的变更；（3）企业应保持其合规义务的书面信息。目标企业应有适当的程序来识别新的和变更的法律、法规、准则和其他合规义务，以确保持续合规。企业应有评价程序，确定对已识别的变更的实施对合规义务管理的影响。

3. 合规义务变更信息获取

获取关于法律和其他合规义务变更信息的过程包括：（1）列入相关监管部门收件人名单；（2）成为专业团体的会员；（3）订阅相关信息服务；（4）参加行业论坛和研讨会；（5）监视监管部门网站；（6）与监管部门会晤；（7）与法律顾问洽商；（8）持续关注合规义务来源（如监管声明和法院判决），根据上述变化来调整和更新合规义务。企业应制定相应的流程以便及时跟踪法律法规、标准和其他合规义务的出台和变更，以确保合规持续性。企业应具备相应的流程，评估相关变化所带来的影响，并开展合规义务变更管理工作。

4. 获取合规义务变化信息途径

获取法律和其他合规义务变化信息，其途径包括：（1）确保自己在相关监管机构的收件人列表中；（2）确保自己是专业组织或社团的会员；（3）订阅相关信息服务；（4）参加行业论坛和研讨会；（5）持续跟踪监管机构的网站动态；（6）与监管机构会面；（7）与法律顾问交流；（8）持续关注合规义务信息来源（比如监管机构的决定和法院裁决）。

（二）合规义务的维护

维护合规义务主要是应对企业内部和外部面临的问题，以及相关方的要求在持续过程中发生的变化，主要有政策调整、供求关系、客户需求等方面的变化。企业想要及时应对这些变化，并确保自己继续赢得市场、监管机构的认可，需要保持多种信息沟通渠道畅通，及时获得有关合规要求变化的信息。这种变化可能是增加、减少或者调整合规要求和合规承诺，持续更新合规义务内容清单，形成新的合规义务文件。

合规义务维护的重点是建立好企业合规义务信息沟通渠道，企业有必要制定相应的企业合规义务动态维护管理流程，以便及时跟踪法律、法规、规范和其他合规义务的出台和变更。比如，企业可借鉴表11《企业合规义务持续识别维护表》来动态维护本企业的书面合规义务内容清单，在上一轮次识别的合规义务清单基础上注明增加、删除和调整合规义务的情况，描述其对企业的影响，企业确认是否继续遵循。

表11 企业合规义务持续识别维护表

项次	上一轮次识别的合规义务清单	增加、删除和调整	对企业活动、产品和服务的影响	企业确认是否继续遵循
	具有强制性的合规要求			
	【说明】主要列出由国家、行业、社区等权威监管机构发布的具有强制性的法律、法规、规范			
	企业为满足市场、监管机构的要求主动提出的合规承诺			
	【说明】主要列出企业自身根据所在国市场竞争形势、道德水平等所承诺的义务			

第五章　反垄断和反不正当竞争合规

对于具有一定规模的大型企业和行业领军企业而言，垄断和不正当竞争的风险较为突出。诸多垄断被罚案例促使大型跨国公司专门制定反垄断相关的合规制度。我国企业应严格落实国家反垄断和反不正当竞争法律法规、规章及配套政策，维护市场公平竞争环境。

第一节　经营者集中

一、经营者集中交易的定义

不同国家及地区的法律法规对"经营者集中"的表述不尽相同，但实质内容基本一致。经营者集中交易一般包括：

（1）两家或以上的独立经营者的合并；

（2）通过购买股权或资产方式取得一家或多家其他经营者的直接或间接"控制权"（包括单独控制权和共同控制权）的交易；

（3）通过合同等方式取得对其他经营者的控制权或者能够对其他经营者施加"决定性影响"的交易。

二、反垄断法具有域外管辖权

经营者集中反垄断审查具有域外管辖权。只要有关交易构成相关国家及地区监管机构定义的经营者集中交易，且达到相关监管机构规定的申报门槛，有关交易将受到监管机构的管辖。

三、申报方式

（一）强制性事前申报机制

目前大部分国家及地区（包括中国、美国、欧盟等）实行强制性事前申报机制，即若有关交易达到经营者集中申报门槛，且不符合豁免规定的，经营者需要事先向有关监管机构申报，未申报且未获得有关监管机构批准的不得实施交易。

（二）自愿性事前申报机制

少数国家及地区（例如英国、澳大利亚等）实行自愿性事前申报机制，即由经营者自行评估有关经营者集中交易是否损害市场竞争。如经营者认为有关交易不会损害市场竞争，可选择不进行申报，但如有关监管机构发现有关交易可能损害市场竞争，则有权发起相关调查程序并执行相关救济措施。

（三）事后申报机制

极少数国家和地区（例如印尼等）实行事后申报机制，即经营者需要在交割后的规定时间内进行申报。

四、申报门槛

不同国家和地区对经营者集中申报门槛采用不同的标准，中国、欧盟等大部分国家和地区主要采用营业额标准；美国等部分国家和地区主要采用交易和资产规模联合标准；澳大利亚等部分国家及地区主要采用市场份额标准；极少数国家和地区主要采用商业存在标准（考虑因素包括是否在当地进行任何业务、相关商品是否在当地进行销售等）。有关监管地区也有可能综合各项标准对申报门槛进行规定，例如同时考虑参与集中经营者的营业额及在当地的商业存在情况。

（一）营业额为主要标准

在采用营业额为标准的国家和地区（包括中国、欧盟等），申报门槛的主要考虑因素包括：（1）参与集中的经营者所在集团（包括有关经营者及其控股公司、附属公司及关联公司，下同）上一会计年度在全球范围内的"营业额"；（2）参与集中的经营者所在集团上一会计年度在相关国家或地区的"营业额"（以经营者所在集团商品或服务的客户所在地为准,即将有关营业额计入客户所在地的国家和地区)。计算"营业额"时需要包括相关经营者上一会计年度内销售产品和提供服务所获得的收入,扣除相关税金及其附加项,并排除同一集团内经营者之间发生的营业额。

(二)营业额及总资产联合标准

以美国为例,对于涉及美国标的公司的交易,若(1)在交易完成之后,买方取得的享有投票权益的证券及/或资产的总价值超过设定金额(即总资产标准);或者(2)在证券及/或总价值未超过该设定金额但在有关金额区间的情况下,买方所在集团及标的公司的全年营业额或总资产同时超过设定标准(即营业额及总资产联合标准),均需进行申报。对于涉及非美国标的公司的交易,若标的公司(1)**持有的美国资产价值超过设定金额(即总资产标准);或(2)上一会计年度在美国产生的营业额**(即来自美国境内销售或向美国出口的营业额,即营业额标准)超过设定金额,均需在美国进行申报。美国监管机构会每年根据国民生产总值的变化调整前述设定数值。

五、审查程序及时间

(一)两阶段审批程序

大部分国家和地区的审查机制分为两个阶段:

(1)一般情况下,没有争议的交易可**在第一阶段获得审批**;对于规模小或架构简单的没有争议的交易,企业可考虑进行简易程序(如有)以更快获得审批;对于有争议的交易,有关监管机构可能会在提出附带条件(包括要求相关经营者承诺出售资产以减少对市场的控制力)的基础上在第一阶段审批交易,或进入第二审批阶段。

(2)如进入第二审批阶段,有关监管机构较大可能要求提供进一步申报信息及材料,并在提出附带条件或要求实施维持有效竞争措施的基础上审批交易,甚至有可能拒绝审批交易或启动相关程序阻止交易的实施(适用于有关监管机构无法单方面阻止交易实施的国家及地区)。

(二)两阶段审批时间

除个别国家和地区另有规定之外,第一阶段的审查一般需时 30 天左右;第二阶段的审查时间一般需时 3 个月至 6 个月，或更长的时间。如申报信息及材料不完整，法定审查时间从补全申报信息及材料、监管机构确认正式受理当天才开始计算（即"停表"设置）。

（三）欧盟特有转介审查机制

在欧盟，欧盟委员会有权就所有达到欧盟申报门槛的经营者集中交易进行审查，没有达到欧盟申报门槛的交易则依据个别成员国的当地法律处理。但若交易符合相关规定条件，申报者和成员国可根据交易的实际情况，申请由欧盟委员会或成员国进行审查。

（四）审查考虑因素

监管机构一般会根据个案具体情况和特点，综合考虑参与集中的经营者在相关市场的市场份额及其对市场的控制力，相关市场的市场集中度，经营者集中对市场进入、技术进步的影响，经营者集中对消费者和其他相关经营者的影响，经营者集中对国民经济发展的影响等因素后，评估经营者集中是否具有或者可能具有排除、限制竞争的效果，并据以作出审查决定。

第二节 经营者集中合规风险的识别

一、法律风险

（一）提前实施交易的法律责任

在获得有关监管机构批准之前实施达到申报门槛的经营者集中交易，或没有落实有关监管机构为维持市场有效竞争提出的附带条件或措施，经营者及/或个人需要承担法律责任，有关监管机构也有权禁止已实施的交易并要求把市场情况还原至交易实施前的情况（包括通过停止实施经营者集中、限期处置股份或资产等措施）。

在完成经营者集中申报之前，如果标的公司的经营管理控制权已实质性转移至买方（包括通过交割前对标的公司的经营管理实施决定性影响、提前获得标的公司的商业敏感信息等方式，又称"抢跑"行为），即便未完成所有交割程序，也有可能构成经营者集中实际上提前实施的违法行为，经营者及/或个人需要承担相应法律责任。

（二）申报信息过程中可能引起的法律责任

经营者在申报过程中故意隐瞒重要信息，未能按时提供相关信息，或提交虚假或误导性的信息，有关监管机构可以不予受理或撤销有关决定，并可追究经营者及/或相关个人的法律责任。

（三）董事和高管的潜在刑事责任

在部分国家及地区，法律责任除行政罚款、民事责任外，还包括董事和高管的刑事责任。

二、商业风险

（一）交易未能顺利交割的风险

随着有关监管机构不断加大执法力度，申报程序及审批时间存在不确定因素，取得经营者集中审批的难度也越来越高。特别是对于争议性较大或架构较复杂的交易，有可能需要同时在多个国家及地区进行申报，不但增加交割的不确定风险，还会产生更多交易费用；若有关监管机构提出审批附带条件或要求落实维持有效竞争的救济措施（特别是处置经营者原有资产的附带条件），会对经营者的业务、经营管理带来直接的商业风险。

（二）商业敏感信息交流或泄露的风险

申报信息涉及交易各方的商业敏感信息，包括没有被公开的营业额信息、主要供应商和客户信息等，若在填报的过程中涉及竞争者之间的商业敏感信息交流或被不当泄露商业敏感信息，除了交易各方有可能违反反垄断法（部分国家或地区又称反不正当竞争法）之外，还会给交易各方的业务、市场竞争能力带来直接的商业风险。

（三）违规经营者需要面临商誉受损的风险

对于未依法申报经营者集中的违规行为，有关监管机构可通过官方渠道进行公示，违规行为将为公众所知悉，将对违规经营者的商誉造成长远的重大不利影响。

三、交易合同风险

由于经营者集中申报存在诸多不确定因素,在拟定具体交易合同条款时,需要特别关注经营者集中申报的风险分配,否则在无法取得审批(即无法交割)时,企业不但会产生交易费用上的损失,还可能需要承担高额赔偿责任(例如无法交割时申报责任方需要向交易对方支付的分手费)以及其他违约责任。

第三节 经营者集中合规风险防范机制

一、规范化、系统化管理申报工作

(一)定期梳理相关监管规定

由于反垄断法具有域外管辖效力,企业进行申报责任分析时,除了需要注意交易当地的申报规定之外,还要注意其他相关国家或地区的申报要求。考虑到实施反垄断(经营者集中)法律法规及监管规定的国家、地区遍布全球,作为日常合规管理工作的一部分,企业(尤其是在市场集中度较高行业的企业)结合之前申报工作的经验(如有),根据自身发展战略,特别关注、定期梳理监管较为严格或较容易达到申报门槛的国家及地区的监管规定、执法政策及案例,以便企业在有需要时进行查阅及作为申报分析参考。

(二)提前对申报工作进行合理预判

在进行经营者集中交易时,企业可以根据有关监管机构对申报要求及审查程序的明文规定,同时参考有关监管机构的执法政策及案例,针对有关监管机构对不同性质经营主体的审查要求,尽早对申报要求、审查程序及结果进行合理预判,最大限度规避合规、商业及交易合同风险。

(三)系统化信息收集及申报工作

全过程申报管理涉及大量的工作,信息量庞大,而且时间性要求高,需要所在集团、企业各职能部门以及交易对方的支持和配合。为及时推进申报责任分析评估及正式申报工作，企业可以系统化信息收集及申报工作，包括有效组织收集买卖或合资各方所在集团及标的公司上一会计年度在全球范围内及各国家、地区的营业额（一般需要同时提交经审计的综合财务报表作为支持）、市场份额（一般需要同时提交第三方市场中介分析报告作为支持）。此外，企业可以尽早规划申报前期及中期的工作时间表，列明责任方、支持方和明确各相关方工作要求，可有效统筹各相关方落实相关国家及地区的申报工作。

（四）确保申报口径的准确性和一致性

为确保各项交易的申报信息及材料真实、完整、准确，并与过往申报口径一致，企业及/或企业所在集团可以统一规范各类申报文件中企业本身及其所在集团的描述、商品市场、地域市场的界定、上下游产业竞争情况的分析等申报信息和申报策略。此外，企业及/或企业所在集团可以统筹做好各项交易申报文件的存档工作，作为日后申报工作的范例或参考。

二、落实保密信息和"防火墙"管理

由于申报信息涉及交易各方的商业敏感信息（亦为保密信息），企业可以严格控制申报信息的传阅范围（一般通过限制可查阅信息的人员范围，及限制有关人员可查阅的信息范围的措施），建立商业敏感信息搜集及填报机制（例如只通过独立第三方中介搜集、填报商业敏感信息，并由中介在申报文件删减或隐去一方商业敏感信息后发送予另一方审阅确认），提醒相关人员有关保密责任，并落实签订保密协议、设立"防火墙"等信息管理措施，使商业敏感信息得以保密。

三、加强交易合同管理

交易各方不同的立场和谈判地位，形成了交易合同中不同的权利、责任标准和分配条款。为防控交易合同风险，建议企业在评估经营者集中申报和审批风险的工作基础上，结合商务、财务、法务等各方面的考量，在交易律师的协助下，就风险分配问题与交易方详细约定各方在交易所有环节中的权利、义务及责任，并在交易协议予以明确和细化，防控合同风险。

四、完善风险管理体系

(一) 制定、完善反垄断合规管理办法

企业可以依据反垄断（经营者集中）的法律法规和监管要求，参考相关内容，同时结合企业自身的实际业务和经营情况，制定、完善有关反垄断（经营者集中）的合规管理办法，内容可涵盖合规管理要求、风险防控机制、应对措施等。

(二) 细化制定、完善合规操作流程

企业可进一步就有关反垄断（经营者集中）的合规行为准则及管理办法，细化制定、完善相应的合规操作流程，内容可涵盖全过程申报管理的工作流程和具体分工、申报口径的范例等；企业也可以将具体的合规标准和要求融入现有的业务制度（例如投资管理办法或业务操作流程）当中，便于员工理解、遵从和落实，有助于确保各项投资经营行为合规合法及申报工作符合相关监管机构要求。

五、建设合规文化

企业可将有关反垄断（经营者集中）的合规培训纳入员工培训计划，培训内容可随企业内外部环境变化进行动态调整及更新。企业可要求参与投资经营业务的境内外相关部门和分支机构的所有员工接受合规培训，确保员工了解并掌握企业有关反垄断（经营者集中）的合规管理制度和风险防控要求。企业亦可要求或鼓励决策层和高级管理层带头接受有关合规培训，以及要求关键岗位员工接受有针对性的专题合规培训，培训内容可包括经营者集中申报相关的法规要求、申报责任分析评估等。另建议企业做好合规培训的记录留存，作为日常合规管理工作的对照，亦可供日后培训参考。

第四节 经营者集中合规风险应对措施

一、成立申报工作小组

为及时取得所需申报信息，同时确保信息沟通同步，企业可尽早与所在集团就信息收集及申报进行沟通联系，并组织成立申报工作小组，小组成员可包括企业的负责

管理层人员、投资管理人员、财务人员、法务人员、市场分析人员等，集合所有相关方的力量，可有效确保符合申报各阶段工作的要求。

二、授权委托第三方处理申报工作

企业可借助外力，授权委托熟悉国家申报相关的法律法规及监管机构要求的外部律师或其他第三方中介作为企业代理人，负责汇总申报信息、材料及填报申报文件，以及与有关监管机构的沟通及后续申报、联系工作。企业可在申报过程中建立与中介的沟通机制，在有需要时及时咨询中介的专业意见，同时要求中介定期更新申报工作进展情况。

三、尽早评估申报责任

美企业可根据拟进行交易的推进情况，综合考虑交易架构的设定（包括交易股比、控制权变更等设定），相关合同条款（特别是股东权利、策略性商业决策事项和决策机制、僵局解决方式及其他影响到申报分析的条款）的拟定，尽早启动全球（特别是标的公司业务所在地，买卖各方所在集团都有业务、监管较为严格或较容易达到申报门槛的国家及地区）经营者集中申报责任分析评估工作，提前（一般在签订交易协议前）商议确定需要进行申报的国家及地区，制定申报工作策略。

四、善用申报前的沟通机制

为确保审批流程顺利，在正式申报前，企业可就拟申报的经营者集中交易咨询有关监管机构（如有提供相关咨询服务或强制要求进行申报前沟通）的意见。企业可向有关监管机构提供交易概况、交易各方信息及申报文件初稿等基本材料，获取有关监管机构提供的非正式的意见或建议，包括营业额的计算、交易是否需要申报、需要提交的申报文件材料、申报文件是否完备、申报和审查程序、是否需考虑变更交易条款或采取救济措施以避免交易严重妨碍有效竞争等事项，可有助于对申报要求、审查程序及结果进行合理预判。

五、落实申报工作

（一）申报内容

在正式申报时，企业需要提交特定申报表格及材料，申报内容包括但不限于：

交易概况，包括交易架构、交易代价、交易理由等；标的企业，交易各方，交易各方所在集团及交易各方在申报当地的关联公司的基本情况，包括持股架构、业务概况、全球及当地营业额、市场份额等；所涉商品市场及地域市场的描述（需要参照有关监管机构的过往审批案例）；上下游产业的描述，包括重要供应商及客户的基本信息；涉及标的公司控制权的合同条款分析；竞争性影响评估（需要考虑有关监管机构的执法基准及参考过往审批案例），包括主要竞争者、市场集中度、市场进入、行业发展现状，交易对市场竞争结构、行业发展、技术进步、社会经济发展、消费者以及其他经营者的影响，交易协议是否有任何限制竞争的条款等；需要进行申报的其他国家及地区，以及有关监管机构要求提供的其他申报信息。

（二）申报材料

申报材料一般包括但不限于交易协议、相关方的经审计财务报表、批准交易的相关决议文件、市场分析报告等。

（三）申报注意事项

第一，委托代理人申报的，需要提交经申报人签字的授权委托书。

第二，如申报材料的原文未以当地语言书写，企业一般需要根据有关监管机构的要求提交申报材料的翻译本，并根据当地法律法规要求提供申报材料的经认证版本。

六、注意商业敏感信息的保密

为确保交易各方（特别是在交易各方为竞争者的情况下）不涉及商业敏感信息的分享交流，企业可聘请外部律师或其他第三方中介代为收集申报信息及撰写、提交申报文件，并在删减或隐去自身商业敏感信息后才将申报文件发送交易对方审阅确认。如果企业收到交易对方的商业敏感信息，建议立即删除文档并提醒中介注意商业敏感信息的处理。

七、关注交易合同条款的拟定

（一）加入反垄断审批的交割先决条件

在确定需要履行的申报责任后，如涉及强制事前申报要求，企业需要在交易协议中加入取得有关反垄断（经营者集中）审批的交割先决条件，确保合同条款明确体现出在获得所需审批后才能实施交易的合规要求。如未能在签订交易协议前确定需要履行的申报责任，建议企业在交易协议中加入有关取得所需第三方监管机构审批的交割先决条件，以涵盖潜在的反垄断（经营者集中）审批的要求（如适用）。

（二）明确申报工作的责任及风险分配

企业（不论是买方或卖方）与交易对方在拟定交割相关的合同条款时，特别是申报工作的责任及风险分配、交割最后限期的设置和交易退出机制，建议综合考虑各项因素拟定，包括申报程序及时间表要求（会影响到交割最后限期的设置）、拟进行交易的重要性及时间要求（会影响到交割最后期限和交易退出机制的设置）、交易各方谈判地位、有关监管机构过往审批案例（包括是否曾经提出审批附带条件或维持有效竞争的措施以及有关条件和措施的内容）及取得审批的难度（会影响到风险分配、交割最后限期和交易退出机制的设置）等。

在任何情况下，除了关注申报方的责任之外，还需要在交易协议中明确其他方的相关配合责任，包括配合及时提供所需申报信息和材料的责任，以确保申报责任方能够顺利完成申报工作。

八、跟进监管机构的批复

（一）及时提供进一步申报信息及材料

在进行申报的过程中，企业若有任何与申报、审查程序、申报文件要求相关的查询，建议及时与有关监管机构沟通联系，同时可咨询外部律师的专业意见，确保申报文件的完备性，避免对申报及交割时间表造成任何延迟（特别是涉及"停表"设置的申报机制）。

在提交申报文件后，建议企业密切跟进有关监管机构的审批进展，有助于根据有关监管机构的要求及时提供申报信息及材料。

（二）做好监管机构提出审批附带条件的应对

有关监管机构提出任何审批附带条件及/或维持有效竞争的措施，包括要求申报者出售资产以减少对所涉市场的控制力、解除与竞争对手之间的联结、协助新竞争者进入市场、分享科研结果等，企业都应认真评估实施交易的重要性、该等条件及措施的影响、采用该等条件及措施所需内部决策程序，在获得内部批准后尽快落实相关要求及措施，以及时取得有关监管机构的审批，或者在内部否决采用有关要求或措施后，利用交易协议的退出机制终止交易，或考虑与交易对方制定新的交易方案。

第五节　反垄断（反托拉斯）监管要求概述

一、经营者和市场的定义

中国反垄断法界定了经营者含义，经营者即从事商品生产、经营或者提供服务的自然人、法人和非法人组织。

美国和欧盟没有在立法中界定经营者含义，在司法和执法实践中对市场主体作了界定，市场主体包括法人和自然人，参与市场经济活动和竞争活动，是承受交易行为利益和义务的组织和个人。

中国反垄断法界定了相关市场，相关市场即经营者在一定时期内就特定商品或者服务（以下统称商品）进行竞争的商品范围和地域范围。

二、垄断协议以及滥用市场支配地位

（一）中国反垄断法的监管要求

垄断协议是指排除、限制竞争的协议、决定或者其他协同行为。协议或者决定可以是书面、口头等形式。其他协同行为是指具有竞争关系的经营者之间，虽未明确订立协议或者决定，但实质上存在协调一致的行为。依据《中华人民共和国反垄断法》（以下简称《反垄断法》）以及《禁止垄断协议暂行规定》，经营者不得从事以下行为：

1. 禁止横向垄断协议

（1）禁止具有竞争关系的经营者就固定或者变更商品价格达成下列垄断协议：①

固定或者变更价格水平、价格变动幅度、利润水平或者折扣、手续费等其他费用；②约定采用据以计算价格的标准公式；③限制参与协议的经营者的自主定价权；④通过其他方式固定或者变更价格。

（2）禁止具有竞争关系的经营者就限制商品的生产数量或者销售数量达成下列垄断协议：①以限制产量、固定产量、停止生产等方式限制商品的生产数量，或者限制特定品种、型号商品的生产数量；②以限制商品投放量等方式限制商品的销售数量，或者限制特定品种、型号商品的销售数量；③通过其他方式限制商品的生产数量或者销售数量。

（3）禁止具有竞争关系的经营者就分割销售市场或者原材料采购市场达成下列垄断协议：①划分商品销售地域、市场份额、销售对象、销售收入、销售利润或者销售商品的种类、数量、时间；②划分原料、半成品、零部件、相关设备等原材料的采购区域、种类、数量、时间或者供应商；③通过其他方式分割销售市场或者原材料采购市场。

分割销售市场或者原材料采购市场的规定适用于数据、技术和服务等。

（4）禁止具有竞争关系的经营者就限制购买新技术、新设备或者限制于发新技术、新产品达成下列垄断协议：①限制购买、使用新技术、新工艺；②限制购买、租赁、使用新设备、新产品；③限制投资、研发新技术、新工艺、新产品；④拒绝使用新技术、新工艺、新设备、新产品；⑤通过其他方式限制购买新技术、新设备或者限制开发新技术、新产品。

（5）禁止具有竞争关系的经营者就联合抵制交易达成下列垄断协议：①联合拒绝向特定经营者供应或者销售商品；②联合拒绝采购或者销售特定经营者的商品；③联合限定特定经营者不得与其具有竞争关系的经营者进行交易；④通过其他方式联合抵制交易。

2. 禁止纵向垄断协议

禁止经营者与交易相对人就商品价格达成下列垄断协议：（1）固定向第三人转售商品的价格水平、价格变动幅度、利润水平或者折扣、手续费等其他费用；（2）限定向第三人转售商品的最低价格，或者通过限定价格变动幅度、利润水平或者折扣、手续费等其他费用限定向第三人转售商品的最低价格；（3）通过其他方式固定转售商品价格或者限定转售商品最低价格。

3. 对行业协会的监管要求

行业协会是指由行业经济组织和个人组成，行使行业服务和自律管理职能的各种协会、学会、商会、联合会、促进会等社会团体法人。行业协会应当加强行业自律，引导本行业的经营者依法竞争，维护市场竞争秩序。

禁止行业协会从事下列行为：（1）制定、发布含有排除、限制竞争内容的行业协会章程、规则、决定、通知、标准等；（2）召集、组织或者推动本行业的经营者达成含有排除、限制竞争内容的协议、决议、纪要、备忘录等；（3）其他组织本行业经营者达成或者实施垄断协议的行为。

4. 滥用市场支配地位

具有市场支配地位的经营者不得滥用市场支配地位，排除、限制竞争。市场支配地位，是指经营者在相关市场内具有能够控制商品价格、数量或者其他交易条件，或者能够阻碍、影响其他经营者进入相关市场能力的市场地位。

具有市场支配地位的经营者严禁从事下列滥用市场支配地位的行为：（1）以不公平的高价销售商品或者以不公平的低价购买商品；（2）没有正当理由，以低于成本的价格销售商品；（3）没有正当理由，拒绝与交易相对人进行交易；（4）没有正当理由，限定交易相对人只能与其进行交易或者只能与其指定的经营者进行交易；（5）没有正当理由搭售商品，或者在交易时附加其他不合理的交易条件；（6）没有正当理由，对条件相同的交易相对人在交易价格等交易条件上实行差别待遇；（7）国务院反垄断执法机构认定的其他滥用市场支配地位的行为。

监管机构认定经营者具有市场支配地位，应当依据下列因素：（1）该经营者在相关市场的市场份额，以及相关市场的竞争状况；（2）该经营者控制销售市场或者原材料采购市场的能力；（3）该经营者的财力和技术条件；（4）其他经营者对该经营者在交易上的依赖程度；（5）其他经营者进入相关市场的难易程度；（6）与认定该经营者市场支配地位有关的其他因素。

监管机构依据下列情形之一，可以推定经营者具有市场支配地位：（1）一个经营者在相关市场的市场份额达到1/2的；（2）两个经营者在相关市场的市场份额合计达到2/3的；（3）三个经营者在相关市场的市场份额合计达到3/4的。有上述第2项、第3项规定的情形，其中有的经营者市场份额不足1/10的，不应当推定该经营者具有市场支配地位。

被推定具有市场支配地位的经营者，有证据证明不具有市场支配地位的，不应当认定其具有市场支配地位。

（二）美国反托拉斯监管要求

违反反托拉斯法的协议是指若干个经营者之间所达成、实施限制竞争或者反竞争的协议，协议是市场主体的一致意思表示，主要有口头形式、书面形式、默示行为，包括限制、排除或者妨害市场竞争内容。

1. 横向联合限制竞争行为

美国《谢尔曼法》第一条禁止限制贸易的协议。

（1）违反美国反托拉斯法中横向限制竞争协议。违反美国反托拉斯法中横向限制竞争协议指企业间的合同、联合和共谋。注意默示协议的证据。

违法的横向限制竞争协议为不合理的限制贸易行为，合理性原则是美国最高法院确立的判定限制贸易的协议是否违法的规则之一。企业间的合同、联合和共谋还需具有洲际意义，影响或者损害洲际或者有其他国家的贸易。

（2）违法的横向限制竞争协议种类。卡特尔（Cartel）协议中包括固定价格、限制生产和分割市场的内容。

经营者在协议中固定价格的串通或者共谋，限制竞争，相互承诺限制生产、分割消费者和消费地域等。这些协议属于本身违法。为了保护来自境外的竞争、促进国内产业更加集中以及自给自足，美国在对外贸易中处罚限制美国进口、固定价格、分割市场的国际协议。（参见1911年美国政府诉美国烟草公司案和1947年美国政府诉NL公司案）

（3）协议中包括集体抵制和标准化的内容。集体抵制是指经营者联合不与竞争对手、供应商或其他客户交易的协议，亦即美国《谢尔曼法》第一条的限制贸易的串通或者联合。

尽管一定程度的标准化有利于消费者、销售者和使用者，但是应当避免排挤"非标准化的产品"遭到反托拉斯诉讼，因此，为达成符合反托拉斯法的目的，应注意保证标准的客观性和可操作性，使用中介机构的公开程序，并通过中介机构公布结果。

（4）国际合资企业。国际合资企业是指具有卡特尔性质的经营者为了固定价格、分配市场或者减少产量以限制竞争，成立合资企业进行合作，不符合《谢尔曼法》第一条，属于本身违法行为。

通常有3种合资协议形式：母公司合资成立新公司，分配新公司的股份；股份合资，取得另一个公司的股份进入该公司；公司之间签署相互合作协议进行完全合作形式。评估合资企业是否违反反托拉斯法，司法实践采用合理原则，评估协议对合作者以及国民经济带来的最大效益，也会考虑是否排除其他当事人，是否会减少合资者的潜在竞争。

注意在美国建立合资企业时充分利用《1984年国家合作研究法案》对合作企业的反托拉斯保护的规定，维护权益。这些规定了使用合理性规则，企业如果事先注册，发生诉讼只负责按照实际损害赔偿。同时注意阅读2000年4月7日司法部和联邦贸易委员会联合发布的《竞争者之间合作的反垄断指南》，了解这两家执法机构对此的观点和做法。

（5）联合购买协议。联合购买协议在多数情况下按照合理性规则进行分析。公司联合在一起的规模很小，所在市场也不集中，会提高经济效益，加强竞争。公司联合不适当扩大买方的市场力量，压低价格，以致勾结起来交换敏感信息，这样的行为很可能具有反竞争性，会受到反托拉斯执法机构的审查。

2. 纵向限制规定

《谢尔曼法》第一条、第二条禁止限制贸易规定；《克莱顿法》第三条和《联邦贸易委员会法》第五条规定，以及联邦法院的相关判例。

纵向限定类型：

（1）排他交易协议。生产厂家有权选择交易对象，在特定地域指定分销商或者取得独家销售权的销售商，但是要考虑在该地域内同类产品，是否影响、限制竞争。在选择使用指定协议时还要考虑市场份额，即注意法院判例确定排他交易协议的反托拉斯标准相关市场，被排挤掉的市场份额和使用合理性。

（2）捆绑协议、搭售协议。关于搭售协议，卖方、出租人或者许可方在转让货物、服务或者技术时，对买方、承租方或者被许可人设置条件，要求买方、承租方或者被许可人从其所指定的人同时购买不同的货物、服务或者技术。《谢尔曼法》第一条和《联邦贸易委员会法》第五条规定使用搭售协议。《克莱顿法》第三条直接针对搭售协议，但是仅限于商品以及在美国领域中的商品销售。联邦最高法院认为捆绑协议、搭售协议的目的是限制竞争。搭售协议有两种方式：一是全线或者全部系列强加搭售，二是"一揽子"或者整体技术许可搭售。提起诉讼证明被告违反《谢尔曼法》第一条规定的提交证据证明的要求：涉及两个独立的产品，买方、承租方或者被许可人没有选择的余地，为了获取主要产品只能购买被捆绑的产品，被告在主要产品市场具有支配地位，被捆绑的产品的贸易量巨大（参见1992年伊士曼柯达公司诉图像技术服务公司案）。捆绑协议、搭售协议如果有明显的商业合理性，不超出其目的范围，该搭售也是合法的。（参见1989年莫扎特公司诉梅赛德斯-奔驰北美公司案）

（3）转售方面限制：转售维持价格、地域和客户限制。《谢尔曼法》第一条和《联邦贸易委员会法》第五条规定使用搭售协议限制买方转售其所购买的商品自由的纵向限制协议。美国判例中多涉及限制转售价格、地域和客户。

限制转售价格纵向协议。限制转售价格，也称纵向固定价格或者维持转售价格。美国联邦最高法院在1911年的迈尔斯博士医疗公司诉约翰公园公司案裁决被告的行为本身违反《谢尔曼法》，转售价格维持不合理限制了转售商的定价权利，卖方可以依法建议买方的转售价格，不得签署其希望的销售价格协议或者强迫采取其要求销售的价格。但是美国最高法院在1997年的可汗汽油案中推翻了以前的裁判标准—本身违法，裁决认为固定转售价格并不有害，采用合理性原则来评估。

地域和客户限制。供应商与买方签署纵向地域和客户限制方面协议不一定具有反竞争性，但是当销售产品几乎不存在内部竞争时，该协议可能具有很高的反竞争性。美国法院在1967年的美国政府对阿诺德施温公司案中认定生产商地域和客户的限制是不合理的，属于本身违法，而在1977年的希尔瓦尼亚公司案中抛弃施温案本身违法原则，以合理性原则审查地域和客户限制的利弊。在美国出口中出口企业要注意与美国销售商转售限制事宜,按照合理性和本身违法原则进行风险评估,切记剔除含有最低价格的限制要求。

3. 美国反托拉斯法单方限制贸易行为——滥用市场支配地位

美国反托拉斯法规定对有关市场的垄断、企图垄断或者垄断化的控制。《谢尔曼法》第二条是其立法主要规定内容,针对企业单方限制贸易的行为,侧重禁止垄断行为、串通计划或者企图垄断的行为,对违法行为的处理是结构性的,要求拆散违法企业。

美国单方限制贸易行为类型、单方限制贸易的行为掠夺性定价、拒绝交易、捆绑和其他排他行为等。

掠夺性定价是指具有市场支配的企业为排挤竞争者、谋取将来的利润确定低于成本价格的行为。司法实践中,大多数由竞争对手提起的掠夺性定价反托拉斯诉讼获胜诉的很少。

(三) 欧盟的监管要求

1. 欧盟竞争法有关横向联合的控制规定

为了保护消费者和企业的合法权益以及维护竞争,《欧洲联盟条约》第101条(原第81条)规定,联合限制行为是违法的。根据欧盟委员会和欧盟法院的实践,第101条第一款规定将联合限制分为3类:横向限制协议(价格卡特尔和分割市场的行为)、纵向协议和使用专利,商标或者技术秘密等许可协议中的限制竞争内容。

(1) 横向限制协议的违法构成要件。违法的横向限制协议指企业间协议、企业联合的决议以及相互协调的行为。为了规避竞争风险,多个企业有目的、自愿协调其价值的行为。企业联合发布相关成本和价格交流的信息,不得涉及具体的竞争者,否则会受到反托拉斯审查。

企业间协议、企业联合的决议以及相互协调行为具有阻碍、限制和扭曲共同内部竞争的目的或者后果。企业协议、企业联合的决议以及相互协调行为之目的是阻碍、限制和扭曲竞争,就是违反了《欧洲联盟条约》第101条。

企业间协议、企业集团的决议以及相互协调行为影响成员国之间的贸易。企业之间的限制竞争的协议影响了成员国的贸易,是违反竞争法的行为。

企业间协议、企业联合的决议以及相互协调行为具有显著不利影响。根据欧盟委员会 1997 年发布的《欧洲联盟宽容通告》，市场份额不超过 5%，横向协议不会产生显著的影响，但是价格卡特尔等协议即使不超过 5%，也会被视为对市场产生显著的影响。

（2）横向限制协议的类型。①以直接或者间接的方式固定购买或者销售价格或者其他供货条件的协议。欧盟的执法实践中严格处理固定价格的行为，不论固定最低价还是最高价格，处以大额罚款。②限制或者控制生产、销售渠道、技术开发或者投资。限制生产、销售数量，经常被称为数量卡特尔，与价格卡特尔一起在协议中违法使用。注意欧盟内部的结构危机卡特尔、专业化生产、标准化生产协议中涉及限制竞争的行为，不适用第 101 条第一款，即反垄断豁免。③分割市场和采购渠道。④歧视。相同条件下对不同交易对象使用不同的交易条件，使其处于不利的交易地位。⑤搭售。企业要求交易对象接受无关的附加条件，与合同没有本质上或者惯例上的相关性。

（3）豁免情形。《欧洲联盟条约》第 101 条（原第 81 条）第三款规定，符合下列条件的违法的企业间协议、企业联合的决议以及相互协调的行为，不适用第一款规定，可以免除适用反垄断处理：①有助于改善食品的销售，有利于推动技术或者经济进步；②消费者能够从限制竞争的好处中得到合理的份额；③为实现上述限制竞争是绝对必要的，欧盟豁免时会考虑限制竞争的适当性和必要性，曾豁免过一些结构危机卡特尔；④限制竞争不得大到排除市场竞争的程度。参与协议企业共同的市场份额是认定是否达到排除市场竞争的因素。共同的市场份额不够 30%，达不到排除市场竞争的程度；共同的市场份额超过 50% 的，会被怀疑排除市场竞争；超过 90% 的份额，达到了排除市场竞争的程度。

2. 纵向限制协议

纵向限制协议是指为协议的目的，在生产或者销售链，不同环节的两个以上的经营者之间达成的，有关购买、销售或者转售特定商品或者服务的协议或协调行为。

欧盟竞争法关于对纵向协议的规定是《欧洲联盟条约》第 101 条（原第 81 条）和 1999 年 12 月 22 日颁布的《纵向协议和纵向协调行为的具体豁免条例》（简称执行集体豁免条例或者 2790/1999 号条例），2010 年 4 月 20 日通过了新的纵向协议集体豁免条例，取代了 2790/1999 号条例以及 2010 年发布的《纵向协议豁免条例适用指南》。

欧盟委员会竞争总司在实践中首先审查协议是代理协议还是供销协议，审查的主要因素为代理人是否承担资金和商业风险。

纵向协议集体豁免条例禁止的核心限制行为，依据《欧洲联盟条约》第 101 条第一款原则上予以禁止。纵向限制协议属于纵向核心限制的安排，不论市场份额多少，一律不适用安全港的豁免规定。

在欧盟反垄断实践中，下列纵向限制协议几乎不能被豁免：

（1）维持转售价格。如果卖方固定买方的转售价格，或者强加一个最低销售价格，协议得不到豁免。卖方设定一个最高销售价格或者推荐一个销售价格，则不受此限。维持最低转售价格能够产生经济效益，在个案基础上可以得到豁免，包括 3 种情况：一是维持最低转售价格对引导分销商促销新产品是必需的，特别是在无法通过合同实现的情况下；二是在特许经营或者类似的分销协议中，维持转售价格对短期促销是必需的；三是第三方能够证明持转售价格避免售前服务搭便车，特别是针对在复杂产品情况下对消费者售前服务。

（2）限制地域客户。直接或者间接限制买方的销售对象或者销售地域，属于核心限制条款。原则上得不到豁免。但是以下 4 种例外情况下可以得到豁免：一是协议禁止买方在卖方的（或者在卖方为其他销售商保留的）独占地域或者专有客户进行的主动销售，且不影响买方在自己的独占地域进行独家销售；二是阻止批发商直接向最终用户进行主动或者被动销售的协议可以得到豁免；三是阻止选择性销售网络中的分销商向未授权的分销商进行主动或者被动销售的协议可以得到豁免；四是如果买方购买零部件的目的是装配，组织买方向卖方直接竞争的生产商主动或者被动销售零部件的协议可以得到豁免。

（3）限制选择性体系的销售商向最终用户进行主动或者被动销售。如果协议禁止选择性体系的销售商向未经授权的销售商（有别于最终用户）销售其所从事的业务，该限制可以得到豁免。

（4）限制选择性体系的销售商进行交叉供货。如果协议限制选择性体系的分销商之间进行交叉供货，即使分销商于不同阶段，该限制也无法豁免。

（5）限制供货商向第三方企业提供零部件。最终消费者和独立供应商有权购买商品，限制是不合理的。如果买方和服务商签署合同，买方有权依据合同要求服务商只从自己手中购买零配件，买方禁止卖方向该服务商销售零配件的行为是合理的。

3. 欧盟关于滥用市场支配地位

《欧洲联盟条约》第102条（原第82条）规定构成滥用市场支配地位需要3个条件：一个或多个企业在共同市场或者该市场的一个重大部分具有支配地位；滥用支配地位；对成员国之间的贸易具有现实或潜在的影响。支配地位、滥用和滥用获得的利益包括在相邻市场范围。欧盟竞争法核心内容之一是规制滥用市场支配地位，禁止滥用市场支配地位的前提是企业在共同市场或者该市场的一个重大部分具有支配地位。如果行为主体是中小企业实施的，有可能豁免，如果是具有市场支配地位滥用市场支配地位，不可能豁免。

（1）市场支配地位的认定。欧盟委员会和欧盟法院在进行市场支配地位的认定时经常考虑企业的行为，但是最重要的是市场结构标准，即企业市场的份额，比如企业长期占有很高的市场份额，可以构成市场支配地位的证据。此外，还考虑企业与竞争者的差距、潜在竞争、与上下游企业的联系紧密程度以及企业的技术优势等因素。

（2）滥用市场支配地位类型。《欧洲联盟条约》第102条列举了过高定价、掠夺性定价、价格歧视、拒绝交易、搭售，限制生产销售或技术开发等滥用支配地位的行为，但并不限于这些情形。①过高定价。《欧洲联盟条约》第102条规定，如果已占据市场支配地位的企业，直接或者间接强迫其他企业接受不公平的购买价格或者销售价格或者其他交易条件，就构成滥用市场支配地位，如向消费者和用户索取不合理的高价。②掠夺性定价。企业的定价低于成本，含有低价倾销的性质，企图将竞争者挤出市场。

三、反垄断法（反托拉斯法）的域外效力

我国《反垄断法》第二条规定："中华人民共和国境内经济活动中的垄断行为，适用本法；中华人民共和国境外的垄断行为，对境内市场竞争产生排除、限制影响的，适用本法。"

美国是第一个将反托拉斯法域外适用的国家，这些法包括《谢尔曼法》《克莱顿法》《对外贸易反托拉斯改进法》等。

《欧洲联盟条约》对第101条、102条作了宽泛解释，第101条、102条禁上对成

员国之间贸易的具有妨碍、限制和扭曲共同市场竞争的企业间的协议、决议和协同行为以及滥用市场支配地位的其他行为，外国公司实施了妨碍、限制和扭曲共同市场竞争的行为，欧盟对外国公司均有管辖权。

第六节 反垄断协议、滥用市场支配地位合规风险的识别

一、法律风险

（一）违反反垄断法的法律风险

经营者违反我国反垄断法达成并实施垄断协议的或者滥用市场支配地位，会被处以行政处罚，即反垄断执法机构责令停止违法行为，没收违法所得，并处上一年度销售额1%以上10%以下的罚款；给他人造成损失的，依法承担民事责任，受到损失的经营者、消费者向法院起诉要求经营者依法承担民事责任。

（二）违反《欧洲联盟条约》的法律风险

企业违反《欧洲联盟条约》第101条和第102条以及相关竞争实施条例规定，欧盟委员会将宣布终止违法行为，依据《关于实施〈欧洲联盟条约〉第101条和第102条规定的竞争规则》予以处罚。罚款不应当超过企业上一年度总产值的10%。按照《关于确定第1／2003号条例第23条第2款a项所规定的罚款的方法的指南》第13条，罚款金额应以企业在欧洲经济区内的侵权行为所涉及的货物或服务销售额为准。

（三）违反美国反托拉斯法的法律风险

企业违反反托拉斯法的，可能受到刑事处罚、行政处罚或者承担3倍损害赔偿等民事责任。

1. 刑事处罚风险

在违反《谢尔曼法》的情况下，对企业可以判处最高额为1000万美元的罚款，

对个人可判处最高额为 35 万美元的罚款或者 10 年以下的监禁，或者并处罚款与监禁。

2. 行政处罚风险

反垄断行政责任一般包括责令停止违法行为、进行行政罚款和认定限制竞争协议无效。一是责令停止违法行为，指的是在行为人实施了违法行为的情况下，反垄断执法机构作为市场秩序的维护者，有权对违法行为发布禁令，制止违法行为。美国《联邦贸易委员会法》第 5 条规定联邦贸易委员会制止个人、合伙人或者公司实施不公平竞争或者不正当和欺骗性的行为。二是行政罚款。对违法者处以行政罚款，是反垄断法为了预防和制止违法行为常用的法律手段。美国司法部还使用两倍收益或者两倍损害的规则对违法者进行罚款。三是限制竞争的协议无效或者拆分企业。

3. 民事法律责任风险

美国《谢尔曼法》第 7 条以及《克莱顿法》第 4 条规定，任何因违反反托拉斯法而遭受财产或其他任何损害的人，按照 3 倍的赔偿标准给予其赔偿、诉讼费用和适当的律师费用。罚款并不能免除违法者的民事损害赔偿，特别是在国际卡特尔案件中，美国法院判处的民事损害赔偿金额越来越大。

在实践中，3 倍损害赔偿之诉对不法经营者有着很强的威慑力，在维护市场竞争秩序和保护消费者合法权益方面发挥着巨大的作用。据统计，美国绝大多数反垄断案件是由私人提起诉讼的，政府提起的诉讼只是很小一部分。根据《美国联邦民事诉讼规则》第 23 条（a）的规定，在某些情况下，美国的私人原告还可以作为所有与自己处于相同地位的其他人的代理人，以集团的名义提起诉讼。

二、商业风险

（一）无法合作的风险

国际企业在合同中约定，双方遵守反垄断法，一方违反反垄断法的，对方有权解除合同，合作无法继续，如技术许可、供货，企业会遭受重大损失。

（二）商誉受损的风险

企业商誉受损，影响投标等经营利益。《企业信息公示暂行条例》第十八条规定，县级以上地方人民政府及其有关部门应当建立健全信用约束机制，在政府采购、工程招投标、国有土地出让、授予荣誉称号等工作中，将企业信息作为重要考量因素，对被列入经营异常名录或者严重违法企业名单的企业依法予以限制或者禁入。

三、交易合同风险

当事人因合同内容或者经营行为违反反垄断法或者反托拉斯法，被监管机构或者法院责令停止违法行为，导致交易合同无法履行，引发交易合同风险。

第七节 反垄断合规风险防范

一、规范化事前管理

1. 防范反垄断合规风险原则

企业在防范反垄断合规风险时要遵循以下原则：（1）守法合规、事先规范；（2）预防为主、控制流程；（3）重在教育、入心入脑。

2. 识别竞争关系的经营者

企业应当充分了解、掌握与其具有竞争关系的经营者情况，在识别具有竞争关系的经营者时应当考虑以下因素：（1）经营范围，经营者营业执照记载的经营范围；（2）商品功能或者服务功能；（3）行业性质，经营者进入行业是否经政府批准；（4）地域市场，经营者经营产品或者服务地域区域。

3. 建立合法销售管控模式

企业应当建立健全符合反垄断法的销售管控模式，充分了解和掌握有关纵向、处于供应链上下游之间、不具有竞争关系的交易相对人的情况。

4. 制定员工合规管理制度

企业应当制定员工合规管理制度，包括严格规范和管理员工参加由具有竞争关系的经营者组织的行业会议，不论形式如何，只要涉及价格议题或者协商销售价格变动、分割市场范围等反垄断法禁止的行为，员工须一律退出会议讨论场所并收集和保留相关证据，禁止擅自签署任何违反反垄断法的协议、记录等书面凭据，禁止参与任何讨论所销售商品价格变化的微信群等，禁止向对方提出的涨价提议作出任何承诺。

5.加强管理和规范员工对外活动及行为

企业应当加强管理和规范员工对外销售合作行为、引导员工增强反垄断合规意识，合规部门应当及时敦促销售部门员工定期检查以下信息：（1）通过微信或者含聊天记录等电子通讯方式，在销售商品过程中实施达成的垄断协议、销售记录和销售数据、财务数据；（2）联合体领导交流微信群；（3）电子邮件、财务报表和数据。

合规部门在审查销售合同时，应当关注提供商品或者服务的销售价格、销售数量、财务数据的合规性。

二、强化合同管理

1.企业禁止达成和实施垄断协议

企业内部的合作行为或协作行为不宜称为协同，避免因使用与反垄断监管相同的词语引起反垄断执法机构的误解。

2.识别其他协同行为

企业合规部门和销售部门在识别其他协同行为时，应当考虑以下因素：（1）经营者的市场行为是否具有一致性；（2）经营者之间是否进行过意思联络或者信息交流；（3）经营者能否对行为的一致性作出合理解释。识别其他协同行为，还应当考虑相关市场的结构情况、竞争状况、市场变化情况、行业情况等。

3.抵制交易垄断协议

企业合规应当加强识别、抵制交易垄断协议，注意掌握与其具有竞争关系的经营者达成的联合抵制交易协议。

企业在实施行为方面，应注意以下细节：经营者以搬迁、环保等理由拒绝向其他企业供货，相关企业多次联系，多次拒绝供货，拒绝行为须符合反垄断法的规定，否则构成实施抵制交易协议的行为。

企业合规部门和销售部门在识别联合抵制交易垄断协议时应当考虑以下因素：（1）商品市场是否是典型寡头垄断市场；（2）具有竞争关系的经营者是否具有

协同行为;(3)具有竞争关系的经营者联合抵制行为是否具有一致性。

4. 树立合规思维，严守反垄断法底线

企业应当树立合规思维，严守反垄断法底线，禁止形成统一涨价的意愿或者集体涨价默契，禁止达成垄断协议。

5. 防范横向垄断风险

企业合规部门和销售部门在防范横向垄断风险时要关注以下信息:(1)调价倡议书、调费公告以及有关调价和涨价的聚会聚餐、邮件沟通、电话联络等;(2)与其具有竞争关系的经营者的公司章程、营业执照企业;(3)财务报表和数据;(4)上一年度销售额和销售数据、台账、记录;(5)年度工作总结、董事会等公司治理机构会议纪要、工作记录。

6. 严格审查销售协议

企业合规部门在审查销售协议是否符合反垄断法有关纵向协议规定时，应考虑本企业市场地位是否强大、所销售商品市场竞争是否充分以及限制转售价格的目的和后果。

7. 加强对行业组织指南要求的合规性把关

企业应当高度关注行业协会是否遵守反垄断法以及相关行为指南的要求，不执行行业协会作出的以下行为:(1)制定排除、限制价格竞争的规则、决定、通知等;(2)组织经营者达成反垄断法和国家规定禁止的价格垄断协议;(3)是组织经营者达成或者实施价格垄断协议的其他行为。企业合规部门和销售部门应当加强对前款合规性的把关，防范行业协会将企业拖入实施垄断协议的合规风险之中。

三、建立健全反垄断合规风险管理体系

企业应依据反垄断(价格)的法律法规和监管要求，结合自身的实际业务和经营情况，制定、完善有关反垄断(价格)的合规管理办法。

企业可进一步就有关反垄断(价格)的合规行为准则及管理办法，细化制定、完善相应的合规操作流程。

四、加强反垄断合规培训和考核，建设合规文化

1. 加强反垄断合规培训

企业应当制定反垄断合规培训方案和计划，对所有员工进行有针对性的培训和考核，特别是强化对企业高级管理人员包括董事长和总经理、分管销售工作的企业副职和所有销售人员的培训，经培训考核合格的，签发反垄断合规培训合格证，作为工作合规和晋升的依据。

2. 建设合规文化

企业党组成员、董事会成员和经营班子成员以及其他高级管理人员应带头学习反垄断法以及相关监管要求，形成浓厚的反垄断合规氛围，接受有关合规培训，关键岗位员工应接受有针对性的专题合规培训，例如针对销售管理人员以及一线销售人员的培训。有关合规培训应做好记录留存。

第八节 反垄断合规风险应对

企业应成立反垄断风险应对小组，制定应急预案，及时跟进反垄断执法或者诉讼动态，强化组织领导，有针对性地研究、调整商业模式，使其商业模式符合反垄断的立法和监管要求。

一、应对反垄断调查

（一）发现违法行为积极处理

企业发现有关部门员工涉嫌违反反垄断法迹象，应当及时监控、调查，及早处置、处理；认为违法情节严重的，应当积极主动、及时向反垄断执法机构报告，并提供相应证据。

企业在中国面临反垄断调查的，可以根据《反垄断法》第十五条规定，能够证明达成的协议属于以下情形之一的，向反垄断执法机构申请反垄断豁免：第一，为

改进技术、研究开发新产品的；第二，为提高产品质量、降低成本、增进效率，统一产品规格、标准或者实行专业化分工的；第三，为提高中小经营者经营效率，增强中小经营者竞争力的；第四，为实现节约能源、保护环境、救灾救助等社会公共利益的；第五，因经济不景气，为缓解销售量严重下降或者生产明显过剩的；第六，为保障对外贸易和对外经济合作中的正当利益的；第七，法律和国务院规定的其他情形。

（二）配合反垄断执法机构调查

企业可以依据国务院反垄断委员会《横向垄断协议案件宽大制度适用指南》的规定，向反垄断执法机构主动报告协议提供证据，主动停止涉嫌违法行为，配合反垄断执法机构调查，可以向反垄断执法机构申请宽大、减轻或者免除处罚。

企业在欧盟面临反垄断调查的，可以依据《欧洲联盟条约》和相关豁免条例、指南，向欧盟反垄断执法机构申请反垄断豁免。

企业在美国面临反托拉斯调查的，可以依据美国法律和案例确定的原则，如合理性原则、反托拉斯指南，配合美国反垄断执法机构调查。

二、应对反垄断诉讼

（一）应对美国个人诉讼

企业的法务人员要研究美国的反托拉斯法律制度和联邦法院的反托拉斯判例，特别是要加强对联邦民事诉讼规则和联邦证据规则研究，并强化向领导进行普法，避免盲目决策，对案件的走向要心中有数。

根据案件的需要聘请美国律师，要聘请态度对我国友好、职业素养和职业能力较强的律师，切记防备进入律师陷阱，被漫天收费。为了控制费用，聘请中国律师有助于降低费用。

关于美国国家主权豁免问题。许多中国国有企业按照美国1976年《外国主权豁免法》提出了豁免问题。这里涉及3个问题：一是美国法院是否给予国有企业豁免；二是实践中主张主权豁免的国有企业，一旦败诉或者被缺席判决，原告便执行其在美国的财产，外交部门需要花大力气解决相关问题；三是我国政府主张，政府享有绝对豁免，国有企业是独立的法人，不具有国家主权豁免资格，因此不支持国有企业在个案中提出主权豁免主张。

(二) 应对中国反垄断诉讼

了解反垄断民事诉讼制度。2012年5月，最高人民法院发布《关于审理因垄断行为引发的民事纠纷案件应用法律若干问题的规定》，这部司法解释具有3个主要特点：一是反垄断民事诉讼的独立性；二是原告资格的开放性；三是责任方式的多样性。通过反垄断民事诉讼，原告可以请求就其因垄断行为受到的损失获得赔偿，还可以请求获得禁令救济以及确认与垄断行为有关的法律行为无效。

掌握人民法院实施反垄断法对反垄断法的具体理解、解释。人民法院通过案件审理，明确了反垄断法实体条文的含义或者垄断行为分析方法，确立了相关领域的竞争规则和行为标准。

(三) 应对欧盟的诉讼

为保证《欧盟运行条约》第101条、第102条的有效实施，保证内部市场的正常运行，促进公正赔偿和权利救济将威慑潜在违法者的限制竞争行为，必须建立一套统一适用的损害赔偿诉讼规则。欧盟议会大会于2014年11月底签署《关于违反欧盟及其成员国竞争法的损害赔偿诉讼若干规则的指令》(以下称《损害赔偿指令》)，并要求自《损害赔偿指令》公布之日起2年内，成员国必须完成对国内相关法律的转化工作，使国内法中的反垄断损害赔偿诉讼的具体规则和标准不低于《损害赔偿指令》中的规定。《损害赔偿指令》共7章24条，明确对证据开示、转嫁抗辩、起诉资格、求偿范围的量化以及经双方合意的争议解决等诸多问题作出了规定。

为保证做好在欧盟的反垄断诉讼，必须了解《损害赔偿指令》，了解欧盟法院处理案件的判例。

欧盟法院在2001年和2006年两个判决中指出，受害者的求偿权利是由欧盟法律给予保障的。《损害赔偿指令》第3条第1款规定，成员国应确保成员国因存在违反竞争法的行为而遭受损失的任何自然人或法人，就其损失享有索赔权并且享有获得充分赔偿的权利。欧盟竞争法将自然人也纳入适格原告范围是出于对消费者权利保护的考虑，凡是因垄断行为而遭受损失的，无论是自然人还是法人，都有获得充分赔偿的权利。

《损害赔偿指令》第 3 条第 2 款规定，受害人应当获得充分赔偿，赔偿能够使受害人恢复到之前未受到违反竞争法行为影响的状态。因此，充分赔偿权利应当包括针对实际损失和利润损失的求偿权以及支付利息的请求权。这条规定明确了损害赔偿的范围（即受害者应当对所受损害实际价值获得的完全赔偿），包括违法行为导致价格上涨所遭受的实际损失、销售额减少导致的利润损失以及相关的利息损失。《损害赔偿指令》中明确求偿范围之后，各成员国将指令的要求转化为国内法，将有利于规则的统一性和损害赔偿的可预见性。

第九节 反不正当竞争合规环境及监管规定

国家竞争政策的目标是保护各类市场主体之间的自由竞争，维护公平竞争。我国法律承认了"竞争"的合法地位，明确规定"允许和提倡各种经济成分之间、各个企业之间，发挥所长，开展竞争"和"保护竞争的开展"。竞争机制是市场配置资源发挥基础性作用的重要机制。1993 年我国制定《中华人民共和国反不正当竞争法》（以下简称《反不正当竞争法》）。该法第一条明确规定"鼓励和保护公平竞争，制止不正当竞争行为"。2007 年制定《反垄断法》的第一条强调立法目的就是"为了预防和制止垄断行为，保护市场公平竞争"。因此，保护竞争、维护公平竞争一直是我国竞争政策的价值取向，是竞争规制的价值目标。

2015 年 10 月 15 日，中共中央、国务院发布了《关于推进价格机制改革的若干意见》，首次明确"逐步确立竞争政策的基础性地位"。2016 年 6 月 14 日，国务院出台《关于在市场体系建设中建立公平竞争审查制度的意见》。2018 年年底，中央经济工作会议重申"强化竞争政策的基础性地位"。2019 年 10 月 31 日，党的十九届四中全会强调"强化竞争政策基础地位，落实公平竞争审查制度"。2020 年 5 月 11 日，《中共中央、国务院关于新时代加快完善社会主义市场经济体制的意见》再次强调"完善竞争政策框架，建立健全竞争政策实施机制，强化竞争政策基础地位"。

2019年《反不正当竞争法》修订，经梳理规定了7类不正当竞争行为，分别是混淆行为、贿赂行为、虚假宣传、侵犯商业秘密、违规有奖销售、商业诋毁、网络不正当竞争。特别是新增网络不正当竞争行为，直指近年来出现的互联网领域不正当竞争现象。

2021年，国家市场监督管理总局下设副部级国家反垄断局。反垄断立法、执法与司法齐头并进，全面推动企业竞争合规从被动向主动转变。2022年6月24日第十三届全国人民代表大会常务委员会第三十五次会议通过《关于修改〈中华人民共和国反垄断法〉的决定》，自2022年8月1日起施行。新修订的反垄断法大大提高了违法成本，对垄断协议、滥用市场支配地位、经营者集中规制、行政垄断进行了完善，尤其是适应数字经济发展变化的要求，明确提出数字经济反垄断规制。

第十节　反不正当竞争合规保护对象

一、自由竞争

国家通过法律法规、政策以及规范性文件，通过规制垄断协议、垄断组织、限制滥用市场支配地位，保障市场竞争参与者能自由进入市场，成为市场竞争的真正参与者，有平等参与竞争的机会，不因不合理因素被排除参与竞争。

二、公平竞争

惩戒或取缔不守诚信、侵犯其他竞争者合法权益、违规竞争行为，使市场主体能在公平的市场规则下参与市场竞争，不因一方的不诚信违规行为置另一方于不利。

两法是相互关联的，确保市场经济有效运行，只不过采用的方式不同，前者通过防止竞争排除、竞争限制和滥用市场支配地位维护竞争的自由，后者强制所有市场参与者依照相同的规则较量，保证竞争的公平性。

（一）具体对象

竞争规制。竞争规制是指国家为维护市场公平竞争秩序，通过许可、备案、登记、处罚、激励等行政手段，对市场主体的市场准入、人才竞争、技术竞争、产品质量竞争、市场竞争、网络竞争等予以调节、监督和制约。

1. 市场准入

市场准入是指货物、劳务、资本进入市场的资格。市场准入制度是指取得市场主体资格的实体条件和程序条件。从自由竞争和公平竞争的角度，市场准入应当尽可能地放开。不恰当地限制市场准入，容易导致限制竞争、垄断。党的十九大以来，我国全面实行市场准入负面清单制度。负面清单以外的行业、领域、业务等，各类市场主体皆可依法平等进入。市场准入管理由正面清单向负面清单转型，目的是打破各种形式的不合理限制和隐性壁垒。

2. 人才垄断

人才竞争是企业竞争的关键之一。人才垄断将是一个新问题。既要维护企业稳定的人才队伍，又要维护企业争夺人才、保持人才流动的正当需求。人才竞争具有正当性。

3. 技术竞争

技术是企业的核心竞争力。企业之间技术竞争是最头等大事，主要涉及技术秘密、专利技术。相关的商业秘密和专利需要法律为企业提供保护。除此，反不正当竞争法、反垄断法也对技术竞争进行了必要规制，既保护知识产权的合法垄断，同时企业滥用知识产权排除、限制竞争时也受到反垄断法规制。

4. 市场竞争

市场竞争是企业竞争的最终目的。市场竞争的目的是提高市场占有率，企业商品和服务占有更高的市场份额。竞争法禁止不正当竞争行为、垄断协议、滥用市场支配地位、经营者过度集中、行政垄断等阻碍竞争、限制竞争的反竞争行为。

5. 网络竞争

网络竞争是数字经济时代的特有竞争。数字经济时代，竞争不再局限于传统市场，互联网已经成为竞争领域。网络市场不同于传统市场，极易形成技术反竞争和平台垄断。

（二）竞争规制与法律法规

竞争规制的法益需与产业相关的法律法规保持协调。与产业相关的法律法规正是指国家为了引导和规范某种产业的发展，推动该产业结构优化、技术创新和竞争力提升，所实施的一系列干预产业发展的政策和法律规范。我国目前是转型期社会，处于由计划经济转向市场经济的转轨时期，政府经济职能转变尚未完成，政府通过法律法规上的各类激励或管制措施强行干预市场不可避免。法律法规体现的是政府主导式的直接干预，直接渗透和反映国家的产业意志、产业理性。竞争规制则是倾向于以消极、中立的态度干预市场，通过恢复市场竞争机制，排除阻碍竞争、限制竞争，间接地实现对市场失灵问题的干预。两者实施过程中可能存在潜在冲突和矛盾。在竞争政策、竞争法处于基础性地位的背景下，新修订的反垄断法明确加强竞争政策基础地位，并将公平竞争审查制度写入反垄断法，全面规范政府行为对市场竞争的影响。当然，有关农业、农村在农产品经营活动中的产业联合或协同行为，不在反垄断适用范围内。

（三）竞争规制与知识产权法

竞争规制需要厘清与知识产权法的关系。两者的关系既交叉又并行。交叉是指知识产权具有合法垄断的属性，但是，知识产权滥用时也存在排除、限制竞争的可能，需要竞争规制。并行是指，知识产权法益在于知识产权的归属，从知识产权权属的角度保护知识产权，对侵权行为进行制裁。而竞争规制是从公平竞争、自由竞争的角度，在知识产权使用过程中实现保护和规制。《反不正当竞争法》也对相关知识产权从禁止混淆、不得侵犯商业秘密等方面进行保护。而《反垄断法》则明确规定依法行使知识产权不适用。两者是平行的。但是知识产权的行使有可能背离知识产权制度的初衷，排除、限制竞争，阻碍创新。所以，《反垄断法》同时规定，经营者滥用知识产权，排除、限制竞争的行为，适用本法。具体如何界定知识产权滥用，2015年4月7日国家市场监督管理总局《关于禁止滥用知识产权排除、限制竞争行为的规定》（2020年10月23日修订）指出滥用知识产权排除、限制竞争行为，是指经营者违反反垄断法的规定行使知识产权，实施垄断协议、滥用市场支配地位等垄断行为（价格垄断行为除外）。《国务院反垄断委员会关于知识产权领域的反垄断指南》（2019年1月4日）也指出，经营者滥用知识产权，排除、限制竞争的行为不是独立的垄断行为。

经营者在行使知识产权或者从事相关行为时，达成或者实施垄断协议，滥用市场支配地位，或者实施具有或者可能具有排除、限制竞争效果的经营者集中，可能构成滥用知识产权排除、限制竞争的行为。知识产权滥用的竞争规制着眼于垄断协议、市场支配地位和经营者集中等竞争规制对象。

第十一节　竞争合规的主要内容

一、垄断协议

根据《反垄断法》第十六条规定，禁止具有竞争关系的经营者达成排除、限制竞争的协议、决定或者其他协同行为的垄断协议。垄断协议分为纵向垄断协议和横向垄断协议。

（一）纵向垄断协议

纵向垄断协议是指经营者与交易相对人达成诸如固定向第三人转售商品的价格，限定向第三人转售商品的最低价格等情形的协议。

（二）横向垄断协议

横向垄断协议是指具有竞争关系的经营者之间达成诸如固定或者变更商品价格，限制商品的生产数量或者销售数量，分割销售市场或者原材料采购市场，限制购买新技术、新设备，或者限制开发新技术、新产品，联合抵制交易等情形的协议。新修订反垄断法，新增组织帮助达成垄断协议规制，即禁止组织经营者达成垄断协议或者为此提供实质性帮助。

《反垄断法》第二十条提供了豁免规则，即如果经营者能够证明其所达成的协议属于为改进技术、研发新产品等法定情形的，且不会严重限制相关市场的竞争并能够使消费者分享利益的，则不适用横向垄断协议、纵向垄断协议的禁止性规定。

新修订的《反垄断法》对纵向垄断协议提供了抗辩制度，经营者能够证明不具有排除、限制竞争效果的，不予禁止，也提供了"安全港"制度，即当经营者相关市场的市场份额低于国务院反垄断执法机构规定的标准的,并且符合其他条件的,不予以禁止。

二、滥用市场支配地位

《反垄断法》第二十二条规定,市场支配地位,是指经营者在相关市场内具有能够控制商品价格、数量或者其他交易条件,或者能够阻碍、影响其他经营者进入相关市场能力的市场地位。

禁止具有市场支配地位的经营者进行以下滥用市场支配地位的活动:以不公平的高价销售商品或者以不公平的低价购买商品、无正当理由以低于成本的价格销售商品、拒绝与交易相对人进行交易、限定交易相对人只能与其进行交易或只能与其指定的经营者进行交易、搭售商品或者附加其他不合理交易条件、实行差别待遇等滥用市场支配地位。

针对数字经济作出专门规定,具有市场支配地位的经营者不得利用数据和算法、技术以及平台规则等从事前款规定的滥用市场支配地位的活动。

三、经营者集中

根据《反垄断法》第二十五条规定,经营者集中是指经营者合并,经营者通过取得股权或者资产的方式取得对其他经营者的控制权;经营者通过合同等方式取得对其他经营者的控制权或者能够对其他经营者施加决定性影响等。经营者集中有利于形成规模经济,提高经营者竞争力。但是经营者集中对竞争秩序产生影响,经营者过度集中形成市场支配地位,会阻碍竞争、限制竞争。经营者集中受反垄断法规制。

《反垄断法》第二十六条规定,经营者集中达到国务院规定的申报标准的,经营者应当事先向国务院反垄断执法机构申报,未申报的不得实施集中。新增第二款,经营者集中未达到国务院规定的申报标准,但有证据证明该经营者集中具有或者可能具有排除、限制竞争效果的,国务院反垄断执法机构可以要求经营者申报。

四、反不正当竞争合规

反不正当竞争法列举了包括混淆、商业贿赂、侵犯商业秘密、虚假宣传、不正当有奖销售、商业诋毁、网络不正当竞争 7 种类型的不正当竞争行为。

（一）混淆

混淆是指企业在经营活动中，以种种不诚信的方式仿冒商品名称、包装、装潢等相同或近似的标识、擅自使用他人有一定影响的企业名称、擅自使用与他人有一定影响的域名主体部分、网站名称、网页等推销自己产品，使消费者产生误解，扰乱市场秩序、损害竞争利益和消费者利益的行为。

（二）虚假宣传

根据《反不正当竞争法》第八条的规定，虚假宣传是指经营者利用广告和其他方法，对其商品的性能、功能、质量、销售状况、用户评价、曾获荣誉等作虚假或者引人误解的商业宣传，欺骗、误导消费者。

（三）商业贿赂

商业贿赂是指企业在商品交易或提供服务过程中，为争取交易机会，通过行贿等不正当手段收买客户或政府工作人员的行为。

（四）商业秘密

商业秘密是不为公众所知悉、能为权利人带来经济利益、具有实用性并经权利人采取保密措施的技术信息和商业信息。根据《反不正当竞争法》第九条，常见的侵犯商业秘密的行为有：以不正当手段获取权利人的商业秘密；披露、使用或者允许他人使用以不正当手段获取的商业秘密；违反保密义务或者违反权利人有关保守商业秘密的要求，披露、使用或者允许他人使用其所掌握的商业秘密；教唆、引诱、帮助他人违反保密义务或者违反权利人有关保守商业秘密的要求，获取、披露、使用或者允许他人使用权利人的商业秘密；第三人明知或者应知商业秘密权利人的员工、前员工或者其他单位、个人实施上述侵犯商业秘密的违法行为，仍获取、披露、使用或者允许他人使用该商业秘密。

（五）不正当有奖销售

不正当有奖销售是指企业在销售商品或提供服务时，以提供奖励（包括金钱、实物、附加服务等）为名，实际上采取欺骗或者其他不当手段损害用户、消费者的利益，或者损害其他经营者合法权益的行为。法律并不禁止有奖销售，但是禁止可能造成不良后果、破坏公平竞争的有奖销售。《反不正当竞争法》第十条规定，经营者进行有奖销售不得存在下列情形：所设奖的种类、兑奖条件、奖金金额或者奖品等有奖销售信息不明确，影响兑奖；采用谎称有奖或者故意让内定人员中奖的欺骗方式进行有奖销售；抽奖式的有奖销售，最高奖的金额超过五万元。

（六）商业诋毁行为

商业诋毁行为是指企业捏造、散布虚假信息或误导信息，损害竞争对手商业信誉、商品声誉，从而削弱其竞争力的行为。《反不正当竞争法》第十一条规定，经营者不得编造、传播虚假信息或者误导性信息，损害竞争对手的商业信誉、商品声誉。

（七）网络不正当竞争

网络不正当竞争是指企业利用技术手段，通过影响用户选择或者其他方式，实施妨碍、破坏其他企业合法提供的网络产品或者服务正常运行的行为。《反不正当竞争法》第十二条规定，网络经营者不得有下列行为：（1）未经同意，在其合法提供的网络产品或者服务中，插入链接，强制进行目标跳转；（2）误导、欺骗、强迫用户修改、关闭、卸载其他企业合法提供的网络产品或者服务；（3）恶意对其他企业合法提供的网络产品或者服务实施不兼容等。

第十二节　企业反不正当竞争合规管理

根据国际标准化组织 ISO 37301《合规管理体系 要求和使用指南》，经营者反不正当竞争合规管理体系建设的通用要素包括：组织环境、领导作用、策划、支持、运营、评价、改进。这里主要就组织、领导、支持、运营进行说明。

一、建立反不正当竞争合规管理组织体系

竞争涉及技术、生产、人才、市场，事关企业的发展大局，有其特殊的地位，

不仅仅是法律问题，所以企业法务部门通常难以胜任。企业应根据业务状况、经营规模、员工人数等实际情况，建立专门的竞争合规管理部门，专门负责竞争合规工作。同时，竞争合规和企业其他部门工作的冲突往往无法避免，应配置企业高管担任竞争合规部门的负责人，以利统筹协调。竞争合规部门负责竞争政策研究、组织竞争合规培训、企业竞争风险识别、竞争合规审核等日常工作。同时，需要明确企业中高层管理者的竞争合规义务和责任，并对关键岗位或风险级别较高的岗位的员工明确提出竞争合规要求。

二、建立健全反不正当竞争合规管理制度体系

根据企业实际情况建立专门的反不正当竞争合规管理制度，或按照现有合规管理制度，开展反不正当竞争合规管理工作。

应根据企业实际情况，制作反不正当竞争合规指引，分发给反不正当竞争合规风险较高的部门及员工，并检查其是否得到有效利用，及时修订竞争合规手册，持续关注反映竞争法相关规定的最新变化。有涉外业务的，应针对所在国家的竞争法律规范，制定有关反不正当竞争合规政策，并设立防火墙机制，避免竞争法律风险的跨法域传导与扩散。

三、建立反不正当竞争合规运行机制

企业应根据自身经营规模、组织管理体系、业务内容以及市场环境，分析可能发生的竞争风险并分门别类地进行梳理，建立风险识别、风险评估和风险处置工作程序。如《浙江省企业竞争合规指引》建议企业根据员工面临反垄断法律风险的不同程度开展风险评级，进而实施风险管理。这应是一项有效的管理方法。反不正当竞争合规风险与企业员工以及相应的生产经营管理环节息息相关，企业进行风险评级，可以更有效地进行风险防控，降低反不正当竞争合规风险的发生。结合企业实际情况，对风险进行分级，可以按照高风险、中风险、低风险进行分级分类，合规风险分级分类后，对风险进行风险评级，从而确定反不正当竞争合规风险管理的优先级。

竞争合规风险控制具体内容：滥用市场支配地位行为控制；经营者集中行为风险控制；滥用行政权力排除、限制竞争行为风险控制；不正当竞争风险控制等。

四、企业需要依法配合外部调查

(一) 反垄断行政调查

1. 主动报告、内部调查

企业受到反垄断执法机构调查，应按照调查流程妥善应对，先进行内部调查，分析评估垄断行为成立与否的可能性，有哪些不利的因素，有哪些可能的抗辩，以及此行为一旦成立带来的法律后果。

2. 积极配合调查

《反垄断法》第三十九条规定，经营者应积极配合反垄断执法机构调查。对反垄断执法机构依法实施的调查，如果拒绝提供有关材料、信息，或者提供虚假材料、信息，或者隐匿、销毁、转移证据，或者有其他拒绝、阻碍调查行为的，个人或单位将面临被处以罚款，构成犯罪的，还将被追究刑事责任。

3. 提出抗辩

执法机关实施调查后，根据内部调查的情况，可以进行充分的实体抗辩，积极提交市场分析：相关市场如何界定，市场份额是多少，相关市场的竞争情况、市场力量、竞争程度、是否有排除限制竞争。被调查企业提出实体抗辩意见，并提供相关的支持材料，执法机关有责任回应。

4. 行使程序性权利

根据国务院反垄断委员会《横向垄断协议案件宽大制度适用指南》，涉嫌垄断协议的经营者可以提出宽大申请。反垄断宽大制度，是指经营者主动向反垄断执法机构报告达成垄断协议的情况并提供重要证据，反垄断执法机构酌情减轻或者免除对该经营者的处罚。宽大仅适用于垄断协议案件。

根据《反垄断法》第四十五条，被调查的经营者可以提出承诺、中止调查的申请。反垄断承诺制度，指面对反垄断调查，被调查经营者承诺在反垄断执法机构确定的期限内采取措施消除不利影响，执法机构经评估后认为可以达到执法目的，从而作出中止调查的决定。中止调查后，反垄断执法机构对经营者履行承诺的情况进行监督，待经营者履行承诺完毕，执法机构作出终止调查的决定结案。承诺制度不适用于固定或者变更商品价格、限制商品生产或者销售数量、分割销售市场或者原材料采购市场的涉嫌垄断协议案件。

(二) 反不正当竞争行政调查

根据《反不正当竞争法》第十三条，监督检查部门调查涉嫌不正当竞争行为，可以采取的措施包括：进入涉嫌不正当竞争行为的经营场所进行检查；询问被调查的经营者、利害关系人及其他有关单位、个人，要求其说明有关情况或者提供与被调查行为有关的其他资料；查询、复制与涉嫌不正当竞争行为有关的协议、账簿、单据、文件、记录、业务函电和其他资料；查封、扣押与涉嫌不正当竞争行为有关的财物；查询涉嫌不正当竞争行为的经营者的银行账户。

监督检查部门调查涉嫌不正当竞争行为，被调查的经营者、利害关系人及其他有关单位、个人应当如实提供有关资料或者情况。

被调查企业有义务积极配合调查，如实提供有关资料或说明情况。竞争是市场经济的重要机制，竞争政策在市场经济政策体系中处于基础地位。反垄断、反不正当竞争，落实公平竞争政策是推动经济高质量发展的内在要求。企业应重视竞争政策和竞争规制，构建企业竞争合规管理体系。

第六章　人力资源合规管理

　　人力资源合规管理是企业发展的趋势。人力资源合规体系建设就是以有效防控人力资源管理风险为目的，以提升企业人力资源管理水平为导向，以企业和员工的人力资源活动为对象，人力资源合规管理是企业作为用人单位合规重要的组成部分之一，贯穿用人单位对劳动力使用的全过程。人力资源合规管理不是一个部门的事情，而是涉及公司整个操作流程。人力资源合规是人力、财务、税务、经营管理及法律上的综合合规，任何一次出错都是违规，都会给企业带来极大的风险和损失。

第一节　人力资源合规管理的概述

一、人力资源合规管理的职能与目标

（一）人力资源合规管理的职能

　　人力资源合规管理的职能主要是根据企业整体发展战略，建立科学合规的人力资源管理与开发体系，实现企业人力资源的有效提升和合理配置，确保满足企业发展的人才需求。人力资源合规管理的职能主要有：人力资源规划合规、招聘管理合规、薪酬管理合规、培训管理合规、绩效考评合规、劳动管理合规、人力资源管理组织设计合规等。

（二）人力资源合规管理的目标

　　人力资源合规管理的目标是随着组织所处的环境、企业战略与战术计划、组织目前的工作结构与员工工作行为的变化而不断改变的。

　　人力资源合规管理的目标：

第一,从外部审计、内部审计、社保审计、税务审计4个方面来考察企业用工是否合规。

第二,信息透明化。在制定合规战略时,必须考虑到信息透明化的问题。

第三,在薪资福利政策方面,比如企业年金、不同层级员工的薪酬规定等,要向员工进行详细介绍。人力资源部门可以编辑类似人力资源白皮书等进行宣传和推广,每年对员工进行合规教育。

第四,企业要进行自动化处理,这样可以大大增加整个操作的透明度,同时也规避了很多不合规的风险。

二、人力资源管理的战略与规划

(一) 人力资源管理战略

人力资源管理战略是企业为了达成战略目标所采用的帮助其获取和维持人力资源竞争优势的根本措施保证。其主要包括以下内容:

1. 人力资源中长期规划

人力资源中长期规划的内容主要包括:服务于组织发展规划的人力资源需求;以有效且成本经济的方式利用人力资源;可行的人力资源供给,包括内部员工的数量和组织外部符合条件人员的潜在数量。

2. 人力资源引进与保留战略

人力资源引进与保留战略的内容主要包括:构建工作分析体系以及与之匹配的胜任力模型;确定配置人才的标准;优先实施的人力资源政策(如薪酬优先、工作氛围优先);目标人群及相应的最优策略。

3. 人力资源培训与开发战略

明确已有人员的业绩与能力状况;拟定培训与开发的目标优先顺序(如技能培训优先、业务培训优先);确定可行的职业发展通路;确定培训与开发的评估标准。

4. 人员绩效管理战略

人员绩效管理战略的内容主要包括:与组织战略匹配的绩效目标;推动组织战略实

现的绩效标准；与业务密切结合的绩效辅导体系；有效的绩效管理平台及领导机制；利于实现组织战略的激励手段与方式。

5. 薪酬战略

薪酬战略的内容主要包括：与组织定位和业务相关的报酬因素；与市场竞争地位相适应的薪酬水平；与员工职业生涯相关的增长机制；与利益相关者期望相关的红利与期权计划；与业绩相关的调整机制。

6. 企业文化发展战略

企业文化发展战略的内容主要包括：企业的使命；企业精神；企业的愿景与目标；企业的核心价值观；企业的经营管理理念；企业对利益相关者的定位与期望；企业文化的宣传、贯彻与内化机制；对外形象的展示等。

（二）人力资源管理规划

1. 人力资源管理规划的概念

人力资源管理规划是一个企业或一个组织为实现其发展目标而对所需人力资源进行供求预测、制定系统的政策和措施，以满足自身人力资源需求的活动。

2. 人力资源管理规划的目的

人力资源管理规划的目的，是使一个企业或一个组织实现其发展目标。人力资源规划的基础，是科学的人力资源供求预测。人力资源规划的目的是确保组织在需要的时间获得所需数目且具备相应技能的员工。人力资源规划包括人力资源的战略规划、人力资源的战术规划和人力资源的行动方案。

3. 人力资源管理规划的程序

人力资源管理规划的程序如下：

（1）人力资源信息的收集。信息资料是制订人力资源计划的依据。（2）人力资源需求预测。企业应根据企业发展战略计划和本企业的内外条件选择合适的预测方法，然后对人力资源需求的结构和数量进行预测。（3）人力资源供给预测。供给预测包括两方面：一方面是内部人员拥有量预测，另一方面是外部供给量预测。（4）确定人力资源净需求。人员需求和供给预测完成后，就可以将本企业人力资源需求的预测数与同期内企业本身可供给的人力资源数进行对比分析，从比较分析中可测算出各类人员的净需求数。（5）制定人力资源规划方案，包括制订补充计划、使用计划、培训开发计划、配置计划等。计划中既要有指导性、原则性的政策，又要有可操作的具体措施。（6）人力资源规划的执行与评估。对一个组织人力资源计划的审核与评估是对该组织人力资源计划所涉及的各个方面及其所带来的效益进行综合的审查与评价，也是对人力资源计划所涉及的有关政策、措施以及招聘、培训发展和报酬福利等方面进行审核与控制。

三、薪酬管理与福利

（一）薪酬概念

薪酬指员工为企业提供劳动而得到的货币和实物报酬的总和，包括：工资、奖金、津贴、提成工资、劳动分红、福利等。

（二）薪酬管理的目的

薪酬管理的目的是保障员工的基本生活，充分激励员工的积极性，增强员工的能力，最终实现企业战略发展所需核心竞争力。

（三）薪酬管理的原则

薪酬管理的原则有：对外具有竞争力原则；对内具有公正性原则；对员工具有激励性原则。薪酬管理的内容为：岗位评价与薪酬等级、薪酬调查、薪酬计划、薪酬结构、薪酬制度的制定与调整、人工成本测算等薪酬管理的周期性。

（四）薪酬管理中存在的法律风险

薪资约定不明确；约定工资与实际发放的工资不一致；实际发放工资低于当地最低工资标准；最低工资标准是否包含社会保险等项目；最低工资标准指的是基本工资还是综合收入不明确；无底薪企业是否突破了"最低工资标准"；用人单位安排加班却不支付加班工资。

（五）员工福利

员工福利属于员工的隐性收入，指在工资之外，向员工本人及家属提供的货币、实物及其他服务。一般包括法定福利：政府通过立法形式，要求组织必须提供给员工的福利,如社保、医保、住房公积金等。组织福利是指由组织根据自身情况制定的、提供给员工的福利,福利内容包括:福利补贴、补助,探亲制度,休假制度。

四、人力资源合规管理专员职责

人力资源合规管理专员需要熟悉人力资源管理各项实务的操作流程,熟悉国家各项劳动人事法律法规政策,并能实际操作运用。

人力资源合规管理专员岗位职责有:根据企业战略方针和规划,大力建设和推行企业文化;执行并完善员工入职、转正、异动、离职等相关政策及流程;建立健全招聘、培训、绩效薪酬、员工关系管理等模块及其他人力资源制度建设;员工信息、合同档案的更新与维护,以及各项文娱活动的组织安排;横向协调各部门关系,并与员工保持良好互动,妥善处理发生的各类人事问题。

第二节 绩效考核

绩效考核是合理配备人力资源的基础,是衡量各岗位人员是否胜任,也是进行合理提升的基础。另外,绩效考核还是实施激励措施必不可少的环节,绩效评价是否公平是影响下一个周期中激励措施是否有效的重要因素。

一、绩效考核的概念与意义

(一)绩效概念

绩效也称业绩、成效等,反映的是人们从事某一活动所产生的成就和效果。绩效考核是企业的运营成果和对员工的工作行为与工作结果进行全面的、系统的、科学的考察、分析,并作出评价的过程。绩效考核是人力资源管理核心职责之一。

(二)绩效考核的意义

绩效考核管理是企业建立激励和约束机制的重要措施,其意义在于:

第一,有利于人事决策,通过绩效考核识别核心人才,对其加以培训,委以重任。同时可以根据员工特长决定其调配和升降。

第二，确定合理的薪酬水平。根据员工的业绩差异，给予不同的报酬，以体现公平和公正，避免产生纠纷。

第三，有利于上下级沟通和交流。通过绩效考核述职、结果反馈等过程，管理者与员工之间进行沟通、相互理解，及时掌握各方面的动态，有利于及时发现问题、解决问题、促进整体和谐和企业生产力的提高。

二、绩效考核的原则与标准

（一）绩效考核的原则

绩效考核应遵循一些基本原则，这些原则既是考核的重要理论依据，又是行之有效的人力资源管理考核体系应满足的基本条件。

1. 内容规范化原则

绩效考核的科学性来自考评的规范性和严格性，因此要求全面性和完整性，如通常从德、能、勤、绩等方面来考核，同时要求各项考核指标具有明确性和可操作性。

2. 客观公正原则

客观公正，是绩效考核具有权威性的重要前提。因此，首先要求考核指标体系和考核标准设计科学，其次要求考核过程体现民主和透明，考评人员能客观公正地作出评价。

3. 全方位考核原则

员工在不同的时间、不同的场合往往有不同的表现，另外在不同的观察者眼里对每个人的感受和评价也各有不同。因此应多方收集信息，实行多层次、多渠道、多方位考核。

4. 责权利相结合原则

考核的目的是帮助员工和企业改进绩效，而不是为了考核而考核。因此要将考核结果与员工奖惩、晋升等紧密结合起来，并为制定下一阶段的绩效目标和绩效改进目标提供依据。

（二）绩效考核的标准

绩效考核的标准是对员工绩效的数量和质量进行监测的准则。用来评比考核员工的标准很多，从不同的角度可以有不同的分类。按考核手段可以把考核标准分为定量和定性标准；按标准的属性可以分为主观标准和客观标准。主观标准，如对组织目标的理解程度、协调意识、工作努力程度等。主观标准受人们的判断和感受的影响较大，在企业中所处的位置越高，工作考核时涉及的主观标准比例就越高。客观标准，如产品的数量和质量、出勤率、事故次数等。客观标准常常是具体、明确的衡量尺度。

三、绩效评价指标和方法

（一）绩效评价概念

绩效评价是指运用一定的评价方法、量化指标及评价标准，对职能部门为实现其职能所确定的绩效目标的实现程度，以及为实现这一目标所安排预算的执行结果进行的综合性评价。

（二）绩效评价的方法

绩效评价的方法主要有：

1. 关键事件法
2. 叙述法
3. 民意测验法
4. 依表评估法
5. 排列评估法
6. 对比评估法
7. 硬性分布法
8. 加权业绩考核报告
9. 作业标准法
10. 排列法
11. 平行比较法

第三节　招聘录用

一、招聘信息发布

用人单位可以通过委托人才中介服务机构、参加人才交流会、在公共媒体和互联网发布信息以及其他合法方式招聘人才。无论通过何种方式进行招聘，用人单位招聘环节的起始往往是拟定和发布招聘信息。

二、简历筛选与笔试面试

在简历筛选和笔试面试环节，用人单位对求职者进行全方位了解、考察与比较，双方就潜在工作机会进行充分沟通，以最大限度地达成企业选人选才的目的，实现人岗相适、人岗匹配。在这一过程中，求职者有义务如实提供个人基本情况以及与应聘岗位直接相关的知识技能、工作经历、就业现状等情况并出示相关证明，而用人单位的法律合规义务则体现在以下方面：

（一）如实告知

用人单位招用劳动者时，应当如实告知劳动者工作内容、工作条件、工作地点、职业危害、安全生产状况、劳动报酬，以及劳动者要求了解的其他情况。

（二）避免歧视

用人单位对劳动者平等就业权的保护既体现在招聘信息发布环节，也体现在候选人筛选环节。在此过程中，特别是面试等综合评估环节，用人单位应避免以民族、种族、性别、宗教信仰、户籍、地域、传染病、残疾人等为由进行歧视。

（三）避免扣押证件或收取押金、要求提供担保

用人单位组织开展招聘活动聘用劳动者，无论出于何种原因（例如考试费用、劳动工具保管使用费用、风险押金等）均不得以任何名义要求求职者和劳动者提供担保或抵押证件及财物。

（四）避免招聘不得招用的人员

用人单位应严格按照我国相关法律规定进行招聘，对禁止用人单位招用的人员务

必严格把关。

（五）避免不正当竞争

用人单位不得以诋毁其他用人单位信誉、商业贿赂等不正当手段招聘人员。

（六）尊重隐私与保密规定

《中华人民共和国民法典》（以下简称《民法典》）明确规定"自然人享有隐私权""自然人的个人信息受法律保护"，处理"个人信息的，应当遵循合法、正当、必要原则"。在招聘录用过程中，用人单位应充分了解求职者与应聘岗位直接相关的个人信息情况，对于与工作无必要联系的内容（如婚育史、婚育计划等），应避免强制获得；对于招聘过程中所掌握的求职者相关信息，未经求职者同意亦不得对第三方披露或非法使用。

三、背景调查与利益冲突

背景调查并非招聘流程中的必要环节，却通常是用人单位确定聘用候选人至发送录用通知的重要环节。在背景调查过程中，应采取依法、合规手段获取相关信息，不得采用非法手段获取有关信息。

四、录用通知

用人单位在确定录用该员工的前提下，方可发出录用通知书。

五、应届毕业生

应届毕业生基于档案落户等原因，通常会涉及签署"三方协议"的事宜。三方协议是学校作为见证，毕业生与用人单位签订的一份意向性协议，具有相应法律效力，但不作为建立劳动关系的凭证，不具有劳动合同的效力。订立三方协议后，毕业生或用人单位任何一方违背诚信，未如约与对方建立劳动关系的，应承担缔约过失责任。用人单位不录用该毕业生的，应提供充分证据说明理由。

第四节 标准劳动关系

一、劳动合同订立与劳动关系的确认

(一) 劳动合同的订立

根据我国劳动法律体系规范，适用劳动法和参照执行劳动合同法的用人单位主体包括中华人民共和国境内的企业、个体经济组织、民办非企业单位等组织。

建立劳动关系，用人单位应当及时（自用工之日起一个月内）与劳动者订立书面（可以包括电子形式）劳动合同。否则将面临每月多支付一倍工资和被视为签订无固定期限劳动合同的风险责任。使用电子形式劳动合同的，用人单位应当与劳动者协商一致，使用符合电子签名法等法律法规规定的可视为书面形式的数据电文和可靠的电子签名。合同内容应符合劳动法和劳动合同法，以及国家地方关于最低工资、社会保险、安全生产等相关法律法规的强制性规定。同时，用人单位有义务将签署完毕的劳动合同文本交付劳动者，避免扣留劳动合同文本。

(二) 劳动合同的种类

劳动合同分为固定期限劳动合同、无固定期限劳动合同和以完成一定工作任务为期限的劳动合同。固定期限劳动合同，是指用人单位与劳动者约定明确的合同终止时间的劳动合同。无固定期限劳动合同，是指用人单位与劳动者约定无确定终止时间的劳动合同。以完成一定工作任务为期限的劳动合同，是指用人单位与劳动者约定以某项工作的完成为合同期限的劳动合同。

(三) 事实劳动关系

事实劳动关系是指用人单位虽未与劳动者订立有效的书面劳动合同，但实际上已经与劳动者形成劳动关系的法律关系。在未订立书面劳动合同的情况下，确立劳动关系依据3个标准：

第一，用人单位和劳动者符合法律法规规定的主体资格。

第二，用人单位依法制定的各项劳动规章制度适用于劳动者，劳动者受用人单位

的劳动管理，从事用人单位安排的有报酬的劳动。

第三，劳动者提供的劳动是用人单位业务的组成部分。企业应当避免应签未签、应续未续劳动合同而形成事实劳动关系承担二倍工资或无固定期限劳动合同的相关法律责任；同时，也应采取措施，避免为没有与本单位建立劳动关系的人员发放工资、缴纳社保、提供工作证明等，避免非劳动关系而被认定为事实劳动关系而承担不必要的用人单位法律责任。

（四）试用期

通常情况下，用人单位与劳动者可以约定试用期，但同一用人单位与同一劳动者只能约定1次试用期，且试用期的期限应符合法律规定。劳动合同期限3个月以上不满1年的，试用期不得超过1个月；劳动合同期限1年以上不满3年的，**试用期不得超过2个月**；3年以上固定期限和无固定期限的劳动合同，试用期不得超过6个月。以完成一定工作任务为期限的劳动合同或者劳动合同期限不满3个月的，不得约定试用期。

用人单位应避免违反规定与劳动者约定超长试用期、违规延长试用期，避免出现滥用试用期违规支付工资、违规解除劳动合同等侵害劳动者权益的行为。

二、劳动关系管理

（一）工时与休假

1. 工作时间

中华人民共和国劳动者有休息的权利。国家发展劳动者休息和休养的设施，规定职工的工作时间和休假制度。根据《中华人民共和国劳动法》（以下简称《劳动法》）《国务院关于职工工作时间的规定》等规定，劳动者每日工作8小时，每周工作40小时、每周至少休息1日是标准工时制度。企业因生产特点不能实行标准工时制度的，应根据《关于企业实行不定时工作制和综合计算工时制的审批办法》和地方有关审批规定对符合条件的岗位报劳动行政部门审批。

2. 休息休假

劳动者依法享受法定休息日及法定节假日。法定节假日包括全体公民放假的假日（新年、春节、清明节、劳动节、端午节、中秋节、国庆节），部分公民放假的假日（妇女节、青年节、儿童节、建军节）、少数民族习惯的节日。全体公民放假的假日，如果适逢星期六、星期日，应当在工作日补假。部分公民放假的假日，如果适逢星期六、星期日，不补假。

除法定假日外，劳动者连续工作1年以上的，享受带薪年休假。年休假天数根据职工累计工作时间确定，但有特殊情形的不享受当年年休假。

（二）薪酬与福利

员工薪酬和福利待遇管理关系到劳动者最基本的切身利益，是开展人才激励、增强企业活力的重要手段。

1. 工资支付

工资是用人单位依据国家有关规定或劳动合同的约定，以货币形式直接支付给本单位劳动者的劳动报酬。工资总额是指由企业在一个会计年度内直接支付给与本企业建立劳动关系的全部职工的劳动报酬总额，包括工资、奖金、津贴、补贴、加班加点工资、特殊情况下支付的工资等。

2. 福利待遇

广义的福利待遇是指劳动者因履职而从单位获得的除工资所得之外其他所得，以及使员工直接或间接受益的待遇所得，包括但不限于法定社会保险、住房公积金、企业年金、股权激励计划等，是企业满足员工工作生活需求、实施人才竞争战略的重要手段。狭义的福利待遇专指企业职工福利费的支出。

（三）社会保险、住房公积金、企业年金

为劳动者缴纳社会保险和住房公积金是用人单位的法定义务。由于地方政策的复杂性，社会保险和住房公积金管理的合规性也需引起重视。

（四）劳动安全卫生

用人单位必须建立、健全劳动安全卫生制度，严格执行国家劳动安全卫生规程和标准，对劳动者进行劳动安全卫生教育，防止劳动过程中的事故，减少职业危害。在劳动用工管理中，围绕劳动安全卫生，企业应履行的合规义务包括但不限于：必须为

劳动者提供符合国家规定的劳动安全卫生条件和必要的劳动防护用品；为劳动者建立职业健康监护档案，对从事有职业危害作业的劳动者应当定期进行健康检查；订立劳动合同应载明有关保障劳动安全、防止职业危害的事项以及依法为从业人员办理工伤保险的事项；必须依法参加工伤保险；进行劳动安全卫生教育培训；不得安排未成年工从事接触职业病危害的作业，不得安排孕期、哺乳期的女职工从事对本人和胎儿、婴儿有危害的作业；依法保障工伤、职业病员工合法待遇。

（五）培训与服务期

用人单位应当建立职业培训制度，按照国家规定提取和使用职业培训经费，根据本单位实际，有计划地对劳动者进行职业培训。通常，企业有义务对新入职员工进行岗前培训。按照劳动法和职业教育法的规定，从事技术工种的劳动者上岗前必须经过培训；从事特种作业的劳动者必须经过培训并取得特种作业资格。因此，用人单位应注意根据岗位情况有计划地实施岗前培训。同时应注意，岗前培训不同于专业技术培训，不得以此约定服务期及要求员工支付违约金。

用人单位为劳动者提供专项培训费用，对其进行专业技术培训的，可以与该劳动者订立协议，约定服务期。

（六）保密与竞业限制

企业应根据国家有关保密的法律法规、党的保密工作方针政策建立保密管理体系并对涉密人员进行严格管理。企业与涉密人员签订的保密协议中，应当明确保密内容和范围、双方的权利与义务、协议期限、违约责任等。

三、劳动合同变更、解除与终止

（一）岗位及薪酬调整

岗位调整属于劳动合同变更中最常见也是最易产生争议的情形。薪酬调整往往和岗位调整组合出现。实践中，企业对劳动者调岗调薪应统筹兼顾合法性和合理性并注意程序的规范性和公正性。变更劳动合同应由用人单位与劳动者协商一致，采用书面形式。在劳动者患病或者非因工负伤在规定的医疗期满后不能从事原工作/不能胜任工作的情形下，用人单位也可以合理地调整劳动者的工作岗位。

(二) 劳动合同解除

1. 协商一致解除劳动合同

用人单位与劳动者协商一致，可以解除劳动合同。如果用人单位向劳动者提出解除劳动合同并与劳动者协商一致，则必须依法支付经济补偿金；而劳动者提出解除的情形则不适用。企业和劳动者应当遵循平等自愿、协商一致的原则协商解除劳动合同，不得有欺诈或胁迫的情形，亦不得违反法律法规排除用人单位法定义务。协商解除协议签署后，用人单位和劳动者应当自觉履行权利义务，非经法定程序不得随意反悔、撤销。

2. 劳动者单方解除劳动合同

根据法律规定，劳动者提前一定时间通知用人单位后，即可以提前与用人单位解除劳动合同。劳动者在试用期内需要提前3日、以书面或口头的方式，超过试用期需要提前30日，必须以书面的形式通知用人单位解除劳动合同。对于用人单位存在法定过错情形的，劳动者可以书面或口头告知用人单位，立即解除劳动合同。此外，用人单位以暴力、威胁或者非法限制人身自由的手段强迫劳动者劳动，或者用人单位违章指挥、强令冒险作业危及劳动者人身安全，劳动者有权立即解除劳动合同，无须履行任何通知程序。上述情形下，用人单位应依法支付经济补偿。

3. 用人单位单方解除劳动合同

用人单位单方解除劳动合同的情形可分为过错性解除和非过错性解除两种。过错性解除主要是依据《劳动合同法》第三十九条的规定。劳动者出现法定过错情形，用人单位可以解除劳动合同。

因劳动者过错解除劳动合同的，用人单位无须支付经济补偿，但用人单位需要保留充分的证据证明属于劳动者过错情形，并且用人单位操作符合有关的程序要件（如事先将理由通知工会，研究工会意见，并将处理结果书面通知工会）。

医疗期是劳动者患病或非因工负伤时，停止工作治病休息不得解除劳动合同的期间，并不是劳动者的治疗期间，其根据劳动者工龄和司龄来确定。

劳动者不能胜任工作，经过培训或者调整工作岗位仍不能胜任工作的，用人单位可以解除劳动合同。

(三) 劳动合同终止

劳动合同终止的情形包括劳动合同期满、劳动者主体资格丧失和用人单位主体资格丧失等。除用人单位维持或提高劳动合同约定条件续订劳动合同，劳动者不同意续订的情形外，如果劳动合同到期终止的，用人单位应当支付经济补偿。

(四) 后合同义务

实务操作中，劳动合同解除或终止时，用人单位和劳动者往往还需要继续履行一部分法定义务，可以称之为"后合同义务"。

劳动者需要履行的主要义务是按照双方约定办理工作交接。用人单位应当向劳动者支付经济补偿的，可在劳动者办结工作交接时支付。用人单位需要履行的主要义务包括出具离职证明、按照约定支付经济补偿、在15日内为劳动者办理档案和社会保险关系转移手续等。此外，用人单位对已经解除或者终止的劳动合同文本应至少保存两年备查。如果在劳动合同解除或终止后用人单位未及时履行上述义务的，用人单位将可能面临损害赔偿的法律责任以及劳动行政部门限期责令支付经济补偿的问题，如果逾期仍不支付的，还将面临加付赔偿金的法律风险。

四、职工代表大会与工会

(一) 职工大会与职工代表大会

职工代表大会（或职工大会，简称职代会）是职工行使民主管理权力的机构，是企业民主管理的基本形式。劳动者可通过职代会形式参与民主管理或者就保护劳动者合法权益与用人单位进行平等协商。职工代表的总人数根据企业规模等实际情况而定，既要保证职工代表的覆盖面和代表性，又要保证职代会制度的可操作性。

(二) 工会组织

劳动者有权依法参加和组织工会。工会代表和维护劳动者的合法权益，依法独立自主地开展活动。成立工会组织对于企业维护劳动关系稳定，合法解决劳动管理各项事务发挥重要作用。

五、特殊员工

(一) 三期女职工

女职工孕期、产期、哺乳期合称"三期"。符合计划生育政策的三期女职工可依法享受本节规定的待遇和保护，而违反计划生育政策的三期女职工除可按规定享受产假外，不享受本节所述的各项生育福利待遇。

(二) 医疗期员工

1. 病假

病假是指劳动者因患病或非因工负伤，针对实际的病情，根据医生的建议停止工作进行治疗的期间。病假的长短根据劳动者的病情而定。

2. 医疗期

（1）医疗期是指企业职工因患病或非因工负伤停止工作治病休息不得解除劳动合同的时限。医疗期以劳动者休病假为前提。

（2）医疗期的期限及计算周期。用人单位根据劳动者实际参加工作年限和在本单位工作年限，给予3个月到24个月的医疗期。不同的医疗期限有不同的累计计算时间。一般情况下，医疗期从病休第一天开始计算，累计计算。医疗期包含连续病休期间的休息日、法定节假日。

3. 病假工资

职工患病或非因工负伤治疗期间，在规定的医疗期间内由用人单位按有关规定支付其病假工资或疾病救济费，病假工资或疾病救济费可以低于当地最低工资标准支付，但不能低于最低工资标准的80%。目前只有部分省市对疾病救济费作出了专门规定，因此如涉及疾病救济费的，应结合当地政策确定。

4. 劳动合同解除和终止的限制

劳动者患病或者非因工负伤，在规定的医疗期内的，用人单位不得解除劳动合同。劳动合同期满，劳动者患病或者非因工负伤，在规定的医疗期内的，劳动合同应当续延至相应的情形消失时终止。

5. 医疗终结或医疗期满后劳动关系的处理

（1）医疗终结后劳动关系的处理。企业职工非因工致残和经医生或医疗机构认定患有难以治疗的疾病，在医疗期内医疗终结，不能从事原工作，也不能从事用人单位另行安排的工作的，应当由劳动鉴定委员会参照工伤与职业病致残程度鉴定标准进行劳动能力的鉴定。

（2）医疗期满后劳动关系的处理。企业职工非因工致残和经医生或医疗机构认定患有难以治疗的疾病，医疗期满，应当由劳动鉴定委员会参照工伤与职业病致残程度鉴定标准进行劳动能力的鉴定。

劳动合同解除后是否需支付医疗补助费，各地口径不一致，具体需结合各地规定确定。

（三）工伤、职业病员工

职工因工作遭受事故伤害或者患职业病进行治疗，享受工伤医疗待遇。

1. 申请工伤认定

如职工发生事故伤害或者按照职业病防治法规定被诊断、鉴定为职业病，企业应当自事故伤害发生之日或者被诊断、鉴定为职业病之日起30日内，向统筹地区社会保险行政部门提出工伤认定申请。

2. 停工留薪期待遇

职工因工作遭受事故伤害或者患职业病需要暂停工作接受工伤医疗的，在停工留薪期内，原工资福利待遇不变，由所在单位按月支付。

3. 解除或终止劳动合同限制

如劳动者患职业病或者因工负伤并被确认丧失或者部分丧失劳动能力的，企业不得解除劳动合同；劳动合同期满的，劳动合同是否终止按照国家有关工伤保险的规定执行。

4. 工伤职工待遇

职工因工致残的，按《工伤保险条例》相关规定享受待遇。

5. 特殊用工情形下的工伤职工待遇处理

（1）企业发生分立、合并、转让的，承继单位应当承担原企业的工伤保险责任。

（2）企业实行承包经营的，工伤保险责任由职工劳动关系所在单位承担。

（3）职工被借调期间受到工伤事故伤害的，由原企业承担工伤保险责任，但原企业与借调单位可以约定补偿办法。

（4）企业破产的，在破产清算时依法拨付应当由单位支付的工伤保险待遇费用。

（四）外国人

外国人在中国就业，指没有取得定居权的不具有中国国籍的外国人在中国境内依法从事社会劳动并获取劳动报酬的行为。

1. 申办就业证件

外国人在中国就业，应符合规定的就业条件，用人单位需要向有关主管部门进行申报办理相关就业核准手续，在经核准后，在中国就业的外国人应持签证入境，入境后取得《外国人就业证》和外国人居留证件，方可在中国境内就业。

2. 劳动合同期限

《外国人在中国就业管理规定》第十七条规定，用人单位与被聘用的外国人应依法订立劳动合同。劳动合同的期限最长不得超过5年。劳动合同期限届满即行终止，按规定履行审批手续后可以续订。

3. 法律适用

外国人在华就业，适用中国法律。用人单位支付所聘用外国人的工资不得低于当地最低工资标准；在中国就业的外国人的工作时间、休息休假、劳动安全卫生以及社会保险按国家有关规定执行。

4. 社会保险

用人单位招用外国人的，应当自办理就业证件之日起30日内为其办理社会保险登记，依法为外籍员工缴纳社会保险。聘用来自与我国签订有社会保险双边互免协议国家的员工，单位可按照社保双边互免协议为其缴纳社会保险。

5. 就业证的变更、延期及年检

外国人在就业期间变更用人单位、职务、护照号码、国籍、居住地点等，用人单

位及外国人应当在规定时间内办理就业及居留证件的变更手续。就业证期限届满继续聘雇，用人单位应及时为其办理就业证延期手续。同时用人单位还应按规定为外国人办理就业证年检、注销等相关手续。

六、劳动争议案件处理

（一）劳动争议案件诉前阶段

劳动争议案件是指劳动关系的双方当事人之间，因劳动权利和义务发生纠纷而引发的诉讼案件。

1. 受理范围

劳动争议案件受理范围包括：（1）因确认劳动关系发生的争议；（2）因订立、履行、变更、解除和终止劳动合同发生的争议；（3）因除名、辞退和辞职、离职发生的争议；（4）因工作时间、休息休假、社会保险、福利、培训以及劳动保护发生的争议；（5）因劳动报酬、工伤医疗费、经济补偿或者赔偿金等发生的争议；（6）法律、法规规定的其他劳动争议。

2. 处理程序

我国劳动争议处理制度在程序操作上主要有3个步骤，可以简单归纳为"自愿调解，一裁两审"。

（1）在自愿协商的前提下，在企业内部进行调解。

（2）调解未成的，可以向劳动争议仲裁委员会提起仲裁，进入劳动争议仲裁程序，这个程序是法定的前置必经程序。

（3）当事人对仲裁裁决不服的，可以向人民法院提起诉讼（一审），对于一审结果不服的当事人可以依法向一审法院所属的二审法院提起上诉（二审）。

（二）劳动争议案件仲裁阶段

劳动仲裁是劳动争议案件的法定前置程序，一旦发生劳动争议，双方可以向劳动合同履行地或用人单位所在地的劳动争议仲裁委员会申请仲裁。

劳动争议案件中有一种特殊的纠纷类型即社会保险纠纷。该类纠纷可能涉及社保行政部门，与一般劳动争议案件的处理方式存在不同，需格外注意。实践中可能涉及的社会保险纠纷有以下两类：

一是用人单位办理了社保手续，但因用人单位欠缴、漏缴、拒缴社会保险费或者因缴费年限、缴费基数等发生的争议；二是社会保险损失赔偿纠纷。

(三) 劳动争议案件诉讼阶段

1. 一审阶段

劳动争议一审案件由用人单位所在地或劳动合同实际履行地的基层法院进行管辖。如果用人单位与员工分别向劳动合同履行地和用人单位所在地的基层人民法院起诉，由先受理的法院进行管辖。由于案件中实际履行地可能在外地，如果对仲裁裁决不服，用人单位应尽早在本地立案以降低诉讼成本。

2. 二审阶段

二审程序，是第二审人民法院根据上诉人的上诉，就第一审人民法院尚未发生法律效力的判决或裁定认定的事实和适用法律进行审理。二审主要是针对一审案件的纠错程序，用人单位须在庭前就一审判决书中的事实认定错误或法律适用错误部分做好充足准备。

二审案件可以进行调解，调解书送达后，原审人民法院的判决即视为撤销。二审判决是终审判决，一经作出即生效。

如果认为二审判决有误，可以在判决或裁定生效以后6个月内向上一级人民法院提出再审申请。再审程序只是纠正生效裁判错误的法定程序，不是案件审理的必经程序，也不是诉讼的独立审级。

(四) 劳动争议案件执行阶段

对于发生法律效力的调解书、裁决书和判决书，当事人应当在规定期限内履行。一方拒绝履行的，对方当事人可以向人民法院申请执行。

第五节 劳务派遣、业务外包与灵活用工

一、劳务派遣

(一) 劳务派遣法律关系

劳务派遣是指劳务派遣单位(即用人单位)根据用工单位需要,将劳动者派遣到用工单位工作。需要注意的是,用人单位将本单位劳动者派往境外工作或者派往家庭、自然人处提供劳动的,不是劳务派遣。

劳务派遣单位、用工单位和被派遣劳动者三方之间形成三种法律关系:一是劳务派遣单位与被派遣劳动者之间的劳动合同关系;二是劳务派遣单位与用工单位之间的劳务派遣合同关系,也即民事关系;三是被派遣劳动者与用工单位之间的用工管理关系。

(二) 劳务派遣机构经营资质

经营劳务派遣业务应当依法取得劳务派遣经营许可证。用人单位不得设立劳务派遣单位向本单位或者所属单位派遣劳动者,用人单位或者其所属单位也不得出资或者合伙设立劳务派遣单位向本单位或者所属单位派遣劳动者。

(三) 用工单位的义务

由于用工管理在用工单位,用工单位应根据《劳动合同法》第六十二条的规定履行相应的义务,例如支付加班费、绩效奖金等福利待遇,提供岗位必需的培训等。用工单位不得将被派遣劳动者再派遣到其他用人单位。

(四) 用工岗位和用工比例

1. 用工岗位

劳务派遣用工只能在临时性、辅助性或者替代性(合称"三性")的工作岗位上实施。用工单位决定使用被派遣劳动者的辅助性岗位,应当经职工代表大会或者全体职工讨论,提出方案和意见,与工会或者职工代表平等协商确定,并在用工单位内公示(即民主程序)。劳务派遣单位不得以非全日制用工形式招用被派遣劳动者。

2. 用工比例

用工单位应当严格控制劳务派遣用工数量，使用的被派遣劳动者数量不得超过其用工总量的10%。用工总量是指用工单位订立劳动合同人数与使用的被派遣劳动者人数之和。

3. 不受用工岗位和用工比例的限制

外国企业常驻代表机构和外国金融机构驻华代表机构等使用被派遣劳动者的，以及船员用人单位以劳务派遣形式使用国际远洋海员的，不受三性和用工比例的限制。

（五）劳动合同期限

劳务派遣单位应当依法与被派遣劳动者订立2年以上的固定期限书面劳动合同。劳务派遣是否适用无固定期限劳动合同的相关规定，各地的执行口径不一致，具体以各地规定为准。

（六）同工同酬

被派遣劳动者享有与用工单位的劳动者同工同酬的权利。用工单位应当按照同工同酬原则，对被派遣劳动者与本单位同类岗位的劳动者实行相同的劳动报酬分配办法。用工单位无同类岗位劳动者的，参照用工单位所在地相同或者相近岗位劳动者的劳动报酬确定。

（七）劳务派遣员工的退回

1. 退回及退回后的处理

表12　劳务派遣员工的退回情形及处理

可退回的情形	退回后的处理
劳务派遣员工有《劳动合同法》第三十九条和第四十条第一项、第二项规定的行为	劳务派遣单位可据此与劳动者解除劳动合同
用工单位有《劳动合同法》第四十条第三项、第四十一条规定情形的	1. 重新派遣。重新派遣时维持或者提高劳动合同约定条件，被派遣劳动者不同意，劳务派遣单位可以解除劳动合同； 2. 待岗。被派遣劳动者退回后在无工作期间，劳务派遣单位应当按照不低于所在地人民政府规定的最低工资标准，向其按月支付报酬。
用工单位被依法宣告破产、吊销营业执照、责令关闭、撤销、决定提前解散或者经营期限届满不再继续经营的	
劳务派遣协议期满终止的	

2. 退回限制

被派遣劳动者有《劳动合同法》第四十二条规定情形，且用工单位有《劳动合同法》第四十条第三项、第四十一条规定情形的，则在派遣期限届满前，用工单位不得将被派遣劳动者退回劳务派遣单位；派遣期限届满的，应当延续至相应情形消失时方可退回。

（八）工伤处理

被派遣劳动者在用工单位因工作遭受事故伤害的，劳务派遣单位应当依法申请工伤认定，用工单位应当协助工伤认定的调查核实工作。劳务派遣单位承担工伤保险责任，但可以与用工单位约定补偿办法。被派遣劳动者在申请进行职业病诊断、鉴定时，用工单位应当负责处理职业病诊断、鉴定事宜，并如实提供职业病诊断、鉴定所需的劳动者职业史和职业危害接触史、工作场所职业病危害因素检测结果等资料，劳务派遣单位应当提供被派遣劳动者职业病诊断、鉴定所需的其他材料。

（九）跨地区派遣

劳务派遣单位跨地区派遣劳动者的，劳务派遣单位应当在用工单位所在地为被派遣劳动者参加社会保险，按照用工单位所在地的规定缴纳社会保险费。被派遣劳动者享有的劳动报酬、劳动条件和社会保险待遇，按照用工单位所在地的标准执行。

（十）劳务派遣单位与用工单位的连带责任

劳务派遣单位、用工单位违反有关劳务派遣规定的，由劳动行政部门责令限期改正；逾期不改正的，以每人5000元以上1万元以下的标准处以罚款，对劳务派遣单位，吊销其劳务派遣业务经营许可证。用工单位给被派遣劳动者造成损害的，劳务派遣单位与用工单位承担连带赔偿责任。

二、业务外包

业务外包是指企业为了获得比单纯利用内部资源更多的竞争优势，将其业务的一部分交由外部合作企业完成，从而达到降低成本、提高效率、分散经营风险、充分发挥自身核心竞争力和增强企业对环境的迅速应变能力的一种经营管理模式。

业务外包的实质为承包、承揽，即发包方把业务的一部分或者全部发包给外部专门机构（承包方），由承包方完成相应的业务工作；承揽人按照定作人的要求完成工作交付工作成果。

业务外包（尤其是服务外包）与劳务派遣在一定程度上具有相似性，法律规定用人单位以承揽、外包等名义，按劳务派遣用工形式使用劳动者的，按照劳务派遣处理。

三、灵活用工

随着互联网经济的迅猛发展，各种新产业、新业态、新模式不断出现，灵活用工也被越来越多企业所采用。较传统的企业用工模式而言，灵活用工给了企业与劳动者更多选择，可以更好地满足企业和劳动者灵活多样的用工需求和就业需求。然而，灵活用工到目前为止并没有明确的法律定义，本章节所述灵活用工，包括实习生、见习生、非全日制用工及共享用工均属于灵活用工的范畴。

（一）实习生

实习通常是指根据学校教学目标和计划，由学校组织在校学生到各类企事业单位中开展的与其所学专业相关的实践性教学活动，或者在校学生自行利用课余时间到企事业单位进行工作实践的情形。

1. 实习的法律关系

实习生为在校学生，实习是其教学环节之一，非劳动法意义上的劳动者，目前司法实践中的主流意见是不建立劳动关系，建立劳务关系。

2. 实习协议的签订

企业招用实习生应当依法与实习人员、学校签订相关实习协议，明确相关权利义务。同时，依据相关规定，企业不得安排未满16周岁的学生进行顶岗实习；安排未满18周岁的实习生进行跟岗、顶岗实习的，应当取得学生监护人的知情同意书。

3. 实习报酬

企业与顶岗实习生应就实习报酬进行约定，实习报酬应当不低于相关规定的最低标准，并按照实习协议约定，以货币形式及时、足额支付给学生。

4. 实习管理与安全职责

企业作为实习单位，应当做好学生权益保障工作，严禁安排学生从事相关法律法规禁止的生产活动，遵守国家关于工作时间和休息休假的规定；健全安全生产规章制度和操作规程，配备必要的安全保障器材和劳动防护用品，加强对实习学生的安全生产教育培训和管理，保障学生实习期间的人身安全和健康。

5.意外伤害事故的处理

企业可为实习生购买人身意外伤害保险或其他商业保险，并在实习协议中明确实习生遭受意外伤害事故时，实习单位、学校、实习生的责任承担模式，同时加强实习安全教育与提示，将该等情况发生的可能性降到最低。

（二）见习生

见习是帮助尚未就业的青年提升就业能力，尽快实现就业的就业扶持措施，是在政府的组织和帮助下，尚未就业的青年申请前往经政府审批确定的见习基地特定岗位进行适应性训练的一项就业准备活动。

（三）非全日制用工

非全日制用工，是指以小时计酬为主，劳动者在同一用人单位一般平均每日工作时间不超过 4 小时，每周工作时间累计不超过 24 小时的用工形式。

非全日制用工对签订书面劳动合同无强制性规定，双方当事人可以订立口头协议，劳动者可以与一个或者一个以上用人单位订立劳动合同，但是，后订立的劳动合同不得影响先订立的劳动合同的履行。非全日制用工双方当事人不得约定试用期，任何一方都可以随时通知对方终止用工。终止用工，用人单位不向劳动者支付经济补偿。

此外，非全日制用工小时计酬标准不得低于用人单位所在地人民政府规定的最低小时工资标准，劳动报酬结算支付周期最长不得超过 15 日。用人单位应当依法为非全日制用工的劳动者缴纳工伤保险，以分散用工风险。

（四）超过退休年龄人员用工

根据《劳动合同法》及《中华人民共和国劳动合同法实施条例》（以下简称《劳动合同法实施条例》）规定，劳动者达到法定退休年龄或者开始依法享受基本养老保险待遇的，劳动合同终止。目前，关于职工的退休年龄，男性为 60 岁，女职工管理岗为 55 岁，非管理岗为 50 岁。

(五) 共享用工

共享用工是在共享经济流行的大背景下出现的一种用工模式，并无明确的法律定义。通常，广义的共享用工是指员工通过共享平台实现与用工需求方自愿有效匹配的工作方式，此种方式也被称为"众包"，其劳动关系如何认定尚无定论；狭义的共享用工指基于客观因素影响（比如疫情期间的停工停产等），用人单位对其员工进行的劳动再安排，目的是缓解原用人单位的用工压力，满足实际用工方的用工需求，原用人单位不得以营利为目的借出员工。通过用工共享，原用人单位将现在不能工作的员工派到借用单位工作。借用期满后，被借用人员继续回原用人单位工作。

第六节　海外用工

在企业境外经营合规管理中，劳动用工领域是至关重要的一个方面，但是相对其他投资经营风险，劳动用工合规管理风险往往容易被忽略。《企业境外经营合规管理指引》为中国企业提升境外经营合规管理水平提供了指引，其中提到了"劳工权利保护"，但企业海外用工过程中面临的风险与挑战远不限于此，包括用工模式选择、法律适用、出入境管理、税务以及劳动用工涉及的劳动安全保护、工时休假管理、个人信息保护、社保与工伤等。

一、外派员工

(一) 外派员工的主要形式

为加强中国总部对境外企业的管理，在每家设立海外公司或开展境外项目的中国企业中，几乎都存在由中国总部向境外公司外派员工的现象。目前，企业员工外派主要有3种情形。

1. 对外投资

境内企业根据《企业境外投资管理办法》等法律规定开展境外投资，将已签订劳动合同的自有员工外派至其境外投资项目,并为外派员工办理符合派驻地法律规定的工作手续。该种模式下,境内企业与外派员工签订劳动合同,双方之间存在中国法律项下的劳动关系;员工被派出后,其主要劳动关系发生在东道国,公司于当地发放薪资、缴纳社会保险的情况下,存在双重劳动关系。如员工长期在东道国工作却未与东道国企业签订劳动合同,未办理合规的工作签证等用工手续,则存在构成东道国非法用工的风险。

2. 对外工程承包

根据《对外承包工程管理条例》,具有对外承包工程资质的境内企业与员工签订劳动合同,购买境外人身意外险,办理出境手续,将员工外派至境外承揽的工程项目。对外承包工程企业在招用外派人员的时候,可以自行招用,也可以通过中介机构招用,但是只能通过取得国务院商务主管部门许可并合法经营的从事对外承包工程外派人员的中介机构进行招用。对外工程承包模式下,外派劳务人员从事的大多为低端劳动力工作,工资待遇相对较低,工伤风险较高,除了劳动关系本身应当缴纳的社会保险,还要求境内企业缴纳人身意外保险。需要注意的是,承包工程所在国的劳动用工法律法规也适用于外派的中国员工,企业应当保证外派员工在最低工资、工作时间、休息休假、劳动安全卫生等方面符合该国的最低标准。

3. 对外劳务合作

根据《对外劳务合作管理条例》,境外分支机构作为外国雇主,与具有对外劳务合作资质的境内企业签订合作协议,由对外劳务合作企业与劳务人员签署服务合同或劳动合同,购买境外人身意外险并办理出境手续。对外劳务合作模式下存在对外劳务合作企业、国外雇主与劳务人员三方的法律关系。对外劳务合作企业与国外雇主必须签订书面劳务合作合同,否则对外劳务合作企业不得组织劳务人员赴国外工作。用工项目所在国家或者地区法律规定企业或者机构使用外籍劳务人员需经批准的,对外劳务合作企业只能与经批准的企业或者机构订立劳务合作合同。对外劳务合作企业与劳务人员订立服务合同或者劳动合同时,应当将劳务合作合同中与劳务人员权益保障相关的事项以及劳务人员要求了解的其他情况如实告知劳务人员,并向劳务人员明确提示包括人身安全风险在内的赴国外工作的风险,不得向劳务人员隐瞒有关信息或者提供虚假信息。对外劳务合作企业应当负责协助劳务人员与国外雇主订立确定劳动关系的合同,并保证合同中有关劳务人员权益保障的条款与劳务合作合同相应条款的内容一致。

(二)外派员工的社保缴纳问题

在企业开展对外投资、海外工程承包的过程中,妥善解决外派员工的社保缴纳问题是保障劳动者权利、解决其后顾之忧的重要问题。企业需要了解员工外派国家的社保缴费模式、相关法律规定以及中国与东道国之间是否存在双边协定。在强制要求缴纳社保的国家,如公司未依法依规为外派员工缴纳社保,可能面临补缴及承担利息,缴纳罚款以及赔偿损失的风险。

二、海外属地化用工

属地化用工是指跨国企业的海外子企业或项目部按照所在国家(地区)相关法律法规,根据实际需要直接雇佣或使用当地人力资源。随着中国企业走出去步伐的加快,中国企业在境外雇佣外方员工的数量大幅增加,但由于企业长期在国内经营,对其他国家国情认识不足,对国外法律制度、执法口径、社会文化背景等缺乏了解,往往会导致劳动用工关系冲突和风险的出现,从外部环境来说,主要包括以下4个方面的风险:

(一)劳动力成本差异引发的风险

由于社会经济发展状况的不均衡,不同国家地区的劳动力成本存在较大差异,存在部分国家和地区用人成本明显高于或低于国内平均水平的情况。如何进行薪酬体系的整合是国内企业跨国并购时需要考虑的重要问题。

(二)劳动用工政策差异引发的风险

国内企业选择对外投资就意味着要接受东道国劳动政策法规的规制。随着国际化不断深入,外国政府对国外企业和承包商的监管越来越强,制裁手段也越来越严厉,了解当地法律法规对劳动者薪酬、福利、劳动保护、健康安全保护方面的规定对于投资项目的稳定经营有着重要影响。劳动用工政策差异引发的主要风险点包括劳务配额制度、劳工权利制度等。

劳务配额政策是引发境外劳动用工风险的重要因素，各个国家和地区为保护本国或本地区公民就业，会根据当地实际和项目投资规模给予境外企业一定的劳务配额，对外来人员的签证和居留进行严格限制。劳工权利是指法律规定的劳动者所享有的与劳动有关的政治权利、经济权利和社会权利，包括劳动保护、最低工资、工作时间、劳工福利、社会保险等。

（三）工会组织差异引发的风险

工会制度在各国劳动用工法律关系中发挥着重要的作用，对履行雇主责任义务、保护劳工权利、实现员工有效管理和劳资争议调解均有特殊意义。企业应在从前期调研到项目落地执行的各个环节中重视境外工会的作用，将工会管理纳入劳动用工合规管理体系，有效发挥工会组织的积极作用，提升企业集体协商与谈判能力，建立跨文化沟通和境外职工权益保护的有效平台。

（四）政治制度和人文环境差异引发的风险

国内企业海外投资，代表着中国企业的国际形象，必然要受到国际政治文化背景的影响。由于政治体制、经济体制、文化观念等方面存在差异，企业海外用工管理应制定更加严格和全面的制度规范，坚持可持续发展理念、履行企业社会责任等内容均应纳入员工日常管理的行为规范。此外，文化观念和宗教观念的差异也可能引发矛盾乃至冲突事件，应注意加强事前预防。

三、海外用工风险防控建设

（一）开展尽职调查与法律调查

国内企业没有合理应对劳动用工合规风险导致利益受损，其中首要原因是对东道国的劳资状况、劳动法律政策及人文环境缺乏了解，因此，在开展海外投资项目之前，开展劳动用工尽职调查与法律尽职调查，识别当地劳动用工政策、劳动就业环境、劳动用工文化、工会制度相关风险，制定预防措施非常有必要。通过尽职调查，充分预估可能发生的风险，制定科学有效的防范措施，能够有效减少风险的发生。

(二) 规范企业外派人员的招聘模式

企业应根据海外生产经营的实际需要合理确定海外用工模式，进而对员工进行依法规范管理。应注意避免未办理东道国合法用工手续的非法用工，也应注意避免法律关系不清晰、用工关系混同等情况出现。值得注意的是，与对外劳务合作企业签订合作协议的主体应是外国雇主，与东道国劳动者签订雇佣协议的主体应是外国雇主。

(三) 建立内部防范机制

劳动用工合规管理，尤其是海外劳动用工合规管理是一个动态而复杂的过程，需要建立长期的风险识别和防范机制。第一，企业的人力资源、法务等部门需要时刻关注东道国劳动相关政策法规，并以此为依据调整企业劳动用工政策，建立尊重差异、信守承诺、平等互利共赢的企业劳动用工机制；第二，企业应当建立防范预警机制，一旦发现异常，应当及时分析研究上报，采取必要的手段消除隐患；第三，建立通畅的投诉渠道，及时处理员工投诉，并建立纠纷处理程序，妥善处理纠纷。

(四) 加强企业用工管理，重视内部谈判协商能力建设

企业应重视内部雇佣管理能力的提升，加强管理型人才的培养，实现高效管理，避免因企业管理不当而引起劳动争议的产生。同时，企业应加强内部谈判协商能力的建设，为企业和员工搭建顺畅沟通的桥梁，提供劳资双方有效对话的平台，及时发现潜在的问题，了解员工的诉求。一旦发生争议，企业应及时进行沟通调解，防止劳动争议的升级和劳资关系的恶化。

(五) 遵守当地法律规定

劳动法律政策具有极强的地域属性，不同国家和地区之间的法律可能存在巨大差异，境外企业基于国内习惯，很可能在无意中违反了当地法律。例如，一些境外企业在员工未取得当地就业许可的情况下，即与员工建立用工关系。有的企业雇佣中方员工的比例超过当地法律规定的限制。有些企业没有充分了解当地工会相关的法律，被当地执法部门认定为损害员工结社权，导致难以开展实际工作。

(六) 制定风险处理预案

企业海外劳动用工纠纷事件不仅关系企业自身投资经营的成败，如果处理不善，

引发群体性事件，还有可能造成不良的国际影响。因此，企业针对海外劳动用工纠纷事件应制定风险处置预案，既能储备相关资源防患于未然，又能在事发后及时采取有力措施，第一时间进行有效处置。

第七章 企业知识产权合规管理

知识产权也是企业合规中的一个组成部分。随着国际市场和我国知识产权法律法规的逐渐完善，专利法、商标法、著作权法、植物新品种保护条例、商业秘密保护条例等法律法规的多次修正，企业应该做到合法合规地管理自己的知识产权。通过企业知识产权合规管理，知识产权真正地在企业发挥效能，提高企业在市场上的竞争力。

第一节 企业知识产权合规管理概述

一、企业知识产权合规的目的

企业知识产权合规是组织制定和实施知识产权战略的必要手段，目的是更好地规范组织自身的知识产权工作，预防各种知识产权合规风险，有效发挥知识产权制度作用，激励加强自主创新，为实现知识产权效用最大化而进行的综合性和系统性的管理活动，是企业合规管理体系的重要组成部分。

企业知识产权合规的目的主要包括如下内容：

（一）保障企业知识产权的获取及创新

知识产权的获取需要企业投入一定的人力和财力资源成本。知识产权本身具有一定的时效性，如果企业在获取知识产权后没有充分进行管理和保护，那么知识产权保护期限届满后，便进入社会公共领域，成为可以自由使用的公共资源，这样企业的知识产权获取便没有太大意义。企业一方面要在总体知识产权战略框架内，提高知识产权的数量和质量，完善知识产权的布局；另一方面，应通过加强合规管理和充分运用各种文献资源信息，及时了解国内外相关行业的知识产权发展动态，也能够避免无序和无效的研发，节省大量的资源。因此，企业需要加强合规管理保障知识产权的获取，保护自己的创新。

（二）促进企业知识产权的运营转化

知识产权是企业的一种重要的无形资产。如果企业对知识产权合规管理不当，不能及时充分将其运营转化，便不能给企业带来竞争优势和商业利润，那么企业拥有的知识产权将毫无经济价值可言，甚至无法收回为获取知识产权而投入的成本。知识产权本质上也是企业的商品，企业可以通过许可、转让知识产权获取利益。企业只有在市场中充分利用知识产权并将其转化为具有竞争力的商品或服务，才能获取更大的利益。总之，只有将企业的知识产权合规管理充分渗透到市场经营活动中，最大限度地产业化、商业化，才能给企业带来利润，给消费者带来利益。

（三）预防各种知识产权合规风险，提高企业的知识产权保护水平

知识产权保护和风险的防范是企业知识产权合规管理的核心。一方面，企业只有对侵权人的非法侵权行为采取法律措施才能维护其利益，保护自身知识产权不受侵害，就是保护自己的创新成果，通过保护获得超额利润，企业才能不断创新，进一步在激烈的市场竞争中保持优势。另一方面，企业也要随时注意市场的竞争变化，在技术研发、新产品开发和市场开拓中防止自己侵犯他人知识产权，做好知识产权侵权预警工作和必要的防护措施，只有这样才能避免出现不必要的知识产权风险，因此，也需要加强知识产权合规管理。

二、企业知识产权合规相关的法律法规

（一）我国知识产权合规相关的法律法规

我国知识产权合规相关的法律体系主要包括：《专利法》《商标法》《著作权法》《反不正当竞争法》《刑法》等法律；《商标法实施条例》《专利法实施细则》《著作权法实施条例》《计算机软件保护条例》《信息网络传播权保护条例》《知识产权海关保护条例》等行政法规。《最高人民法院关于审理侵犯专利权纠纷案件应用法律若干问题的解释》《最高人民法院关于审理侵犯专利权纠纷案件应用法律若干问题的解释（二）》《最高人民法院关于审理商标民事纠纷案件适用法律若干问题的解释》《最高人民法院关于

审理著作权民事纠纷案件适用法律若干问题的解释》《最高人民法院关于审理不正当竞争民事案件应用法律若干问题的解释》等知识产权民事司法解释。最高人民法院、最高人民检察院、公安部关于办理侵犯知识产权刑事案件适用法律若干问题的意见》《最高人民法院、最高人民检察院关于办理侵犯知识产权刑事案件具体应用法律若干问题的解释》《最高人民法院、最高人民检察院关于办理侵犯知识产权刑事案件具体应用法律若干问题的解释（二）》《最高人民法院、最高人民检察院关于办理侵犯知识产权刑事案件具体应用法律若干问题的解释（三）》《最高人民法院、最高人民检察院关于办理侵犯知识产权刑事案件具体应用法律若干问题的解释（四）》《最高人民法院、最高人民检察院关于审理非法出版物刑事案件具体应用法律若干问题的解释》等知识产权刑事犯罪的司法解释。

此外，还有不同知识产权管理部门指定的各种部门规章或规范文件等。

（二）国外知识产权合规相关法律法规

主要有《与贸易有关的知识产权协定》《保护文学和艺术作品伯尔尼公约》《保护工业产权巴黎公约》《商标国际注册马德里协定》《专利合作条约》等。

（三）企业合规相关的标准或规范

《合规管理体系 要求及使用指南》《中央企业合规管理办法》《企业境外经营合规管理指引》《企业境外反垄断合规指引》等合规相关的标准或规范。

第二节 企业知识产权合规管理体系

一、企业知识产权合规管理概述

参照 ISO 37301《合规管理体系 要求及使用指南》及《中央企业合规管理办法》等相关规定，我们可以将企业知识产权合规定义为：企业履行全部知识产权合规义务，在经营管理中遵守知识产权法律法规、监管规定、行业准则，国际条约、规则，以及公司章程、相关规章制度等要求。

根据《中央企业合规管理办法》的规定，合规管理是指企业以有效防控合规风险为目的，以提升依法合规经营管理水平为导向，以企业经营管理行为和员工履职行为为对象，开展的包括建立合规制度、完善运行机制、培育合规文化、强化监督问责等有组织、有计划的管理活动。

企业知识产权合规管理是以有效防控知识产权领域的合规风险为目的宏观调控和微观操作的全面协调活动，其根本目的是预防知识产权风险，并提升企业知识产权的价值。

企业知识产权合规管理的分类有多种，可以按照知识产权内容分为企业专利合规管理、商标合规管理、著作权合规管理、商业秘密合规管理和其他类知识产权合规管理等。按照企业知识产权相关的流程分为知识产权获取合规管理、知识产权运用合规管理、知识产权维护合规管理、知识产权保护合规管理等。还可以按照企业职能岗位划分为企业人力知识产权合规管理、研发知识产权合规管理、财务知识产权合规管理等。上述分类没有优劣之分，企业需要根据自身特点、外部环境、全面合规体系等来设计适合的知识产权合规管理体系。

二、企业知识产权合规管理机构及人员

企业应当建立知识产权合规管理机构，配备专职或兼职的合规管理人员，也可以委托专业的知识产权合规服务机构托管。企业应当为知识产权合规管理机构提供必需的资源和预算，包括办公场所、办公设施、人员配置、资金预算以及必需的权限等。同时，企业最高管理者和合规管理层应当支持知识产权合规管理机构的工作。

（一）企业知识产权合规管理机构

企业应当根据规模大小、所处行业、发展阶段、知识产权风险大小等因素配置知识产权合规管理机构，机构的主要职责包括：负责制定企业知识产权合规管理基本制度及配套文件；负责企业知识产权合规风险的识别、分析、评估和应对；负责企业知识产权合规管理的运行、维护和改进；负责企业知识产权合规义务清单及维护；负责企业知识产权合规培训和文件建设；协助企业知识产权合规举报调查；负责企业知识产权合规咨询；其他应当由知识产权合规管理机构负责的工作。

(二）企业知识产权合规管理岗位人员

企业知识产权合规管理机构一般包括合规部门负责人、合规专员、知识产权事务人员等。优秀的企业知识产权合规管理人员通常需要具备多个方面的综合能力，包括技术能力、法律能力、管理能力、商业能力等，在日常工作和重大并购、诉讼项目中能够充分发现企业知识产权合规风险，维护企业知识产权的有效性，促进知识产权的有效运用等。

三、企业知识产权合规管理制度建设

企业应当根据自身特点完成符合要求的知识产权合规管理制度建设，包括：企业高层重视和承诺制度、知识产权具体合规管理制度、知识产权合规风险管理制度、知识产权合规举报调查制度、知识产权合规培训宣传管理制度等。

（一）高层重视和承诺制度

企业最高管理者是知识产权合规管理的第一负责人，要重视和支持知识产权合规工作，应当出具书面承诺书并在企业内公开，确保知识产权合规管理体系有效运营的各种资源。

（二）知识产权具体合规管理制度

根据不同的知识产权特点和业务要求制定具体的知识产权合规管理制度，具体包括知识产权检索及申请合规管理制度；知识产权权属和职务奖励合规管理制度；知识产权合同合规管理制度；知识产权财务及费用合规管理制度等。

（三）知识产权合规风险管理制度

企业应当建立知识产权合规义务清单和知识产权合规风险管理制度，并持续维护更新。知识产权合规风险管理制度包括知识产权刑事合规风险合规管理制度；知识产权行政合规风险合规管理制度；知识产权民事侵权风险合规管理制度；商业合作伙伴知识产权合规风险管理制度；专利、商标、著作权、商业秘密具体领域的知识产权风险管理制度。

（四）知识产权合规举报调查制度

企业要建立有效的知识产权举报体系，积极支持对知识产权违法违规行为人的举报或投诉,并严格为举报人保密及保护举报人的安全。对企业经营中严重的知识产权违法违规行为进行合规调查,并及时向企业汇报。对相关违法人员进行处理,如果涉及刑事犯罪的,应当及时向相关部门报告。

(五)知识产权合规培训宣传管理制度

企业应当建立常态化的知识产权合规培训和宣传管理制度,将知识产权合规培训纳入员工考核内容,制定相关的知识产权合规培训流程、要求、考核、内容等管理制度,持续培训并形成记录文件留痕。同时,企业应当定期进行知识产权合规文化建设,积极宣传知识产权领域的合规理念和要求,努力培育良好的知识产权合规文化。

第三节 企业知识产权合规风险管理

企业知识产权合规风险管理是知识产权合规体系的重要部分,包括知识产权合规风险的识别、分析及应对。企业知识产权合规风险主要包括知识产权丧失的风险、自身知识产权被侵犯的风险以及侵犯他人知识产权的风险等。根据风险程度不同,分为知识产权刑事风险、行政风险和民事风险等。

一、企业知识产权合规风险的识别

企业知识产权合规风险的识别就是为了管理企业知识产权领域中的各种不合规行为,包括知识产权合规风险源的识别和合规风险的界定。企业知识产权合规风险是知识产权不确定性对合规目标的影响,识别知识产权合规风险是开展合规风险评估的基础。企业可以采取多种方法识别知识产权合规风险,例如基于案例分析识别知识产权合规风险,基于专家经验识别知识产权合规风险、头脑风暴法或问卷调查法等。

企业通过对知识产权合规义务的梳理和对经营管理的分析综合识别知识产权合规风险,并建立知识产权合规风险清单。

企业可以通过对知识产权的获取、维护、运用、保护等阶段分别识别知识产权合规风险。

1. 企业知识产权获取阶段的合规风险识别，主要包括：知识产权申请保密的风险、知识产权注册或登记中的风险、知识产权的权属风险、知识产权海外申请的保密审查风险、知识产权权利范围的风险等。

2. 企业知识产权维护管理阶段的合规风险识别，主要包括：知识产权效力维护的风险、知识产权著录项目变更的风险、知识产权维持费用的风险、知识产权合同的风险、知识产权管理系统或工具的风险等。

3. 企业知识产权运用阶段的合规风险识别，主要包括：侵犯他人知识产权的风险、转让或许可知识产权的风险、滥用知识产权的风险、违反知识产权运用管理的风险、知识产权运用泄密的风险、知识产权质押融资的风险、知识产权进出口的风险、知识产权海关保护的风险等。

4. 企业知识产权保护阶段的合规风险识别，主要包括维权中的知识产权稳定性风险、恶意知识产权维权的风险、知识产权维权诉讼时效的风险、知识产权维权证据的风险、知识产权财产保全或行为保全的风险等。

二、企业知识产权合规风险的分析

企业在知识产权合规风险识别的基础上，对合规风险进行分析与评价，目的是加深对知识产权合规风险的了解，根据合规风险的原因、后果及可能性等因素，对知识产权合规风险的可能性和严重性进行定性和定量分析，最终形成企业知识产权合规风险评估报告。

企业知识产权合规风险评价的内容可以包括：知识产权合规风险清单、合规风险排序、合规风险重要性划分、合规风险分布图、重大的合规风险说明等。

企业知识产权风险分析不是固定不变的，企业内外部环境变化，其知识产权合规风险也会发生变化，需要对变化后的知识产权合规风险再次进行分析评估。例如，当企业外部环境发生重大变化、知识产权战略发生变化、企业并购重组、产生新产品或新业务、发生重大知识产权不合规事件时等。

三、企业知识产权合规风险的预防和应对

企业应当积极应对各种知识产权合规风险，包括知识产权本身的风险、法律上的风险和商业上的风险等。

企业知识产权本身风险的应对，主要包括：知识产权有效性检索、知识产权无效或撤销的积极应对、知识产权尽职调查、知识产权文件留存、知识产权合同的审查、知识产权维护及费用管理等。

企业知识产权法律风险的应对，主要包括：知识产权挖掘布局、知识产权侵权预警分析、知识产权诉讼或仲裁风险分析及控制、知识产权合同的有效审查、知识产权恶意侵权风险的规避、知识产权刑事或行政风险的规避、知识产权产品风险的消除、第三方合作知识产权风险的转移等。

企业知识产权商业风险的应对，主要包括：商业合同中知识产权条款的审核、人力资源中知识产权合规风险的审查、商业合作中的知识产权风险分担、证券中知识产权风险规避、知识产权运营风险的弱化、知识产权风险的商业保险保证等。

企业在知识产权合规风险的应对中，由于知识产权合规的技术性和专业性较高，除了依靠企业知识产权合规管理机构人员外，还可以积极寻求外部机构如知识产权代理机构、知识产权律师事务所、知识产权合规咨询机构等协助处理各种知识产权纠纷，应对各种知识产权合规风险。

第八章　反腐败和反商业贿赂合规管理

越来越多的中国企业"走出去",一方面面临国内外日趋加大的反腐败执法力度,另一方面面临"走出去"过程中复杂的反腐败形势。尤其是在"一带一路"沿线,腐败的主体更为复杂,腐败的手段更多样化。一旦利益输送、商业行贿、"灰色"代理等行为触犯东道国的法律,企业或个人都将面临严厉的刑事处罚和民事责任。因此,中国企业应当将反腐败和反商业贿赂作为其合规管理工作的重中之重。

第一节　反腐败和反商业贿赂合规管理概述

一、合规目标

在反贿赂管理体系中,反贿赂目标是由组织设定、与反贿赂方针保持一致以实现具体结果的。企业反贿赂目标可以是战略、策略或运行层面上的,可涉及不同的领域,如员工管理、采购、市场与销售等,也可能分解为具体的目的或指标。

二、合规义务

根据 ISO 37301：2021《合规管理体系 要求及使用指南》3.25,合规义务是指组织（3.1）强制性地遵守的需求（3.14）,以及组织自愿选择遵守的需求。

企业的反腐败与反商业贿赂的合规义务,在我国是指为实现反腐败与反商业贿赂目标,企业经营管理行为和员工履职行为符合国家法律法规、监管规定、行业准则和国际条约、规则,以及公司章程、相关规章制度等要求。

反贿赂的合规主体,既指组织（公司）自身,也包括其所有员工,从普通员工到企业最高管理层,甚至包括与企业合作并承担相关反贿赂义务的商业伙伴。他们是承担遵守反贿赂合规义务的主体。

根据 ISO 37301：2021《合规管理体系 要求及使用指南》3.2，合规管理体系中提到的利益相关方，是指企业内部或外部的，能影响决策或活动、受决策或活动所影响或认为自己受决策或活动影响的个体或组织。企业及其管理层和员工的反腐败和反商业贿赂合规义务，应覆盖企业业务活动、产品和服务。

三、主要合规风险

合规风险，是指企业及其员工在经营管理过程中因违规行为引发法律责任、造成经济或者声誉损失以及其他负面影响的可能性。风险通常以事件后果（包括情况的变化）与相关的事件发生的"可能性"（见 ISO 指南 73：2009,3.6.1.1）的组合来表示。企业的反贿赂合规风险，应结合企业的组织环境进行评估、识别和管理。

根据有关国际公约、适用法律法规及良好的国际国内实践，企业主要的贿赂行为主要有以下方面：一是礼物、款待、差旅和捐赠；二是违法提供回扣、折扣或佣金；三是无法律依据的加快费和人身安全费；四是聘用第三方代理或顾问间接贿赂；五是提供其他类似不当好处或利益，如给予对方亲属雇佣机会，授予合理性存疑金额的合同等。

各管辖区有关适用法对贿赂的界定会有一些差异。而实践中企业贿赂行为和形式也因为所在行业、当地文化等表现有别。贿赂风险不仅体现为以上行为发生的可能性，也表现在企业内部反贿赂风险管理的缺失。

第二节 反商业贿赂合规管理要点

一、识别和评估商业贿赂风险

1. 确定影响企业实现反贿赂管理目标能力的外部和内部事项。

2. 理解与反贿赂管理体系有关的利益相关方的需求和期待。

3. 对识别的组织可以合理预期的贿赂风险进行分析、评价、排列优先序并及时更新。

4. 评价现有控制措施的适宜性和有效性。

5. 企业反贿赂合规管理制度应包含旨在识别和评估贿赂风险并预防、发现和对贿赂作出响应的措施,根据识别风险,将控制点嵌入岗位职责和流程,明确相关岗位合规职责,包括有关审查环节、主体和权限,尤其要保证合规岗位的独立和适当权限。

6. 建立、实施、保持和持续评审、文件化,并且在必要时改进反贿赂管理体系。

二、建立健全反腐败和反商业贿赂制度

1. 在公司章程中明确反腐败和反商业贿赂的地位和权威,明确管理层相关职责,合规制度的审批权限,以及有助于预防和发现腐败行为的合规审计程序等。

2. 建立单项反商业贿赂制度,如企业合规政策和程序,以管理礼品、款待、差旅甚至捐赠的合规风险,特别注意跨法域经营中可能涉及的加快费、人身安全费等问题。

3. 在企业员工招聘及管理(如员工守则,或企业商业行为守则),合同管理,采购,市场和销售以及财务管理等方面,结合企业所在行业、商业模式、规模、文化等情况,完善反腐败和反贿赂相关制度、流程和控制点安排,包括风险识别、预警和应对。例如:

◎在企业采购制度中规定,根据企业《合规政策和程序》的要求,拟选的中间商性质供应商应接受企业合规官进行的调查,获得董事会一致批准后才能进入企业"合格供应商名录"等。

◎在企业第三方服务采购合同中,提供参考文本:(中间人)声明并保证,其知晓贸易合规和反腐败法律(见下文定义),且自己或其任何高级职员、董事、雇员、代理、承包商、受任命者、终极受益所有者或股东,或代表其行事的任何其他各方,合称"(中间人)员工",在与本企业业务相关的任何活动上,都不会直接或间接采取任何有违贸易合规和反腐败法律(见下文定义)的行动。(中间人)承诺定期开展有效的合规培训,并接受甲方的持续监督。

◎在企业财务管理和报销制度中要求账簿和记录保存、财务报表披露,明确会

计和审计标准；有关款待，差旅和礼品等费用的报销，在单项支出达到一定金额情况下，应提交企业合规部门审查。

三、突出人员管理重点

1. 员工管理

在员工聘用、劳动合同、员工手册、企业政策；对违规员工的纪律处分；举报、调查取证、劳动纠纷、劳动仲裁等方面做好充分的风险评估和反商业贿赂安排。2016年高通公司因违反 FCPA（《反海外腐败法》）被罚，被指控行为中包括聘用中国政府官员的亲属以获得中国通信市场中的商业优势；拉斯维加斯金沙集团 2016 年被美国证监会处罚，主因也是未能阻止员工规避企业政策和程序，向中间人支付高额款项。

2. 商业伙伴管理

在很多商业贿赂案件中暴露出第三方，如代理人或机构的不法身影，如阿尔卡特-朗讯贿赂案，葛兰素史克在中国的商业贿赂案，诺华串通第三方供应商向医生提供不正当支付，沃尔玛和爱立信利用第三方行贿等。因此，应通过供应商调查和准入流程，全面评估交易风险与可行性，制定《商业伙伴行为准则》或签署《反贿赂协议》以及在相关合同中完善反贿赂条款，定期提供有效的合规培训，持续监管商业伙伴。

（1）准确识别第三方供应商，特别是与企业有业务往来、获得授权以任何方式代表本企业行事的准代理、销售代理、佣金代理、转售商、分销商、顾问、代表、海关/进口经纪商、货运代理以及其他此类性质的第三方。

（2）供应商调查中应关注的信息，如有关资质、所有权人、管理层、政府关系、合规历史、分包商、贸易禁令等。

（3）在合同管理中做好流程、表单和条款设计，关注有关合作模式、服务费率、支付等内容，在充分获取信息的基础上进行合同合规审查。

3. 尽职调查

企业为评价有关的贿赂风险的性质和程度，需获得足够的信息而进行必要的尽职调查，应确定调查的内容，沟通的对象和方式，有关数据的收集和使用。

（1）聘用员工。聘用过程中的背景信息调查，如涉及某些职位的特定类别的岗位，采取适当和必要措施确定可能雇佣的员工是否理解和认同合同的重要性，是否有应有的资质，是否已经牵涉贿赂，雇佣员工是否可能索要对其曾经不当帮助企业的回报，甚至识别可能雇佣的员工与公职人员的关系。

（2）商业伙伴。根据 ISO 37001 第 3.26 条，商业伙伴包括但不限于客户、顾客、合资企业、合资伙伴、联盟伙伴、外包提供商、承包商、咨询师、分包商、供应商、销售商、顾问、代理、分销商、代表、中介和投资者。该定义是有意宽泛并应根据企业贿赂风险情况来解释以适用于有可能使组织面临贿赂风险的商业伙伴。

商业伙伴类型不同，带来的贿赂风险类型和程度不同，企业影响不同类型的商业伙伴的能力程度也不同。一些类型的商业伙伴，如中间商，尽职调查应当了解的因素，如是否是合法的商业实体，是否具备开展合同约定业务所需的资质、经验和资源，是否有贿赂、欺诈、不诚实或类似的不当行为的名声，或者因贿赂或者类似的犯罪行为被调查、定罪、处罚，商业伙伴的股东和最高管理者的身份，以及他们是否有违法或不当行为，是否被调查、定罪、被处罚或者被行业禁入。

（3）特定类别交易、项目或活动。企业在分销、代理、收购等环节，往往需要通过尽职调查考察一些因素，如结构、性质和复杂程度，提供资金和付款安排，参与方的能力和资质，涉及的商业伙伴和第三方，以及其与公职人员的关系等。

（4）处理。基于调查结果，企业可能作出拒绝推进交易或有条件推进交易的决策，或在有关合同中作出相应安排管理风险，如在可行时要求商业伙伴实施与交易、项目或活动相关的反贿赂控制，或作出合规承诺。

四、管理层承担合规责任

管理层应根据有关法律法规以及企业制度在岗位职责上切实履行合规义务，并承担促进企业合规的责任。应注意保存证据以证明企业管理层和主要相关方是否参与了旨在正确行事的过程。

第一，在企业制度和流程中明确管理人员的合规责任。

第二，围绕内控制衡和利益冲突要求设计管理职责和审批事项及权限。

第三，管理人员在工作中的合规承诺，言行示范，以身作则引领和塑造企业的合规文化。

五、加强危机管理和危机应对

企业需要建立反商业贿赂风险识别和预警机制以及危机管理机制，加强危机应对，包括外部和内部调查，内部监督，如通过账务和会计记录核查，通过内部和外部审计，定期和不定期自查等，并进行相应的追责，整改和完善制度。鼓励企业员工和商业合作伙伴表达顾虑，并且提供安全畅通的渠道，使得员工和商业伙伴可以寻求建议、表达顾虑，确保他们举报违规行为而不遭到报复。

六、系统而有针对性的反商业贿赂培训

举办定期和不定期的系统且有针对性的反商业贿赂培训，培养管理层和员工反商业贿赂的合规意识和敏感度，明确工作中的流程和合规要求，强化个人责任意识和责任承担，学会在利益和合规面前做好衡量及风险管理预案，这也是企业和个人安全及健康发展的要求。注意保留好相关书面材料。

如春节就要来临，一位同事建议向几名政府官员（如税务、海关、质检和人力资源官员）提供礼品卡，提供给每名政府官员的礼品卡价值约 1000 元，以感谢他们在过去一年中的支持。该员工是否知晓应向谁寻求建议？是否有相关的企业培训或制度告知他们可以获得的咨询或表达顾虑的途径？企业的合规人员应该怎样和他们沟通？

第三节 利益冲突管理

商业贿赂体现个人与所在组织，或个人，组织与他人、社会及国家在利益上的冲突，利益冲突是其核心问题，因此，怎样施以压力或动力，以调动员工和管理层合规的积极性，怎样在制度建设上构建对权力的制约和监督，增强制度有效性，不仅需要专业和经验，更需要做正确事情的诚意和勇气。

一、什么是利益冲突

利益冲突不是指泛泛而谈的各种利益产生冲突的情形,而是特指具体情形中,个人或机构可能或实际上利用自己的身份或地位为自身和第三方谋取利益,从而违反其对所在机构或受托人的基本义务。

二、利益冲突典型表现

常见的利益冲突情形有:

1. 自我交易

机构的管理人员使机构与自己进行交易,或者使机构与另一个自己在其中受益的机构进行交易。

2. 攫取企业机会

利用在企业的地位攫取企业机会谋利的行为。实践中发生企业高管将所在企业客户转移至其近亲属所有的同业企业的情况。

3. 双重代理

证券经纪公司同时代表不同客户互相进行交易;一些合资公司中股东方派遣的高管在派遣企业与所在公司交易或冲突中作出决策,也需要引起关注。

4. 外部受聘

高管在被企业聘用的同时,接受外部其他企业或组织聘用,并导致两份工作之间产生冲突。竞业禁止背后的逻辑就是避免利益冲突。

5. 裙带关系

聘用员工配偶、子女或其他近亲属,或从其或其控制的企业采购货物或服务。

6. 贿赂

收受第三方好处,为第三方在具体交易中谋利。

7. 欺诈

盗用或挪用企业资产,以及其他各种监守自盗等侵吞企业资产和损害企业利益的行为。

8. 其他

其他各种违规违法利用自身职位和关系为自己或为他人谋利的行为，导致自己利益与企业利益冲突并损害企业利益的行为。

三、利益冲突立法

《联合国反腐败公约》第十二条（私营部门）就"各缔约国均应当根据本国法律的基本原则采取措施，防止涉及私营部门的腐败"，第二条明确采取的措施可以包括的内容，如第（二）款："促进制订各种旨在维护有关私营实体操守的标准和程序，其中既包括正确、诚实和妥善从事商业活动和所有相关职业活动并防止利益冲突的行为守则，也包括在企业之间以及企业与国家的合同关系中促进良好商业惯例的采用的行为守则"。

企业所有权和管理权分离带来的代理成本，因管理层的道德风险而起，集中体现在利益冲突方面，也是法律法规、行业规范以及企业内部制度的重要内容。各国尽管存在政体、历史、文化等不同，目前对利益冲突的有关规范，也有不断靠近的趋势。

我国《公司法》第一百八十至一百八十一条规定了公司管理人员被禁止任职的情形，忠诚义务，禁止接受佣金、违规担保等；保密义务和竞业限制；《美国标准公司法》（Model Business Corporation Act）在第 8 章 §8.30、§8.31 以及 §8.41 和 §8.42 中对董事和管理人员涉及利益冲突的行为和责任都有规定。

我国《劳动合同法》第二十四条、三十九条也规定竞业限制、保密义务。

2009 年 7 月 1 日，中共中央办公厅、国务院办公厅印发的《国有企业领导人员廉洁从业若干规定》中第五条、第六条规定禁止有偿中介；禁止本人及配偶子女等在本企业及关联企业投资入股；禁止利用内幕消息为亲属等谋利；违规兼职；禁止相互利益输送；禁止在离职或退休后 3 年内在有业务关系企业任职，等滥用职权和以权谋私而侵害公共利益行为。

我国《刑法》第一百六十三条、二百七十一条、二百七十二条规定禁止受贿，禁止侵占、挪用资金等，并且根据 2009 年《刑法修正案（七）》，《刑法》第一百八十条增加一款，关于金融机构从业人员以及有关监管部门或者行业协会的工作人员，利用因职务便利获取的内幕信息以外的其他未公开的信息，违反规定，从事与该信息相关的证券、期货交易活动，或者明示、暗示他人从事相关交易活动；增加第二百五十三条：非法出售或提供公民个人信息罪，涉及国家机关或者金融、电信、交通、教育、医疗等单位的工作人员，违反国家规定，将本单位在履行职责或者提供服务过程中获得的公民个人信息，出售或者非法提供给他人。该两项新增罪名均涉及利益冲突。

在欧美法律语境中使用较多的白领犯罪，作为犯罪学术语，由社会学家埃德温·萨什兰德在1939年首先界定为"由受尊重并享有很高社会地位人士在职业活动中实施的犯罪"。典型的白领犯罪包括欺诈、贿赂、庞氏骗局、内部交易、挪用公款、网络犯罪、著作权侵权、洗钱等，是商业和政府人员以财务为动因实施的非暴力型犯罪，其中很多涉及利益冲突问题。

四、利益冲突管理

1. 加强学习，增强意识

（1）学习和了解有关法律法规，增强合规经营意识。

（2）充分重视劳动合同中可能有的特别条款，如竞业禁止、保密要求等。

（3）熟悉企业内部制度，充分重视其中有关利益冲突的具体指引。

2. 严格执行企业内部制度和流程

管理层需要理解并运用企业制度和流程保护自己，管理好利益冲突风险。

（1）在工作中强化流程意识，合理存疑，谨慎决策，避免陷于利益冲突并导致违反对企业的忠诚和尽职义务，甚至违法犯罪。

（2）遵守企业议事规则、业务和决策流程，保持完整和准确记录，在我国立法和司法中没有确立商业判断原则的情况下，尤其重要。

①主动披露：根据法令，行业规范或者企业制度要求披露实际或可能的利益冲突。

②寻求第三方专业机构评估：第三方专业机构评估交易公平性，为企业提供决策依据。

③妥当处理：回避，调整岗位甚至去职；继续，调整或退出业务。

3. 以良好的判断力坚守职业道德和法律底线

管理层需要具有职业敏感,结合具体情形审慎判断利益冲突是否存在,必要时寻求合规顾问的建议,并相应采取有效措施。

在腐败和商业贿赂犯罪案例中,我们会看到行为人在违法背后对利益的追求,更在利益追求的背后见到贪婪、任性、擅权、侥幸等这些人性弱点,以及他们对利益冲突管理的失败。

第四节 反洗钱

腐败和贿赂行为往往和洗钱联系起来。《联合国反腐败公约》在第二十三条规定"对犯罪所得的洗钱行为",而根据《联合国反腐败公约》第二条(八)"上游犯罪"系指由其产生的所得可能成为本公约第二十三条所定义的犯罪对象的任何犯罪。

在《联合国反腐败公约》序言里,各公约缔约国"关注腐败同其他形式的犯罪特别是同有组织犯罪和包括洗钱在内的经济犯罪的联系",也因此一并对缔约国打击洗钱作出了要求。

《联合国反腐败公约》在第十四条规定了缔约国"预防洗钱的措施","在其权限范围内,对银行和非银行金融机构,包括对办理资金或者价值转移正规或非正规业务的自然人或者法人,并在适当情况下对特别易于涉及洗钱的其他机构,建立全面的国内管理和监督制度,以便遏制并监测各种形式的洗钱,这种制度应当着重就验证客户身份和视情况验证实际受益人身份、保持记录和报告可疑交易作出规定";而且"缔约国应当考虑实施可行的措施,监测和跟踪现金和有关流通票据跨境转移的情况,但必须有保障措施,以确保信息的正当使用而且不致以任何方式妨碍合法资本的移动。这类措施可以包括要求个人和企业报告大额现金和有关流通票据的跨境转移"。

《联合国反腐败公约》在第二十三条规定,就"对犯罪所得的洗钱行为"要求:各缔约国均应当根据本国法律的基本原则采取必要的立法和其他措施,将下列故意实施的行为规定为犯罪：明知财产为犯罪所得，为隐瞒或者掩饰该财产的非法来源，或者为协助任何参与实施上游犯罪者逃避其行为的法律后果而转换或者转移该财产；明知财产为犯罪所得而隐瞒或者掩饰该财产的真实性质、来源、所在地、处分、转移、所有权或者有关的权利。

在符合本国法律制度基本概念的情况下：在得到财产时，明知其为犯罪所得而仍获取、占有或者使用；对本条所确立的任何犯罪的参与、协同或者共谋实施、实施未遂以及协助、教唆、便利和参谋实施；在企业合规管理良好实践中，企业结合自身情况，建立有效的内控制度和流程，可疑交易的跟踪、监测体系，特别是企业的财务和会计记录，有助于识别和发现企业腐败、贿赂或洗钱行为的线索。

第五节　合规监督

企业应通过系统有效的方式对企业反贿赂合规管理进行监督。

一、监测和分析

企业应建立反贿赂所需要的监测措施，如实施监测的主体、内容、范围、方法以及有关监测结果的分析、评价，报告和文件化信息的保存。信息化和数据分析的应用越来越得到重视。

二、内部审核

审核是获取审核证据并对其进行客观评价，以判定对审核准则满足程度的系统的、独立的并且文件化的过程。审核可以是内部审核或外部审核，或者内部和外部审核合力进行。企业通过内部审核，可以了解反贿赂合规管理体系的实施和运行情况，有助于预防和发现贿赂风险，并震慑潜在的不合规人员。

企业应合理策划和实施内部审核，为各项内部审核制定明确的审核要求、范围、方案和方法。为确保审核的客观和独立，企业应合理确立审核人员和团队，如来自非被审核部门或职能的适当的人或第三方专业机构。企业的内部审核以风险管理为导向，可以审查以下方面的流程、控制点和管理体系：一是贿赂或涉嫌贿赂；二是对反贿赂政策和程序，或反贿赂管理体系要求的违反；三是商业伙伴不符合适用的企业反贿赂要求；四是反贿赂管理体系的弱点或改进机会。

审核结果应报告给相关管理层、反贿赂合规职能部门（岗位）、最高管理层，并留存有关文档。

三、合规内部调查

企业根据日常监测、风险预警和有关举报等发现的线索，决定展开调查，确定是否有贿赂、对反贿赂方针或反贿赂管理体系的违反并采取适当的措施。企业在内部调查时应授权独立于被调查角色和职能的人员实施调查，并向独立于被调查角色和职能的人员报告。适当时，调查方应确定合理的调查范围、对象和方案，向反贿赂合规职能和其他合规职能部门报告调查的状态和结果，并最终向企业最高管理层提交调查结果。企业应注意根据有关适用法律法规的要求对调查结果进行公开或保密处理。

四、绩效考核

企业应强化合规实施和遵循，在对各部门、管理人员和员工的年度综合考核中，通过细化评价指标将合规职责履行情况作为员工考核、职务提升、评优评先等工作的重要考量。

五、管理评审

最高管理层应按照合理的时间间隔评审企业的反贿赂管理体系，以确保其持续的适宜性、充分性和有效性。评审应关注以往管理评审措施的状况，与反贿赂管理体系相关的内部和外部事项的变更以及前述监测、审核和调查情况等，以了解企业应对贿赂风险措施的有效性，确定不符合合规标准的原因，并采取调整措施，促进反贿赂合规管理的改进和提升。反贿赂合规职能部门也可按一定的时间间隔和基于特定的需要，适当时，向最高管理层或企业的合规专业委员会报告反贿赂管理体系的充分性和实施情况，包括有关调查和审核的结果。

第六节 责任追究

一、严厉打击腐败和商业贿赂的声势

鉴于腐败对社会、政治、经济和文化的腐蚀和破坏,世界范围内对腐败和商业贿赂的零容忍姿态有目共睹,各国立法和司法上对违法组织和个人的打击力度也越来越大,法网越来越严密。

2021年9月,中纪委、国家监委与中央组织部、中央统战部、中央政法委、最高人民法院、最高人民检察院联合印发《关于进一步推进受贿行贿一起查的意见》,其中指出,坚持受贿行贿一起查,是"坚定不移深化反腐败斗争、一体推进不敢腐、不能腐、不想腐的必然要求"。我国司法机关对受贿行为和行贿行为的打击也是雷霆之势,屡见于报端。

二、强化个人责任的立法趋势

追究个人在组织犯罪中的责任承担,既有合理性,也具有很强的策略性。2015年9月5日,美国司法部副部长萨利·耶茨在备忘录《关于公司不当行为中的个人责任》(*Yates Memorandum: Individual Accountability for Corporate Wrongdoing*)中,提出加强对公司违规行为中个人责任的追究。这已成为美国司法部执法的重要导向和趋势。根据有关统计,2019年,FCPA执法机关对个人处罚案件数量达到了31件,其中美国司法部有25件,为历来最高。

我国刑法中有关贪污贿赂犯罪,既有个人主体,也有单位主体,而在单位构成犯罪情况下,其直接负责的主管人员和其他直接责任人员也会被追究刑事责任。《联合国反腐败公约》在第二十六条第三款中也规定,"法人责任不应当影响实施这种犯罪的自然人的刑事责任"。

国务院办公厅于2016年8月2日发布《关于建立国有企业违规经营投资责任追究制度的意见》,而国资委于2018年7月30日印发《中央企业违规经营投资责任追究实施办法(试行)》,后又在2019年4月30日和2020年4月15日印发《关于做好中央企业违规经营投资责任追究工作体系建设有关事项的通知》,都强化了对有关个人责任的追究。

三、企业内部处罚和外部处罚

企业应该建立问题发现和内部调查的流程和机制，有效获取有关情况，并根据企业制度和流程合规进行处理和追责；在涉嫌违法犯罪时，应及时主动向主管国家机关举报，移送有关证据并积极配合调查。

第七节 文化与合规

在《联合国反腐败公约》序言中，各公约缔约国"关注腐败对社会稳定与安全所造成的问题和构成的威胁的严重性，它破坏民主体制和价值观、道德观和正义并危害着可持续发展和法治""确信腐败已经不再是局部问题，而是一种影响所有社会和经济的跨国现象，因此，开展国际合作预防和控制腐败是至关重要的"，且"确信非法获得个人财富特别会对民主体制、国民经济和法治造成损害""还铭记公共事务和公共财产妥善管理、公平、尽责和法律面前平等各项原则以及维护廉正和提倡拒腐风气的必要性"，是对《联合国反腐败公约》反腐败打造风清气正的社会文化、促进健康和可持续发展意义的宣贯。

反腐败和反商业贿赂作为合规管理的重要领域，深深地根植在社会文化里，也因此是企业合规文化建设的重要方面。反腐败和反商业贿赂净化企业的血液，焕发企业内在的生命力和竞争力。企业合规文化，不仅是社会法治状况的反映，也是企业治理和管理的风向标。当企业合规管理成就品牌力量，带来管理和运营效益，当管理层和员工在合规行为中得到正向反馈，当合规为企业赢得安全、长远和可预期发展，而违规带来责任和损失，合规会获得更多认同，不令而行。合规文化不应成为表面文章，而是会像血液一样融入企业日常，打造基业长青。

第九章 企业治理合规管理

企业治理又名公司治理、企业管治,是一套程序、惯例、政策、法律及机构,影响着如何带领、管理及控制公司。公司治理方法也包括公司内部利益相关人士及公司治理的众多目标之间的关系。主要利益相关人士包括股东、管理人员和理事。其他利益相关人士包括雇员、供应商、顾客、政府政策管理者、环境和整个社区。公司治理是指通过一整套包括正式或非正式的、内部的或外部的制度来协调公司与所有利益相关者之间(股东、债权人、职工、潜在的投资者等)的利益关系,以保证公司决策的科学性、有效性,从而最终维护公司各方面的利益。企业治理合规是合规非常重要的组成部分。

第一节 企业治理合规管理概述

一、企业治理概念

"治理"一词来自拉丁文"gubemare",含有"统治"或"操控"的意思。在希腊语中,指"操控者"。从企业治理的产生和发展来看,企业治理有狭义和广义之分。狭义的企业治理是指企业所有者对经营者的一种监督与制衡的机制,主要通过股东(大)会、董事会、监事会及经理层所形成的企业治理结构的内部治理。广义的企业治理是指企业所有者通过一套包括正式或非正式的、内部或外部的制度或机制来协调企业与利益相关者(包括但不限于债权人、供应者、雇员、政府、社区)之间的利益关系,保障企业发展。

二、企业治理合规管理概念

企业治理合规管理是从企业治理结构出发,在党的领导下,通过规范化管理,完善内控管理体系,实现企业治理合规全面覆盖,明确股东(大)会、董事会、监事会及经理层等机构职责,实现各负其责、相互衔接、有效制衡,保障企业可持续发展的管理活动。

三、企业治理合规管理意义

目前,我国企业正处于深化改革阶段,积极建立高效的企业治理结构在企业改革发展中具有重大意义。企业治理合规管理主要目的就是通过依法合规管理,有效地防范企业及股东(大)会、董事会、监事会、经理层在企业经营管理过程中因违规行为可能引发的法律责任、造成经济或声誉损失以及其他负面影响。

因此,笔者认为企业治理合规管理的重要意义在于,有助于防控企业风险,矫正经营管理中存在的风险问题,减轻法律责任;有助于形成良好的企业合规管理文化氛围,维护企业品牌形象,减少负面影响;有助于完善企业经营决策,妥善应对和防范其他国家及国际组织的制裁,降低经济损失;有助于保障企业稳步健康的发展,为中国企业走向世界提供最基本的保障,推动企业可持续发展。

第二节 规范企业治理合规管理

规范化的企业治理合规管理主要依据企业治理结构展开合规管理。根据《中央企业合规管理办法》的规定,结合实践经验,企业治理合规化的结构,如图5所示。

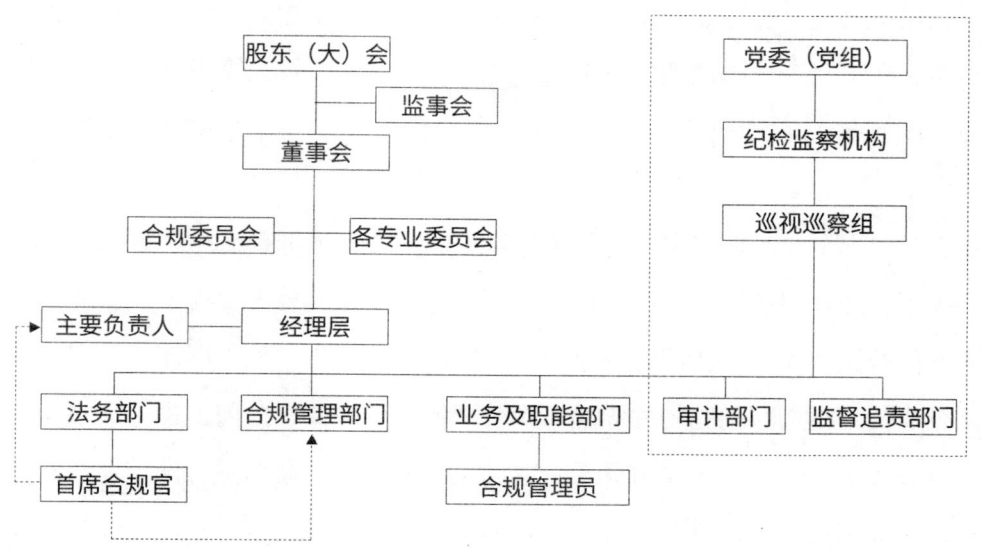

图5 完善的企业治理结构图

一、搭建完善的企业治理结构

完善的企业治理结构是推进依法治企、推进国家治理体系和治理能力现代化的内在要求。目前，大多数企业已建立了现代企业制度，但从企业经营管理实践过程中却不难发现，部分企业尚未形成有效的企业治理结构，存在权责不清、约束不够、缺乏制衡等诸多问题。搭建完善的企业治理结构主要包括以下几个方面。

（一）坚持党的领导，遵守党内法规制度

根据《公司法》第十八条规定，在公司中，按照中国共产党章程的规定，设立中国共产党的组织，开展党的活动。公司应当为党组织的活动提供必要条件。同时，结合《中央企业合规管理办法》规定，在企业经营管理过程中，应当充分发挥党委（党组）的领导核心和政治核心作用，将党建工作纳入公司章程中，明确党委（党组）在企业治理结构中的法定地位，使党委（党组）成为企业治理结构的有机组成部分。同时，企业应当严格遵守党内法规制度，确保企业党建工作机构在党委（党组）领导下，按照有关规定履行相应职责，推动相关党内法规制度有效贯彻落实。

企业在重要人员选任方面，可以通过采取双向进入、交叉任职的方式，符合条件的党委（党组）领导班子成员可通过法定程序进入董事会、监事会、经理层，董事会、监事会、经理层成员中符合条件的党员可以依照有关规定和程序进入党委（党组）；党委（党组）书记、董事长一般由一人担任，可推进企业党委（党组）专职副书记进入董事会。在董事会选聘经理层成员工作中，上级党组织及其组织部门、监管机构党委应当发挥确定标准、规范程序、参与考察、推荐人选等作用，充分发挥党委（党组）的领导作用。

在实践中，企业治理作为企业合规管理的重大事项，确实应由党委（党组）领导、董事会决策、经理层执行、监事会监督，以此充分体现党委（党组）在企业治理合规管理中发挥的领导作用，我国部分企业已取得了显著成果。如中国能建葛洲坝集团通过优化企业治理结构，把党的领导融入到公司治理各环节。此前，集团战略与运控部相关负责人表示，公司及所属重要子企业已全面制定了党委前置讨论重大经营管理事项清单，完成了企业党建进章程要求，并明确了党组织在决策、执行、监督各环节的权责和工作方式，实现了党的领导融入企业治理的制度化、规范化、程序化。

（二）明确主体权责，依法依规履行职责

企业应按照《公司法》《企业国有资产法》等法律法规的规定，充分发挥公司章程在企业治理结构中的基础作用。通过公司章程及相关制度明确股东（大）会、董事会、监事会及经理层的权责定位和行权方式。在法无授权的情况下，任何政府部门和机构不得干预企业正常的生产经营活动。

在实践中，为了保障企业治理层面各主体责任明确，如董事会、经理层除了应履行我国法律法规规定的权利义务外，还应当根据《中央企业合规管理办法》规定履行相关职责。其中，董事会要发挥定战略、作决策、防风险作用，主要履行以下职责：（1）审议批准合规管理基本制度、体系建设方案和年度报告等。（2）研究决定合规管理重大事项。（3）推动完善合规管理体系并对其有效性进行评价。（4）决定合规管理部门设置及职责。经理层要发挥谋经营、抓落实、强管理作用，主要履行以下职责：（1）拟订合规管理体系建设方案，经董事会批准后组织实施。（2）拟订合规管理基本制度，批准年度计划等，组织制定合规管理具体制度。（3）组织应对重大合规风险事件。（4）指导监督各部门和所属单位合规管理工作。

（三）确立首席合规官，成立合规委员会

在企业治理过程中，企业应结合实际情况设立首席合规官，不新增领导岗位和职数，由总法律顾问兼任，对企业主要负责人负责，领导合规管理部门组织开展相关工作，指导所属单位加强合规管理。根据公司法相关规定，总经理、副经理和财务负责人由董事会决定聘任或者解聘，其他管理人员的聘任和解聘由公司章程规定。所以，在实践中，首席合规官即总法律顾问一职，按照《公司章程》规定根据总经理提名，由董事会决定聘任或者解聘。

首席合规官在履行职责过程中，应对主要负责人负责，但目前"主要负责人"尚没有明确的法律概念。因企业主要负责人作为推进法治建设第一责任人，应当切实履行依法合规经营管理重要组织者、推动者和实践者的职责，积极推进合规管理各项工作，所以，在实践中部分公司将总经理作为主要负责人，首席合规官对总经理负责不违反法律法规规定且符合企业实际经营管理需求。

同时，企业还应设立合规委员会，可以与法治建设领导机构等合署办公，统筹协

调合规管理工作，定期召开会议，研究解决重点难点问题。合规委员会是企业治理的重要组成部分，在董事会和经理层之间具有承上启下作用。在实践中，合规委员会作为董事会下设的专业委员会之一，在董事会的授权下，就企业治理中的重点难点问题，为董事会提供专业意见和建议的辅助决策机构。目前，我国中央企业已全部成立了合规委员会。

(四) 强化监督机构职能，开展责任追究

企业纪检监察机构和审计、巡视巡察、监督追责等部门依据有关规定，在职权范围内对企业治理合规要求落实情况进行监督，对违规行为进行调查，按照规定开展责任追究工作。在此过程中，纪检监察机构应负责对党员干部及员工履职行为的合规性进行监督，特别是主要领导干部的履行职责、行使权力的情况；审计部门应就公司治理中的财务状况及企业治理合规管理的有效性等情况进行监督；巡视巡察组应将企业治理合规管理建设及运行情况纳入巡视巡察范围并进行监督；监督追责部门应依法依规就违法违规行为及人员进行责任和处罚，充分发挥企业治理合规管理的监督职能。

二、管理者具备企业治理合规管理意识

企业合规管理需要实现全员合规，首先要从企业主要领导人员和干部开始做起，从而带动和引导企业全员自觉践行合规理念，遵守合规要求，对自身行为合规性负责。保障管理者具备企业治理合规管理意识主要包括以下几个方面：

(一) 组织专题学习，发挥党委（党组）领导作用

企业应当将企业治理合规管理纳入党委（党组）法治专题学习。企业党委（党组）通过定期开展警示教育活动，组织党政领导干部及董事、监事、首席合规官、经理等人员学习公司法等相关的企业治理法律规定并进行交流研讨，强化企业领导人员企业治理合规管理意识，带头依法依规开展经营管理活动。

企业各级领导干部特别是主要岗位人员既是党内监督的对象，也是管党治党的主力军，应杜绝当老好人，肩负起全面从严治党的主体责任，通过将党的纪律作为企业治理的武器，强化党内监督执纪问责，发挥党委（党组）在企业治理合规管理方面的领导作用。

（二）开展宣传教育，组织企业治理合规培训

企业应建立常态化企业治理合规培训机制，制订年度培训计划，将企业治理合规管理作为管理人员、重点岗位人员和新入职人员的培训必修内容。企业可通过聘请专业人员开展企业治理合规管理知识学习、典型企业治理案例分析、实战经验分享、签署企业治理合规承诺书、发布企业治理合规手册等方式进行宣传教育。特别是针对股东（大）会、董事会、监事会及经理层等领导人员要进行违规案例学习和警示宣传教育，使其坚持底线思维和合规思维，有助于企业重要责任主体形成统一的企业治理合规意识，并将企业治理合规管理理念贯彻到企业治理过程中。

在实践中，我国很多企业通过多项举措并行的方式，提升了企业员工特别是各级领导干部的依法治企素质和观念，对于深化企业治理合规管理起到了重要作用。如中国石油通过健全领导干部教育培训体系，与时俱进完善培训内容，重点加强习近平法治思想专题培训，加强宪法、党章以及相关法律政策和党内法规的培训，使各级领导干部懂法懂规、知法知规，明白什么事能干、什么事不能干、事情应该怎么干。学习培训和实战经验有助于各级领导通过运用法治思维化解矛盾，且应对企业治理风险能力得以有效提高。

（三）建设文化体系，营造企业治理合规氛围

企业通过建设企业治理合规文化体系，夯实企业各级领导人员的合规管理意识，从而促进全员合规意识的提升，创造特色的企业合规文化，以"软实力"助推企业可持续发展。在实践中，企业还可以通过组织丰富多彩的文化活动，促进企业各级领导者了解和领会企业治理合规的文化内涵。

企业治理合规理念，离不开企业各级领导及员工在日常经理管理及履职过程中的践行，所以一定要充分发挥主观能动性，每位董事、监事、经理等领导岗位人员身体力行，让企业治理合规理念和文化渗透到所有员工的意识里，积极营造良好的企业治理合规文化氛围，让每位领导岗位人员都是企业治理合规管理文化建设的参与者和践行者。

三、企业制订全面的内部管理制度

企业治理合规管理需要制定全面的内部管理制度予以提供保障，确保企业治理合规管理自身的科学性和持续性，杜绝制度流程的"朝令夕改"。

(一)健全议事规则，保障决策规范化

企业应当健全各项议事规则，保障企业治理层面作出决策的规范化，从而降低企业的各项风险。主要议事规则包括但不限于：公司章程、党委（党组）议事规则、党委（党组）会研究讨论前置事项实施细则、股东（大）会议事规则、董事会议事规则、监事会议事规则、董事会合规委员会工作规则、董事会战略委员会工作规则、董事会薪酬与考核委员会工作规则、董事会审计委员会工作规则、董事会提名委员会工作规则、独立董事工作规则、总经理工作规则等。

上述每项议事规则均应当根据法律法规、部门规章、公司章程等要求，结合企业实际情况进行制定。如董事会作为对内掌管公司事务、对外代表公司的经营决策和业务执行的机构，董事会议事规则在符合公司法规定及《中央企业合规管理办法》要求外，还应符合《国务院办公厅关于进一步完善国有企业法人治理结构的指导意见》中关于规范董事会议事规则要求，董事会要严格实行集体审议、独立表决、个人负责的决策制度，平等充分发表意见，一人一票表决，建立规范透明的重大事项信息公开和对外披露制度，保障董事会会议记录和提案资料的完整性，建立董事会决议跟踪落实以及后评估制度，做好与其他治理主体的联系沟通。董事会还应当设立提名委员会、薪酬与考核委员会、审计委员会等专门委员会，为董事会决策提供咨询，其中薪酬与考核委员会、审计委员会应由外部董事组成。改进董事会和董事评价办法，完善年度和任期考核制度，逐步形成符合企业特点的考核评价体系及激励机制。

(二)完善配套制度，落实治理合规理念

为了规范企业治理合规管理，企业应结合治理结构，构建企业治理合规管理体系，完善企业治理配套的基本管理制度，明确总体目标、机构职责、运行机制、考核评价、监督问责等内容。配套制度包括但不限于：关联交易管理制度、信息披露管理制度、投资者关系管理制度、募集资金使用管理办法等等。同时，企业还应当根据法律法规、监管政策等变化情况，及时对企业治理的相应配套基本制度进行修订完善，并定期对制度执行情况进行检查监督，以保证企业治理合规理念通过配套制度得以有效落实。

(三)建立运行机制，防控企业治理风险

为了保障企业治理合规管理，企业应当建立一套完整有效的运行机制，从而防

控企业治理的各项风险。主要运行机制包括但不限于：（1）建立风险识别评估预警机制，全面梳理企业治理活动中潜在风险，对可能发生的风险及时预警。（2）建立重大事项决策机制，明确重大决策事项且应当由首席合规官签字，并由首席合规官对决策事项合规性提出意见和建议。（3）建立违规整改机制，通过健全规章制度、优化业务流程等，查漏补缺企业治理合规管理的漏洞。（4）建立违规举报平台，企业公布举报电话、邮箱或者信箱，并对举报问题依法查处，对举报人的身份和举报事项予以保密。（5）建立追责问责机制，根据企业治理各级机构及领导岗位的责任范围，细化问责标准，严格追究违规人员的各项责任。（6）制定考核评价机制，将违规行为性质、发生次数、危害程度等作为各级领导者的考核评价、职级评定的重要依据。

第三节 企业治理风险识别、评估及应对措施

一、企业治理风险识别

企业治理风险识别，主要是指受政策变动、法律修订、经济波动、自然因素等影响导致的企业治理风险，在企业治理风险发生之前，企业连续地对相关风险进行认识、辨别的活动。这里风险包括法律风险、商业风险，即因企业治理不合规，企业及其管理层在经营管理过程中违规可能引发的法律责任、造成经济或者声誉损失以及其他负面影响。

在实践中，企业治理常见的潜在风险包括但不限于：（1）股权结构不合理，导致企业治理陷入僵局；（2）股权代持或转让不规范，可能引发股权权属纠纷；（3）董事会产生和运作不规范，致使董事无法独立行使职权；（4）监事会机制未建立起来，导致其形同虚设，不能起到监督作用；（5）企业股东和高管等存在关联交易，严重损害企业利益；（6）董事、监事、高级管理等人员的行为违反法律规定或公司章程，造成企业损失；（7）套用工商登记机关的公司章程，忽视公司特异性；等等。

在风险识别过程中，企业应梳理、收集、整理股东（大）会、董事会、监事会及经理层等在企业治理方面潜在的风险点。通过了解企业治理各类历史或现实行为的

真实情况信息，将法律法规、监管规定、行业准则和公司章程、规章制度以及国际条约、规则等要求作为识别依据，针对每一个潜在的风险点存在的法律风险和商业风险进行明确表述并逐一识别后，制作《企业治理法律风险识别清单》。

二、企业治理风险评估

企业治理风险评估，主要是指在风险识别的基础上，根据《企业治理法律风险识别清单》中各项风险点进行定性、定量的分析，根据法律法规、行业规范及公司章程等规定，就各项风险点进行风险等级评估。

在风险评估过程中，企业应对各项风险点发生的真正原因、发生的频率、发生的可能性及产生的法律后果、商业影响等进行风险等级评估。对各项风险点进行评估分析后，制作《企业治理法律风险评估报告》。

三、企业治理风险应对措施

根据《企业治理法律风险评估报告》内容，企业应当采取积极应对措施，及时化解企业治理不合规的风险，从而减少风险发生后产生的各种不良后果及影响。

（一）启动应急预案机制

针对发现的企业治理存在的不合规风险，企业应当根据风险等级情况决定启动应急预案机制，及时应对处置。对于重大风险事件，应当由首席合规官牵头，合规委员会统筹领导，相关部门协同配合，最大限度化解风险、降低损失，必要时，应及时报告有关监管机构。

（二）开展责任追究及整改

企业应当与风险事件相关的责任人，如董事、监事、经理等人员进行约谈。如造成资产损失或者严重不良后果的，应当移交问责部门，依法进行责任追究。如涉及违反刑法或其他法律法规，应按规定移交给司法部门或相关政府部门进行处理。

根据风险事件发生的原因、场景及从调查中找到的企业治理不合规的本质问题和共性问题，出具《整改建议书》。《整改建议书》应当包括具体的整改问题、原因、整改责任主体及要求执行完成的具体时间、整改验收的方式等主要内容。如是因为制度的缺失或制度制定不完善，应要求制定制度、补充或修改制度；如是因为董监高职责不清、职责混乱，应要求及时修改公司章程，明确职责范围等。

(三) 配合政府相关部门调查

企业治理合规风险发生后，企业、负责人及相关人员均应当积极配合政府相关部门调查工作，不拒绝、逃避，主动承担责任并及时披露相关进展情况。政府相关部门在行使法律授予的权力时，为了判断相关责任主体能否行使该权限应进行事实调查或资料收集工作。

调查前，企业应核验调查人员身份，如调查人员未出示执法证件、人证不一致、证件未在有效期内或没有执法权限，企业及相关人员有权依法拒绝接受调查或检查。调查期间，企业及被调查人员应注意核对调查笔录中的记载对自己陈述的记录是否有遗漏或者差错，有遗漏或差错的可以要求修改，否则有权拒绝签署。同时，如企业及相关人员确实存在明显或者严重的违法违规情形，建议主动披露违法行为，主动消除或者减轻危害后果，从而争取从轻或减轻处罚。若不合规行为不是企业及相关人员的行为，一定要积极解释抗辩，切记不要稀里糊涂就成了被调查和处罚对象，从而影响企业声誉。

(四) 参与司法诉讼审理

如企业及相关人员因企业治理违法违规发生纠纷，建议企业及相关人员通过积极采取法律手段维护自身的合法权益。如属于守约方，则应当积极运用诉讼、仲裁等法律手段维护自身权益；如属于违约方，不要片面地逃避诉讼，应参与庭审并积极处理纠纷。特别是企业在境外遇到法律纠纷时，一定聘请拥有丰富涉外案件办理经验的律师，及时了解国外法律规定，有效地维护自身合法权益。

综上所述，笔者认为企业治理合规管理是一项复杂的系统工程，需要多方面因素的配合。在规范企业治理合规管理的过程中，企业还可借鉴西方国家企业治理的有益经验，立足于我国社会主义市场经济建设的特定国情，积极探索与改进具有中国特色的行之有效的企业治理合规管理体制。

第十章 财务税收合规管理

财务税收合规管理是现代企业管理的必修课，也是现代企业在市场经济发展中的核心竞争力，科学实施可以有效提升企业经营管理水平，加速企业高质量发展。大数据时代的到来使企业经营管理越来越透明化，企业应当充分认知当前税收征管形势，有效利用财税政策，提高风险识别控制，完善程序监督管理。

第一节 税收征管税务风险监控

一、征管特征

（一）税收征管的特点

现在税收征管的特点是"前松后紧"，前台营商环境不断优化，"放""管""服"，后台税务风险防控却不断收紧。我们知道现在的税收征管和以往有很大不同，以往税务局机关和企业在开端可以有很好的互动，税务局可以回答很多问题。以往很多税收优惠和税务处理都是采用审批制的，现在都是备案制。审批制情况下，出现问题税务局肯定是有责任的，备案制情况下就很难说。我们可以看到最近很多案例，在备案制下，纳税人主张税务局有责任都被法院驳回了。所以从前台"松"的层面上，税务局把诸多责任移交给了纳税人。这也是一个理性的状态，事实上，纳税人应该主导自己的纳税权利以及履行纳税义务。

"紧"的概念是指后期的调查和调整，税务局前期放松的情况下，后期的监管就必然要加强。大量案件通过大数据检索、类案比对、信息平台交互的方式进入税务局的视野。我们一直在担心金四系统，但是实际上预警机制在金三系统就已经很完善，税收征管进入信息化的时代。这也意味着，纳税人和税务局的交互建立在信息化的基础上，就很难有人情味的变化。一旦程序启动，税务局就是依法办事。税收优惠清单式管理，"信用＋风险"动态监管系统，优化税收执法方式等，都是深化"放管服"、加强事中事后监管的表现。

（二）加强纳税人权益保护

鉴于前述的征管特征，税务局很难有更多的灵活处理，很多利益冲突就需要正当的法律程序去解决。当然，这个意识的普及还需要一段时间，毕竟在朴素认知里，觉得诉税务局还是很紧张的。但是未来行政复议和行政诉讼必然会大量出现，纳税人必须在更深的层面去理解税法本身的意图来维护自身权益。

（三）征管方式的变革

金三的功能在不断优化，金四已经开始铺垫，这就是大数据税收征管的方向。比如多税种指标监控、税额预警、发票用量与税负变动异常、跨行业数据筛查等形成纳税人关系云图和风险情报。

"双随机、一公开"使得重点税源企业5年内被检查到，非重点税源企业每5年也会有15%的概率被抽查。从这个意义上说，调查的深度和广度都比以往多得多。可以说，我们的税收征管从"以票控税"走向"以数治税"。2019年12月，国家税务总局税收大数据和风险管理局（大风局）成立，负责组织指导全国税收大数据和风险管理相关工作，主要职责包括：云平台建设、相关业务需求和运行管理、相关系统应用和业务层面运维工作；组织实施税收大数据和风险管理战略规划；管理税收数据，负责税收数据交换和共享；统筹开展全国性、综合性风险管理特征库和分析模型建设、验证和推广。

税收征管变革的总体趋势是信息透明化、电子化，纳税人的税务合规风险直线上升，这也引发了更多争议。

（四）税务稽查、检查热点

我们可以从3个方面来总结：第一就是特殊行业、特殊交易，比如基金，最近几年做了两三轮的筛查，比如企业重组，税务追溯检查也越来越多，一些行业的特点是税务合规性相对较低，但是又有重大利益，比如以往的房地产、医药等；第二就是对跨境企业的关注越来越高,跨境其实是税收利益保障的问题;第三就是税收洼地相关的税收检查,这成为中国税源流失的主要问题。随着对影视娱乐行业的筛查,我们可以预见到对个人所得税的监管将日趋强化。

二、税收大数据对企业税务风险的影响

信息技术与经济社会的交汇融合引发了数据的爆发性增长,数据已经成为国家基础性战略资源。税收大数据是指各级税务机关在日常税收征管活动中,使用合法手段获取,经过专业技术分析加工,采取一定标准格式,通过规定程序批准,传递给各级税务部门使用的特定涉税信息。

(一)税收大数据分类

在我国征管实践中,涉税分析数据根据来源主要分为3类:内部数据、第三方数据和互联网数据。

1. 税务部门内部数据

税务登记数据:设立税务登记、变更税务登记等数据。

资格认定数据:一般纳税人资格登记、税种认定、出口退税认定、非正常户认定、税收优惠资格认定等。

申报征收数据:各种纳税申报数据、各类基金、费用申报数据、资产负债表、利润表、现金流量表等报表数据,缴款数据、延期纳税、欠税数据、税务稽查数据等。

发票数据:领用发票、代开发票、开具发票等。

2. 第三方数据

是指除了税务部门和纳税人以外的其他机关、企事业单位、社会团体及行业协会提供的,与税务部门征管活动或者纳税人的生产经营活动相关联的数据。主要包括财政、银行、工商、公安、国土、房管、电力等相关部门提供的数据。

3. 互联网数据

网络爬虫:依靠"网络爬虫"技术研发互联网涉税信息监控平台,互联网涉税信息监控平台能够对数以千计的网站进行定向数据抓取,然后对采集到的互联网涉税信息进行

分析，与税务机关内部信息进行比对。目前，主要用于抓取企业经营信息、房地产互联网涉税信息、股权矿权交易信息、互联网其他涉税（产权交易、法院拍卖等）信息等，能够帮助税务机关从多方面掌握纳税人情况，提高涉税风险筛查效率。

手机APP：查询助手类软件，工具计算类软件，比如，某市税务局研发的软件确定土地租赁面积，只要绕土地一圈就可以自动计算出土地面积。

互联网站点：住宅与房地产信息网站、国土资源局网站、公共资源交易中心网站、法院诉讼网站、巨潮资讯网站、中国资本市场信息披露平台等网站等。

（二）税收大数据在税务风险分析中的应用流程

数据采集：海量丰富的数据是进行数据应用的首要条件。

数据整理：初步筛选处理得到更为可信的数据信息。

数据挖掘：对整理后的数据进行深度加工，发现其后的关系和规律，从而建立指标体系、风险特征库和分析模型工具。

风险识别：找出容易发生风险的领域、环节或者群体。

等级排序：根据识别结果，建立风险纳税人库，归集风险点，综合评定风险分值，进行排序，确定每个纳税人的风险等级。

任务推送：按照风险等级由高到低确定须采取措施的应对任务数量，推送至各级税务机关相关部门，分别采取纳税辅导、风险提示、纳税评估、税务稽查等风险应对措施，促进纳税遵从度提高。

（三）税务局常用的企业税务风险分析方法

1. 核对法

核对法是指通过表表之间、表实之间以及内外部信息的核对，查找企业存在涉税问题的方法。

2. 比较分析法

比较分析法是指对企业当期的申报资料，如涉税信息、财务数据等资料与某一设定好的数值进行比对分析，包括对同一纳税人不同时期的数据对比，同一行业中不同企业的相同时期的数据对比，以及某一纳税人当期申报资料的数据与该值正常范围变动界值的对比，进而找出差异并对差异合理性合法性分析判断的方法。

3. 逻辑推理法

逻辑推理法是指利用有关涉税数据和信息内在的逻辑关系来推断指标体系中某一特定指标的真实性和合理性。

4. 控制计算法

控制计算法是指根据有关数据之间的相互控制、相互制约关系，用可靠或科学测定的数据来证实账面资料是否正确的检查方法。比如：费用倒挤测算、能耗测算、投入产出测算、设备生产能力测算、设备生产周期测算、工时测算、毛利率测算、以进控销测算、产品行业链条分析、外部信息核对等测算方法。

（四）涉税举报信息

不得不重点提及涉税举报信息，内部离职员工、外部竞争对手等掌握企业实际经营情况的，出于某种原因向税务机关举报企业违法行为，这是很多起稽查案件的起因。因此，对于涉税合规风险管理的重要环节、重要人员，也需要特殊关注。

三、财税合规风险概述

（一）日常财税相关工作风险管理

申报层面的风险管理是数据和信息层面，包括发票的管理。

（二）交易合同的财税风险管理

大量调查是围绕合同条款来进行的，合同条款如何描述交易，如何确定交易的属性，成为合规风险管理的重要关注点。

（三）重大决策的财税风险管理

需要注意重大经营活动和重大交易的税收成本判断和规划，比如企业重组，在重组过程中怎么交税，重组交易怎么安排，税收怎样事先确定。我们知道，风险和规划其实是连体共生的。不做任何规划，风险自然小，但是税负非常重，甚至会承担很多不必要的税负。但是规划就必然产生风险管理的问题，需要谨慎地分析和决策流程。

(四) 税收争议的应对和解决

首先，在稽查、检查中，有很多是企业自行查补的，但是随着征管系统的完善，很多争议的处理更加刚性，这就要求我们从第一天就开始探讨法律框架下如何解决税收争议。比如滞纳金，以往纳税人可以和税务局进行解释，税务局有一定自主权，但是现在滞纳金都是系统自行生成的，税务局如果没有明确的减免权限，那就要纳税人在法律框架下提供支撑。因此，所有的风险管理首先是系统问题，也就是把风险产生的环节在企业的管理系统中确认出来，在管理流程中内嵌一个风险管理的方式方法。所以税务风险管理的一般逻辑都是首先考虑组织架构，然后考虑流程，收集信息作出判断，再次就是流程本身的自我完善、更新和反馈，最后是风险管理的应对。

四、日常合规制度、税务尽职调查

(一) 日常合规制度的建立

日常合规制度的建立包括：

第一，财税合规管理体系的梳理和建立；

第二，纳税申报日常管理；

第三，日常财税管理事项中重大变化的跟踪和管理；

第四，税会差异管理；

第五，关联交易、重大决策、重大经营活动财税管理；

第六，发票管理；

第七，税务档案信息化管理；

第八，税务规划安排管理；

第九，财税知识更新与培训管理；

第十，税务稽查等应对管理。

(二) 税务尽职调查

税务尽职调查包括：

第一，不合理的税收安排的梳理；

第二，针对不合规的处理措施；

第三，税收优惠适用；

第四，对外支付税务处理；

第五，历史税务风险事项梳理等。

五、税收争议应对体系

（一）关键节点

第一，及时有效地发现争议，建立临时应对机制，需要第一线人员有对税收风险的敏感度，及时发现就可以及时沟通。及时查验执法人员证件和身份，明确管辖权是否有问题，程序是否合法正当。

第二，事实的发现、内部沟通和协调要顺畅，企业内部协调机制要可靠运行，才有利于争议事项的解决。人员专项负责，建立危机处理小组，资料、记录内部互通，税务和法务协调配合。

第三，采取合理、有利的立场。立场的统一非常重要，同时合理的立场只能建立在成熟的技术，以及对税收相关法律政策充分了解的基础之上。

第四，形成战略和方案，尤其是沟通的战略，不能每一步现考虑，而是应事先做好统筹安排。

第五，资源、执行和有效反馈，合理有效地利用资源，充分消除信息不对称，内部有什么证据资源，对外有什么沟通资源，执行中也要考虑备选方案和程序路径，有效的反馈是后续风险管理的重点，同样的错误不能发生第二次。

（二）税务行政争议的解决路径

税务行政争议的解决可以通过以下路径：

第一，税企积极沟通应对、协商解决争议；

第二，行政复议；

第三，行政诉讼；

第四，行政执法监督等。

第二节 增值税税收合规风险管理

一、虚开增值税专用发票风险

1994年,我国开始实施以增值税为主要内容的新一轮工商税制改革,为适应增值税改革的要求,增值税专用发票应运而生。增值税专用发票不仅能作为购销凭证,而且能够抵扣税款,因此,在利益的驱使下,利用虚开增值税专用发票的手段进行经济犯罪的行为开始出现。

1995年,全国人大常委会《关于惩治虚开、伪造和非法出售增值税专用发票犯罪的决定》,第一次提出了虚开增值税专用发票的概念,是指有为他人虚开、为自己虚开、让他人为自己虚开、介绍他人虚开增值税专用发票行为之一的。这一规定指明了虚开增值税专用发票的4种手段。

1996年,最高人民法院关于适用《全国人民代表大会常务委员会关于惩治虚开、伪造和非法出售增值税专用发票犯罪的决定》的若干问题的解释,将虚开增值税专用发票进行了定义,即具有下列行为之一的,属于"虚开增值税专用发票":(1)没有货物购销或者没有提供或接受应税劳务,而为他人、为自己、让他人为自己、介绍他人开具增值税专用发票;(2)有货物购销或者提供或接受了应税劳务,但为他人、为自己、让他人为自己、介绍他人开具数量或者金额不实的增值税专用发票;(3)进行了实际经营活动,但让他人为自己代开增值税专用发票。

1997年,《刑法》将虚开增值税专用发票的定义吸纳至第二百零五条。

在行政法领域,2010年,新修订的发票管理办法规定,任何单位和个人不得有下列虚开发票行为:(1)为他人、为自己开具与实际经营业务情况不符的发票;(2)让他人为自己开具与实际经营业务情况不符的发票;(3)介绍他人开具与实际经营业务情况不符的发票。

通过对增值税专用发票发展脉络的梳理可见,企业或个人在没有真实交易的情况下,为他人、为自己、让他人为自己或介绍他人开具增值税专用发票;或者虽然有真实交易,但开具发票的数量、金额与实际经营业务情况不符,都存在虚开增值税专用发票的风险,而一旦被认定为虚开增值税专用发票,轻则面临行政责任,重则面临刑事责任。

(一) 虚开增值税专用发票行政责任风险

根据《中华人民共和国发票管理办法》第三十五条规定："违反本办法的规定虚开发票的，由税务机关没收违法所得；虚开金额在一万元以下的，可以并处五万元以下的罚款；虚开金额超过一万元的，并处五万元以上五十万元以下的罚款；构成犯罪的，依法追究刑事责任。"

另外，在实务中虚开发票行为存在多种多样的情形，接受虚开增值税专用发票纳税人，将会因为不同的情形，面临不同的涉税风险：

第一，被认定为虚开的风险，有证据证明受票方与开票方不存在真实交易的，受票方直接从开票方或者通过第三方取得开票方开具的发票，无论是否支付开票费，都会被认定为虚开发票。

第二，被认定为偷税的风险，根据《国家税务总局关于纳税人取得虚开的增值税专用发票处理问题的通知》（国税发〔1997〕134号）文件的规定，受票方利用他人虚开的专用发票，向税务机关申报抵扣税款的；在货物交易中，购货方从销售方取得第三方开具的专用发票，或者从销货地以外的地区取得专用发票，向税务机关申报抵扣税款，均被认定为偷税。

第三，被追缴税款并加收滞纳金的风险，纳税人取得虚开的增值税专用发票，不得作为增值税合法有效的抵税凭证抵扣进项税额，反之，如果进行了抵扣，则被追缴税款并加收滞纳金。

(二) 虚开增值税专用发票刑事责任风险

以骗取国家税款的目的，造成国家税款损失，虚开税款数额在一万元以上或者致使国家税款被骗数额在五千元以上的，则达到刑事立案标准。根据《刑法》第二百零五条规定："虚开增值税专用发票或者虚开用于骗取出口退税、抵扣税款的其他发票的，处三年以下有期徒刑或者拘役，处二万元以上二十万元以下罚金；虚开的税款数额较大或者有其他严重情节的，处三年以上十年以下有期徒刑，并处五万元以上五十万元以下罚金；虚开的税款数额巨大或者有其他特别严重情节的，处十年以上有期徒刑或者无期徒刑，并处五万元以上五十万元以下罚金或者没收财产。单位犯本条规定之罪的，对单位判处罚金，并对其直接负责的主管人员和其他直接责任人员，处三年以下有期徒刑或者拘役；虚开的税款数额较大或者有其他严重情节的，处三年以上十年以下有期徒刑；虚开的税款数额巨大或者有其他特别严重情节的，处十年以上有期徒刑或者无期徒刑"。

同时，需要指出的是，虚开增值税专用发票承担刑事责任不代表不需要承担行政责任，同样，承担行政责任的也不意味着可以免除刑事责任。

二、纳税人身份与计税方法选择的风险

我们都知道，增值税的纳税人分为一般纳税人和小规模纳税人，一般情况下，增值税一般纳税人适用一般计税方法，即销项税额扣减进项税额的计税方法，应纳税额为当期销项税额抵扣当期进项税额后的余额，其计算公式为：应纳税额 = 当期销项税额 - 当期进项税额，当期销项税额小于当期进项税额不足抵扣时，其不足部分可以结转下期继续抵扣。小规模纳税人提供应税服务的，只能采用简易计税方法，**按照销售额和征收率计算应纳税额**，同时不得抵扣进项税额，其应纳税额计算公式为：应纳税额 = 销售额 × 征收率。一般纳税人部分特定项目可以选择简易计税方法来计算征收增值税。关于纳税人身份和计税方法的选择，主要有如下涉税风险：

（一）未登记一般纳税人的风险

根据《增值税一般纳税人登记管理办法》的规定，增值税纳税人，年应税销售额超过财政部、国家税务总局规定的小规模纳税人标准的，除本办法第四条规定外，应当向主管税务机关办理一般纳税人登记。

年应税销售额，是指纳税人在连续不超过 12 个月或者 4 个季度的经营期内累计应征增值税销售额，包括纳税申报销售额、稽查查补销售额、纳税评估调整销售额。销售服务、无形资产或者不动产有扣除项目的纳税人，其应税行为年应税销售额按未扣除之前的销售额计算。纳税人偶然发生的销售无形资产、转让不动产的销售额，不计入应税行为年应税销售额。

纳税人在年应税销售额超过规定标准的月份（或季度）的所属申报期结束后 15 日内，应向主管税务机关填报《增值税一般纳税人登记表》进行一般纳税人登记；未按规定时间办理的，主管税务机关应当在规定时限结束后 5 日内制作《税务事项通

知书》，告知纳税人应当在 5 日内向主管税务机关办理相关手续，逾期仍不办理的，次月起按销售额依照增值税税率计算应纳税额，但不得抵扣进项税额，直至纳税人办理相关手续为止。

(二) 未准确核算税负，导致税负上升的风险

企业在经营中，如果会计核算健全，按照国家统一的会计制度规定设置账簿，根据合法、有效凭证进行核算，在年应销售额未超过规定标准时，亦可以向主管税务机关申报办理一般纳税人登记，此时，企业应根据具体数据的测算标准，准确核算税负，以免导致税负上升。比如按增值税适用税率为 13% 进行测算，根据增值额占不含税销售额比率为 23.08% 时，企业无论选择哪种计税方式，增值税的税收负担都是一样的，如果上述比率小于 23.08%，则一般纳税人税负小于小规模纳税人，相反，上述比率大于 23.08%，选择小规模纳税人的增值税税负小于一般纳税人；或者用不含税购货额占不含税销售额方式进行测算，企业不含税购货额占不含税销售额的比重为 76.92% 时，企业无论选择哪种计税方式，增值税的税收负担都是相等的，如果比重大于 76.92%，选择成为一般纳税人税负小于小规模纳税人，如果比重小于 76.92%，选择小规模纳税人税负小于一般纳税人。

三、进、销项税额相关风险

在日常经营活动中，企业在增值税的处理上，涉及进项税额与销项税额。进项税额是指纳税人购进货物、加工修理修配劳务、服务、无形资产或者不动产，支付或者负担的增值税额；销项税额，是指增值税纳税人销售货物、加工修理修配劳务、服务、无形资产或者不动产，按照销售额和适用税率计算并向购买方收取的增值税税额。对进项税额和销项税额的不当处理是比较常见的涉税风险，下面分别就进、销项税额常见风险进行介绍。

(一) 进项税额方面

1. 进项抵扣凭证是否真实合法的风险

增值税扣税凭证，是指增值税专用发票、海关进口增值税专用缴款书、农产品收购发票、农产品销售发票和完税凭证。纳税人凭完税凭证抵扣进项税额的，应当具备书面

合同、付款证明和境外单位的对账单或者发票。资料不全的，其进项税额不得从销项税额中抵扣。实务中，专用发票所列密文或者明文不能辨认，无法产生认定结果；专用发票所列购买方纳税人识别号有误；专用发票代码、号码认证不符；纳税人取得虚开的增值税专用发票等，均是不符合规定的发票，其增值税进项税额不得从销项税额中抵扣。

2.将不能抵扣的项目进行了抵扣且未做进项税额转出的风险

选择简易计税的小规模纳税人或者一般纳税人在选择适用简易计税方法计税的项目中取得的进项税额不得抵扣；用于免征增值税项目；用于集体福利和个人消费的进项税额，不得进行抵扣。但如果上述情形有涉及的固定资产、无形资产、不动产同时用于正常缴纳增值税项目，则进项税额可以抵扣。

纳税人因管理不善造成货物被盗、丢失、霉烂变质，以及因违反法律法规规定造成货物或者不动产被依法没收、销毁、拆除的，将作为非正常损失，对于非正常损失对应的货物、在产品、产成品、不动产、在建工程所购进的货物，以及相关的加工修理修配劳务和交通运输服务、设计服务、建筑服务等对应的进项税额，均不能抵扣。

纳税人取得的贷款服务、餐饮服务、居民日常服务和娱乐服务的进项税额不能抵扣。

3.收到平销返利未做进项冲减的风险

对商业企业向供货方收取的与商品销售量、销售额挂钩（如以一定比例、金额、数量计算）的各种返还收入，均应按照平销返利行为的有关规定冲减当期增值税进项税金。

4.农产品抵扣进项税额处理错误的风险

根据税法的相关规定，一般纳税人开具的增值税专用发票、海关进口增值税专用缴款书上注明的增值税额为进项税额；按照简易计税方法依照3%征收率计算缴纳增值税的小规模纳税人开具的增值税专用发票，按增值税专用发票上注明的金额和9%的扣除率计算进项税额；以农产品销售发票或收购作为发票作为抵扣凭证的，以农产品销售发票或收购发票上注明的农产品买价和9%的扣除率计算进项税额；对于购进用于生产或者委托加工13%税率货物的农产品，按照10%的扣除率计算进项税额。

企业如果取得的农产品抵扣凭证不符合规定，或者进项税额计算错误，又或者将用于生产销售或委托加工 13% 税率的货物又用于生产销售其他货物服务,而未分别核算的,都会造成农产品抵扣进项税额处理错误的风险。

5. 旅客运输服务抵扣进项税额的风险

根据《财政部、税务总局、海关总署关于深化增值税改革有关政策的公告》(财政部、税务总局、海关总署公告 2019 年第 39 号)的相关规定,纳税人购进国内旅客运输服务,其进项税额允许从销项税额中抵扣,具体抵扣规则为:

(1)纳税人取得增值税专用发票的,以发票上注明的税额为进项税额。

(2)纳税人取得增值税电子普通发票的,为发票上注明的税额。

(3)取得注明旅客身份信息的航空运输电子客票行程单的,按照下列公式计算进项税额:航空旅客运输进项税额 =(票价 + 燃油附加费)÷(1+9%)× 9%。

(4)取得注明旅客身份信息的铁路车票的,为按照下列公式计算的进项税额:铁路旅客运输进项税额 = 票面金额 ÷(1+9%)× 9%。

(5)取得注明旅客身份信息的公路、水路等其他客票的,按照下列公式计算进项税额:公路、水路等其他旅客运输进项税额 = 票面金额 ÷(1+3%)× 3%。

(6)取得注明旅客身份信息的公路、水路等其他客票的,按照下列公式计算进项税额:公路、水路等其他旅客运输进项税额 = 票面金额 ÷(1+3%)× 3%。

需要注意的是,"国内旅客运输服务"限于与本单位签订了劳动合同的员工,以及本单位作为用工单位接受的劳务派遣员工发生的国内旅客运输服务。取得的增值税电子普通发票上注明的税额为进项税额的,增值税电子普通发票上注明的购买方"名称""纳税人识别号"等信息,应当与实际抵扣税款的纳税人一致,否则不予抵扣。

(二) 销项税额方面

1. 销售收入未完整及时入账的风险

当企业取得销售收入,无论是否开具发票,均应根据税法的相关规定及时完整地确认收入,在企业日常经营中,经常出现现金收入不入账,客户不要发票的收入不入账,以货易货收入不入账,以货抵债收入不入账,销售收入长期挂账不转收入,收取外单位或个人水、电、气等费用不计或少计收入等现象,这些行为都容易导致漏报漏缴税款,可能会被主管税务机关依法处罚。

2. 价外费用未按规定纳税的风险

价外费用，是指价外向购买方收取的手续费、补贴、基金、集资费、返还利润、奖励费、违约金（延期付款利息）、赔偿金、包装费、包装物租金、储备费、优质费、运输装卸费、代收款项、代垫款项及其他各种性质的价外收费。但下列项目不包括在内：向购买方收取的销项税额、受托加工应征消费税的消费品所代收代缴的消费税、纳税人将承运部门开具给购货方发票交给购货方的代垫运费。企业应将价外费用按规定并入销售额计征增值税。为了防止企业以各种名目的收费方式分解销售额，人为地拆分成若干个价外收费项目，逃避纳税义务，从而进行价外费用的规定。

3. 未按规定时间确认收入的风险

根据税法的相关规定，纳税人、扣缴义务人未按照规定期限缴纳或解缴税款的，税务机关除限期缴纳外，从滞纳税款之日起，按日加收滞纳税款万分之五的滞纳金，因此，企业应准确确认收入的时间，以保证按规定确定增值税纳税义务。在确认增值税纳税义务发生的时间时，其基本原则是：销售货物或者应税劳务，为收讫销售款项或者取得索取销售款项凭据的当天；先开具发票的，为开具发票的当天。具体来看，根据不同的业务情景，有如下几点：

（1）销售货物及视同销售货物：采取直接收款方式销售货物，不论货物是否发出，均为收到销售款或者取得索取销售款凭据的当天；采取托收承付和委托银行收款方式销售货物，为发出货物并办妥托收手续的当天；采取赊销和分期收款方式销售货物，为书面合同约定的收款日期的当天，无书面合同的或者书面合同没有约定收款日期的，为货物发出的当天；采取预收货款方式销售货物，为货物发出的当天，但生产销售生产工期超过12个月的大型机械设备、船舶、飞机等货物，为收到预收款或者书面合同约定的收款日期的当天；委托其他纳税人代销货物，为收到代销单位的代销清单或者收到全部或者部分货款的当天。未收到代销清单及货款的，为发出代销货物满180天的当天；视同销售货物行为，为货物移送的当天。

（2）销售应税加工、修理修配劳务：为提供劳务同时收讫销售款或者取得索取销售款的凭据的当天。

（3）销售应税服务、无形资产或者不动产：为应税行为发生过程中或者完成后收到销售款项的当天。签订书面合同并确定了付款日期的,为书面合同确定的付款日期的当天。签订了书面合同但未确定付款日期或者未签订书面合同的,为服务、无形资产转让完成的当天或者不动产权属变更的当天。

(4)提供租赁服务采取预收款方式的:纳税义务发生时间为收到预收款的当天。

(5)转让金融商品及贷款服务的:为金融商品所有权转移的当天。金融企业发放贷款后,自结息日起90天内发生的应收未收利息按现行规定缴纳增值税,自结息日起90天后发生的应收未收利息暂不缴纳增值税,待实际收到利息时按规定缴纳增值税。

(6)进口货物的:为报关进口的当天。

4. 存在视同销售行为,未按规定计提销项税额的风险

增值税上的视同销售,是指在会计核算上没有做销售处理,但在增值税上,如果抵扣进项导致销项链条终止,因此,需要确认收入,申报缴纳税款的情形。增值税视同销售货物的情形有:(1)将货物交付他人代销;(2)销售代销货物;(3)设有两个以上机构并实行统一核算的纳税人,将货物从一个机构移送其他机构用于销售,但相关机构设在同一县(市)的除外;(4)将自产、委托加工或购买的货物作为投资,提供给其他单位或个体经营者;(5)将自产或者委托加工的货物用于非增值税应税项目;(6)将自产、委托加工或者购进的货物分配给股东或者投资者;(7)将自产、委托加工的货物用于集体福利或者个人消费;(8)将自产、委托加工或者购进的货物无偿赠送其他单位或者个人。

5. 对于兼营、混合销售,未能进行正确处理的风险

兼营行为,是指纳税人在经营范围中,包括不同业务,即销售货物、劳务、服务、无形资产或者不动产等。而且,兼营销售的货物、劳务或者服务,不是在同一销售行为中完成,也不同时发生在同一购买者上,对于兼营行为,应分别核算货物或应税劳务和非应税劳务的销售额,比如一家企业是一般纳税人,其自产或者外购机器设备的同时提供安装服务,并且分别核算机器设备和安装服务的销售额,安装服务可以按照甲供工程选择适用简易计税方法计税。企业有兼营行为,且不分别核算的,从高适用税率,无形中增加了纳税成本。

混合销售行为,是指一项销售行为既涉及货物又涉及服务。混合销售行为的特

点是：销售货物与提供服务由同一纳税人实现，价款是从一个购买方取得的。混合销售只适用一种税率，即从事货物的生产、批发或者零售的单位和个体工商户的混合销售行为，按照销售货物缴纳增值税；其他单位和个体工商户的混合销售行为，按照销售服务缴纳增值税。

在实际经营活动中，企业的兼营行为和混合销售行为往往同时存在，企业在处理时也非常容易混淆，比如将混合销售按照兼营行为分别进行了核算，或者使用了错误的税率等。

第三节 企业所得税高发涉税风险

企业所得税，是对我国境内的企业和其他经营单位取得生产经营所得和其他所得征收的一种税。企业所得税的纳税人包括各类企业、事业单位、社会团体、民办非企业单位和从事经营活动的其他组织，个人独资企业、合伙企业不属于企业所得税纳税义务人。企业所得税采取收入来源地管辖权和居民管辖权相结合的双管辖权，把企业分为居民企业和非居民企业，分别确定不同纳税义务，一般企业适用25%的比例税率，非居民企业为20%；符合条件的小型微利企业适用税率20%；国家需要重点扶持的高新技术企业适用税率15%。企业所得税依然是中央与地方的共享税，除了规定的归中央政府的收入外，其他部分中央享有60%的比例，地方享有40%的比例。

企业所得税是以应税所得为征税依据的，是企业每一纳税年度的收入总额，减除不征税收入、免税收入、各项扣除以及允许弥补的以前年度亏损后的余额，那么，企业的收入、成本、费用则是计算应纳税所得额的核心要点，企业在日常经营中，收入和成本费用无疑是企业所得税方面要面临的主要风险点，另外，企业在关联交易方面的企业所得税处理也值得关注。下面就企业所得税常见的风险点进行梳理分析：

一、收入类

（一）企业未按权责发生制原则确认收入的风险

根据《中华人民共和国企业所得税法实施条例》第九条规定："企业应纳税所得

额的计算，以权责发生制为原则，属于当期的收入和费用，不论款项是否收付，均作为当期的收入和费用；不属于当期的收入和费用，即使款项已经在当期收付，均不作为当期的收入和费用。本条例和国务院财政、税务主管部门另有规定的除外。"

1. 通常情况，企业销售商品确认收入的普遍性规定

（1）企业销售商品同时满足下列条件的，应确认收入的实现：商品销售合同已经签订，企业已将商品所有权相关的主要风险和报酬转移给购货方；企业对已售出的商品既没有保留通常与所有权相联系的继续管理权，也没有实施有效控制；收入的金额能够可靠地计量；已发生或将发生的销售方的成本能够可靠地核算。

（2）符合以上收入确认条件，采取下列商品销售方式的，应按如下规定确认收入实现时间：①销售商品采用托收承付方式的，在办妥托收手续时确认收入；②销售商品采取预收款方式的，在发出商品时确认收入；③商品需要安装和检验的，在购买方接受商品以及安装和检验完毕时确认收入。如果安装程序比较简单，可在发出商品时确认收入；④销售商品采用支付手续费方式委托代销的，在收到代销清单时确认收入。

（3）采用售后回购方式销售商品的，销售的商品按售价确认收入，回购的商品作为购进商品处理。有证据表明不符合销售收入确认条件的，如以销售商品方式进行融资，收到的款项应确认为负债，回购价格大于原售价的，差额应在回购期间确认为利息费用。

（4）销售商品以旧换新的，销售商品应当按照销售商品收入确认条件确认收入，回收的商品作为购进商品处理。

2. 企业提供劳务交易的结果能够可靠估计的，应采用完工进度（完工百分比）法确认提供劳务收入

（1）提供劳务交易的结果能够可靠估计，是指同时满足下列条件：收入的金额能够可靠地计量；交易的完工进度能够可靠地确定；交易中已发生和将发生的成本能够可靠地核算。

（2）企业提供劳务完工进度的确定，可选用下列方法：已完成工作的测量；已提供劳务占劳务总量的比例；发生成本占总成本的比例。

（3）企业应按照从接受劳务方已收或应收的合同或协议价款确定劳务收入总额，根据纳税期末提供劳务收入总额乘以完工进度扣除以前纳税年度累计已确认提供劳务收入后的金额，确认为当期劳务收入；同时，按照提供劳务估计总成本乘以完工进度扣除以前纳税期间累计已确认劳务成本后的金额，结转为当期劳务成本。

（4）下列提供劳务满足收入确认条件的，应按具体规定确认收入：

①安装费。应根据安装完工进度确认收入。安装工作是商品销售附带条件的，安装费在确认商品销售实现时确认收入。

②宣传媒介的收费。应在相关的广告或商业行为出现于公众面前时确认收入。广告的制作费，应根据制作广告的完工进度确认收入。

③软件费。为特定客户开发软件的收费，应根据开发的完工进度确认收入。

④服务费。包含在商品售价内可区分的服务费，在提供服务期间分期确认收入。

⑤艺术表演、招待宴会和其他特殊活动的收费。在相关活动发生时确认收入。收费涉及几项活动的，预收的款项应合理分配给每项活动，分别确认收入。

⑥会员费。申请入会或加入会员，只允许取得会籍，所有其他服务或商品都要另行收费的，在取得该会员费时确认收入。申请入会或加入会员后，会员在会员期内不再付费就可得到各种服务或商品，或者以低于非会员的价格销售商品或提供服务的，该会员费应在整个受益期内分期确认收入。

⑦特许权费。属于提供设备和其他有形资产的特许权费，在交付资产或转移资产所有权时确认收入；属于提供初始及后续服务的特许权费，在提供服务时确认收入。

⑧劳务费。长期为客户提供重复的劳务收取的劳务费，在相关劳务活动发生时确认收入。

3. 对于跨期收取的租金、利息、特许权使用费等收入的确认规定

（1）租金。租金收入，应按照合同约定的承租人应付租金的日期确认收入的实现；如果交易合同或协议中规定租赁期限跨年度，且租金提前一次性支付的，出租人可对上述已确认的收入，在租赁期内，分期均匀计入相关年度收入。

（2）利息。利息收入，应按照合同约定的债务人应付利息的日期确认收入的实现。金融企业按规定发放的贷款，属于未逾期贷款（含展期，下同），应根据先收

利息后收本金的原则，按贷款合同确认的利率和结算利息的期限计算利息，并于债务人应付利息的日期确认收入的实现；属于逾期贷款，其逾期后发生的应收利息，应于实际收到的日期，或者虽未实际收到，但会计上确认为利息收入的日期，确认收入的实现。

（3）特许权使用费。特许权使用费收入，应按照合同约定的特许权使用人应付特许权使用费的日期确认收入的实现。

4. 分期确认收入的规定

（1）以分期收款方式销售货物的，应按照合同约定的收款日期确认收入的实现。

（2）企业受托加工制造大型机械设备、船舶、飞机，以及从事建筑、安装、装配工程业务或者提供其他劳务等，持续时间超过12个月的，应按照纳税年度内完工进度或者完成的工作量确认收入的实现。

5. 其他收入

（1）接受捐赠收入，按照实际收到捐赠资产的日期确认收入的实现。

（2）采取产品分成方式取得收入的，按照企业分得产品的日期确认收入的实现。

（3）企业以买一赠一等方式组合销售本企业商品的，不属于捐赠，应将总的销售金额按各项商品的公允价值的比例来分摊确认各项的销售收入。

（4）企业转让股权收入，应于转让协议生效且完成股权变更手续时，确认收入的实现。

（5）债务重组收入，企业发生债务重组，应在债务重组合同或协议生效时确认收入的实现。

（二）存在不征税收入、免税收入以及各种减免税、政府补助、补贴等财政性资金收入，未按规定计入应纳税所得额的风险

1. 不征税收入的适用风险

根据《财政部国家税务总局关于专项用途财政性资金企业所得税处理问题的通知》规定，企业从县级以上各级人民政府财政部门及其他部门取得的应计入收入总额的财政性资金，需同时符合3项条件，即：（1）企业能够提供规定资金专项用途的

资金拨付文件;(2)财政部门或其他拨付资金的政府部门对该资金有专门的资金管理办法或具体管理要求;(3)企业对该资金以及以该资金发生的支出单独进行核算,才可以作为不征税收入,在计算应纳税所得额时从收入总额中减除。另外,上述不征税收入用于支出所形成的费用,不得在计算应纳税所得额时扣除;用于支出所形成的资产,其计算的折旧、摊销不得在计算应纳税所得额时扣除。企业将上述财政性资金作不征税收入处理后,在5年(60个月)内未发生支出且未缴回财政部门或其他拨付资金的政府部门的部分,应计入取得该资金第6年的应税收入总额;计入应税收入总额的财政性资金发生的支出,允许在计算应纳税所得额时扣除。

企业将不符合不征税收入条件的按不征税处理,或者将不征税收入支出进行了扣除,以及在5年后未将未发生的支出缴回,也未计入第6年的应税收入总额,都存在不征税收入的适用风险。另外,若企业存在以前年度未弥补的亏损或者存在研发费用等享受加计扣除优惠的事项,应仔细测算税负情况,可能会出现企业将财政补助按不征税处理后,加大企业税负的风险。

2.免税收入的处理

根据企业所得税法的规定,企业的国债利息收入,符合条件的居民企业之间的股息、红利等权益性投资收益,在中国境内设立机构、场所的非居民企业从居民企业取得与该机构、场所有实际联系的股息、红利等权益性投资收益,符合条件的非营利组织的收入,为免税收入。

企业需要注意的是,应准确区分免税收入与非免税收入,不得将不符合免税条件的收益按免税处理。免税收入是国家出于特殊考虑而允许免予纳税,属于税收优惠,在没有特殊规定的情况下,免税收入所对应的各项成本费用,可以在计算企业应纳税所得额时扣除。

3.政府补助递延收入的规定

企业取得的各类财政性资金,除属于国家投资和资金使用后要求归还本金的,均应计入企业当年收入总额。财政性资金,是指企业取得的来源于政府及其有关部门的财政补助、补贴、贷款贴息,以及其他各类财政专项资金,包括直接减免的增值税和即征即退、先征后退、先征后返的各种税收,但不包括企业按规定取得的出口退税款；所称国家投资，是指国家以投资者身份投入企业，并按有关规定相应增加企业实收资本（股本）的直接投资。因此，企业取得的需要缴纳企业所得税的政府补助，按照会计准则计入递延收益的金额需要作纳税调整。

（三）存在视同销售行为未做纳税调整的风险

企业所得税中视同销售是以资产的权属变更作为判断依据的，根据《企业所得税法实施条例》第二十五条规定："企业发生非货币性资产交换，以及将货物、财产、劳务用于捐赠、偿债、赞助、集资、广告、样品、职工福利或者利润分配等用途的，应当视同销售货物、转让财产或者提供劳务，但国务院财政、税务主管部门另有规定的除外。"因此，资产在企业内部使用，没有发生所有权转移，无须确认收入，比如：将资产用于生产、制造、加工另一产品；改变资产形状、结构或性能；改变资产用途（自建商品房转为自用或经营）；将资产在总机构及其分支机构之间转移；以上情形的混合；其他不改变资产所有权属的用途的情形等。

企业将资产移送他人，所有权已经发生改变的下列情形，应按规定视同销售确认收入：（1）用于市场推广或销售；（2）用于交际应酬；（3）用于职工奖励或福利；（4）用于股息分配；（5）用于对外捐赠；（6）其他改变资产所有权属的用途。存在利用往来账户中间科目，比如其他应付款的延迟，实现应税收入和调整企业利润。

二、成本费用类

（一）未取得合法合规的税前扣除凭证风险

《企业所得税税前扣除凭证管理办法》规定，企业发生支出，应取得税前扣除凭证，作为计算企业所得税应纳税所得额时扣除相关支出的依据。同时，税前扣除凭证要同时符合真实性、合法性、关联性原则，真实性是指税前扣除凭证反映的经济业务真实，且支出已经实际发生；合法性是指税前扣除凭证的形式、来源符合国家法律、法规等相关规定；关联性是指税前扣除凭证与其反映的支出相关联且有证明力，只要不满足上述任一原则，成本费用支出就不得在税前扣除，要进行纳税调整。另外，取得了相应扣除凭证也不一定能全额扣除，还要看税前扣除条件、相关支出是否与企业取得收入有关的合理的支出，此时，相应的合同协议、支出依据、付款凭证等,对相关支出能否税前扣除亦具有重要意义。

(二)各项有扣除标准的支出是否在标准之内扣除的风险

1. 工会经费税前扣除的规定

企业拨缴的工会经费,不超过工资薪金总额2%的部分,准予扣除,对于当年度超过工资薪金总额2%的部分不能扣除,也不能向以后年度结转扣除。企业需要凭工会组织出具的《工会经费收入专用收据》或者税务机关代收工会经费凭据,在企业在税前扣除工会经费。

2. 职工福利费用税前扣除的规定

企业发生的职工福利费支出,不超过工资、薪金总额14%的部分,准予扣除,特别要注意的是,企业发生的职工福利费,应该单独设置账册,进行准备核算,没有单独设置账册准备核算的,税务机关应责令企业在规定的期限内进行改正,逾期仍未改正的,税务机关可对企业发生的职工福利费进行合理的核定。

3. 职工教育经费税前扣除的规定

关于职工教育经费税前扣除,主要有两种情形:

(1)企业发生的职工教育经费支出,不超过工资薪金总额8%的部分,准予在计算企业所得税应纳税所得额时扣除,超过部分,准予在以后纳税年度结转扣除,这种情形适用于大部分企业。

(2)按实际发生额100%扣除,此情形适用于部分特定行业的企业或者特定的费用。如:集成电路设计企业和符合条件软件企业的职工培训费用,按实际发生额在计算应纳税所得额时扣除,对于软件生产企业应准确划分职工教育经费中的职工培训费用,未准确划分的不能享受全额在企业所得税前扣除政策;核电厂操作员培训费,不同于一般的职工教育培训支出,可作为核电企业发电成本在税前扣除;航空企业实际发生的飞行员养成费、飞行训练费、乘务训练费、空中保卫员训练费等空勤训练费用,可以作为航空企业运输成本在税前扣除。

4. 业务招待费税前扣除的规定

企业发生的与生产经营活动有关的业务招待费支出,按照发生额的60%扣除,但最高不得超过当年销售（营业）收入的 0.5%，业务招待费是以两项计算结果孰低原则确定。对于企业在筹建期间发生的与筹办活动有关的业务招待费支出，可按实际发生额的 60% 计入企业筹办费，企业可以在开始经营之日的当年一次性扣除，也可以按照新税法有关长期待摊费用的规定处理，但一经选定，不得改变。

5. 广宣费税前扣除的规定

企业发生的符合条件的广告费和业务宣传费支出，除国务院财政、税务主管部门另有规定外，不超过当年销售（营业）收入 15% 的部分准予扣除，超过部分，准予在以后纳税年度结转扣除。

对于化妆品制造或销售、医药制造和饮料制造（不含酒类制造）企业发生的广告费和业务宣传费支出，不超过当年销售（营业）收入 30% 的部分，准予扣除，超过部分，准予在以后纳税年度结转扣除。

对签订广告费和业务宣传费分摊协议的关联企业，其中一方发生的不超过当年销售（营业）收入税前扣除限额比例内的广告费和业务宣传费支出可以在本企业扣除，也可以将其中的部分或全部按照分摊协议归集至另一方扣除，另一方在计算本企业广告费和业务宣传费支出企业所得税税前扣除限额时，可将按照上述办法归集至本企业的广告费和业务宣传费不计算在内。

烟草企业的烟草广告费和业务宣传费支出，一律不得在计算应纳税所得额时扣除。

6. 佣金、手续费税前扣除的规定

企业发生与生产经营有关的手续费及佣金支出，区分两种情形：

（1）保险企业。自 2019 年 1 月 1 日起，保险企业发生与其经营活动有关的手续费及佣金支出，不超过当年全部保费收入扣除退保金等后余额的 18%（含本数）的部分，在计算应纳税所得额时准予扣除，超过部分，允许结转以后年度扣除。

（2）其他企业。按与具有合法经营资格中介服务机构或个人（不含交易双方及其雇员、代理人和代表人等）所签订服务协议或合同确认的收入金额的 5% 计算限额；按照销售数量支付定额佣金的，应换算为实际销售收入后，计算佣金扣除限额；按照权责发生制的原则，收到客户预存款项，凡不作为当期收入的，在计算佣金扣除限定时，不作为计算基数，待收入实现时再计入计算基数。

对于企业税前扣除手续费时，需要注意的问题：

（1）企业应与具有合法经营资格中介服务企业或个人签订代办协议或合同，并按国家有关规定支付手续费及佣金。除委托个人代理外，企业以现金等非转账方式支付的手续费及佣金不得在税前扣除。企业为发行权益性证券支付给有关证券承销机构的手续费及佣金不得在税前扣除。

（2）企业不得将手续费及佣金支出计入回扣、业务提成、返利、进场费等费用。

（3）企业已计入固定资产、无形资产等相关资产的手续费及佣金支出，应当通过折旧、摊销等方式分期扣除，不得在发生当期直接扣除。

（4）企业支付的手续费及佣金不得直接冲减服务协议或合同金额，并如实入账。

（5）企业应当如实向当地主管税务机关提供当年手续费及佣金计算分配表和其他相关资料，并依法取得合法真实凭证。

（三）其他在企业所得税税前扣除的规定及风险

1. 工资薪金税前扣除的风险

工资薪金，是指企业每一纳税年度支付给在本企业任职或者受雇的员工的所有现金和非现金形式的劳动报酬，包括基本工资、奖金、津贴、补贴、年终加薪、加班工资，以及与任职或者受雇有关的其他支出。企业发生的合理的工资薪金支出，准予扣除，实务中，有些企业通过发票报销、多列工资薪金、虚列发薪人员等方式，变相发工资的行为，都是不合理不合法的高风险行为。

企业接受外部劳务派遣用工所实际发生的费用，按照协议约定直接支付给劳务派遣公司的费用，应作为劳务费支出；直接支付给员工个人的费用，应作为工资薪金支出和职工福利费支出，其中属于工资薪金支出的费用，准予计入企业工资薪金总额的基数，作为计算其他各项相关费用扣除的依据。现在有些企业利用灵活用工平台、劳务派遣公司等，在未发生真实业务的情况下，开具发票、收受发票，将会构成虚开发票的法律责任。

2. 会议费税前扣除的风险

会议费开支范围包括会议住宿费、伙食费、会议室租金、交通费、文件印刷费、医药费等，会议费的扣除同样需要遵守真实性、合理性、相关性的原则，比较常见的风险是会议费证明资料不全、会议费与业务招待费混淆、虚列会议费、以会议费形式变相支出等。

3. 财务费用税前扣除的风险

企业在生产经营活动中，非金融企业向金融企业借款的利息支出、金融企业的各项存款利息支出和同业拆借利息支出、企业经批准发行债券的利息支出；非金融企业向非金融企业借款的利息支出，不超过按照金融企业同期同类贷款利率计算的数额的部分，准予扣除，在此过程中，经常出现企业将高于金融机构同类、同期贷款利率以上的利息支出计入财务费用，而未进行纳税调整的风险。

企业接受关联方债权性投资利息支出，在计算应纳税所得额时，企业实际支付给关联方的利息支出，金融企业不超过5：1，其他企业不超过2：1的比例和税法及其实施条例有关规定计算的部分，准予扣除，超过的部分不得在发生当期和以后年度扣除。企业如果能够按照税法及其实施条例的有关规定提供相关资料，并证明相关交易活动符合独立交易原则的，或者该企业的实际税负不高于境内关联方的，其实际支付给境内关联方的利息支出，在计算应纳税所得额时准予扣除。企业从其关联方接受债权性投资的比例超过规定标准，而未对相应利息作出纳税调整是比较常见的现象，企业自关联方取得的不符合规定的利息收入应按照有关规定缴纳企业所得税。

4. 弥补亏损税前扣除的风险

企业每一纳税年度的收入总额，减除不征税收入、免税收入、各项扣除以及允许弥补的以前年度亏损后的余额，为应纳税所得额，企业纳税年度发生的亏损，准予向以后年度结转，用以后年度的所得弥补，但结转年限最长不得超过5年。自2018年1月1日起，当年具备高新技术企业或科技型中小企业资格的企业，其具备资格年度之前5个年度发生的尚未弥补完的亏损，准予结转以后年度弥补，最长结转年限5年延长至10年。受疫情影响较大的困难行业企业2020年度发生的亏损，最长结转年限由5年延长至8年，困难行业企业包括交通运输、餐饮、住宿、旅游4大类。

除上述关于弥补亏损结转年限的规定外，还有一些特殊的弥补亏损方面的规定：

（1）企业筹办期间不计算亏损年度；企业季度预缴可以弥补以前年度亏损；企业清算期可以弥补亏损；企业查补调增应纳税所得额允许弥补亏损。

（2）企业合并与分立弥补亏损的规定，一般情况下，企业合并或分立，被合并企业的亏损不得在合并企业结转弥补；企业分立相关企业的亏损不得相互结转弥补。企业股东在该企业合并发生时取得的股权支付金额不低于其交易支付总额的85%，以及同一控制下且不需要支付对价的企业合并，可以选择如下方式处理：可由合并企业弥补的被合并企业亏损的限额＝被合并企业净资产公允价值 × 截至合并业务发生当年年末国家发行的最长期限的国债利率；被分立企业所有股东按原持股比例取得分立企业的股权，分立企业和被分立企业均不改变原来的实质经营活动，且被分立企业股东在该企业分立发生时取得的股权支付金额不低于其交易支付总额的85%，可以选择按被分立企业未超过法定弥补期限的亏损额按分立资产占全部资产的比例进行分配，由分立企业继续弥补。

（3）企业以前年度发生尚未弥补的亏损的，凡企业由于搬迁停止生产经营所得的，从搬迁年度次年起，至搬迁完成年度前一年度止，可作为停止生产经营活动年度，从法定亏损结转弥补年限中减除，企业边搬迁、办生产的，其亏损结转年度应连续计算。

（4）企业境外亏损不能由境内盈利弥补，但境外所得可以弥补境内亏损。

（5）企业减免收入及所得不得弥补应税亏损，应税所得不得弥补减免项目亏损。

企业弥补以前年度亏损，有时会将不具备延长弥补亏损年限的延长了弥补亏损期，将不能用于弥补亏损的收入弥补亏损，或者将境内盈利弥补了境外亏损等。

三、关联交易涉税风险

关联企业，是指有下列关系之一的公司、企业和其他经济组织：（1）在资金、经营、购销等方面，存在直接或者间接的拥有或者控制关系；（2）直接或者间接地同为第三者所拥有或者控制；（3）在利益上具有相关联的其他关系。

企业或者外国企业在中国境内设立的从事生产、经营的机构、场所与其关联企业之间的业务往来，应当按照独立企业之间的业务往来收取或者支付价款、费用；不按照独立企业之间的业务往来收取或者支付价款、费用，而减少其应纳税的收入或者所得额的，税务机关有权进行合理调整。

从现行相关税收法律、行政法规的规定来看，下列方法为税务机关认可的合理方法：（1）可比非受控价格法，是指按照没有关联关系的交易各方进行相同或者类似业务往来的价格进行定价的方法；（2）再销售价格法，是指按照从关联方购进商品再销售给没有关联关系的交易方的价格，减除相同或者类似业务的销售毛利进行定价的方法；（3）成本加成法，是指按照成本加合理的费用和利润进行定价的方法；（4）交易净利润法，是指按照没有关联关系的交易各方进行相同或者类似业务往来取得的净利润水平确定利润的方法；（5）利润分割法，是指将企业与其关联方的合并利润或者亏损在各方之间采用合理标准进行分配的方法；（6）其他符合独立交易原则的方法。

在企业经营活动中，经常见到有些企业关联交易未按照独立企业之间的业务往来收取和支付价款费用，或者利用关联方将盈利企业的利润转移到亏损的关联企业，将利润从高税率企业转移到税率低或可以免税的关联企业，以减轻税负，无形当中已违反税收法律规定。企业可以向税务机关提出与其关联方之间业务往来的定价原则和计算方法，向税务机关提出申请，与税务机关按照独立交易原则协商确认后，达成预约定价安排，从而达到合理、合法、合规的关联交易。

第四节　个人所得税税务风险管理

一、个人所得税税务风险分析指标预警

扣缴义务人人均工薪收入低于同地区同行业的平均水平，可能存在隐匿个人所得税收入问题。

扣缴义务人人均工薪收入少于前三年人均工薪收入，可能存在隐匿个人所得税收入问题。

同一员工同时存在工资薪金所得与劳务报酬所得，原因一般是两方面：第一是企业为了达到降低社保缴费基数的目的，将社保最低缴费基数和发放工资总额进行对比，通过将工资薪金转化为劳务报酬的方式来人为减少工资总额；第二是企业利用员工身份证代开劳务发票，虚列费用以达到少交企业所得税的目的。

个人所得税申报工资总额与企业所得税申报工资总额比对不一致。

个人独资企业、合伙企业个税水平小于行业平均值。

所有者权益变动少扣缴个人所得税。有自然人投资者的非个人独资合伙企业、非上市公司，在转增股本及分配时应代扣代缴利息、股息、红利所得的个人所得税。

个人所得税增长率与企业工资薪金支出增长率应该相符。

自然人代开劳务发票与个人所得税申报记录对比应该一致。

股东其他应收款余额长期未变动。这种情况比较普遍发生于非上市民企。股东借款在该纳税年度终了后既不归还又未用于企业生产经营的，未依照"利息、股息、红利所得"计征个人所得税。

二、个人所得税税务风险常见表现形式

（一）工资薪金所得未按规定扣缴个人所得税

企业以组织境内外免费培训班、研讨会、工作考察等形式，对本企业雇员营销业绩进行奖励（包括实物、有价证券等），未与当期的工资薪金合并，按照"工资、薪金所得"项目扣缴个人所得税。

企业以各种形式或名目给企业员工发放的所得（包括现金、实物、有价证券和其他形式的经济利益），除免税外，未与当期工资薪金合并扣税。如物业费、降温费、洗衣费等其他不得免税的费用。

企业为员工（除去个人投资者）支付与企业生产经营无关的消费性支出及购买汽车、住房等财产性支出（所有权不属于企业），**未按照**"工资、薪金所得"项目扣缴个人所得税。

企业出资购买房屋和其他财产，将所有权登记为企业其他人员（除个人投资者和投资者家庭成员外）；企业其他人员（除个人投资者和投资者家庭成员外）向企业借款用于购买房屋及其他财产，将所有权登记为企业其他人员，且借款年度终了后未归还，未按照"工资、薪金所得"项目扣缴个人所得税。

企业以现金形式发给个人的住房补贴、医疗补助费，除外籍个人以实报实销形式取得的住房补贴外，未全额计入领取人的当期工资、薪金计算扣缴个人所得税。

企业以午餐费名义发放给职工的补贴，未并入当月工资、薪金所得扣缴个人所得税。

企业从福利费和工会经费中支付给单位职工的人人有份的补贴、补助，不属于免税的福利费，未按税法规定并入工资、薪金所得扣缴个人所得税。

个人在公司以及关联公司任职、受雇，同时兼任董事、监事的，未将董事费、监事费与个人工资收入合并，统一按"工资、薪金所得"项目缴纳个人所得税。

（二）劳务报酬所得未按规定扣缴个人所得税

对外支付劳务报酬未按规定代扣代缴个人所得税。

劳务报酬扣缴个税计算错误。

企业以组织境内外免费培训班、研讨会、工作考察等形式，对本企业非雇佣的其他营销人员业绩奖励（包括实物、有价证券等），未作为其他营销人员当期的劳务收入，按照"劳务报酬所得"项目扣缴个人所得税。

对于只担任董事或监事职务所取得的董事费收入，错用"工资、薪金所得"项目征税，未按照"劳务报酬所得"项目扣缴个人所得税。

（三）利息、股息、红利所得未按规定扣缴个人所得税

企业出资购买房屋及其他财产，将所有权登记为投资者个人、投资者家庭成员，未视为企业对个人投资者的红利分配，依照"利息、股息、红利所得"项目扣缴个人所得税。

个人投资者从其投资企业（个人独资企业、合伙企业除外）借款，在该纳税年度终了后既不归还，又未用于企业生产经营的，未归还的借款未视为企业对个人投资者的红利分配，依照"利息、股息、红利所得"项目扣缴个人所得税。

企业员工因拥有股权而参与企业税后利润分配取得的所得，除免税外，错按"工资、薪金所得"项目扣缴个人所得税。

企业向个人借款并支付利息时，未按照利息所得扣缴个人所得税。

对以未分配利润、盈余公积扣除股票溢价发行外的其他资本公积转增注册资本和股本的，未按"利息、股息、红利所得"项目计征个人所得税。

（四）股权转让所得未按规定扣缴个人所得税

个人发生股权转让给其他个人或法人行为的，受让方未按规定扣缴个人所得税。股权转让主要包括以下情形：出售股权、公司回购股权、发行人首次公开发行新

股时，被投资企业股东将其持有的股份以公开发行方式一并向投资者发售、股权被司法或行政机关强制过户、以股权对外投资或进行其他非货币性交易、以股权抵偿债务、其他股权转移的行为。

转让方取得股权转让相关的各种款项：违约金、补偿金以及其他名目的款项、资产、权益等，未并入股权转让收入计征个人所得税。

股权转让收入明显偏低且无正当理由的。

股权原值确定错误，如未经过审计评估等。

股权受让方未按规定履行扣缴义务的。

实务中，关于股权转让的涉税问题非常多，在此仅列举几个常见问题：

第一，纳税人解除原股权转让合同并收回转让的股权，征收的个人所得税是否可以退还？

《国家税务总局关于纳税人收回转让的股权征收个人所得税问题的批复》的规定，股权转让合同履行完毕，股权已经作变更登记，且已经付款完毕的，转让人取得的股权转让收入应当依法缴纳个人所得税。转让行为结束后，当事人双方签订并执行解除原股权转让合同、退回股权的协议，是另一次股权转让行为，对前次转让行为征收的个人所得税款不予退回。

第二，个人股权转让过程中取得违约金收入是否需要征收个人所得税？

《关于个人股权转让过程中取得违约金收入征收个人所得税问题的批复》：根据个人所得税法的有关规定，股权成功转让后，转让方个人因受让方个人未按规定期限支付价款而取得的违约金收入，属于因财产转让而产生的收入。根据上述规定，转让方个人取得的该违约金应并入财产转让收入，按照"财产转让所得"项目计算缴纳个人所得税，税款由取得所得的转让方向主管税务机关自行申报缴纳。

第三，个人股权转让合同签订生效后，转让方没有收到股权转让款，是否也应当申报纳税？

《股权转让所得个人所得税管理办法（试行）》规定股权转让协议已签订生效的，扣缴义务人、纳税人应当依法在次月15日内向主管税务机关申报纳税。因此，协议生效是申报的条件，无论是否收到股权转让款。实践中，一些基金投资公司因目标公司股东触发回购条款的时候，股权诉讼纠纷判定股权回购之后，却无法立刻办理登记,也是因为股权变更登记后,股权回购款虽然遥遥无期,却还要申报纳税并按时缴纳,造成更大的损失。

(五) 赠送礼品未按规定扣缴个人所得税

赠送礼品给个人,应扣缴未扣缴个人所得税。

赠送礼品给个人,未按规定扣缴个人所得税。这里所指未按规定扣缴,是指扣缴项目错误。有些情形下的赠送礼品应该是按照偶然所得计征个人所得税。比如在业务宣传、广告等活动中,随机向本单位以外的个人赠送礼品,对个人的礼品所得,按照"偶然所得"项目,全额适用20%的税率缴纳个人所得税;在企业年会、座谈会、庆典以及其他活动中向本单位以外的个人赠送礼品,对个人取得的礼品所得,按照"偶然所得"项目,全额适用20%的税率缴纳个人所得税;企业对累计消费达到一定额度的顾客,给予额外抽奖机会,个人的获奖所得,按照"偶然所得"项目,全额适用20%的税率缴纳个人所得税。

(六) 发放网络红包未按规定缴纳个人所得税

企业派发的现金网络红包,应扣缴未扣缴个人所得税。

企业派发的现金网络红包,未按规定扣缴个人所得税,这里指未按"偶然所得"项目计收所得税。

在这里要特别强调一下,对个人取得企业派发且用于购买该企业商品(产品)或服务才能使用的非现金网络红包,包括各种消费券、代金券、抵用券、优惠券等,以及个人因购买该企业商品(产品)或提供服务的价格折扣、折让,不征收个人所得税。

个人之间派发的现金网络红包,不属于个人所得税法规定的应税所得,不征收个人所得税。

(七) 离退休人员相关收入未按规定扣缴个人所得税

离退休人员取得收入应扣缴未扣缴个人所得税。

离退休人员取得薪酬收入未按规定扣缴个人所得税。在此,需要特别明确几个国家相关规定:

第一,《国家税务总局关于个人兼职和退休人员再任职取得收入如何计算征收个人所得税问题的批复》规定：退休人员再任职取得的收入，再减除按个人所得税法规定的费用扣除标准后，按照"工资、薪金所得"项目缴纳个人所得税。

第二，《国家税务总局关于离退休人员再任职界定问题的批复》规定，离退休人员再任职取得薪酬收入，除另有规定外，凡同时符合下列4个条件的，按"工资、薪金所得"项目纳税，否则，按"劳务报酬所得"项目纳税：（1）受雇人员与用人单位签订一年以上（含一年）劳动合同，存在长期或连续的雇佣与被雇佣关系；（2）受雇人员因事假、病假、休假等原因不能正常出勤时，仍享受固定或基本工资收入；（3）受雇人员与单位其他正式职工享受同等福利、社保、培训及其他待遇；（4）受雇人员的职务晋升、职称评定等工作由用人单位负责组织。

特别注意的是，单位是否为离退休人员缴纳社保费，不再作为离退休人员再任职的界定条件。

第三，个人所得税法及其实施条例有关规定，离退休人员从原任职单位取得的各类补贴、奖金、实物，按"工资、薪金所得"项目缴纳个人所得税，不属于可以免税的退休工资、离休工资、离休生活补助费。

（八）全年一次性奖金未按规定扣缴个人所得税

全年一次性奖金是指行政机关、企事业单位等扣缴义务人根据其全年经济效益和对雇员全年工作业绩的综合考核情况，向雇员发放的一次性奖金。上述一次性奖金也包括年终加薪、实行年薪制和绩效工资办法的单位根据考核情况兑现的年薪和绩效工资。

年终一次性奖金发放金额处于税率变动临界点，导致多缴纳个人所得税。

非全年一次性奖金所得按全年一次性奖金计算并扣缴了个人所得税。比如企业一次性奖金和住房补贴同时发放，不可以合并按照一次性奖金扣缴个人所得税。又比如企业将一次性奖金和季度考核奖同时发放并按照一次性奖金合并计税，也是不可以的。另外，一次性奖金，顾名思义，一年只可以有一次此种计税方式。因此，企业上半年发一次奖金按照一次性奖金计税，那么下半年发放奖金的时候只能并入"工资、薪金所得"计税。

（九）单位低价向职工售房未按规定扣缴个人所得税

单位低价向职工售房应扣缴未扣缴个人所得税。《财政部国家税务总局关于单位低价向职工售房有关个人所得税问题的通知》财税（2007）13号规定："根据住房制度改革政策的有关规定，国家机关、企事业单位及其他组织在住房制度改革期间，按照所在地县级以上人民政府规定的房改成本价格向职工出售公有住房，职工因支付的房改成本价格低于房屋建造成本价格或市场价格而取得的差价收益，免征个人所得税。"除此情形外，职工因此而少支出的差价部分，属于个人所得税应税所得，按照"工资、薪金所得"项目缴纳个人所得税。

单位低价向职工售房未按规定扣缴个人所得税。《财政部税务总局关于个人所得税法修改后有关优惠政策衔接问题的通知》规定：职工因此少支出的差价部分，符合财税（2007）13号第二条规定的，不并入当年综合所得，以差价收入除以12个月得到的数额，按照月度税率表确定适用税率和速算扣除数，单独计算纳税。

（十）房屋产权无偿赠与他人未按规定扣缴个人所得税

房屋产权所有人将房屋产权无偿赠与他人，不符合免税条件，未按照"偶然所得"项目计算缴纳个人所得税。

房屋产权所有人将房屋产权无偿赠与子女等选择享受个人所得税免税政策，导致税负上升。一般人都认为亲子之间房产过户以赠与的形式税负最轻，这仅仅是一种表象。也就是仅仅考虑赠与本身，其税负的确是最轻的，但如果考虑到未来子女再将房产出售，其税负就比较高了。所以说，如果名下只有一套房，且持有时间比较长，出售给子女，往往是综合节税比较高的选择。

（十一）为员工缴付的保险未按规定计算扣缴个人所得税

企事业单位和个人超过规定的比例和标准缴付基本养老保险费、基本医疗保险费和失业保险费、住房公积金，扣缴单位未将超过部分并入个人当期的工资、薪金所得，计算扣缴个人所得税。

个人缴付的年金个人缴费部分，超过本人缴费工资计税基数的4%标准内的部分，从个人当期的应纳税所得额中扣除，少计个人所得税。

个人购买不符合规定的商业健康保险产品的支出，在当年（月）计算应纳税所得额时税前扣除，少计个人所得税。

(十二) 财产租赁所得未按规定扣缴个人所得税

个人财产出租所得应缴未缴个人所得税。特别强调一下转租的差价亦应按照财产租赁所得缴纳个人所得税。

个人财产租赁所得未按规定缴纳个人所得税。在此特别注意有关财产租赁所得个人所得税前扣除税费的扣除次序为：（1）财产租赁过程中缴纳的税费；（2）向出租方支付的租金；（3）由纳税人负担的租赁财产实际开支的修缮费用；（4）税法规定的费用扣除标准，比如修缮费用，以每次800元为限，一次扣除不完的，准予在下一次继续扣除，直至扣完为止。

第五节 其他税种税务风险

一、土地增值税税务风险点

（一）应履行未履行土地增值税纳税义务

《土地增值税暂行条例》第二条规定，转让国有土地使用权、地上的建筑物及附着物（以下简称"房地产"）并取得收入的单位和个人，为土地增值税的纳税义务人。第十条规定，纳税人应当自转让房地产合同签订之日起七日内向房地产所在地主管税务机关办理纳税申报，并在税务机关核定的期限内缴纳土地增值税。在此特别强调：不论法人与自然人，不论经济性质，不论是内资企业还是外资企业，只要是在我国境内有偿转让房地产，都是土地增值税的纳税人。

（二）土地增值税征收范围判断错误

房产抵押贷款无法偿还，导致房产被拍卖的，应依法缴纳土地增值税。

对于一方出资金，一方出地，双方合作建房，建成后按比例分房自用的，暂免征土地增值税；建成后转让的，应征收土地增值税。

房地产开发公司接受客户委托，代其进行房地产开发，由于其没有拥有土地使用权，也没有投入资金进行开发，而是收取劳务费的方式，并不存在有偿转让房地产的行为，因此不需要缴纳土地增值税。

房产所有人、土地使用权所有人通过中国境内非营利性的社会团体、国家机关将房屋产权、土地使用权赠与教育、民政和其他社会福利、公益事业的；房产所有人、土地使用权人将房屋产权、土地使用权赠与直系亲属或承担直接赡养义务人的，都是不需要缴纳土地增值税的。

个人之间互换自由居住用的房产的，经当地税务机关核实，可以免征土地增值税。需要强调的是，对于其他主体之间及其他主体与个人之间互换房地产的，仍属于土地增值税的正税范围。

（三）土地增值税收入、扣除项目确认错误

计算增值额的扣除项目：（1）取得土地使用权支付的金额；（2）开发土地的成本、费用；（3）新建房及配套设施的成本、费用，或者旧房及建筑物的评估价格；（4）与转让房地产有关的税金；（5）财政部规定的其他扣除项目。

纳税人将开发产品用于职工福利、奖励、对外投资、分配给股东或投资人、抵偿债务、换取其他单位和个人的非货币性资产等，发生所有权转移时应视同销售房地产。

营改增后，计算土地增值税增值额的扣除项目中"与转让房地产有关的税金"不包括增值税。

隐瞒、虚报转让价格或者价格明显偏低，可能会被税务机关按照评估机构参照同类房地产的市场交易价格进行评估，确定房地产转让收入。

与转让房地产有关的经济利益，比如违约金、赔偿金、滞纳金、延期付款利息等其他各种性质的款项，都应当确认为房地产转让收入。

成本确认中，未取得合法凭据的无法扣除，未实际发生的不得扣除，扣除项目的分配或分摊不合规定的不得扣除。

开发费用确认中，与之相关的通常为销售费用、管理费用、财务费用。常出现风险的是融资费用。财务费用中的利息支出，凡能够按转让房地产项目计算分摊并提供金融机构证明的，允许据实扣除，但最高不能超过按商业银行同类同期贷款利率计算

的金额。也就是说,对于这部分财务费用首先要看是否列入房地产开发成本的利息支出中,如果列入了,那需要调整到财务费用中计算扣除。另外,需要看这部分利息支出是否取得了合法有效的凭证。对于未能提供金融机构证明的利息支出,首先会判断是否具有真实性,是否符合业务需要,会被核查扣除比例。如果不符合规定,则会被要求补缴税款、滞纳金,也可能视情形被追究偷税等责任。

(四) 核定征收风险

只有符合核定征收条件的,才能在土地增值税清算中进行核定征收;并且,从某些地区的规定中可以看出,对于不符合核定征收条件的,要及时调整为查账征收。在此明确以下核定征收的条件:(1)依照法律、行政法规的规定应当设置但未设置账簿的;(2)擅自销毁账簿或者拒不提供纳税资料的;(3)虽设置账簿,但账目混乱或者成本资料、收入凭证、费用凭证残缺不全,难以确定转让收入或扣除项目金额的;(4)符合土地增值税清算条件,企业未按照规定的期限办理清算手续,经税务机关责令限期清算,逾期仍不清算的;(5)申报的计税依据明显偏低,又无正当理由的。

账务核算不规范,未及时索取发票等有效凭证,经核定征收土地增值税,导致税负上升。

二、房产税税务风险点

(一) 地价未计入房产原值一并申报房产税

《财政部国家税务总局关于安置残疾人就业单位城镇土地使用税等政策的通知》明确规定:对按照房产原值计税的房产,无论会计上如何核算,房产原值均应包含地价,包括为取得土地使用权支付的价款、开发土地发生的成本费用等。容积率低于0.5的,按房产建筑面积的2倍计算土地面积并据此确定计入房产原值的地价。

(二) 免租期未按规定申报缴纳房产税

《财政部国家税务总局关于安置残疾人就业单位城镇土地使用税等政策的通知》规定:对出租房产,租赁双方签订的租赁合同约定有免收租金期限的,免收租金期间由产权所有人按照房产原值缴纳房产税。

(三) 房地产开发企业售出前已使用或出租、出借的商品房未按规定缴纳房产税

《国家税务总局关于房产税、城镇土地使用税有关政策规定的通知》规定：对房地产开发企业建造的商品房，在售出前，不征收房产税；但对售出前房地产开发企业已使用或出租、出借的商品房应按规定征收房产税。

(四) 房产税纳税义务时间确认错误

《财政部国家税务总局关于印发房地产税若干具体问题解释和暂行规定》的规定：纳税人委托施工企业建设的房屋，从办理验收手续之次月起征收房产税，纳税人在办理验收手续前已使用或出租、出借的新建房屋，应按规定征收房产税。取得房产证不再成为发生房产税纳税义务的前提条件，按照实质重于形式原则，如果房产已经验收或者在验收前就交付使用，就应当进行房产税纳税申报。

(五) 临时性房屋未按规定缴纳房产税

《财政部国家税务总局关于印发房地产税若干具体问题解释和暂行规定》规定：凡是在基建工地为基建工地服务的各种工棚、饮料棚、休息棚和办公室、食堂、茶炉房、汽车房等临时性房屋，不论施工企业自行建造还是由基建单位出资建造交施工企业使用的，在施工期间，一律免征房产税。但是，如果在基建工程结束以后，施工企业将这些临时性房屋交还或者股价转让给基建单位的，应当从基建单位接收的次月起，依照规定征收房产税。

三、土地使用税税务风险点

(一) 土地使用税征税、免税范围界定不清

免征土地使用税的有：(1) 国家机关、人民团体、军队自用的土地；(2) 由国家财政部门拨付事业经费的单位自用的土地；(3) 宗教寺庙、公园、名胜古迹自用的土地；(4) 市政街道、广场、绿化地带等公共用地；(5) 直接用于农、林、牧、渔业的生产用地；(6) 经批准开山填海整治的土地和改造的废弃土地，从使用的月份起免缴土地使用税5年至10年；(7) 由财政部另行规定免税的能源、交通、水利设施用

地和其他用地。

企业办的学校、医院、托儿所、幼儿园自用的土地，比照由国家财政部门拨付事业经费的单位自用的土地，免征城镇土地使用税。

土地使用权出租的，由拥有土地使用权的企业缴纳城镇土地使用税，该公司不缴税。

对免税单位无偿使用纳税单位的土地，免征城镇土地使用税；对纳税单位无偿使用免税单位的土地，纳税单位照章缴纳城镇土地使用税。

对企业厂区（包括生产、办公及生活区）以内的绿化用地，应按规定缴纳城镇土地使用税，厂区以外的公共绿化用地和向社会开放的公园用地，暂免征收城镇土地使用税。

土地使用权共有的，由共有各方分别纳税。

对征用的耕地因缴纳了耕地占用税，从批准征用之日起满一年后征收城镇土地使用税；征用的非耕地因不需要缴纳耕地占用税，应从批准征用之次月起征收城镇土地使用税。

（二）土地使用税的纳税义务开始时间确认错误

《财政部国家税务总局关于房产税城镇土地使用税有关政策的通知》规定：对纳税人自建、委托施工及开发涉及的城镇土地使用税的纳税义务发生时间、由纳税人从取得土地使用权合同约定的交付土地时间的次月起缴纳城镇土地使用税。因此，是否取得"土地使用权证"或是否全额缴款都不能作为判定纳税义务发生时间的依据。

如果企业取得的土地是熟地（净地）的土地使用税纳税义务开始时间分两种情况：一是由纳税人从取得土地使用权合同约定的交付土地时间的次月起缴纳城镇土地使用税；合同未约定交付时间的，由受让方从合同签订的次月起缴纳。二是在土地管理部门与企业办理土地交付手续的实践中，土地管理部门与企业办理土地交付使用手续的时间滞后于合同约定的交付时间，则土地使用税应从合同约定的交付土地时间的次月起缴纳，如果土地管理部门与企业办理土地交付使用手续的时间早于合同约定的交付使用时间，则土地使用税从土地实际交付的次月起缴纳。

如果企业通过招投标取得的土地是生地（毛地），则土地使用税纳税义务时间是拆迁工作完成、开始使用土地的时间。

因篇幅所限，不能一一罗列全部税种，仅就生产经营常见税种进行概要说明。企业风险的防控永远优于应对，希望企业家朋友们在合规大前提下，平稳、顺利将企业发扬光大，家国共赢。

第十一章 合同合规管理

市场交易是合规管理的重点领域，合同是市场交易的载体，签署合同是企业最基本的行为，企业的商业目标大多是通过合同实现的。国家的法律法规是规范企业生产经营的最高准则，而企业的经营活动主要通过合同来运行，强化合同依法合规体现了依法治国、依法治企的基本要求。

第一节 合同合规概述

合同管理作为企业合规治理体系中的主要组成部分，对企业避免合规风险、维护自身权益、提升企业竞争力起到重要作用。

合同管理包括但不限于合同签署前涉及的资信审查、立项、谈判；合同签署中涉及的合同审核、审核意见的反馈、合同的审批和用印；合同签署后涉及履约的跟进、存档及证据搜集。合同管理应当严格遵守审慎签约、诚信履约原则，加强对合同签订内容合法性、程序正确性等方面的合规审查。落实合同承办部门主体合规责任，建立健全合同执行评价制度。

合同管理和合规管理都是企业依法合规经营的重要抓手，企业要正确认识合同管理与合规管理的辩证关系，充分发挥两者间的促进和监管作用，构建起合同管理与合规管理良性的互动格局，全面提升企业的合同管理能力、合规管理能力和依法合规经营能力。

第二节　合同的合规风险点

经济形势变化导致部分企业不能正常履约，少数企业会利用企业之间合同手续上的欠缺逃避违约责任。完备的书面合同对于保证交易安全乃至维系与客户之间的长久关系十分重要。建议尽可能与对方签署一式多份的书面合同，保持多份合同内容的完全一致并妥善保存。

妥善保管对于证明双方之间合同具体内容具有证明力的下述资料：与合同签订和履行相关的发票、送货凭证、汇款凭证、验收记录、在磋商和履行过程中形成的电子邮件、传真、信函等资料。在合同履行过程中双方变更合作约定，包括数量、价款、交货、付款期限的，也要留下书面凭证。

建议完善有关公章保管、使用的制度，杜绝盗盖偷盖等可能严重危及企业利益的行为。在签署多页合同时加盖骑缝章，并紧邻合同书最末一行文字签字盖章，防止对方采取换页、添加等方法改变合同内容。

企业业务人员对外签约时需要获得授权。建议在有关介绍信、授权委托书、合同等文件上尽可能明确详细地列举授权范围，以避免不必要的争议。业务完成后建议尽快收回尚未使用的介绍信、授权委托书、合同等文件。企业业务人员离开企业后，建议在与其办理交接手续的同时，向该业务人员负责联系的客户发送书面通知，告知客户业务人员离职情况。

企业最主要最常见的风险是来自违反合同约定的义务，而合同的约定是合同各方的合意，具体内容千变万化，因此风险的识别相对来说比较困难，容易遗漏重大法律风险。企业的人力、时间、成本资源是有限的，对所有合同制定一样的流程容易造成管理漏洞，企业可在制度制定时根据自身实际需求确定不同合同类型的合同管控权限、合同管理流程以及制度文件，便于不同类别的合同分类、流程化、合规化管理。如《民法典》中，有名合同就达19种，对于不同的合同类型，企业可以根据自身的实际业务需求，以最简洁、快捷的方式对企业合同进行分类，然后根据每一类合同特点，区别规定每一类合同管理的人员、流程、审批权限，制定合同模板和基本管理制度文件。

一、买卖合同

买卖合同是出卖人转移标的物的所有权给买受人，买受人支付价款的合同。在买卖合同中应注意以下风险点：

1. 买卖的标的物要明确具体

标的物是买卖合同双方权利义务指向的焦点，合同双方当事人一定要明确约定买卖产品的名称、品牌、规格、型号、等级、生产厂家、使用说明、数量等详细内容，防止因标的物约定不明确而出现纠纷。

2. 要明确约定质量标准和检验条款

在买卖合同中应明确约定标的物的质量标准，作为双方判断标的物是否存在质量问题的依据。同时要有明确的检验条款，包括检验期间、检验方式、检验步骤等。作为卖方，一定要在合同中约定明确的检验期间，并要求买方在检验期间内提出书面的质量异议，没有在约定期间内提出书面异议的，视为出卖的产品数量和质量完全符合合同约定的要求。

3. 标的物的风险防控

在买卖过程中，由于不可归因于双方当事人的原因（如水灾、地震等不可抗力）可能会致使标的物遭受毁损、灭失的情形，这种风险具有不可预见性，当事人应通过对标的物交付方式、交付时间的约定将该风险降至最小化。

（1）除双方有特别约定外，合同法规定以"交付"作为风险转移的分界点，即标的物风险交付之前由出卖人承担，交付之后由买受人承担。因此对买方而言，卖方送货的交货方式会使买方承担最小风险；而对卖方而言，买方自提则会使卖方承担最小风险。

（2）因买受人原因致使标的物不能按约定期限交付的，买受人应自违反约定之日起承担标的物毁损、灭失的风险。

（3）出卖人出卖交由承运人运输的在途标的物，除当事人另有约定的以外，毁损、灭失的风险自合同成立时起由买受人承担。

（4）当事人没有约定交付地点或者约定不明确，出卖人将标的物交付给第一承运人后，标的物毁损、灭失的风险由买受人承担。

4. 买方应审查标的物是否存在权利瑕疵

出卖人应当保证其对出卖的货物享有完全合法的处分权，保证交付给买受人的货物不会被第三人主张权利。作为买受人，在订立买卖合同前，应审查出卖人对出卖的标的物是否享有合法的处分权，防止标的物交付后，因第三人主张权利而产生纠纷。如果因出卖人未取得货物所有权或者处分权致使标的物所有权不能转移而出现纠纷，此时买卖合同仍然有效，买受人可向出卖人主张违约责任或者要求解除合同并主张赔偿损失。

5. 买方应及时验货

买方在购进货物时，应及时进行验收，发现货物不符合合同约定的，尽快在法律规定或者合同约定的期限内以书面方式向对方明确提出异议，以免因拖延而丧失索赔权。当事人没有约定检验期限的，买受人应当及时检验，并在发现或者应当发现标的物的数量或者质量不符合约定的合理限期内通知出卖人。除标的物有质量保证期外，买受人在合理期限内或者自收到标的物之日起两年内未通知出卖人的，视为标的物的数量或者质量符合约定。

6. 卖方应注意在合同中对价款结算进行约定

合同中应明确约定货款数额、付款方式、付款期限，这有利于保护卖方的权利。对于卖方而言，先行收取全部价款再交付货物是最安全的交易方式。如果约定分期付款，应明确约定各期付款期限、延期付款违约金，并约定延期一定期限后，可以立即解除合同。当买受人迟延支付货款后，即使合同中未约定逾期付款违约金，出卖人也可以按中国人民银行同期同类贷款逾期罚息利率主张逾期付款损失。

7. 卖方可以通过所有权保留条款保障权利

买卖合同中，在没有特别约定的情况下，标的物的所有权自标的物交付时起转移。如果标的物交付后，价款尚未支付完毕，而买方债务较多，卖方的风险将大大增加。卖方可在合同中约定标的物交付后所有权保留条款以防范风险，即约定买受人未履行完毕支付价款或者其他义务的，标的物仍属于出卖人所有。

8.卖方应保存交付货物的证据

依据买卖合同交付货物时,送货单经常由对方的业务员或者经理等人员进行签收。如果产生纠纷,而卖方无法证实该签收人员身份时则可能承担不利后果。因此,卖方送货时,务必要求对方加盖公章,如果每次加盖公章不方便,也可在合同中约定一个或几个指定人员收货,卖方交货时直接交由合同中约定的指定工作人员签收,可以有效证实货物的交付情况。

存在持续买卖合同关系的双方应定期对账结算。存在持续买卖合同关系的双方当事人应定期进行对账,并在对账单和结算凭证上加盖公章。在确定付款方式时,无论是付款方还是收款方,除了金额较小的交易外,应通过银行转账进行结算,**尽量避免采用现金结算的方式**。

二、承揽合同

承揽合同是指承揽人按照定作人的要求完成工作,交付工作成果,由定作人给付报酬的合同。在承揽合同中,按约定完成工作的一方称为承揽人,其相对方称为定作人。承揽合同包括加工合同、定作合同、修理合同、复制合同、测试合同、检验合同等。在承揽合同中应注意以下法律风险点:

1.质量条款要明确具体

加工承揽业务中如果质量约定不清或只是**通过口头约定**,一旦双方产生纠纷,对于质量标准就会各持己见,因此对质量标准一定要约定明确。如果质量以样品为准,除了双方封存样品外,还应有样品质量描述的书面材料,以免样品灭失或自然毁损或对样品内部构造有异议而产生纠纷。

2.原材料提供及风险负担

不管原材料是由定作方提供还是承揽方提供,均要约定原材料的质量要求。特别是在定作方提供原材料的情况下,承揽方更要注意对原材料的质量进行验收,经验收合格方可入库。根据《民法典》合同编的规定,承揽方因保管不善而造成定作方提供的原材料及最终的成果毁损、灭失的,承揽方应该负损害赔偿责任。因此,承揽方应该增强保管材料的风险意识。

3. 关于留置权的问题

在承揽合同中，如果定作人未向承揽人支付报酬或者材料费等价款的，承揽人可以通过行使对工作成果的留置权来保障权利。作为定作方，在订立合同时应特别注意因资金周转困难而引发承揽方行使留置权而带来的风险。根据《民法典》合同编规定，当双方对留置权另有约定时，从其约定。为此，建议定作方在资金周转困难时，除合同约定付款期限延长外，还可以另行约定承揽方不得行使留置权。

承揽方应注意定作方的任意解除权和变更权。在承揽合同中，定作方有权中途变更承揽工作要求，也有权随时解除承揽合同，由此造成的损失由定作方承担。承揽方在订立合同时应合理预见上述任意解除权和变更承揽要求带来的损失，在此基础上合理安排人力及设备组织加工。

定作方要及时审议、调整承揽方提出的问题。定作方应对自己提供给承揽方的图纸或技术方案进行认真审议。在承揽方对图纸及技术方案提出异议时，定作方要及时核实情况、组织论证、完善方案，切不可拖延推诿。否则，可能会承担承揽方产生的停工、设备租赁、生产线闲置等相关损失。

三、技术合同

技术合同是当事人就技术开发、转让、许可、咨询或者服务订立的确立相互之间权利和义务的合同。在技术合同中应注意以下法律风险点：

1. 关于技术成果的权属

区分职务技术成果和非职务技术成果。对职务技术成果，法人或者其他组织应当从使用和转让该项职务技术成果所取得的收益中提取一定比例，对完成该项职务技术成果的个人给予奖励或者报酬。法人或者其他组织订立技术合同转让职务技术成果时，职务技术成果的完成人享有以同等条件优先受让的权利。对利益分配，可以以合同的形式作出约定，否则容易产生争议。非职务技术成果的使用权、转让权属于完成技术成果的个人，完成技术成果的个人可以就该项非职务技术成果订立技术合同。完成技术成果的个人享有在有关技术成果文件上写明自己是技术成果完成者的权利和取得荣誉证书、奖励的权利。

2. 慎重审查相关术语

行业术语、技术术语在技术合同中尤为重要，如果不规范使用极易引发纠纷。比如"独家许可使用"，究竟是"独占许可使用"还是"排他许可使用"，不同的解读意味着不同的权利范围，因用语不规范导致对合同内容理解产生歧义，进而形成纠纷，是常见的法律风险。

3. 不得侵害他人技术成果权利

合同内容涉及利用现有技术或在现有技术基础上进行后续研发时，应对现有技术的权属进行核查。如果现有技术是第三人享有的知识产权，则该项现有技术不能自由实施，需要经过许可。但实践中，部分企业不加区别地利用现有技术进行开发，最终因侵犯他人知识产权导致合同不能履行。另外后续研发的技术成果归属也应明确约定，避免产生纠纷。

4. 关于技术合同效力的认定

除合同一般无效事由外，《民法典》合同编的技术合同部分还对技术合同效力作出特别规定，非法垄断技术或者侵害他人技术成果的技术合同无效。另外，技术转让合同中，限制技术竞争和技术发展的转让合同无效。

5. 技术合同中的欺诈行为

当事人一方采取欺诈手段，将现有技术成果作为研究开发标的与他人订立委托开发合同收取研究开发费用，或者就同一研究开发课题先后与两个或者两个以上的委托人分别订立委托开发合同重复收取研究开发费用的，受损害方可以依照《民法典》第一百四十八条的规定请求撤销合同。

6. 技术纠错和调整

技术合同履行过程中，当事人一方在技术上发生的能够及时纠正的差错，或者为适应情况变化所做的必要技术调整，不影响合同目的实现的，不认为是违约行为，因此产生的额外费用应自行承担。但因未依照《民法典》第五百零九条的规定履行通知义务而造成对方当事人损失的，应当承担相应的违约责任。

7. 技术成果或服务与约定不符的处理

技术合同履行过程中,为提供技术成果或者咨询服务而交付的技术载体和内容等与约定不一致的,应当及时更正、补充。不按时更正、补充的和因更正、补充有关技术载体和内容等给对方造成损失或者增加额外负担的,应当承担相应的违约责任。但一方进行技术改进,使合同的履行产生了比原合同更为积极或者有利效果的除外。

四、建设工程合同

建设工程合同是承包人进行工程建设,发包人支付价款的合同。合同所涉金额较大,合同履行期限具有长期性,有的合同标的的最终所有人或使用人系不特定的社会主体,建设工程具有显著的公共性。实践中不规范的合同行为极易造成诉讼纠纷,不仅关系合同当事人的利益,还极有可能关系人民群众人身和财产安全。在建设工程合同中应注意以下风险点:

1. 施工企业应具备相应资质

从事建筑活动的建筑施工企业,应在其资质等级许可的范围内从事建筑活动,不具备资质或超出资质承揽工程,将影响建设工程施工合同效力。

2. 禁止出借资质、允许挂靠和违法分包或转包工程

承包企业以出借资质、允许挂靠、违法分包或转包工程等方式将合同义务转移给不具备资质的第三方施工,并以管理费等形式从中获利的,在诉讼中其获利应予以收缴。上述情形导致合同无效,但是承包企业仍应因其违法分包或转包行为,向下游承包方承担支付工程款的责任。

3. 根据建设进度和合同约定付款节点严格监督履行情况

建设工程施工合同履行周期长,设计变更、工程量签证、付款抵扣等情况频发,发包企业和施工企业均应做好及时对账、阶段性验收和跟踪审计,共同确认设计和工程量的变更,避免在造价审计和结算中发生纠纷。

4. 加强对工程项目部工作人员和公章的管理

建设工程项目部工作人员根据其职责参与招标、投标和签订合同、分包或转包

工程、竣工验收、工程进度款支付、工程结算等一系列与建设工程合同履行相关的行为，均属于履行职务行为，其产生的法律后果均由企业承担。企业应规范内部管理，对项目部的授权、人员管理、工作程序等作出明确界定，必要时应将上述内容以书面形式明确告知合同相对方；对于工程施工过程中项目部人员的变动、离职情况也应及时函告合同相对方，避免造成不必要的损失。

5. 严格按照合同约定支付进度款

避免"重结算、轻进度"的付款习惯，对于合同中约定进度款支付的建设周期较长的工程，发包企业应根据进度审核报告按时支付进度款，否则施工企业有权按时间段主张欠付的进度款利息。

6. 确保付款过程中付款凭证与收据同步

工程款涉及金额巨大，付款次数繁多，且多存在付款方直接向供材方、提供劳务方付款抵扣工程款等情形，加之付款周期漫长，极易造成付款金额混乱、票据不统一的情形。建议要求收款方出具项目和资金走向明确的收据，能够清晰体现付款方的付款方式和资金流向，避免结算过程中双方对收据指向的工程款产生分歧而引发纠纷。

7. 施工企业应履行配合工程竣工验收等附随义务

建设施工是施工企业的主合同义务，施工企业在完成主合同义务之后，仍负有向发包企业交付竣工验收资料、配合竣工验收备案等附随义务，否则造成工程不能完成竣工验收、商品房向业主迟延交付等情形，施工企业应承担相应的赔偿责任。

8. 发包企业不能以施工企业未履行附随义务为由拒绝付款

合同约定的付款条件达到或满足法定付款条件后，发包企业应履行其主合同义务，即向施工企业支付工程款，其不能以施工企业未交付竣工验收资料、未按时开具发票等为由拒绝向施工企业支付工程款。

"合同控税"施行已久，企业账务、税务处理和发票开具与合同不匹配会给企业带来不小的风险，甚至是导致风险的主要原因。有句话说得好，"税不是财务算出来的，而是合同签出来的，怎么签合同就会怎么交税"，千万不能大意了。

1. 合同涉税交易事项风险

企业在签订合同前，应对合同中的交易事项可能涉及的财税问题进行分析，尤其是适用税率、纳税义务发生时间的确定、发票的交付问题，需要重点关注。包括合同价款的约定，在合同中明确按约定提供发票的义务，明确供应商提供发票的时间，明确供应商提供正确税率的发票，明确不符合规定发票所导致的赔偿责任。

2. "阴阳合同"风险

现实生活中常见一些企业为了避税签订阴阳合同，但实际上在税收筹划方面，阴阳合同只是偷税的一种方式方法，不能达到合理不违法的避税目的，更不能节税，建议企业通过合法拆分合同，根据不同的税种、税率筹划，拆分不同法律关系的合同，更好地实现合理避税或者依法节税的目的，避免税收法律风险的发生。

第三节 常见的合同管理不合规现象

一、合同管理制度不够完善

合同基本管理制度一般包括合同管理办法、法人授权委托制度、合同专用章管理制度、合同审批制度、合同台账管理制度、合同档案管理制度、招投标管理制度、合同相对方管理制度等，大多数企业没有制定严谨统一的合同管理制度，基本管理制度不全，制度缺乏协调统一，造成合同管理职责不清。另外，合同签订权限不明，管理流程不清晰，存在先履行后签约情况，对实质性变更合同文本的平行审核程序不清晰等，也体现出合同管理制度的不完善。相关职能部门和不同级别层次的管理者都参与合同管理时，很容易出现合同审批环节过多致使合同管理效率低下，信息传递不及时的情况。

目前，中国大部分企业都制定了包括合同管理在内的企业管理制度，但实际操作中这些制度有些仍停留在纸上，监督和指导作用有限，实际工作中或多或少存在弹性和灵活性。例如，许多企业依仗自身强势的"甲方"地位或者前置性审批时间长导致"乙方"在签订合同前实施相关服务造成所谓的事后合同，即倒签合同。倒签合同既存在诸多法律风险，又使企业的管理制度得不到落实，一旦出现环保、安全、质量责任事故时，往往举证困难，导致企业担责。

二、业务承办部门工作方式还待改进

在实际工作中，合同的草拟和制定工作一般由各个具体的业务部门承担，业务部门会将合同草案提供给法务部门进行备案审核。一般企业中法务部门或者办公室是对合同进行归口管理的部门，职责是对与企业自身相关的合同制定和执行进行有效的审核、监督和指导。这种模式下法务部门或者办公室在合同管理中起到的更多是指导、审核以及监督备案的作用。大部分企业都采取以上这种业务部门和法务部门相互配合的合同管理模式。

合同当事人主体合格，是合同得以有效成立的前提条件之一，而合格的主体，首要条件应当是具有相应的民事权利能力和民事行为能力的当事人。合同不严谨，合同未签字，部分合同未加盖骑缝章，合同未签订日期，合同文字不严谨，容易发生歧义和误解，都会导致合同难以履行或引起争议。合同要件不全，合同条款挂一漏万，工程合同缺少工程量清单、合同总额等关键条款，也会导致合同风险。有漏洞的往往是违约责任条款。详尽的违约责任条款可以把合同相对方违约的可能性降到最低程度。企业应根据对方当事人的交易信誉和对合同未来结果的预期，设计对自己有利但又能为对方所接受的"双赢"合同。

三、合同履行过程的监督管理不到位

合同审查是合同管理的重要环节，也是合同管理常见的薄弱环节。合同审查是所有合同工作的基本功，也是其他合同工作的基础，审查的目的是发现合同中所存在的可能导致当事人利益受到损害的权利义务条款，并以合适的方式报告给当事人。对合同相对方缺乏资质审查或审查不严，对其资质缺乏跟踪调查；合同条款约定不明确、不规范，用词不准确，对合同执行情况缺乏监督；合同履约管理不到位，一签了之，在对方违约后，维权意识不强；违规续签合同、违规变更、超合同结算、超进度支付等都会造成合同管理监督不严。或者虽然有较为完备的合同管理规章制度，但是在制度落实上做得不够，上级职能部门对下级单位没有做到经常性的监督、检查和考核，也是合同监管不严的重要原因。

在合同事后处理阶段，一般如遇到合同无法执行或者一方违约产生纠纷时，需要通过要求继续履行、合同变更或者支付违约金等手段进行事后补救。而在当前的合同管理实务操作中，部分企业基于维护合作关系的考虑，对于合同纠纷采取放任或者拖延的做法，使得自身或者对方的合法权益无法得到有效保障，进而使得合同管理流于形式。

合同成形之前，对合同的管理就已经开始了。合同签署前，资信审查环节尤为关键，关系到在一份合同里，是否选取了合适的交易对象、采取了合适的交易方式。因此，合同如何签订，合同是否可以正常履行，关键在于具办人能否真实了解相对方的诚实信用及履约能力。而资信审查与尽职调查就是在发生企业行为或经济活动时，对相对方信息及市场行情进行客观的履约能力分析。企业在签订合同前应当进行充分的审查工作，很多企业在这方面就为我们提供了很好的例子，例如，西门子公司就非常重视合同签订前的资信管理，有一个完善和独立的信用管理团队，资信审查管理分为三个模块：客户资信调查评估、客户资信档案的建立和管理、客户资信信息的定期更新。

资信审查重点关注的内容包括以下几点：首先应了解该标的物所在领域的市场行情，判断合同标的物的价值；其次，需要调查相对方主体的历史沿革、营业执照原件、经营发展现状、资产状况、有无重大诉讼和强执记录、有无不良信息等，以及授权代理人的代理范围及代理的真实性。

此外，企业业务人员对外签约时需要授权。建议企业在有关介绍信、授权委托书、合同等文件上尽可能明确详细地列举授权范围，以避免不必要的争议。业务完成后建议企业尽快收回尚未使用的介绍信、授权委托书、合同等文件。

大量企业合同在签署前由法务或者律师进行确认，若未接受法务或者律师意见或上述审核人员认为合同存在较大风险，则无法对合同予以用印。也有部分企业的高风险合同由企业 CEO 直接作为审批人。

但也有很多企业未建立明确、规范的合同审核反馈流程，或者存在虽有反馈，但反馈内容粗糙、流于形式的情形。

1. 合同审核发起部门发起合同审核流程

合同审核发起部门（通常为业务部门）率先发起合同审核流程。在该步骤，发起部门原则上应当提交 WORD 版本的合同，不应提供 PDF 版本或对方已经盖完章的纸质版，以防止合同审核流于形式，同时应当一并提供合同相关的文件（如担保合同提供主合同，补充协议提供原合同等）。

2. 法务或律师对合同进行修订及风险评估

法务或律师出具审核意见的过程中，除需对协议进行修订及批注外，对于总体性风险、重大风险或重要待确认事项，应进行电话沟通确认予以特别提示并出具法律分析意见，且一般情形下应由前期跟进谈判的法务或律师进行合同审核，方便进行衔接及在协议中落实谈判要点。

针对审核意见，合同审核发起部门的反馈和说明尤为重要，应重视并尽量采纳法务或律师的意见，对于法律意见的采纳情况、不能采纳的原因及风险防范措施，应该进行准确并具针对性的反馈。除关注协议修订版外，需高度重视有关总体性风险、重大风险的提示及法律意见书。

此外，建议各企业设置提升决策领导层级的机制，在业务部门反馈相关重大风险无法避免，而法务部门或律师建议不予签署时，由上一级领导进行决策。实践中，在领导审批环节，若领导仅批复原则性的"同意"，未针对各部门会签意见一一批复，则存在难以确定最终版本的问题，故领导签批意见需尽量明确。

3. 完善公章保管、使用制度，避免"真印章、假合同"等危及企业利益的情况出现

在此，我们建议企业完善有关公章保管、使用的制度，杜绝盗盖、偷盖等可能严重危及企业利益的行为。在签署多页合同时加盖骑缝章并紧邻合同书最末一行文字签字盖章，防止少数缺乏商业道德的客户采取换页、添加等方法改变合同内容侵害企业的权益。

在用印步骤中，用印部门除核对相关合同是否经审批外，还应对法律审核意见是否采纳、是否已进行反馈及说明进行把关，否则不予用印。用印后做好签署版本的留存备案工作。

第四节　应如何做好企业合同管理合规

一、完善合同管理制度

企业应按照合同管理全周期的要求，就合同管理全过程的每个环节，建立和健全具体的、操作性强的管理制度，使合同管理有章可循、有规可遵。这些制度有：第一，合同管理基本制度，包括立项、审核、批准、履行等环节的基本制度；第二，合同管理其他制度，如合同归口管理制度、合同授权委托制度、合同审查制度、合同会签和审批制度、合同专用章管理制度、合同监督检查制度、合同台账及统计报表制度、合同归档制度等；第三，合同重大失误追究制度，如问责、容错纠错、追责制度。

二、加强全流程管控

企业的合规管理还应将依法合规真正落实到合同管理中，对合同的选商、签订、履行及验收结算等环节的流程进行有效监管，以达到法律风险管控的目的，从而全面提高企业的管理水平。

（一）合同订立阶段

在合同订立阶段，企业需要做好相关法律和商业风险的事先防范工作。

签署每一个合同都有它的目的，在签署合同之前必须明确这个目的是什么，围绕这个目的才能集合企业各个部门的力量来对这份合同做准备工作。

现代社会是陌生人的社会，企业往往因为不了解交易对象的具体情况而遭受损失，所以在签署合同前，要对对方的资信进行调查。核查内容包括但不限于：（1）请对方自行提供自身基本情况，如企业营业执照、税务登记证等企业证照；（2）必要的情况下，要求对方到工商局、税务局、银行等开具其最新档案信息；（3）核查对方是否具有将要合作业务的资质或许可。

例如：要委托对方进行建设施工，则要核查是否具有相关施工资质；要加盟对方的连锁项目，则要核查是否具有特许经营资质。

（二）合同执行阶段

在合同执行阶段，需要对于合同的履行情况进行定期的跟踪和监控。对于合同履行的不利因素，如对方存在违约的意愿或者履行能力不足等状况应当做到及早发现，并制定相应的策略进行弥补。由于己方原因无法履行合同的，应当及早知会相对方，进行合同的变更补充或者终止程序。

（三）合同事后处理阶段

在合同事后处理阶段，需要对合同履行过程中的违法现象进行依法处理，积极采取协商、仲裁或者诉讼等手段，充分保障企业自身的合法权益。

三、合理设定考核指标，加大依法合规管理考核力度

按照依法合规管理的要求，改进现有考核指标体系，完善合同违规行为的责任追究内容与方式。不仅考核单位领导班子，也要考核其他的业务承办及合同经办人员、管理人员和审核人员。同时，对于因不及时发起合同审核流程而让企业遭受重大损失的，严格追究合同主办部门领导的责任；对于延期审查审批、审查把关不严等严重违规的人员，按照相关规定给予经济处罚、行政处分。

四、审查合同的主要条款

（一）对标的物及标的物的数量应当约定准确

由于同类产品的规格、型号、数量会因包装方法的不同而各有不同，因此，在签订合同时，对合同标的物的规格、型号及数量应作出明确的约定，以避免因各方理解不同而影响合同的履行。

（二）质量条款的约定应明确

在合同纠纷中，由于质量问题发生的争议占合同纠纷的很大比例，所以对质量条款的约定绝对不能有半点疏忽。因为一旦发生质量争议，就需要一个客观标准来衡量并确定责任的归属，为避免争议发生，在合同中应当约定一个质量的检验标准，并且对产品质量的异议还必须要有时间与条件的限制，在合同中双方应就此作出明确的约定。只要在规定的时间和条件限度内就质量问题提出异议，守约方就有权利要求对

方承担责任，超过这一限度，对方就不再承担质量责任。

（三）包装条款

如果合同一方对于合同中约定的产品，对其包装有不同要求的，应当在合同签订时作出约定。

（四）付款时间及价款的约定

合同双方应明确约定付款的时间，如果约定不明则会给合作方找到拖延付款的理由。另外，有些企业在购销合同中，所购的标的可能会是多类产品，但却只在合同中写明所有产品的总价款，而未明确具体每种产品的单价，这样一旦合同部分履行后发生争议，就难以确定尚未履行的部分产品的价款，不利于守约方权利的维护。

（五）标的物的交货时间应明确

如合同中约定"保证在下个月交货"，这样的约定就是比较不规范的说法。如果正好在这个月遇到了两次价格调整，在前半个月，货物的价格上涨，此时，卖方可以以未到履行期为由拒绝向买方交货。而等到下半个月的时候，遇到该产品价格下降时，卖方又以该合同在履行期内为由，向买方交付货物。所以，在签订合同时，应当对交货时间作出明确的约定。

（六）违约责任

如果签约方想以"定金"方式作为违约责任的承担方式，那么根据《民法典》第五百八十六条的规定：当事人可以约定一方向对方给付定金作为债权的担保。定金合同自实际交付定金时成立。定金的数额由当事人约定；但是，不得超过主合同标的额的20%，超过部分不产生定金的效力。实际交付的定金数额多于或者少于约定数额的，视为变更约定的定金数额。签约方应当交付定金，定金合同才成立，否则，守约方不能向违约方主张定金的违约责任。

另外，定金与违约金两者不能同时适用。根据《民法典》第五百八十八条规定：当事人既约定违约金，又约定定金的，一方违约时，对方可以选择适用违约金或者定金条款。也就是说不能以要求对方既承担违约金又支付定金的形式来承担违约责任，而只能在两者中选择一种责任方式来适用。

（七）解决争议的办法

经济形势的变化往往导致货物市场价格发生剧烈波动。建议不要轻易选择主动违约、解除合同或者提起诉讼等方式解决争议，与对方平等协商、寻找双方都能接受的解决方案更加有利于减少损失。即便是在诉讼程序之中，接受法院主持下的调解也将更加有助于企业利益的保护。

根据我国民事诉讼法的规定：合同双方当事人可以在书面合同中协议选择被告住所地、合同履行地、合同签订地、原告住所地、标的物所在地人民法院管辖，但不得违反本法对级别管辖和专属管辖的规定。因此，当合同当事人约定管辖法院时，所选择的管辖法院一定要明确，不能同时选择两个法院或者违反有关专属管辖和级别管辖的规定。既然我国法律给予了合同双方当事人在合同争议发生时选择管辖法院的权利，那么在订立合同过程中就应充分利用好该项权利，尽量约定己方所在地法院管辖。

另外，如果合同双方约定以仲裁的方式解决合同纠纷，那么要明确约定某一个仲裁机构，而且该仲裁机构必须客观存在，否则将导致仲裁条款无效。

第五节　合同签署后的履行管理

一、按照合同约定严格履行权利义务，树立诚信意识

在合同签订执行阶段，需要合同相关管理人员重视对合同执行情况的实时跟踪与监管工作。在跟踪监管过程中，一旦发现合同执行过程中偏离了合同约定的执行规定，出现不按照合同规定开展交易、合同执行期间的违约或者疑似违约行为，就需要合同监管人员及时向企业相关部门负责人进行汇报，由企业负责人及时采取对应的措施，促使合同继续依据原规定计划实施，从而将违约对企业造成的负面影响降到最低。

企业和客户之间订立的合同如果不存在违反法律、行政法规的强制性规定，以及损害社会公共利益等情形，即为受法律保护的有效合同，双方有义务严格遵循

约定，全面履行合同。无论是单位改变名称、企业股权易手，还是法定代表人、负责人、经办人变更，都不能成为不履行合同的理由，这也是维系企业商业信誉的重要保证。

二、任何变更均需采用书面形式

企业双方在签订合同后，在合同内容的履行过程中，可能会因为一些不可预测因素造成原合同计划不能正常实施，此时需要合同经办人及时提出有效的解决方案，企业双方再次进行合同的重新约定，补充签订变更合同，然后，在合同的后续执行中，可以严格依照新合同内容执行合同。

因为特殊的无法改变的情况发生的合同变更或者合同解除，需要合同承办部门及时对合同具体实施情况进行风险评估，并向相关主管部门进行申报，经批准后，方可进行合同的变更或者解除。经过国家公证机关公证的合同，在解除或变更内容时，需要重新由公证机关进行公证，这样才具有法律保护效力。

受经济形势变化的影响，在合同履行过程中双方变更合同内容，包括数量、价款、交货、付款期限等现象较多，任何已签署的合同条款发生变化，双方均应采用书面形式进行修改。修改条款应采用下列表述：本合同签订后，经双方协商一致可对本合同进行修改。本合同的任何修改均应采用书面形式，并经双方法定代表人或授权代表签署并加盖公章后方为有效。（注：如果委托人提供的合同文本没有将代表签字作为生效条件之一的，则删除"法定代表人或授权代表签署并加盖公章"）修改形成的附件或补充协议是本合同的组成部分，与本合同具有同等法律效力。

同时，为避免纠纷，建议妥善保管对于证明双方之间合同具体内容具有证明力的下述资料：与合同签订和履行相关的发票、送货凭证、汇款凭证、验收记录，在磋商和履行过程中形成的电子邮件、传真、信函等资料。

三、加强证据留存，慎用合同撤销权

如果认为对方在签署合同过程中存在欺诈、胁迫行为的，或者事后发现签署合同时对合同内容有重大误解，或者认为合同权利义务安排显失公平的，可以请求法院撤销合同。但是务必自知道或者应当知道撤销事由之日起一年内行使撤销权，否则将失去请求法院撤销合同的权利。当然，当事方需要留存好相应证据，在撤销权行使期限内提出的请求是否能得到法院支持还将取决于所举证据是否充分。

四、做好合同纠纷处理工作

合同在执行过程中，如果产生了合同纠纷，首先，需要合同管理部门相关负责人员先进行纠纷的干预处理，如果仍不能解决，就需要企业聘请法律顾问，采取协商、调解、仲裁以及诉讼等方式，进行合同纠纷的有效处理。

五、做好合同结算管理工作

通常情况下，合同的结算环节是合同执行的最终环节，需要由合同承办部门严格依照企业财务结算流程办理各类手续。在合同的结算环节，需要财务部门在支付相应的合同价款时，重视对合同条款内容的审查工作，严格依照合同条款的规定，进行合同结算手续的规范化办理。

六、做好合同保管的保密工作

为有效减少机密合同被泄露或者普通合同丢失等情况的发生，企业在合同管理过程中，需要做好合同管理的保密工作，依据所签订合同的机密性进行登记管理，在合同登记归档时，需要设置合理的查看权限，并设置相应的借阅查看流程。针对企业一些高密级的合同文件，应缩小查看范围，禁止任何员工超权限查看或借阅相关资料，从而降低合同泄密概率。

当前企业的合同管理要适应新形势、新常态，以依法合规为准绳，抓好完善合同管理制度、优化合同管理体系、夯实合同基础、加强合同监督考核等工作，达到合同管理合理化、合规化、合法化的目的，促进企业合规管理水平得到有效的持续提升。

在当前的企业发展中，合同的签订数量日益增多，且合同的复杂程度也日益提高，因此，企业必须要重视内部控制管理，尤其是合同管理，要依据企业经营发展的实际需求，对企业合同实施全面、动态、全过程的管理，降低因合同风险对企业造成的不良影响，切实保障企业的合法权益，促进企业的健康发展。

第十二章 企业数据合规管理

企业数据合规管理体系建设是一项系统化的工程,涉及企业高层管理人员等自上而下的全面认知和企业相关部门之间的资源协作与配合,不仅要有清晰的数据合规目标和实施计划,也要遵循事先设定的科学合理的合规目标和计划,切实有效地开展实际落地执行工作,将数据合规贯穿于整个企业内部的管理和业务流程当中。

第一节 数据合规概述

一、数据合规的概念

企业数据合规(Data Compliance)是指企业在处理和使用数据时遵守法律、行业标准和内部规定,以保护数据的机密性、完整性和可用性,同时尊重个人隐私权和数据保护规定。

企业数据合规需要考虑到数据收集、存储、处理、传输、共享和销毁等全生命周期,以确保数据的安全性和合法性。对于不同行业和国家,其数据合规依据的法律法规和标准也会有所不同,企业需要根据自身业务特点和所处环境,制定相应的数据合规政策和措施,并通过内部培训和监督,确保员工的合规意识和行为。同时,企业还需要与第三方服务提供商、合作伙伴和监管机构合作,加强数据风险评估和漏洞管理,及时发现和纠正数据安全问题,保障数据合规的可持续性。

数据合规包括但不限于以下方面:

第一,数据隐私保护:保护用户个人信息不被非法获取、使用、泄露和滥用。

第二,数据安全保护:保护数据免受未经授权的访问、篡改和破坏。

第三,数据存储和备份:按照法律、行业标准和最佳实践的要求,妥善存储和备份数据，以防止数据丢失或损坏。

第四，数据使用和共享：在获得数据所有者或授权方的许可下，进行数据的合法使用和共享，以保证数据使用的透明性和合法性。

第五，数据保留和销毁：按照法律、行业标准和最佳实践的要求，妥善保留和销毁数据，以保证数据使用的合法性和安全性。

二、企业数据合规管理的目的和依据

（一）目的

企业数据合规管理的主要目的是让企业或组织建立完善的数据管理制度、规范的流程和可靠的技术保障，确保企业在处理和使用数据时遵守法律、行业标准和内部规定，以保护个人信息，保障数据安全，规范数据处理活动。其具体目的包括以下几个方面：（1）保护企业和个人的利益：数据合规管理可以帮助企业避免因数据安全问题带来的法律和商业风险，保护企业和个人的合法权益；（2）遵守法律和行业标准：企业需要遵守各种法律和行业标准，以确保数据的合法性和安全性；（3）提高企业声誉和竞争力：通过加强数据合规管理，企业可以提高自身的声誉和竞争力，赢得客户和合作伙伴的信任和支持；（4）提高数据质量和效率：数据合规管理可以提高数据质量和效率，促进企业的创新和发展。

（二）依据

企业数据合规管理的依据包括法律、行政法规、司法解释、部门规章、国务院规范性文件、部门规范性文件、部门工作文件、征求意见稿以及行业标准和企业内部规定等。

1. 法律

法律是最基本的依据，包括国家法律和地方法规，企业需要遵守相关法律法规，例如《中华人民共和国个人信息保护法》《中华人民共和国网络安全法》《中华人民共和国数据安全法》等法律法规等；

2. 行政法规

行政法规包括《计算机信息网络国际联网安全保护管理办法》《科学数据管理

办法》《中华人民共和国计算机信息系统安全保护条例》等。

3. 司法解释

司法解释包括《关于办理侵犯公民个人信息刑事案件适用法律若干问题的解释》《最高人民法院关于审理利用信息网络侵害人身权益民事纠纷案件适用法律若干问题的规定》《最高人民法院、最高人民检察院关于办理非法利用信息网络、帮助信息网络犯罪活动等刑事案件适用法律若干问题的解释》等。

4. 部门规章

部门规章包括《电信和互联网个人信息保护规定》《公安机关互联网安全监督检查规定》《儿童个人信息网络保护规定》等。

5. 国务院规范性文件

国务院规范性文件包括《国务院办公厅关于促进"互联网+医疗健康"发展的意见》《国务院办公厅关于运用大数据加强对市场主体服务和监管的若干意见》《国务院关于促进信息消费扩大内需的若干意见》等。

6. 部门规范性文件

部门规范性文件包括《移动互联网应用程序信息服务管理规定》《互联网个人信息安全保护指南》《最高人民法院、最高人民检察院、公安部关于依法惩处侵害公民个人信息犯罪活动的通知》等。

7. 部门工作文件

部门工作文件包括《电信和互联网行业提升网络数据安全保护能力专项行动方案》《国家网络安全事件应急预案》等。

8. 行业标准

行业标准是企业数据合规管理的指导标准,包括ISO 27001信息安全管理体系认证等。

9. 内部规定

内部规定是企业自身制定的数据合规管理规定,可以根据企业的具体业务情况和内部控制要求进行制定。

总之，企业数据合规管理涉及组织、政策、流程、人员和技术等多个方面，以确保企业或组织在数据处理、存储、使用、传输和保护等方面的合规性。

三、数据分类分级保护

随着《中华人民共和国数据安全法》《中华人民共和国个人信息保护法》等相继出台，国家层面明确提出要建立数据分类分级保护制度；浙江省、上海市等多地也分别发布公共数据开放分类分级的试行指南。除此以外，金融、工业、电信、医疗和汽车行业均已出台了针对性的数据分类分级指南或技术规范。在合规要求下，数据分类分级成为企业的重要工作。与此同时，数据分类分级是建立统一、完善的数据生命周期安全保护框架的基础工作，是数据安全治理的必由之路。

（一）数据分类分级的概念

1. 数据分类

数据分类是把相同属性或特征的数据归集在一起，形成不同的类别，方便人们通过类别来对数据进行查询、识别、管理、保护和使用。数据分类更多是从业务角度或数据管理的角度来说的，例如行业维度、业务领域维度、数据来源维度、共享维度、数据开放维度等，根据这些维度，将具有相同属性或特征的数据按照一定的原则和方法进行归类。

2. 数据分级

数据分级是根据数据的敏感程度和数据遭到篡改、破坏、泄露或非法利用后对受害者的影响程度，按照一定的原则和方法进行定义。数据分级本质上就是数据敏感维度的数据分类。

（二）数据分类分级的相关法律法规和规范

数据分类分级作为保障网络安全的重要防护手段，是国家安全战略的重要组成部分，也是构建安全的数字要素市场不可或缺的保护措施。近年来，我国政府和相关机构已经开展许多探索：出台的多项法律法规和重要意见，主要从大数据环境和国家数据安全等宏观视角对数据分类分级保护制度提出了要求；而地方出台的标准，多以政务数据和公共数据的分类分级为重点，聚焦数据全生命周期的分级安全防护。

1. 中央政策

早在 2018 年 3 月，国务院办公厅就发布了《科学数据管理办法》，明确了科学数据分类分级的相关规定，例如法人单位要明确科学数据的密级和保密期限、开放条件、开放对象和审核程序等。在数据要素化的市场背景推动下，2020 年 4 月，国务院出台《关于构建更加完善的要素市场化配置体制机制的意见》，特别指出要加强对政务数据、企业商业秘密和个人数据的保护，重点关注在市场中流通的关键数据的分类分级。2021 年 3 月，《中华人民共和国国民经济和社会发展第十四个五年规划和 2035 年远景目标纲要》更是明确提出"要完善适用于大数据环境下的数据分类分级保护制度"，进一步拓宽了分类分级保护的数据范围。可见，从明确科学数据密级到提出数据分类分级等保护制度，相关政策的提出是由点到面逐渐宏观，这与大数据和数据要素化等时代发展的背景密不可分，其目的始终在于保护核心数据安全，构建安全的数字生态。

2. 法规和规范

2020 年 2 月工信部印发《工业数据分级分类指南（试行）》，将工业数据分为 3 个安全级别。2020 年 9 月中国人民银行发布的 JR/T 0197—2020《金融数据安全 数据安全分级指南》，给出了数据安全定级原则，将金融数据划分为 5 级。2020 年 12 月工信部发布了 YD/T 3813—2020《基础电信企业数据分级分类方法》，规定了基础电信企业数据分类分级原则以及数据分类工作流程和方法。《中华人民共和国数据安全法》明确提出在网络安全等级保护制度的基础上进行数据安全保护。

3. 地方标准

与数据分类分级相关的地方标准文件中，贵州省大数据产业发展领导小组办公室于 2016 年 6 月发布的《政府数据 数据分类分级指南（试行）》是贵州省对政府数据进行数据分类和分级的顶层标准，也是全国范围内出台的最早一批数据分类分级标准。各地方标准的分类分级框架结构整体较为接近，包括分类原则、分类方法或维度和分类特殊要求等版块，但在具体内容上存在一定差异。

(三)数据分类分级原则与方法

1. 原则

(1)科学性原则。基于多维度特征和逻辑关联进行科学、系统化的分类,并且分类规则应相对稳定,不应经常更改。

(2)适用性原则。不设置无意义的类别或层次,分类结果应符合一般认知。

(3)灵活性原则。支持各部门在归集和共享数据之前,根据业务需求完成数据分类和分级工作,不允许分类之间重复和交叉,同时同一级别的分类维度必须统一,颗粒度必须一致。

2. 方法

(1)数据评估

为了帮助企业或组织建立适用且科学的分类体系,需要对所有数据进行评估。这个评估包括以下几个方面:①关键性:数据在目标对象的日常运营和业务中的重要程度;②可用性:是否能够及时获取和访问所需数据,所访问的数据是否可靠;③敏感性:如果数据被泄露,对业务的潜在影响是什么;④完整性:数据在存储或传输过程中有无丢失或被篡改的情况,对业务的影响有多大;⑤合规性:根据法律法规、监管要求或行业标准,是否需要存档或保留数据。

(2)数据分类方法

根据数据的特征,将数据分成不同的类别,以便进行不同的管理和应用。以下是一些常见的数据分类方法:①按数据类型分类:将数据分为文本、图像、视频、音频等;②按数据来源分类:将数据分为政府部门数据、企业数据、用户数据等;③按数据主题分类:将数据分为人口统计数据、经济数据、环境数据等;④按数据时效性分类:将数据分为实时数据、近期数据、历史数据等;⑤按数据的业务价值分类:将数据分为高价值、中价值、低价值等级别;⑥按数据的敏感性分类:将数据分为个人隐私数据、商业机密数据等;⑦按数据的共享属性分类:将数据分为无条件共享数据、有条件共享数据、不予共享数据等。

从数据影响对象角度而言,按照对国家安全、公共利益、组织合法权益和个人合法权益的影响和重要程度分类:将数据分为一般数据、重要数据、核心数据等。

同时，根据不同的组织和不同的业务场景的需要和实际情况，这些方法可以单独或结合使用，也可能需要建立多套数据分类体系。

（3）数据分级方法

在地方标准里，除上海市地方标准采用与数据分类相同的三个维度（个人、组织和客体）的视角以外，其他省市均以数据敏感程度或被违规操作后的危害程度为划分依据，按照数据敏感程度分为2级、3级或4级。特别地，2022年更新版的贵州省地方标准相较旧版，将数据分类的3个维度（主题、行业、服务）扩充成5个维度（资源属性、归集管理、安全管理、共享和开放属性及其他），并进一步细化了三级分类下的细目，删减了使用面分类法构造标签词和数据分级方法的相关内容。可见，公共数据自身的类别和属性，各地方的数据分类方法大多从粗粒度的维度到细粒度的类别逐层划分，且大多依据数据敏感程度进行分级，存在一定共性。

2021年11月份发布的《网络数据安全管理条例（征求意见稿）》第五条提出了"将数据分为一般数据、重要数据、核心数据"，一定程度上隐含了将重要数据与核心数据剥离分级的立法宗旨。基于此，我们可以初步将其确立为三级分级模型：一般数据、重要数据、核心数据。其中不包含国家涉密信息，国家秘密作为最高机密性数据被剔除后由专门的法律和机关规制。如果在具体实行中三级的数量导致细粒度不够，精准管控存在困难，可以进一步细化为更多等级。

在企业和组织当中，重要数据与个人信息是两个主要且关键的数据分类，有其各自的保护目标与分级角度，在不同规范目标的法律文件中，个人信息与重要数据的法益侧重点与规制定位不同。例如，《中华人民共和国网络安全法》第三十七条并列提及重要数据与个人信息时，是出于保障数据跨境场景下的国家安全利益等目的，而《中华人民共和国网络安全法》将个人信息纳入重要数据和核心数据目录以重点保护。因此企业应参照数据的重要性、影响业务的优先级，以及被侵害后的后果严重程度等因素对数据进行内部定级，以便内部的管理分工和对数据的保护。

四、数据合规管理的重要性

企业开展数据合规管理是降低企业及其员工涉数据类违法犯罪风险的重要举措，对于建立现代化的企业合规管理制度和文化具有重要意义，有利于促进企业合规守法经营，推动企业在市场竞争的道路上行稳致远。

合规管理是企业稳健运行的内在要求，也是防范违规风险的基本前提，是企业管理的一部分，也是保障企业自身利益的有力武器。内控制度的完善离不开合规化的管理及操作，这样才能让企业内控制度的效用最大化。

合规管理是规范员工行为的有效手段。通过建构科学的企业合规文化以及合规体系，有利于让员工养成合规化的习惯，避免违规风险，同时在制度层面向广大员工普及合规管理的相关规定，有利于让员工自觉自律地避免违规化操作。

合规管理可以防止决策失误。领导者的权限较大，再小的决策都有可能引发企业的多米诺骨牌效应。合规化管理通过约束高层领导人员的相关行为能够最大限度地减少决策失误带来的经营风险。

第二节 数据风险识别

在全球数字经济发展的大背景下，数据已经成为企业的重要资产。数字经济时代，数据也成为新型生产要素，正式与土地、劳动力、资本、技术等生产要素并列成为国家基础性资源，也为数字化经济高质量发展带来了机遇。我国各行业数据资源丰富，利益相关方对数据资源的利用使得数据安全问题日益凸显，数据安全是数字经济的生命线，是企业创新发展的安全阀，因此，企业开展数据合规管理应当首先准确识别风险。

一、数据风险类型

常见的数据风险类型包括：

（一）法律法规风险

数据合规要求企业或组织遵守相关的数据保护法律法规，一旦违犯法律法规，将面临巨大的法律风险和经济风险。

（二）数据隐私风险

数据隐私风险，包括可能存在的未授权访问、数据滥用以及侵犯个人信息、非法获取计算机信息系统数据、传播违法信息、侵犯知识产权等。

（三）数据安全风险

企业存储的大量敏感数据，如客户、员工、合作伙伴和财务数据，可能面临被黑客攻击、内部威胁、被恶意软件攻击等，导致数据泄露的风险。

（四）数据管理风险

企业需要建立完善的数据管理流程和机制，确保数据的合法和合规使用。如果企业没有建立完善的数据管理机制，就有可能出现数据质量问题和管理混乱等风险。

（五）跨境数据流动风险

随着全球化的加速和企业的国际化经营，数据在跨境流动的过程中，面临着数据保护法律法规不同、文化差异等风险。企业需要遵守相关法律法规和国际标准，确保数据的合法和合规使用。

（六）员工风险

员工是数据合规的一环，但员工的不当行为也是数据泄露和滥用的重要原因之一，如员工利用职务之便泄露数据、将数据用于非法目的等，如果企业不能有效监管员工行为，就会面临员工风险。

（七）技术风险

数据合规需要企业或组织采用先进的技术手段进行数据管理和保护，但技术的不成熟或者技术人员的不足也会导致数据管理和保护不到位，从而面临技术风险。

二、准确识别风险

数据合规面临的风险十分复杂和多样，企业应当根据自身实际情况建立必要的数据合规计划，通过内部反馈、外部咨询，以及持续跟踪数据立法、执法、司法的最新进展等方式准确识别数据风险：数据处理者开展影响或者可能影响国家安全的数据处理活动时，应当按照国家有关规定，申报网络安全审查；数据处理者在采用网络爬虫等自动化工具访问、收集数据时，应当评估对网络服务的性能、功能带来的影响，不得干扰网络服务的正常功能；数据处理者处理个人信息时，应当依据《中华人民共和国个人信息保护法》的规定遵守八项规则，并在特定情况下删除个人信息或者进行匿名化处理；数据处理者利用生物特征进行个人身份认证时，应当对必要性、安全性进行风险评估，不得强制个人同意收集人脸、步态、指纹、虹膜、声纹等生物特征信息；数据处理者向第三方提供个人信息，或者共享、交易、委托处理重要数据的，应当遵守三项规则；跨境提供数据应当遵守《中华人民共和国数据安全法》《数据出境安全评估办法》等特定条件。

第三节　数据风险评估与处置

一、数据风险评估概念及意义

（一）概念

数据风险评估是数据风险识别、风险分析和风险评价的全过程。企业在识别数据风险内容的基础上，可根据自身经营规模、组织体系、业务内容以及市场环境，分析和评估数据风险的来源、发生的可能性、后果的严重性等，并对数据风险进行分级。

1. 风险识别

风险识别是发现、认识和描述风险的过程，包括数字资产识别、威胁识别、现有控制措施识别、脆弱识别点等活动。风险识别的阶段：（1）识别数据资产并分析其重要程度；（2）对数据应用场景进行识别；（3）识别数据应用场景中的数据威胁，并判断数据威胁发生的可能性；（4）识别数据应用场景中的脆弱性，与具体安全措施关联分析后，判断脆弱性可利用程度和脆弱性对数据资产的影响的严重程度。

2. 风险分析

理解风险的本质和确定风险水平的过程，亦是分析风险的可能性及后果。风险分析阶段：（1）根据数据威胁与脆弱性利用关系，结合数据威胁发生的可能性与脆弱性可利用性判断安全事件发生的可能性；（2）根据脆弱性影响严重程度及数据重要程度判断安全事件影响严重程度；（3）根据安全事件发生的可能性以及安全事件影响严重程度判断风险值。

3. 风险评价

风险评价是将风险分析结果与风险准则进行比较，以确定风险的大小是否可被接受或容忍的过程。主要是根据风险接受准则来判定风险是否可以被接受。

（二）意义

数据风险评估能够帮助企业或组织发现自身数据安全问题和短板，明确数据安全保护需求，为建设数据安全管理和技术体系指明方向，提供思路。因此，数据合规部门的负责人会根据风险评估的结果，对不同职级、不同工作范围的管理层与员工进行风险提示，降低管理层和员工的违法犯罪风险。

二、数据风险评估流程

（一）评估工作准备

第一，确定评估目标。数据风险评估专注于被评估业务的数据安全风险，保障被评估业务的数据资产（包含个人信息）的机密性、完整性、可用性及可控性。评估内容包括数据资产、数据应用场景、面临的威胁、脆弱性、已有安全措施等各方面。

第二，确定评估范围。数据安全风险评估工作范围可能是组织全部的业务及业务相关的各类信息系统，也可能是某个独立的业务及相关信息系统等，评估对象为根据关键数据原则确定的相关业务的数据资产。

第三，组建评估团队。

第四，组织数据安全相关工作调研。

第五，确定评估依据。

（二）数据资产识别（本阶段工作输出件为数据资产清单）

第一，数据调研。

第二，数据重要程度分析与赋值。

第三,确定待评估的数据资产范围。

(三)数据应用场景识别

(四)数据威胁识别,并在本阶段输出数据威胁报告

(五)脆弱性识别,并在本阶段输出脆弱性报告和风险评估报告

三、风险处置机制

企业应建立健全数据安全事件应急预案与风险处置机制,对识别和评估的各类数据风险设置恰当的控制和应对措施来降低风险,必要时停止相关风险行为。

(一)风险处置原则

第一,根据风险接受准则判定风险是否可以接受,对不可接受的风险应采取相应的风险处置措施降低风险级别。

第二,风险处置措施应着重针对可能被威胁利用的脆弱性来制定,找出引发不可接受风险的脆弱性,提出具体的风险处置措施,包括风险级别、风险描述、风险值、风险处置措施、风险处置步骤、相关责任人、预计时间等。

(二)风险处置措施的制定

风险处置措施的制定应考虑以下内容:

合规需求:组织制定的风险处置措施应符合相关法律法规要求。

业务需求:数据风险评估的目的是保证组织业务的健康运行,风险处置措施也应满足业务需求。

组织建设:组织的建设是保证数据安全的必要手段,应考虑是否设立数据安全保护组织,以完成数据安全保护目标。

制度流程:必要的制度和规范的流程是保障人员执行数据安全要求的要素之一,其中包括数据安全方针和目标、数据安全管理策略、数据安全管理办法、数据安全操作指引和相关模板等。

工具:数据安全不仅仅需要考虑管理手段,配套的技术和工具也是需要考量的,其中包括信息系统、加密算法等。

人员：人员是执行以上手段的必要要素之一，可以通过招聘或培训的方式提升人员数据安全保障能力。

（三）风险处置措施的方式

1. 控制风险

实施有效控制，降低威胁发生的现实可能性和造成的影响，将风险降低到可以接受的等级，包括：（1）减少威胁，即通过有效实施风险控制措施，避免威胁发生，从而保护数据资产；（2）减少脆弱点，即通过有效实施风险控制措施，减少脆弱点，如采取适当的技术措施，对员工实施数据安全教育培训，强化员工的数据安全意识和操作能力；（3）降低影响，即通过预防性措施降低威胁发生后可能造成的损失，如对重要数据的备份、制定业务连续性计划等。

2. 转嫁风险

将数据风险全部或部分地转移到其他责任方，如通过购买保险或外包等方式将风险转移给他方。

3. 避免风险

远离风险环境或采取与风险环境相隔离的措施。

4. 接受风险

接受风险并采取补救措施，如发生个人信息等数据泄露、被篡改、丢失等事件的，数据处理者应当立即采取补救措施，并通知所在地区的数据监管部门。安全事件涉嫌犯罪的，应当及时向公安机关报案。

（四）立即停止违法行为

经风险评估发现已经发生数据违法行为，或者数据监管部门已立案并启动调查程序，企业应立即停止违法行为并与执法机构合作。积极配合调查或者主动消除、减轻违法行为危害后果的，可能会获得数据监管部门的从轻或者减轻处罚。

（五）风险处置与数据监管部门的配合

当企业受到数据监管部门调查时，应立刻通知管理层、法务负责人、数据合规负责人和相关业务工作负责人等，按照企业内部受调查操作流程妥善应对，进行内部初步调查，分析相关法律法规并评估数据产生违法行为的可能性，以及相应的法律后果。

同时，企业应积极配合数据监管机构调查，不得拒绝提供有关材料、信息，或者提供虚假材料、信息，或者隐匿、销毁、转移证据，或者有其他拒绝、阻碍调查的行为等。

四、数据合规审计

我国的数据合规审计，以自行审计为原则，以强制审计为补充。审计类型分为两种：一种是为控制和避免企业及员工因数据处理不合规，引发法律责任、受到相关处罚、造成经济或声誉损失以及其他负面影响的可能性而开展的定期自行审计；另一种是当风险事件发生时，企业监管机构要求或履行风险应急管理义务而启动的专项审计。

定期和全面的审计工作可以规避企业在收集、存储和使用个人信息时出现数据合规风险。《中华人民共和国个人信息保护法》要求企业定期对其处理个人信息遵守法律法规情况进行合规审计。同时监管机构在履职时发现个人信息处理活动存在较大风险或者发生个人信息安全事件的，可以按要求委托专业机构开展合规审计。

数据合规审计的要点应当至少包括：（1）常见的数据处理风险场景及企业的应对措施；（2）数据合规管理架构的运营情况及问责制；（3）企业开展数据合规培训的情况和员工的意识；（4）对数据合作伙伴的管理；（5）数据保护影响评估和风险管理等。

第四节　数据合规运行与保障

一、建立数据合规咨询机制

企业可建立数据合规咨询机制，管理层和各部门员工在工作中可以向数据合规管理部门咨询数据合规的相关问题。数据合规管理部门应当持续不断学习，提升合规管理水平，也可以同外部相关机构开展数据合规咨询合作。

二、数据合规问题的发现和举报机制

（一）发现机制

发现机制是数据合规管理部门通过日常监测和定期评估发现数据不合规行为的机制。数据合规管理部门可以通过设置日常的流程监控、内部审核、重点核查以及定期评估等方式发现企业及员工的违规行为，并及时按照合规计划采取相应的处置措施。

数据合规管理部门应定期向合规负责人汇报数据合规管理情况。当发生可能给企业带来重大数据合规风险的违规行为时，应当及时向合规负责人汇报，并提出相应的解决方案。

（二）举报机制

举报机制是数据处理者根据合规计划举报企业内部违规行为的机制。数据处理者应建立便捷的数据安全投诉举报渠道，及时受理、处置数据安全投诉举报。并且，数据处理者应当公布接受投诉、举报的联系方式、责任人信息，每年披露受理和收到的数据安全投诉数量、投诉处理情况、平均处理时间情况，接受社会监督。

同时，数据处理者应认真处理通过内部举报系统实名或者匿名举报的数据违规行为，并严格保护实名举报者和匿名举报者不受打击和报复，尤其是保护匿名举报者的个人信息安全。保护包括采取一切合理步骤防止损害发生，或包含防止已确定的损害发生进一步损害。实施的战略将取决于通过风险评估确定的可能损害来源。

三、激励和纪律

企业应建立数据合规考核机制，把考核结果作为企业绩效考核的重要依据，与员工的评优评先、职务任免、职务晋升以及薪酬待遇等挂钩；对于严格遵守数据合规的管理层和员工，制定适当的激励措施使合规计划得到一致遵守和执行；对于不严格执行甚至违反合规计划的管理层和员工，采取适当的纪律措施进行惩戒，并根据违规程度采取不同的风险处置措施。

（一）考核指标

企业建立数据合规考核指标应包括：（1）已参加合规培训员工的比例；（2）企

业与数据合规监管部门联系的频率;(3)数据合规报告机制、投诉反馈机制等使用次数;(4)对于数据违规事件采取了哪些纠正措施及违规数量;(5)数据合规报告中已识别存在问题、违规类型、区域和频率;(6)违规造成可量化的损失,如经济补偿、罚款、补救成本、声誉受损以及员工付出的时间成本等;(7)编写数据合规报告及采取纠正措施所花费的时间;(8)一定时期内违规风险大小,含潜在的损失和收益以及健康、安全、声誉等;(9)可量化的不合规趋势,例如基于过去数据和趋势来预测未来一段时间的合规率;(10)其他。

(二)考核评价

数据合规管理考核评价,其目的是评估企业各层面的数据合规管理工作,推动企业数据合规制度管理机制的健全完善和有效执行。数据合规管理评价一般一年至少应该执行一次,评价对象为公司董事会、监事会、高级管理人员、数据合规管理部门以及各业务部门、各层级子公司全体工作人员。评价内容包括数据合规管理环境的评价、数据合规管理职责履行情况的评价以及相关经营管理情况评价等。

年度数据合规管理评价的一般程序包括:(1)成立数据合规评价小组;(2)制定数据合规评价方案和评价计划;(3)开展数据合规评价活动;(4)发现数据合规管理过程中的漏洞或者薄弱环节,并提出整改建议;(5)编写年度数据合规管理评价报告;(6)向企业董事会、合规管理委员会及其他相关机构提交年度数据合规管理评价报告。

(三)绩效

数据合规绩效信息内容包括:(1)数据合规、违规以及存疑问题;(2)根据企业主客观环境变化而涌现出的新的数据合规问题;(3)企业持续的监管或企业组织变更信息;(4)对数据合规有效性和合规绩效的评论;(5)企业内部优秀数据合规实践案例。

四、培训与承诺

(一)培训

数据合规管理部门应建立培训机制,定期对管理层、员工进行合规培训,使其充分了解数据合规法律规定、数据合规计划、岗位角色与职责等。

1. 数据合规培训机制

（1）建立数据合规培训的全过程管理机制。

（2）建立多渠道的数据合规培训服务机制。

（3）建立统一全面的入职数据合规培训制度。

（4）建立数据合规培训记录的留存机制。

2. 培训内容

（1）对具有数据合规管理职责的人员培训。数据合规管理是企业重要的、特殊的、专业的管理，要求企业有数据合规管理职责的人员（包括合规管理委员会、数据合规部、审计部门、各职能管理部门、各业务部门的管理层，以及各分公司、项目组、部门的管理层等）应具备：①数据合规管理相关的法律知识和能力；②数字化转型企业管理学知识；③数字经济学知识；④企业基本业务知识等。

（2）对员工培训。对员工培训的内容应涉及：①与员工岗位职责相关的年度数据监管立法与趋势；②与员工角色和职责相关的客户隐私保护；③企业所在行业数据合规监管要点及案例分析；④企业涉外数据监管及出境要点梳理与合规风险防范；⑤员工职责相关的义务和合规风险；⑥企业业务场景典型问题解析与应对；⑦企业数据合规基本工作流程与工作模板；⑧事件应急响应与法律竞合；⑨APP数据合规专项与治理等。

（3）第三方合作伙伴培训和教育

除对员工的培训内容外，第三方合作伙伴培训和教育包括三点：①企业与第三方产品或服务提供者通过合同等形式明确双方的安全责任及应实施的个人信息安全措施；②应要求第三方产品或服务建立响应个人信息主体请求和投诉等的机制；③企业对第三方产品或服务的监管及整改要求。

最后，鼓励行业协会在行业内积极培育和倡导数据合规文化，增强行业内全员的数据合规意识。

（二）承诺

企业管理层和其他员工应作出并履行明确、公开的数据合规的承诺，内容主要是知悉、愿意遵守数据合规计划，愿意承担违背数据合规承诺的后果等。

五、数据合规管理信息化建设

（一）数据合规管理信息化建设的基本要求

1. 建立数据合规风险识别评估预警机制

全面梳理经营管理活动中的合规风险，建立并定期更新合规风险数据库，对风险发生的可能性、影响程度、潜在后果等进行分析，对典型性、普遍性或者可能产生严重后果的风险及时预警。

2. 明确数据合规管理信息化建设的主要内容

数据合规管理信息化建设的内容包括研发和建立数据合规制度、典型案例、**数据合规培训、数据违规行为记录等信息系统**。

3. 定期梳理业务流程，查找数据合规风险点

运用信息化手段将数据合规要求和防控措施嵌入信息化流程，针对关键节点加强数据合规审查，强化过程管控。

4. 加强合规管理信息系统与财务、投资、采购等其他信息系统的互联互通，实现数据共用共享

5. 利用大数据等技术，加强对重点领域、关键节点的实时动态监测

实现数据合规风险即时预警、快速处置。这些规定和要求为合规管理信息化建设明确了目标和方向、实现路径和运营方式，使合规管理信息化建设成为合规管理不可或缺的工具和手段。

（二）数据合规管理信息化建设的框架体系

数据合规管理信息化建设的框架体系包括以下内容：

第一，构建数字化信息库。如构建数据合规风险数据库、数据合规制度库、典型案例库等，使合规管理有数据可查，是模型运作、大数据分析的基础，为合规管理提供坚实的数据支撑。

第二，合规管控信息嵌入流程，加强与业务部门信息系统有机融合。围绕监管规则和制度要求，将违规风险点内化为系统控制规则，从根源上减少、消除由于人为操

作因素导致的合规风险。

第三，与业务系统联通，实现数据共用共享。打破数据孤岛和系统藩篱，将合规管理信息化系统与其他业务信息系统互联互通，各取所需，助力一道防线自查自纠、自我完善，使合规分析按条线、分模块进行，提高合规分析的精准度。

第四，建立动态监测预警系统，对于重点领域、关键节点，特别是合规风险事件频发的领域，通过高级算法和模型进行实时动态监测，挖掘大数据信息，实现精准洞察和提前化解违规风险。

六、数据合规文化培育

数据合规的宣传教育，是培育合规文化、守住数据安全底线的有力抓手。鼓励企业将数据合规文化作为企业文化建设的重要内容，践行合规经营的价值观，营造全员知规、守规、用规的氛围，不断增强员工的数据合规意识，促进其更好地参与到企业的依法管理和建设中。企业组织体系、制度体系和流程体系都是针对工作业务方面的约束，合规文化则是对企业环境的一种影响，能够从思维意识方面实现对人的引导和启发。

（一）多层次开展数据合规普法宣教活动

普法宣教是依法治企及合规管理实现的有力手段，能够促进企业员工更加全面和深入地了解相关法律法规及文件要求。在此项工作的开展中，为了达到全面的宣教效果，需要多层次开展普法宣教活动。国有企业需要重视中高层领导干部的法治学习，借助党委学习活动、专题报告、法治讲堂培训等，对相关法律知识进行渗透，通过强化领导层法治意识，发挥他们的带头作用。同时，还需要关注基层员工的普法宣教，以调研问卷或基层实践等方式对基层员工的需求与反馈进行收集，结合企业发展实际情况进行合规管理知识的科学化宣教，还可以借助定期合规巡讲及新媒体宣讲等形式，促进基层员工对相关知识的学习。

（二）合规文化有效融入企业文化

在企业文化的发展中，需要重视合规文化的建设，将合规文化当作企业文化的重要组成部分，把"依法合规"纳入企业文化理念中，以合规倡议和文化环境建设促进企业员工合规意识的提高,并制定合规准则和标准,让全体员工认识到合规文化的内涵。国有企业可以借助宣传栏、墙体海报、宣传片播放、竞赛活动、景观雕塑等方式,围绕合规主题打造企业文化,让合规文化内涵和价值渗透到企业员工生活和工作的各方面,从而潜移默化地对广大干部及员工的合规理念进行塑造。

(三)构建制度化和常态化的培训教育机制

企业应制定科学化和系统化的培训方案,建立常态化的教育机制,从合规角度对企业员工开展教育培训工作,强化员工合规意识及行为自觉意识,使员工能够全面理解和严格遵循企业的合规要求标准与目标。

第十三章 出口管制合规管理

出口管制违规行为或风险可能会对企业的声誉和正常经营产生严重的负面影响。因此,企业必须识别与评估可能面临的合规风险,然后建立管控机制以消除、防范或降低此类风险。风险评估应当持续进行,不仅应当关注实际的交付行为,更重要的是在交易的前期就进行充分的风险识别,避免在后续花费更多的精力来修正。

第一节 出口管制概述

一、出口管制相关概念

(一) 出口管制

出口管制是指某一国家或地区对从该国家或地区境内向境外转移管制物项,以及该国家或地区的公民、法人和非法人组织向其他国家或地区的组织和个人提供管制物项,采取禁止或限制性措施。

本章的"出口"系广义,贸易性出口及以对外援助、赠送、展览、交流、交换、合作、服务、维修等其他方式出口的相关货物、技术和服务均在管制范围内。

(二) 经济制裁

经济制裁是指一个或多个国际主体为了实现某种特定的对外政策目标或者为了维护国家利益,而对特定经济体的经济来往实行禁运、联合抵制和其他措施的一种经济强制行为。

出口管制与经济制裁既有联系也有区别。一般来说,经济制裁是出口管制的政策目标,出口管制是经济制裁的一种手段。经济制裁的措施不仅包括贸易禁运,还包括针对国际结算、物流的多种限制手段。

(三) 防扩散

防扩散是与出口管制相关联的一个概念，主要用于军品及两用物项出口领域，即防止大规模杀伤性武器及其运载工具的扩散。

防扩散是出口管制的目标之一，出口管制是防扩散的主要措施和手段。

(四) 管制物项

从出口管制基本理论以及各国的实践来看，出口管制采用区别管制的做法。各国通行做法是按照使用用途进行区分，一般分为两用物项、军品、核及其他与国家安全相关的物项等，并以清单、名录等形式予以一一列举。《中华人民共和国出口管制法》（以下简称《出口管制法》）第二条对两用物项、军品、核等概念进行了明确规范。

两用物项是指既有民事用途，又有军事用途或有助于提升军事潜力，特别是可用于设计、开发、生产或者使用大规模杀伤性武器及其运载工具的货物、技术和服务。

军品是指用于军事目的的装备、专用生产设备以及其他相关货物、技术和服务。

核是指相关核材料、核设备和反应堆用非核材料及相关技术和服务。

(五) 物项归类

物项归类是指对照某一国家或地区的出口管制法律法规及相关清单等，判断拟出口物项是否属于管制物项以及该管制物项的出口是否需要获得许可证的过程。

物项归类是防范出口管制合规风险的第一步，也是一项技术性较强的工作，通常需要专业技术人员或专业机构进行分析判断，必要时还需要向出口国（地区）的政府部门咨询。

(六) 国家/地区

区别管制的另一个分类标准是国家和地区。例如，联合国制裁主要针对特定国别或地区；美国的《出口管理条例》（EAR）将国家或地区区分为A、B、C、D、E五组，实行不同程度的管制措施。

(七) 最终用户/用途

最终用户是指管制物项最终的境外使用者,即最终交付何人。"了解你的客户"(Know Your Customer,通常简称为 KYC)是防范出口管制合规风险至关重要的一环。这个概念主要针对出口和再出口或转运等交易。此类交易中,物项可能被辗转多次交易,最终使用该物项的主体即为最终用户。

最终用途是指管制物项最终用户的真实购买目的及使用的方式、途径。了解可能涉及管制物项的最终用途,阻止未被授权的物项转运是防范出口管制合规风险的关键。这个概念主要用于评估物项是否可能被限制名单上的主体用于高风险活动,有时会与国家/地区的概念一同使用。

二、出口管制的适用范围

(一) 适用主体

1. 出口商

出口商是指一国境内有权决定和控制物项出口的"人",包含自然人、公司或其他具有法人主体资格或进出口贸易资格的主体。

2. 再出口商

再出口商是指将已进口的产品或技术再转移到另一个国家或地区,或转移给另一国家或地区的个人或组织的行为实施主体。

3. 中介

中介是指从事出口管制相关业务的货运代理公司、咨询公司、律师事务所、会计师事务所和包括银行在内的金融机构等专业机构或专业人士。

(二) 适用客体

一般来说,出口管制适用的客体为货物、技术、服务等(包括物项相关的技术资料等数据):

1. 货物

任何产品、天然物质或者人造物质、原材料、供应品或制造品,包括检验和检测设备等。

2. 技术

任何可用于设计、生产、制造、利用或者修复产品的信息和技术秘密,包括计算机软件和技术数据,但非货物本身。

3. 服务

各国出口管制法中管制的服务主要是与受管制货物和技术有关的服务,例如技术支持和装配服务等。

(三) 适用行为

1. 出口

出口是指将物项从一国运送或传送至该国境外。

2. 视同出口

视同出口是指通过演示或口头等方式将受管制的物项提供给外国组织和个人,包括随着电子信息技术的发展而出现的云服务和AI技术等此类因软件及技术的保密特性因素导致可能危害国家安全或外交政策的技术信息。

3. 再出口

《出口管制法》仅对再出口作了原则性规定,即管制物项的再出口依照本法有关规定执行。

美国在《出口管制改革法案》(ECRA)中将再出口定义为,将受管制物项从某一外国实际发运或转运至另一外国以及将受管制物项相关的技术或源代码传播或转让给在美国境外的外国人的行为。

欧盟在《欧盟海关法典》(European Union Customs Code)中将再出口定义为,将非欧盟货物从欧盟境内转移至欧盟境外的行为。

4. 其他行为

包括过境、转运、有助于大规模杀伤性武器扩散的合同缔结、融资、服务、支持、运输、货运代理或雇佣等行为。另外,部分国家将进口国的境内转让也列为适用出口管制的行为。

三、出口管制法律法规及政策

（一）我国出口管制法律法规及主要管理内容

1. 法律法规

对于各企业来说，我国的出口管制法律法规是最重要且必须遵守的出口管制法律法规。自2020年12月1日起施行的《中华人民共和国出口管制法》是我国出口管制领域的专门法律。此外，除了散见在其他法律中的出口管制要求外，直接规范出口管制活动的行政法规或部门规章主要有：《中华人民共和国军品出口管理条例》及《清单》，《中华人民共和国导弹及相关物项和技术出口管制条例》及《清单》，《中华人民共和国生物两用品及相关设备和技术出口管制条例》和《两用物项和技术进出口许可证管理办法》等。

2. 管理机构及主要制度

（1）管理机构

根据《出口管制法》第五条规定，国务院、中央军事委员会承担出口管制职能的部门按照职责分工负责出口管制工作。国务院、中央军事委员会其他有关部门按照职责分工负责出口管制有关工作。商务部产业安全与进出口管制局负责全面管理进出口管制许可、制定进出口管制清单、对进出口管制进行调查执法、承担国家进出口管制体系建设。对核、生物、化学品、导弹等相关两用物项和技术的出口，商务部一般会同其他相关政府部门进行管理。例如商务部会同国防科工局审查核、导弹等相关两用物项和技术的出口。对于监控化学品的出口，由工业和信息化部会同商务部进行管理。

对于军品出口，由国防科工局和中央军委装备发展部管理。对于涉及外交政策的敏感物项及相关设备和技术的出口，由上述部门会同外交部进行审查。

海关总署负责上述物项和技术的出口监管工作，并参与相关违法出口案件的调查处理。

（2）主要制度

我国出口管制的主要制度包括：经营资格登记制度、出口许可制度、出口管制清单制度、最终用户和最终用途说明制度等。

(二) 联合国决议与相关国际条约

我国签署批准的国际条约和联合国决议是中国主体在从事相关出口活动时的一类行为依据。尽管这些条约和联合国决议通常需要内化为我国的法律才能对中国主体发生效力，但中国主体应当积极遵守联合国决议或国际条约，创造利于业务开展的外部环境。

在出口管制领域的联合国决议和国际条约主要有：《联合国安理会第1540号决议》、防扩散安全倡议、《不扩散核武器条约》《禁止生物武器公约》《禁止化学武器公约》《全面禁止核试验条约》《武器贸易条约》等。

(三) 多边防扩散机制

多边防扩散机制是一系列明示或隐含关于出口管制的原则、规范、规则和决策程序，是在某个国际关系领域内，国际关系主体围绕其形成的相互预期，参与主体包含各类政府主体和非政府主体，它们既是机制的制造者，也受到机制的制约。例如，主要发达国家就一般性的基于敏感物项的出口管制达成的《关于常规武器和两用物品及技术出口控制的瓦森纳协定》；在《不扩散核武器条约》基础上建立的桑戈委员会和核供应集团等国际防扩散机制；以及在导弹和无人机技术、大规模杀伤性武器领域的导弹技术控制机制（MTCR）等。

(四) 国别或区域出口管制法律法规及政策

通常一个国家的国内法或一个地区的区域法只对本国或本地区具有法律效力。一方面，通过进出口合同约定的管辖法或物流运输涉及的转运国法律，会对物项产生法律效力；另一方面，某些国家或地区常常凭借其货币及支付结算体系等方面的优势，通过单边管制措施等手段将国内法或区域法强制进行域外适用，此谓"长臂管辖"，应引起各企业的高度重视。

1. 美国

美国的出口管制法律法规是出口管制合规风险的一个重要来源。美国利用其出口管制法律法规对其他国家、实体或个人产生域外管辖效果，主要是凭借其作为全球结算体系的金融系统和美元地位实现的。在美国境外的非美国主体违反美国的出口管制和经济制裁相关法律法规时，美国会使用金融手段对该主体进行制裁，其实际影响、后果需要引起高度重视。

美国国会针对军事和防务目的的产品和技术制定了《武器出口管制法》（AECA）；针对军民两用产品和技术制定了《国际紧急经济权力法案》（IEEPA）和《出口管制改革法案》。

美国出口管制根据出口物项或技术的军用和民用用途分别由美国国务院及商务部进行管辖。国务院和商务部均发布了各自的管制清单目录：国务院发布了《国际武器贸易管理条例》（ITAR）及其项下的《美国军需品清单》（USML）。美国对中国施行严格的武器禁运，《美国军需品清单》上的物项不可能出口或再出口至中国，也不可能转移给中国籍个人或机构。

美国商务部发布了《出口管理条例》及其项下的《商业控制清单》（CCL）。CCL上的受控物项需要取得美国商务部产业安全局（BIS）的许可或者许可豁免方可出口。

美国近年来修改的出口管制新规定依旧延续对中国出口管制日益收紧的趋势，例如取消"民用最终用户"许可例外；加强对华军事最终用途和最终用户的出口限制；扩大"外国生产直接产品规则"的适用范围；新增实体清单中的中国实体等。

2020年11月18日，BIS在《联邦公报》发布一项针对EAR的修订规则，内容主要包括：（1）增强EAR与2018年ECRA的兼容性；（2）扩大出口管制执法权限，如许可前检查和装运后核查、海外调查权、违规和处罚等。

2020年12月23日，BIS进一步修订EAR部分条款，增加了新的"最终军事用户"清单，并将第一批102个实体，其中包括57家中国企业和45家俄罗斯企业列入该清单。根据EAR第744.21（a）节中规定，若出口、再出口、在国内转让之时，在知晓任何被列入EAR第744节第二补充案中的物项可能被部分或全部地在缅甸、中国、俄罗斯或委内瑞拉用于EAR第772.1（f）节所定义的"最终军事用途"或者第772.1（g）节所定义的"最终军事用户"的情况下，则不得在未获得许可证的情况下，向缅甸、中国、俄罗斯或委内瑞拉出口、再出口或国内转让任何被列于EAR第744节第二补充案中的物项。此外，未被列入的其他实体依然可能受到"军事最终用户"规则的管制，有关交易相对方仍有义务对有关交易进行充分的尽职调查。鉴于美国近年来的法律修订和严厉措施，各企业应加强内部合规建设，深研外部合规风险，保障企业正常开展经营业务。

美国财政部下设海外资产管理办公室（OFAC），作为经济制裁的主要执行机构及监管机构。OFAC为此发布了多个针对国家和实体/个人的制裁项目。

美国国防部、国土安全部、能源部、美国国家航空航天局、中央情报局、专利与商标局等在不同领域针对特定物项也有出口管制要求。

2. 欧盟及其成员国

欧盟的出口管制制度从效力上来看，有两个层次，分别是欧盟的法律和各成员国的法律。其中，欧盟的法律包括指令（Directive）和法令（Regulation）两大类。指令需要欧盟成员国通过国内法转化；法令则自动适用于成员国。除此之外，欧盟成员国可以在欧盟法律的基础上制定国内法，提出更高的规范要求。

2021年9月，欧盟理事会新修订的《两用物项出口、中介服务、技术援助、过境和转移的管理制度》〔Regulation（EU）2021/821〕（Setting up a Union Regime for the Control of Exports, Brokering, Technical Assistance, Transit and Transfer of Dual-Use Items）（以下简称《管制条例》）正式生效。该《管制条例》规定了一般性的管控规则、管控清单和统一执行政策。

根据《管制条例》第三条的规定，附件一中所列的两用物项均需获取出口许可。根据第四、五、九、十条的规定，出口某些未列入附件一的物项，可能用于以下情形的，同样需要获得许可：（1）开发、生产、维护、存储或运输核武器、化学武器、生物武器的物项及其运载工具；（2）出口至禁运国家用于军事；（3）未经许可或违反许可进行出口并用作军事物项的零部件；（4）用于内部镇压、严重侵犯人权、践踏国际人权法的网络监控物项等；（5）出于公共安全考虑，用于制止恐怖主义、保护人权的物项；（6）成员国自行考量的情形。

此外，该《管制条例》新增"技术援助提供者"的定义并明确管制"技术援助"行为，同时将"出口商""中间商"的范围扩大到外国主体并提出"内部合规计划"要求。

3. 其他国家

澳大利亚关于军用、两用物项有关的出口管制法规主要包括但不限于：1901年《海关法》(the Customs Act)、1958年《海关（禁止出口）条例》(the Prohibited Exports Regulations)、1995年《大规模杀伤性武器（防扩散）法》〔Weapons of Mass Destruction（Prevention of Proliferation）〕，以及2012年《国防贸易控制法》（Defence Trade Controls）、《国防及战略物品清单》(Defence and Strategic Goods List)。

此外，新加坡、日本等国家和地区均出台了相应出口管制法律法规，也存在内部法域外适用的问题，涉及上述国家的交易，应特别注意研究相关规定。

第二节 出口管制合规风险审查

一、审查依据

中央企业审查出口管制合规风险的首要依据是《出口管制法》及我国法律法规体系中其他关于出口管制的相关规定。

表13 我国主要出口管制物项清单目录

国家出口管制产品目录或清单	法律依据	管理产品和对象	主管部门
《禁止出口货物目录》	《中华人民共和国货物进出口管理条例》	各种货物	商务部及国务院各部门
《中国禁止出口限制出口技术目录》	《中华人民共和国技术进出口管理条例》、《禁止出口限制出口	各种技术	商务部、科技部
《两用物项和技术进出口许可证管理目录》	《两用物项和技术进出口许可证管理办法》	两用物项和技术出口许可证的管理	商务部、海关总署
《军品出口管理清单》	《中华人民共和国军品出口管理条例》	军品	国防科学技术工业委员会（已撤销）、中国人民解放军总装备部
《导弹及相关物项和技术出口管制清单》	《中华人民共和国导弹及相关物项和技术出口管制条例》	导弹、火箭、无人驾驶飞行器等，以及相关技术	商务部、中央军事委员会、国防科学技术工业委员会（已撤销）

续表

国家出口管制产品目录或清单	法律依据	管理产品和对象	主管部门
《核出口管制清单》	《中华人民共和国核出口管制条例》	核物质和设备、反应堆用材料等，以及相关技术	国家原子能机构、商务部、国防科学技术工业委员会
《生物两用品及相关设备和技术出口管制清单》	《中华人民共和国生物两用品及相关设备和技术出口管制条例》	生物两用品及相关设备、技术	商务部
《各类监控化学品名录》	《中华人民共和国监控化学品管理条例》	化学物质	商务部、工业和信息化部

（一）依据联合国决议和国际条约

联合国会基于反恐、核不扩散等原因对具体的国家/实体/个人实施制裁。联合国制裁通常由安理会决定。自1966年以来，安理会针对不同国家建立了31个制裁制度，制裁措施包括了全面经济和贸易制裁以及武器禁运、旅行禁令、金融限制等具体的定向制裁措施。安理会还会不定期更新联合国制裁综合名单，截至2021年6月30日，名单上共有711名个人及285个实体或其他团体。

虽然联合国制裁措施一般需要由成员国通过国内立法实现转化，并不直接约束成员国国内的企业和个人，但我国作为联合国安理会常任理事国，企业和个人有义务遵守相关联合国决议，对涉及联合国制裁的国家和地区应重点关注，在交易前对照联合国制裁综合名单上的实体和个人进行排查，确保相关交易主体不是受制裁对象。

（二）依据合同及合同适用的法律法规

合同是合同当事人协商一致的"法律"，因此出口合同是审查出口管制合规风险的重要依据。如果审查的交易涉及的拟出口物项来源于进口，则该物项对应的进口合同也是审查依据。违反物项进口合同中对物项的用途和最终用途的规定及外国法律适用等相关约定的行为将带来违约风险。因此在审查出口管制合规风险时应参照拟出口物项相关合同的约定，并注意在日常的供应商管理中对该物项的供应商做好法律审核和重点提示。

此外，针对进出口合同中的具体问题，合同的法律适用条款确定的准据法及该准据法所属国有关出口管制的法律法规中对出口管制物项及交易对象有要求的，该准据法和相关出口管制法律法规也应作为审查的依据。

(三) 依据与物项或物流等特别要素相关的其他国家的法律法规

如果物项或其组成部分来自某个特定国家，需要就其是否适用该特定国别的出口管制法律进行审查，这需要特别关注美国等一些国家和地区的管制规定。

若交易的运输需要在途经国家中转，还需判断是否应依据物流途经国的出口管制法律法规进行审查。可以通过检索物流途经国关于转口的定义以及报关等方面的要求，判断是否需要适用该国的出口管制法律法规。

二、审查环节

(一) 审查贯穿于交易活动的每个环节

1. 营销阶段

在营销阶段，重点结合出口物项审查国别和地区情况，衡量向该国或该地区出口的出口管制合规风险。

2. 营销锁定客户后

营销锁定客户后，应对客户、最终用途和最终用户情况进行审查，评估该交易对象的出口管制合规风险，做好尽职调查，并关注客户是否存在一些警示性异常行为，例如：通过正常途径（如企业注册部门、电话簿、网站、贸易单位名录等）无法找到客户相关信息；客户信息（如中文/英文名称、地址等）与我国管控名单等禁止或限制交易名单以及联合国制裁清单列明的个人或实体信息相同或接近；客户愿意以现金方式购买昂贵的产品等。

3. 签署合同阶段

在签署合同阶段，应就合同的相对方信息、付款方式、售后服务、商保、物流等要素进行复核。合同中应设置出口管制合规相关条款，约束交易方遵守出口管制相关法律法规，以减少或排除出口管制相关风险。

(二) 根据交易的具体情况决定审查的进度和频率

审查客户或最终用户是否位列被制裁清单，应由审查人员和营销人员在交易的初始阶段进行，从而控制交易的不必要成本；交易合同有多次变更的，审查人员应进行多次审查；在首次审查中发现有待查要素的，审查人员应进行二次审查；有特殊运输安排的，审查人员必须在运输前审查运输单据等信息。

（三）通过设计和使用审查表进行出口管制合规审查

此类审查表包含客户所在国或地区、最终用户/用途、客户基本信息、客户有无被管制历史、物项原产国、物项分类信息、适用管制清单情况等要素。除此之外，审查人员可向交易流程各环节负责人确认可能的风险要素，作为审查时重点关注的内容。

审查人员应汇总并记录审查情况，将审查结果发给交易流程各阶段负责人或决策主体，最终由相关主体决定交易待查、取消或继续。

三、审查内容

除了不同国家法律法规的特殊规定，审查重点通常包含以下三方面内容：

第一，通过审查交易对象及其所在国或地区，判断交易是否受到出口管制或是否需要办理许可。

第二，通过审查交易物项，判断交易是否受到出口管制或是否需要办理许可；

第三，通过审查交易的最终用户和用途，判断最终用户和用途是否受到出口管制或交易是否需要办理许可。

需注意的是，在审查过程中，上述三方面内容有时相互重叠或互为一个要素的多个角度。

（一）审查交易对象

1. 审查范围

此项审查的目的是排除与被禁止或被限制的主体开展交易带来的出口管制合规风险。

交易对象包括出口业务合同直接相对方、最终用户、物流承运人、技术交流相对方等。对于涉敏感国家的交易，交易对象除了合同直接相对方外，还包括其母公司、兄弟公司、子公司、实际控制人等关联方。

在国际贸易合同中，最终用户与合同直接相对方有时不是同一主体，需要认真审查合同直接相对方和最终用户，同时审查交易对象所在国或地区，尽可能地降低合规风险。

2. 审查步骤

（1）审核交易对象所在国或地区是否受到相关制裁或禁运。我国政府目前没有发布统一的国别禁运清单，只是将个别国家列入两用物项禁止出口目录。因此，各单位应当特别关注联合国制裁相关内容。目前联合国主要制裁的国家包括朝鲜、索马里、伊拉克、利比里亚、刚果民主共和国、苏丹、利比亚、中非共和国、几内亚比绍和伊朗等国家。其中，在联合国制裁中明确指出武器禁运的国家有：朝鲜、索马里、中非共和国、伊拉克、利比里亚、刚果民主共和国、南苏丹、利比亚。

因此，相关单位在与上述国家的交易对象进行往来时，应当特别注意相关联合国制裁内容，此为出口管制合规的红线，不得触碰。在排除上述出口管制合规风险后，审查人员再根据该笔交易中可能适用到的其他国家发布的制裁国别清单进行审查。此外，有的国家还根据国别制定管制物项差异化的出口管制政策，因此，审查交易对象所在国或地区有时还需与物项的审查相结合。

（2）审核交易对象本身是否受到相关制裁。综合各国的做法，主管部门通常根据相关法律法规公布相应的黑名单，上面的实体或个人被禁止或被限制进行相关贸易活动。审核交易对象本身是否受到相关制裁需要对照黑名单进行，具体步骤如下：

①由业务承办部门获取、验证交易相对方信息。获取信息的途径可能来自多个渠道，包括交易相对方直接披露、从政府机构和行业协会获取、从媒体公开信息获取等，对获取的客户信息应多角度验证其是否真实准确。

②确定审查依据，审查人员逐一排查交易对象是否位列黑名单上。

③若客户被列入黑名单，则应根据黑名单上的相应的制裁内容，按照相关出口管制法律法规的要求办理出口许可，或终止交易。

3. 审查时点

为确保审查的有效性，除在第一次交易时需对新客户进行审查外，对已审核的客户，因其可能变更商业活动、最终用途、最终用户或未如实披露信息等，需要对每一次交易进行审查。此外，对信息变动的客户也应于第一时间进行重新审查。

（二）审查交易物项

1. 经营资质确认

根据《出口管制法》、商务部发布的《两用物项出口管制内部合规指南》等要求，审查交易物项主要是对交易物项进行梳理和科学分类，评估交易物项是否属于中国或其他国家出口管制法律法规管辖范围内的物项。

如交易涉及管制物项，需要依法取得相关管制物项出口经营资格的，还应当进行经营资质确认。例如，依据国家相关法律法规，从事敏感物项和技术出口的对外贸易经营者，核、生物、化学、导弹和军民两用物项经营者，应向商务部申请办理两用物项和技术出口经营资格登记。因此，各中央企业在从事相关物项的出口时，应当首先确认是否具备相应资质。

2. 审查步骤

（1）确定物项分类

一般由负责该交易的项目经理会同相关技术人员对物项作出分类判断，因为他们具有技术背景并熟悉产品参数。如果该物项不是由本企业制造的，项目经理可从原始制造商或代理商处索取参数信息并作出判断。

（2）对照管制清单进行筛查

根据物项分类，结合物项来源国、进口、出口及**转运**等要素，按审查依据对照其中的物项清单，核查针对该笔交易物项的出口管制要求。

我国实行出口管制清单制度，凡是受到出口管制的物项和技术均以清单列明，清单之外的物项和技术原则上不受管制。2020年12月31日，商务部和海关总署调整了《两用物项和技术进出口许可证管理目录》。商务部等部门可以在此目录之外对特定物项或特定国家的出口实施管制，如商务部等五部门发布的《增列禁止向朝鲜出口的两用物项和技术清单》即扩大了许可证管理目录的范围。

除了许可证管理目录外，《中国禁止出口限制出口技术目录》还列出被**禁止**或限制出口的物项或技术。管制物项清单上的物项和技术均实行许可制度，按照物项的不同类别，依据不同的管理办法向相关部门办理许可证。以两用物项和技术出口许可为例,按照《两用物项和技术进出口许可证管理办法》,两用物项和技术进出口许可证工作由商务部统一管理,指导全国发证机构。

《两用物项和技术进出口许可证管理目录》中"完整的运载工具""临时管制物项"和"部分两用物项和技术"三个管理类别都明确了需要申请出口许可的无人机及相关物项的技术参数和海关商品编号。如,在"部分两用物项和技术"中规定:在操作人员自然视距以外,能够可控飞行,并具有下述任一特性的无人驾驶航空飞行器或无人驾驶飞艇,需要申请两用物项出口许可,海关商品编号为8802200011或8801009010:①最大续航时间大于等于30分钟,小于1小时,以及在大于等于46.3千米/小时(25节)的阵风条件下,具有起飞能力和稳定可控飞行能力;②最大续航时间大于等于1小时。

需注意的是,在实践中,有的国家发布统一的管制物项清单,有的国家则基于国别政策发布区别管制物项清单。审查时需根据审查依据的要求,对照相应的管制物项清单进行审核。若主管部门未公开发布管制物项清单,审查人员应尽审慎的注意义务,通过保持与主管部门沟通获取审查物项的依据。

3. 全面控制原则

全面控制原则在最新出台的《出口管制法》中有明确规定,具体指,出口管制清单所列管制物项以及临时管制物项以外的货物、技术和服务,出口经营者知道或者应当知道,或者得到国家出口管制管理部门通知,相关货物、技术和服务可能存在危害国家安全和利益,被用于设计、开发、生产或者使用大规模杀伤性武器及其运载工具或者被用于恐怖主义目的风险的,应当向国家出口管制管理部门申请许可。

(三) 审查最终用户/用途

在出口管制合规审查中,对最终用途和最终用户的审查是非常重要的环节。

1. 审查要点

在审查时,应重点审核最终用户/用途的真实性,同时根据交易具体情况审查针对该最终用途或最终用户的交易是否被禁止或被限制。与其他审查内容不同的是,这部分的审核需要重点关注披露的或者发现的最终用途或者最终用户是否真实的问题。

2. 最终用户/用途证明

开具最终用户/用途证明是出口管制的重要手段之一，一般需要在出口合同中约定开具最终用户/用途证明的要求，并将模板作为合同附件，同时可约定将买方提交经由最终用户或其政府授权部门签发的最终用户/用途证明作为合同生效的条件之一。

最终用户/用途证明一般包含以下内容：出口方、进口方及最终用户名称；进口物项和技术的简要描述；最终用途的描述；接受方必要的承诺。其他普通物项可根据交易具体情况判断是否需要出具该类证明。

最终用户/用途证明一般需经进口国政府相关主管部门开具，并经认证后由出口单位交相关出口管理部门备案。例如，根据《出口管制法》第十五条，出口经营者应当向国家出口管制管理部门提交管制物项的最终用户和用途证明文件，有关证明文件由最终用户或者最终用户所在国家和地区政府机构出具。

我国商务部代表中国政府向 23 个国家或地区出具《最终用户和最终用途说明》作为国际进口证明文件，以证明进口商和最终用户已向商务部承诺进口商品只用于声明的最终用途。未经商务部批准，不转用、不转运，不向其他目的地再出口。

四、审查结果

根据审查的不同结论，各单位可决定相关交易的下一步动向：

审查结果符合各类审查依据的出口管制要求的，可以继续交易，按照合同的约定履行相关权利义务。

审查结果显示被严格禁止的，应立即停止交易。

审查结果提示需要完成各类审批或者申请许可的，应按照相关的审查依据所提示的要求完成审批或申请许可。

审查结果显示已完成的交易活动存在不合规情形的，应第一时间将审查记录和风险评估报告提交本单位出口管制合规归口管理部门。

第三节　出口管制合规风险应急管理与机制建设

一、出口管制合规风险应急管理

各中央企业应按照国家法律法规的要求开展进出口业务，在日常的业务中做好法律风险防范，定期跟踪国外重要国家或地区的出口管制法律法规、相关清单更新动向，提前研判风险并制定出口管制紧急预案。如受到他国政府或国际组织的制裁，应在风险事件发生后第一时间启动应急机制。

（一）自查

有关单位受到相关制裁后，应立即对制裁所提及的理由进行自我调查。单位内部可以组成专项调查小组，主要从产品和用户两个方面进行自查并起草调查报告。

对产品的检查应从清单入手，将企业产品同制裁发布主体的管制清单进行对比，进而确认是否因违规出口受管制的产品而被制裁。此外，企业还应确认产品是否因全面控制原则而受到管控。如果发现确实存在违规行为，应及时对与制裁有关的文件资料和其他证据进行梳理和整理。

对用户审查的依据主要是看其是否在制裁发布主体的管制清单上。企业应确认用户和最终用户国家是否受到制裁发布主体的管制，是否是禁售对象和敏感国家等。

（二）同制裁方交涉

在完成自查后，受制裁单位可以组建应急工作团队，成员包括涉事业务负责人、企业负责人、专业律师团队、谈判专家等，同制裁方进行交涉，就受制裁业务的相关情况进行说明，表明态度，提出正当合理的要求，以期尽早解除相关制裁措施。

在合适的情形下，受制裁单位可以聘请两国的律师事务所来应对涉及出口管制域外管辖的调查和提供双向结合的法律应对方案。同时认真研究制裁方的制裁案例、制裁流程等，通过正当合理的程序提交相关的书面说明和书面请求。

此外，受制裁单位可以与制裁方国内的其他出口管制机关、智库、利益相关方等机构保持沟通，争取他们的理解与支持。

(三）同外部相关方沟通

受制裁单位应保持与供应商等外部相关方的沟通，及时就单位合规情况向供应商等外部相关方发布信息、澄清事实、表明立场，争取外部相关方的理解和支持，维持与相关方之间的商业关系。

如果制裁方针对相关清单或法案存在一个反映期或者征询意见期，受制裁单位应充分利用这段时间促使供应商或其他相关方向有关政府部门提出意见，争取将自身排除在清单或法案适用的范围之外。

(四）及时采取补救措施

补救措施的部署需要上下联动，管理层和出口管制合规归口管理部门要高度重视，形成风险快报、决策和处理机制。受制裁单位在遵守我国法律法规的前提下，可根据实际情况采取相应措施，包括但不限于终止合同、停止发货、追回在途货物和完善内部合规制度等。

此外，受制裁单位可以组织相关专家和专业律师团队认真研究制裁规则和制裁措施，寻找合理解决方案，避免制裁事件升级的同时尽可能地维护本单位利益。

(五）遵守国内法律法规和规章

受制裁单位应严格遵守商务部颁布的《阻断外国法律与措施不当域外适用办法》以下简称《阻断办法》），遇到《阻断办法》所适用的情形时，应当按照《阻断办法》规定在30日内履行报告义务，并结合业务实际作出综合评估。在国务院商务主管部门发布禁令的情况下，受制裁单位若遵守禁令存在特殊困难或面临特殊情形的，可依照《阻断办法》规定向国务院商务主管部门申请豁免遵守禁令，并加强合规风险防控。

受制裁单位还应遵守反外国制裁法规定，积极做好风险评估，对相关用户和物项进行必要的尽职调查。任何单位不得执行或者协助执行外国国家对我国公民、组织采取的歧视性限制措施。对于违反反外国制裁法规定的组织和个人，各单位可以通过法律程序要求其停止侵害、赔偿损失，维护本单位利益。

(六）加强预演

为在制裁发生的关键时刻能够较为从容地应对，取得预期的效果，各单位可以制定切实可行的应急预案并认真执行。

应急预案可由机构设置与职责、应急处置事项和工作流程图构成。机构设置与职责部分主要包括预案启动后，单位应设立的临时决策、协调与执行机构，并明确机构组成和权责。应急处置事项部分主要包括单位须完成的具体工作及详细分工。工作流程图部分则以图表形式明确单位应采取的各项工作流程及时间节点。

此外，各单位应在平时加强对员工的教育，明确各员工在应急机制中所扮演的角色和应承担的责任，同时有针对性地加强对员工分部门、分环节的培训，培训内容要与时俱进。必要时可设计情景，组织应急演练，通过实战模拟发现问题，形成符合单位实际的应急预案。

二、出口管制合规机制建设

2021年4月，商务部发布了《商务部关于两用物项出口经营者建立出口管制内部合规机制的指导意见》（以下简称《指导意见》），其中提到的企业内部出口管制合规机制具备的基本要素有拟定政策声明、建立组织机构、全面风险评估、确立审查程序、制定应急措施、开展教育培训、完善合规审计、保留资料档案和编制管理手册九项。各单位可以将上述合规机制的基本要素融入合规管理体系建设中，有效开展出口管制合规相关工作。

涉美业务较多的单位也可参照BIS发布的《出口合规计划》（Export Compliance Program，英文简称"ECP"），其基本原则和要求与我国商务部发布的《指导意见》基本一致，但ECP中相关合规要素的要求更加细致。各中央企业，特别是涉美业务较多的单位，可结合ECP的内容，进一步细化本单位的出口管制合规管理工作。

（一）出口管制合规机制的基本原则

基于出口管制工作的特点，各单位建立内部合规机制时应遵循以下原则：

1. 合法性原则

根据2021年商务部《指导意见》，严格执行国家出口管制政策法规是各单位开展两用物项和技术对外贸易的前提和条件。各单位应将严格执行国家出口管制相关法律法规作为建立出口管制内部合规机制的根本原则，充分认识合法合规经营的重要意义。各单位的相关行为须符合出口管制法律法规的规定，如有违法违规行为，单位相关人员将承担相应的法律责任。

2. 独立性原则

根据2021年商务部《指导意见》，内部合规机制既作为各单位现行管理制度的重要组成部分，又应在经营管理体系中独立存在。各单位通过流程控制和制度保证，对自身经营行为进行规范并自我监督，对违犯国家出口管制法律法规的行为，内部机制可行使一票否决权。

3. 实效性原则

根据2021年商务部《指导意见》，各单位应结合经营实际情况，建立有效的出口管制内部合规机制，实现高层重视、全员参与、全程控制、定期评估、不断完善的运行系统，切实发挥内部合规机制对出口经营活动的监督管控作用。

（二）出口管制合规机制的主要内容

1. 作出政策声明

为自上而下提升出口管制合规意识，各单位应拟定并发布由最高管理者或主要负责人签署的承诺性政策声明，并以此申明将把严格执行国家出口管制法律法规作为发展经营战略的重要内容。

政策声明对内作为出口控制机制的指导原则，对外可起宣传作用。政策声明的内容包括但不限于：（1）阐明出口管制合规的基本和重要意义；（2）承诺遵守出口管制相关法律法规；（3）承诺任何情况下都不会从事违犯出口管制相关法律法规的商业活动；（4）明确表示对出口管制合规的支持；（5）承诺在商业活动前，对出口管制风险进行评估审查；（6）强调员工熟悉出口管制相关规定并认真遵守的重要性，并要求员工遵守出口管制相关法律法规，任何情况下不得违规出口；（7）列明违犯出口管制相关法律法规的风险和可能受到的处罚；（8）提供企业出口管制合规联系人及联系方式等。

政策声明应体现守法原则，由主要负责人签署，公开发布、定期重申，并确保全员知悉。

2. 建立组织保障

各单位应自上而下建立内部合规机制的组织保障，明确高层领导、主管部门和人员职责。应重点考虑合规机制组织体系的设置、出口管制专（兼）职机构的职能、专（兼）职人员及各部门协调员的岗位职责、权限及联系方式等内容。

能、专（兼）职人员及各部门协调员的岗位职责、权限及联系方式等内容。

组织机构的设置模式与职责分工可参前文，其中机构职能应包括但不限于制定并统筹执行内部合规政策、信息通报、员工培训、系统开发等内容。

各单位建立组织机构应体现独立性原则，授权专责人员对任何有异议的出口相关行为向决策机构反映。如有必要，决策机构可以发出禁令或征询政府主管部门的意见后给出处理建议。同时应避免仅由单人负责审查和判断某些复杂交易是否合规，以确保经营者对所有出口相关行为的有效监控。

（三）全面风险评估

各单位应根据自身组织规模、所处行业、经营方式等情况，对可能面临的出口管制风险进行全面评估，识别易发生违规风险的业务环节，根据风险等级匹配合规资源和审查内容，力求严谨、缜密。

评估内容主要包括：经营物项情况、客户情况、技术与研发情况、出口国家和地区情况、内部运作情况、出口管制相关信息情况、第三方合作伙伴情况、风险防范措施等各方面。

各单位可根据风险评估的结果有针对性地建立和更新适合自身特点的出口管制内部合规机制和相关组织管理体系，梳理分析可采取的风险防范措施。在风险评估中若有疑问，应及时向国家出口管制管理部门或外部专业机构咨询。

（四）开展业务审查

各单位应根据实际情况制定出口审查程序，并据此开展业务审查。审查程序应明确单位经营过程中哪些特定环节需要实行内部合规控制，通过程序化、制度性管理，严防管制物项未经内部审查随意出口。

审查参与方包括本单位高层领导、合规部门、业务部门、业务员等，对业务开展全流程审查。审查程序涉及的环节主要包括签约前审查环节、签订合同环节、申请许可证环节和履行合同环节等。

审查程序是单位内部合规机制的关键要素,也是实现出口管制目标的核心步骤,具有较强的政策性和专业性,应力求严谨、缜密。

(五) 编制管理手册

各单位应编制出口管制合规管理手册,并通过管理手册在内部普及国家出口管制法律法规、企业内部合规制度,使企业员工能够利用手册及时了解并有效执行企业内部合规机制。

管理手册的主要内容包括但不限于:(1)主要负责人签署的政策声明;(2)出口管制法律法规概要;(3)企业的出口管制合规政策和制度;(4)出口管制合规组织机构及相关职责;(5)企业出口管制合规专(兼)职人员名单及联系方式;(6)本企业经营或可能经营的管制物项的识别和筛查制度,包括虽不属于管制物项,但可能存在《出口管制法》第十二条所列风险的相关物项;(7)全面风险评估的主要内容及风险评估结果;(8)出口审查流程及审查重点;(9)违规行为的报告和处理程序;(10)相关培训资料;(11)国家出口管制管理部门、省级负责出口管制有关工作的部门联系方式。

管理手册亦可在企业内部网络上发布,内容力求完整、规范、及时且便于执行。

(六) 保留资料档案

各单位应完整、准确保留与出口管制相关的资料档案,以备不时之需。保存期限至少5年,应安排业务部门与合规部门的专人进行专档管理。这类文件包括但不限于:(1)出口产品规格;(2)商业交易相关文件(如询盘相关记录、订货表格、合同、发票、提单、货运单、转账记录等);(3)与相关政府部门的沟通情况,单位可通过备忘录的形式记录与主管部门的沟通记录,尤其是其提供的与出口管制相关的指导和解释;(4)客户筛查记录及往来记录,由于与外国人和外国实体的沟通也很可能构成EAR所称的出口和视同出口行为,因此为避免在交流中无意间违反美国出口管制规定,雇佣外国公民,或与外国公民/实体有频繁交流的单位可以考虑通过备忘录或登记的形式,记录与外国雇员、分包商、访客或客户的通信记录,如访客姓名、国籍、隶属组织、访问日期、访问对象、访问目的、访问沟通摘要等重要信息;(5)最终用户和最终用途证明文件;(6)许可申请文件;(7)许可审批文件;(8)出口项目执行情况;(9)涉及出口管制的规章制度、会议纪要、会议决议、管理文件;(10)曾发现的违规问题及处理措施;(11)培训记录和材料;(12)审计报告书。

此外,对以电话、传真、电子邮件和其他方式进行的接洽也视情况予以记录,并明确相关贸易文件存档程序及保管要求。

(七) 及时采取补救措施

补救措施的部署需要上下联动,管理层和出口管制合规归口管理部门应高度重视,形成风险快报、决策和处理机制;业务部门应时刻警惕,发现风险后及时主动向出口管制合规归口管理部门、管理层报告,必要情况下由出口管制合规归口管理部门向国家出口管制管理部门报告。同时采取相应的纠错措施,包括但不限于终止合同、停止发货、追回在途货物、完善内部合规制度等。

(八) 组织教育培训

各单位应针对实际状况制定定期或不定期培训计划,采取多种培训形式,保证所有与出口活动相关的员工接受必要的培训。

培训计划安排应以员工及时了解国家出口管制政策法规,有效执行内部合规要求,相关人员能妥善处理出口管制问题为目的;可视单位实际状况进行培训,亦可采取网上培训等形式开展;培训活动可由单位内部人员进行,或可邀请政府主管部门官员、专家学者和专业律师授课,讲解相关国家的制裁规则和制裁措施;出口管制合规专(兼)职人员应尽可能定期参加政府主办的各类出口管制政策发布、培训或研讨等活动。

(九) 开展内部审计

各单位应通过定期开展内部审计,全面评估内部合规机制的合理性、可行性、有效性等,以及具体业务操作流程的规范性。

合规审计可以由企业内部专人进行,也可以聘请外部第三方机构进行。审计内容主要包括经营物项交易过程中是否遵循了审查流程、组织机构运行是否顺畅、可疑事项调查是否有效以及合规事务是否出现需要改进的地方等。业务部门与合规部门应根据审计结论认真整改，完善内部合规机制，防范出口管制合规风险。

（十）开展内部调查与奖惩

各单位应结合已有的内部规章，对合规机制的运作进行监督，以确保合规机制有效执行。可考虑参照外企经验设立内部调查与奖惩制度，对积极参与出口管制工作的员工给予奖励，通报、严厉处罚违反出口管制政策的员工。违犯国家法律法规的员工，将依法承担法律责任。

三、出口管制合规的自动化系统管理

涉外业务较多且物项范围较大的单位，可考虑在现有信息管理系统的基础上，按照国际惯例建立敏感产品和敏感客户的数据库，通过信息化手段辅助管理单位出口管制的日常工作。

《中央企业合规管理办法》设置专章（第六章），对信息化建设作出规定，内容如下：中央企业应当加强合规管理信息化建设，结合实际将合规制度、典型案例、合规培训、违规行为记录等纳入信息系统；中央企业应当定期梳理业务流程，查找合规风险点，运用信息化手段将合规要求和防控措施嵌入流程，针对关键节点加强合规审查，强化过程管控；中央企业应当加强合规管理信息系统与财务、投资、采购等其他信息系统的互联互通，实现数据共用共享；中央企业应当利用大数据等技术，加强对重点领域、关键节点的实时动态监测，实现合规风险即时预警、快速处置。

第十四章　商业伙伴合规管理

企业应根据合作类型和合规风险等级的不同，对商业伙伴实行分类管理，针对不同的商业伙伴采取不同的合规管理措施，兼顾风险管控和经营效益的要求。

第一节　商业伙伴合规概述

一、商业伙伴的定义

商业伙伴指与业务有关的分包商、供应商、分销商、代理、中介、咨询顾问（包括财务顾问、法律顾问等）、合资方、联合体合作方等，商业伙伴包括法人以及合伙企业等非法人实体。商业伙伴也称为"第三方"。

二、对商业伙伴进行合规管理的原因

对商业伙伴进行管理，是合规管理的重点。国务院国有资产监督管理委员会2018年11月出台的《中央企业合规管理指引（试行）》第十三条规定，"加强对以下重点领域的合规管理：……（七）商业伙伴。对重要商业伙伴开展合规调查，通过签订合规协议、要求作出合规承诺等方式促进商业伙伴行为合规。"

国务院发展和改革委员会等七部委2018年12月出台的《企业境外经营合规管理指引》两处提到对商业伙伴的管理。第十一条第（三）项第5点规定"积极主动识别和评估与企业境外经营相关的合规风险，并监督与供应商、代理商、分销商、咨询顾问和承包商等第三方（以下简称"第三方"）相关的合规风险，为新产品和新业务的开发提供必要的合规性审查和测试，识别和评估新业务的拓展、新客户关系的建立以及客户关系发生重大变化等所产生的合规风险，并制定应对措施。"该指引第十二

条第（四）项（企业与第三方沟通协调）规定，"企业与第三方合作时，应做好相关的国别风险研究和项目尽职调查，深入了解第三方合规管理情况。企业应当向重要的第三方传达自身的合规要求和对对方的合规要求，并在商务合同中明确约定。"

对商业伙伴进行合规管理的原因，在于根据法律的规定，企业要对商业伙伴的不合规行为负责。进行合规管理，可以防范商业伙伴不合规给企业带来连带责任的风险，实现企业自身的合规免责。无论是分包商还是代理，都可能导致企业承担连带责任。如《中华人民共和国建筑法》第二十九条规定"总承包单位和分包单位就分包工程对建设单位承担连带责任。"《民法典》第一百六十二条规定："代理人在代理权限内，以被代理人名义实施的民事法律行为，对被代理人发生效力。"美国法律也规定了雇主责任原则，即企业要为代理的行为承担连带责任。

三、商业伙伴的风险

（一）被认定涉嫌腐败

在实践中，常见的情形是与商业伙伴或中介设立的壳公司签订合同，以支付贷款、咨询费、中介费等形式转账，再由商业伙伴或中介支付贿款。

商业伙伴涉嫌腐败的主要表现形式如下：（1）大额、异常、无法解释的现金支付，包括给供应商的现金支付；（2）整数金额付款（如10万美元整）；（3）通过第三方国家支付，即商品和服务在甲国，但在乙国进行支付，通常通过离岸地的壳公司支付；（4）小的供应商和咨询公司——无网站网页，租办公室，无其他客户，提供的不确定服务收到巨额支付；（5）给供应商预付款或信贷，款项长期挂账和使用临时账户；（6）给客户安排奢华的招待和礼品，包括旅游；（7）选用供应商的会议纪要或决策文件丢失，一次性交易或对不在审批名录中的供应商付款；（8）与政府官员或者政府官员、政客、警察的亲属直接做生意；（9）描述异常或费解的交易，如"特别费用"；（10）第三方拒绝参与尽调、拒绝说明受益人或拒绝签署反腐败合规声明；（11）供应商非法或不道德行为被定罪或受到指控；（12）政府官员推荐使用特定的供应商；（13）代理要求极高的佣金或发票不说明工作任务细节，有缺陷；（14）公共项目有中介或本地人参与，但其参与对于合同履行没有明显的价值；（15）供应商（特别是货代）账单支付申请中没有配套收据。

(二) 利益输送

当对商业伙伴的支付金额较高且缺少公开透明的机制的时候,支付方具体审批或经办人就有权力寻租的动机,例如返佣或贪污。

(三) 洗钱

商业伙伴可能涉及的账户滥用、贪腐资金转移、不符合商业逻辑或没有书证支撑的大额支付、可疑的现金支付或跨境支付等不合规行为,都可能被金融机构或监管机构认定为涉嫌洗钱。

(四) 其他风险

除此以外,还有其他风险,如商业伙伴违反经济制裁、出口管制、安全质量环境保护、知识产权、劳动用工、数据保护等相关规定。

四、相关法律和国际规则对商业伙伴的管理要求

商业伙伴也是国际合规领域重点关注的内容,相关法律和国际规则有《联合国供应商行为守则》《国际商会关于代理、中介和其他第三方指南》《国际商会关于第三方反腐败尽调:中小企业指南》《世界银行廉政合规指南》《(美国)反海外腐败法》《(美国)企业合规有效性评估》《(英国)2010年反贿赂法》等,下面就一些重点规则和惯例介绍如下。

(一)《联合国供应商行为守则》

2018年通过的最新版的《联合国供应商行为守则》,设定了联合国供应商的最低标准,包括供应商能够支持并尊重保护国际公认人权的行为;能够遵循其所在国或生产和工作所在地的各项相关法律法规和指令,确保工作场所的安全和健康;供应商制定有效的环境政策,并遵守关于环境保护的现行法律法规;供应商能够遵守最高的道德和伦理标准,尊重当地法律,至少不从事包括敲诈勒索、欺诈和贿赂在内的各种形式的腐败行为等。

(二)《国际商会关于代理、中介和其他第三方指南》

《国际商会关于代理、中介和其他第三方指南》由国际商会企业责任和反腐败委员

会于 2010 年 11 月发布，其主要内容包括国际商会对待第三方的原则、尽职调查范围与程序、贿赂"危险信号"、第三方交易的批准、第三方提供服务前的书面协议、对第三方的培训、监控第三方活动、向第三方付款并保存记录等。

国际商会关于处理第三方的原则如下：

"企业应将其反腐败政策告知所有代理人和其他中介，并明确表示他们希望代表其开展的所有活动都符合其政策。更具体地说，企业应采取力所能及的措施，确保：（1）向任何代理人支付的任何款项不超过该代理人提供合法服务的适当报酬；（2）代理人不得将任何此类付款的任何部分作为贿赂或其他违反本行为规则的行为；（3）代理人明确同意不行贿，企业应在其合同中规定，如果行贿，应终止与代理人的协议，但与执行日常行政或文书工作的代理人的协议除外；（4）企业保留一份与公共机构、国有或私营企业交易有关的所有代理人的姓名、雇佣条件和报酬记录。该记录应在保密条件下提供给审计师和合适的、正式授权的政府机构检查。"

（三）《国际商会关于第三方反腐败尽调：中小企业指南》

《国际商会关于第三方反腐败尽调：中小企业指南》由国际商会于 2015 年 5 月发布，该指南对尽调的六大要素进行了如下阐述：

1. 调查最终受益人（幕后老板）

2. 调查财务背景和合同支付

调查财务背景和合同支付：（1）支付是否透明，如果不透明，付给了谁，为什么，例如：付款名目不清晰，写的是咨询费；（2）付款的频率是否异常；（3）付款金额是否异常；（4）费用如果超高，有贿赂的嫌疑；（5）商业伙伴的费用是否与其提供的服务相匹配。

3. 调查商业伙伴的能力

调查商业伙伴的能力，具体包括：（1）商业伙伴是否有项目在所在国家和行业的业绩；（2）是否有项目实施所需要的资质和业绩；（3）是否提供竞争性报价；（4）是否在项目所在地有机构；（5）是否由政府官员推荐；（6）是否要求紧急付款或极高的佣金；（7）是否要求现金付款、付给另外的商业伙伴或者要求付往第三国；（8）是否暗示他们有关系可以拿下项目;(9)商业伙伴的选择方式是否透明;(10)是否有足够的商业理由与商业伙伴签署合同,他们提供的服务是否必要。

4. 查阅公共记录

查阅公共记录,比如腐败历史和负面新闻。

5. 查询商业伙伴的商誉

查询商业伙伴的商誉,比如咨询与商业伙伴合作过的企业。

6. 调查商业伙伴对待道德与合规的态度

调查商业伙伴对待道德与合规的态度,如商业伙伴是否愿意配合尽调、是否建立诚信合规体系、是否有合规规章制度、高层是否重视合规等。

该指南进一步说明了对商业伙伴的风险防控措施,主要内容如下:(1)对整个尽调过程进行独立的监督;(2)在与商业伙伴的合同中嵌入反腐败条款;(3)对商业伙伴的下游供应商进行尽调;(4)对商业伙伴的履约进行监督;(5)做好记录并长期保存。

(四)《世界银行廉政合规指南》

《世界银行廉政合规指南》摘要阐述了世界银行对待商业伙伴的六条原则:

1. 商业伙伴尽职调查

在与商业伙伴建立关系之前以及在后续过程中,应进行有适当记录的、基于风险的尽职调查(包括确认任何未记录在案的利益所有人或其他受益人)。应避免同从事不当行为或被怀疑从事不当行为的承包商、供应商和其他商业伙伴发生关联(除非是在特殊情况下并且需要采取适当的缓解措施)。

2. 向商业伙伴告知诚信合规计划

将企业的合规计划告知所有的商业伙伴,同时明确声明,所有代表企业进行的业务活动都应遵守该计划。

3. 对等承诺

要求企业商业伙伴对等承诺遵守诚信合规计划。如果商业伙伴尚无诚信合规计划，则应鼓励其根据自身业务活动和具体情况制订健全有效的计划。

4. 适当文件

完整记录企业同商业伙伴之间的关系。

5. 适当报酬

确保对任何商业伙伴所支付的任何款项都是对该伙伴合法提供的货物或服务的适当和正当的报酬，而且款项支付渠道是合法的。

6. 监测／监督

所有企业作为其中一方的合同，其履行过程均应受到监督，以尽可能地杜绝履行过程中的不当行为。作为对商业伙伴关系定期检查的一部分，企业同时应对**商业伙伴的合规计划和履约情况进行监督**。

（五）世界经济论坛反腐败合作倡议《第三方尽调良好实践指南》

世界经济论坛反腐败合作倡议团队 2013 年出台了《第三方尽调良好实践指南》。

1. 对商业伙伴尽调管理的程序

该指南认为，对商业伙伴尽调管理的程序如下：（1）确定哪些商业伙伴需要尽调；（2）对商业伙伴进行风险评估；（3）对商业伙伴进行尽调；（4）审批和审批后的风险应对措施。

该指南认为，大中型企业的商业伙伴**众多，并不是**所有的商业伙伴都需要尽调，需要通过一个初步筛选过程，确定哪些商业伙伴需要尽调。尽调应分层次进行，风险越大，尽调应越详细。

2. 商业伙伴的风险评估的指标

商业伙伴的风险评估的指标如下：（1）地理位置，如根据透明国际的腐败指数排名，得分低的国家和地区的商业伙伴易发生腐败；（2）行业，如金融业、基础设施、矿业资源、油气、房地产、电信、军工等领域易发生腐败；（3）商业伙伴的背景：商业伙伴的名誉、诉讼、列入黑名单的情况；（4）与政府官员的关系：商业伙伴是否经常与政府官员互动、股东是否为政府官员等；（5）支付：商业伙伴服务费是否与工作完成情况挂钩（如成功费、奖金等）、付款方式是否异常（如预付款、多账户支付、现金支付、通过第三国支付）等；（6）其他服务：商业伙伴的角色是帮助获得政府项目；（7）选聘商业伙伴的方式：是业主（客户）推荐或政府官员推荐。

3. 尽调的程序

尽调的程序分为三个步骤：（1）数据收集；（2）对数据进行核实；（3）对结果进行评估，包括识别危险信号。

第二节　商业伙伴合规管理的组织机构与原则

一、商业伙伴合规管理的组织机构与职责

商业伙伴合规管理是企业管理的重要组成部分，企业应健全管理组织机构建设，严格落实各单位党政主要领导第一责任，明确首席合规官和合规部门，配备专人负责日常管理工作。

企业合规部门是商业伙伴合规的综合管理部门，主要合规职责如下：（1）牵头设计并持续完善业务商业伙伴合规审查制度和流程，建立并维护商业伙伴合规信息化流程；（2）开展商业伙伴的合规审查把关；（3）组织商业伙伴合规培训和考试；（4）抽查商业伙伴合规审查情况；（5）指导商业伙伴合规咨询、举报、调查，出具商业伙伴合规风险提示函及商业伙伴合规事件处理建议，参与商业伙伴合规相关争议解决；（6）其他商业伙伴合规管理职责。

商业伙伴选用单位或部门是商业伙伴合规管理的参与者，主要合规职责如下：（1）开展商业伙伴合规审查工作；（2）维护业务合格分包方、供应商名录，业务咨询机构、法务、财税等专业服务提供商准入名录；（3）组织业务员工商业伙伴合规培训和考试；（4）接受商业伙伴合规咨询和举报，对涉嫌违反商业伙伴合规要求的行为进行调查，出具调查报告和处理建议；（5）牵头组织对本单位业务商业伙伴合规管理工作的指导、监督和检查；（6）其他商业伙伴合规职责。

二、商业伙伴合规管理的原则

（一）依法合规原则

在管理商业伙伴时，必须遵守国家法律法规、监管规定、行业准则和国际条约、规则，以及企业章程和相关规章制度，注重防范由于未严格执行企业管理制度或违犯法律法规及违反国际规则、行业惯例等可能引发的舆情风险、道德风险、商业贿赂风险、腐败风险。

（二）合规审查原则

在选择商业伙伴时及在后续合作过程中，必须对合作伙伴进行合规审查，确保商业伙伴不存在腐败、贿赂、洗钱或其他违法行为。

（三）物有所值原则

商业伙伴服务费应与其提供的服务内容相匹配，其数额或比例应符合法律法规要求并与行业惯例基本保持一致。

（四）持续管理原则

对商业伙伴在合作期间实行全周期合规管理，合规管理贯穿选聘、合同洽商、评审、签署、交底、执行、支付整个过程，此外，还要对商业伙伴进行定期检查、审计和监督。

（五）公开透明原则

除涉及国家安全、国家秘密等根据国家法律法规规定不适宜采取公开方式选择商业伙伴外，其他所有商业伙伴的选择均应以公开选择方式进行。

（六）鼓励引导原则

企业在要求商业伙伴承诺遵守其诚信合规行为准则时，应鼓励其建立合规体系，适时开展合规培训。

（七）分级管理原则

对于商业伙伴，应根据其涉及风险大小分级管控，分别由决策层、经理层、首席合规官、合规部门按照权责分工分级审批。对于可能涉及高风险的服务，如代理，应进行聘用代理必要性和可行性认证，提高级别管理，进行集体决策。

商业伙伴风险一般设定为三个级别，即一级风险（高风险）、二级风险（中风险）和三级风险（低风险）。风险分级见图6。

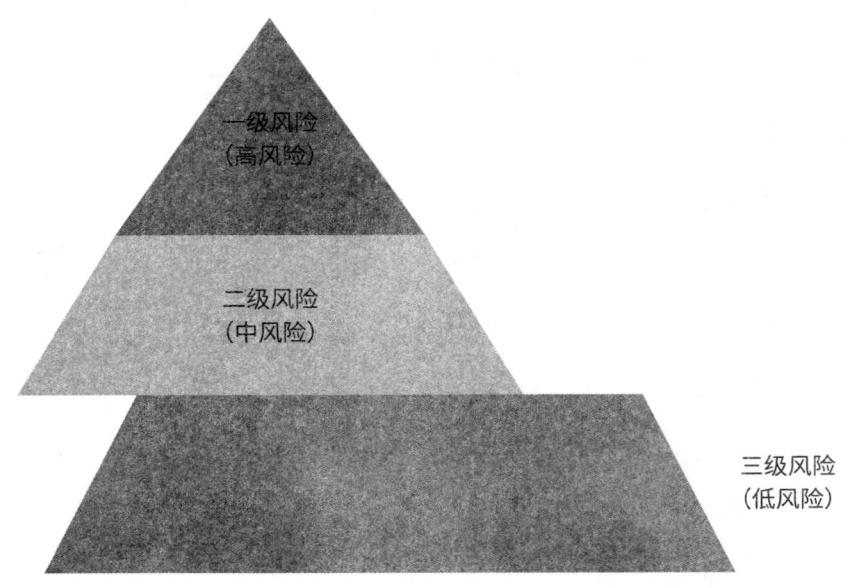

图6　商业伙伴合规风险分级

第三节　商业伙伴合规审查

一、商业伙伴合规审查的基本内容

商业伙伴合规审查应作为商业伙伴合资、联营、采购或聘用的前置条件，未履行商业伙伴合规审查程序不得与商业伙伴签订合同或进行实质合作。

合规审查的内容主要包括以下5个方面。

（一）公司治理

企业治理合规审查包括：（1）设立时间、注册和经营地址、企业类型和性质；（2）注册资本和实缴资本；（3）股权结构、主要股东及实际控制人情况；（4）经营范围、经营资质和许可;(5)组织架构、经营管理团队及员工人数、社保情况等。

(二)财务状况

财务状况合规审查包括:(1)财务会计报表显示的资产、负债、经营利润、现金流及其他财务状况;(2)银行账户所在地、支付方式、报价与服务的匹配度;(3)资产抵押、权利质押及其他对内对外担保情况等。

(三)实力与履约情况

实力与履约情况包括:(1)以往同类或近似业务经营业绩情况;(2)重大合同履行情况,包括有没有骗取中标、被责令停业、投标资格被取消、严重违约或者发生重大及以上安全质量事故等。

(四)诉讼情况

诉讼情况合规审查包括:(1)没有处于财产被接管或冻结、破产、诉讼历史等状态;(2)有没有被列为失信被执行人等。

(五)合规情况

合规情况审查包括:(1)有没有合规管理体系或合规政策、行为准则;(2)该商业伙伴是否接受企业的合规政策或培训;(3)有没有被我国政府部门及国际组织或机构处罚或制裁。

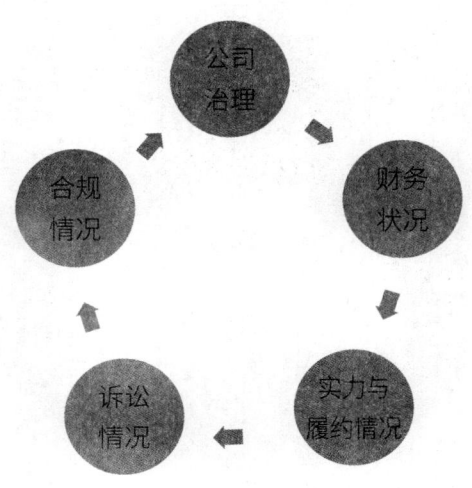

图 7 合规审查的 5 个方面

二、商业伙伴分级合规审查

对商业伙伴的合规审查一般分为 3 个步骤，即资料收集、资料审核评估、风险评级。如图 8 所示：

图 8　对商业伙伴合规审查步骤

资料主要来源于互联网、政府和行业部门的数据、向商业伙伴发出调查问卷和资料清单获得的数据、聘请专业机构（如律师事务所、会计师事务所）尽调获得的资料、向熟悉商业伙伴的交易方求证获得的数据、与商业伙伴访谈获得的数据。在获得相关资料后，企业应进行分析，去伪存真。基于审查结果进行风险评级，并采取不同的应对方案和风险评估措施。

商业伙伴合规审查由商业伙伴选用单位或部门的合规官开展。按照交易金额的大小以及审查的严格程度，对于商业伙伴合规审查方式分为：免除商业伙伴合规审查、商业伙伴合规信息筛查、商业伙伴合规问卷调查、商业伙伴合规尽职调查。商业伙伴合规审查方式的选取，由商业伙伴有关业务相关分支机构的合规官判断。免除合规审查的企业是指已纳入合格名录的企业，再次使用时可以豁免合规审查。我们主要介绍后 3 种模式。

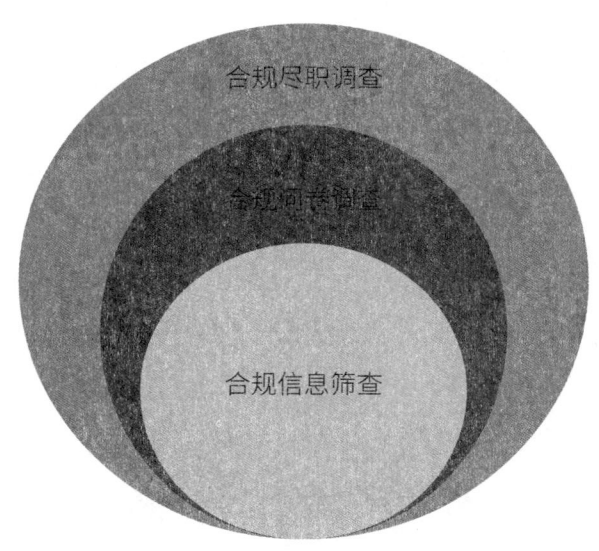

图 9　合规审查方式

（一）合规信息筛查

合同金额较小的商业伙伴采用合规信息筛查，如合同金额及一年内累计合作金额 500 万元以下的联营（合）体投标、分包商，合同金额或一年内累计合作金额 50 万元以下的供应商和专业顾问等。

商业伙伴合规信息筛查指通过业务合规信息化系统商业伙伴合规验证功能，判断商业伙伴是否具有合规风险。如未发现合规风险等级列表中的风险，则可以合作；如发现合规风险等级列表中的风险，则应当放弃合作或履行合规问卷调查。

信息筛查可使用国家企业信用信息公示系统、企查查、天眼查、巨潮资讯网、信用中国、中国人民银行征信中心、中国裁判文书网、中国执行信息公开网等，也可以采用搜索引擎搜索，在百度、搜狗、必应上搜索商业伙伴名称关键字、法定代表人、董事、高层管理人员名字＋"腐败""贿赂"；商业伙伴名称关键字、法定代表人、董事、高层管理人员名字＋"失信""造假"；商业伙伴名称关键字、法定代表人、董事、高层管理人员名字＋"串标""围标""陪标"。

境外企业可以通过中国外交部制裁名单、世行等多边银行网站黑名单记录、美国司法部、美国证监会、美国财政部海外资产管理办公室特别指定国家名单、美国商务部产业安全局制裁名单、英国反严重欺诈办公室、国际刑警红通名单查询，也可以通过道琼斯合规、路孚特、威科先行、科孚、邓白氏等平台查询，还可以通过必应或谷歌搜索："商业伙伴外文全称＋debar, +sanction, +corruption, +bribery, +conviction, +investigation, +allegation, +indictment,+crime/criminal"，如查询或搜索结果未发现合规风险信息，视为无合规风险。

（二）合规问卷调查

合同金额较大的商业伙伴采用问卷调查，如合同金额及一年内累计合作金额 500 万元以上，1.5 亿元以下的联营（合）体投标、分包商，合同金额及一年内累计合作金额 50 万元以上、500 万元以下的供应商和专业顾问等。

合规审查问卷调查指要求商业伙伴填写《商业伙伴调查问卷》，合规官审核《商业伙伴调查问卷》后，据此填制《商业伙伴合规风险尽职调查表》，根据《合规风险等级列表》，判断合规风险等级，作出处理。

(三) 合规尽职调查

超出上述项规定标准,交易金额巨大的商业伙伴,基于合规问卷调查追加程序仍不能取得或核实商业伙伴完整有效信息的,应聘请外部律师事务机构或会计师事务所等中介,追加深入的尽职调查。调查的形式包括收集和查阅公开资料、审查企业提供的资料、访谈企业负责人和员工、寄送询证函、走访政府部门、企业协会、秘密调查等。尽调的目的是确认企业是否存在违反反腐败反商业贿赂合规、反垄断反不正当竞争合规、环境安全合规、数据合规、知识产权合规、税务合规等方面的情形。

通过商业伙伴合规审查的企业为合格企业,应纳入合格企业名录。对合格企业名录,还要注意如下事项:

第一,企业在建立合格名录时,按照商业伙伴合规问卷调查程序开展商业伙伴合规审查,由合规部门和其他相关部门选派的成员共同审核申报进入名录的商业伙伴合规情况,发现合规风险的,不得纳入合格名录。

第二,纳入合格名录的企业,每3年应当重新开展合规问卷调查。合规部门可针对合规官的合规审查工作,开展抽查。抽查内容包括:调查问卷的真实性、准确性、完整性;商业伙伴信息的相关性和充足性及审核结论的精准性。

第四节　商业伙伴合规风险管控

一、设定与存在合规风险的商业伙伴合作的有效期

企业经适当批准程序,与存在合规风险的商业伙伴合作,具有有效期限,合规审查风险有效期限可以设置如下:(1)第二级别风险等级调查有效期为1年;(2)第三级别风险等级调查有效期为2年。

有效期限从与商业伙伴签订合同起计算。

合规审查风险有效期限届满,或者业务合作过程中有合理理由认为出现重大合规风险,务必进行重新调查,履行以上合规管理程序后,方可决定是否继续开展业务合作。

二、签署合规管控条款和《合规声明》

在完成对商业伙伴合规审查且经过审核程序后同意选择该商业伙伴时，签署合规管控条款或与商业伙伴增加签署单独的《合规声明》。

合规部门应当对合同条款或者《合规声明》的使用情况进行复核，该复核结果应纳入合规部门对拟签订合同的整体评审中。

相关分支机构在与商业伙伴履行合同或开展业务合作的过程中，如有合理理由怀疑该商业伙伴可能违反反腐败条款的，可依据合同条款启动调查。

相关业务只有获得证明商业伙伴提供服务的有效票据，才能批准支付。向商业伙伴支付款项时，应按照商业伙伴协议中的支付数额、时间和地点等相关规定执行。

三、档案及后续管理

业务部门应保留商业伙伴合规审查的所有支持文件。

应加强合规档案管理，为后续审计或调查提供证据。合规档案包括但不限于以下内容：《商业伙伴调查问卷》《商业伙伴评估表》《合规声明》，以及合规审查过程中涉及的所有书面、电子、影像资料。这些都要作为商业伙伴合规管理的档案，由业务部门保管纸质原件和电子文档，合规部门保管电子文档。

经合规审查后未被选择的商业伙伴所涉及的合规档案，纳入正式档案管理范畴，不得随意丢弃、毁损。

档案保管期限。纸质文档保管期限为自与商业伙伴合作期限届满10年。电子文档保管期限为永久。

第十五章 招标投标合规管理

为确保法律法规规定在企业的落地执行，企业应依法制定招标投标合规管理制度，并根据自身情况通过制度形式自主确定采用招标方式进行招标的项目范围及标准，保障企业招标投标活动符合法律法规、监管规定以及内部管理要求等。

第一节 招标投标概述

招标投标制度是社会主义市场经济体制的重要组成部分，对充分发挥市场在资源配置中的决定性作用具有重要意义。

招投标合规是指企业及员工在经营管理中的招投标行为符合法律法规、监管规定、条约、标准、准则、规则、商业惯例及章程、管理制度等的要求。根据《国家发展改革委等部门关于严格执行招标投标法规制度进一步规范招标投标主体行为的若干意见》的规定，企业应严格执行招标投标法规制度，规范招标投标行为，避免因招标违法引发企业合规风险。

一、强化招标人合规责任

（一）依法落实招标自主权

切实保障招标人在选择招标代理机构、编制招标文件、在统一的公共资源交易平台体系内选择电子交易系统和交易场所、组建评标委员会、委派代表参加评标、确定中标人、签订合同等方面依法享有的自主权。任何单位和个人不得以任何方式为招标人指定招标代理机构，不得违法限定招标人选择招标代理机构的方式，不得强制具有自行招标能力的招标人委托招标代理机构办理招标事宜。

（二）严格执行强制招标制度

依法经项目审批、核准部门确定的招标范围、招标方式、招标组织形式，未经批准不得随意变更。依法必须招标的项目拟不进行招标的、依法应当公开招标的项目拟邀请招标的，必须符合法律法规规定的情形并履行规定程序；除涉及国家秘密或者商业秘密的外，应当在实施采购前公示具体理由和法律法规依据。不得以支解发包、化整为零、招小送大、设定不合理的暂估价或者通过虚构涉密项目、应急项目等形式规避招标；不得以战略合作、招商引资等理由搞"明招暗定""先建后招"的虚假招标；不得通过集体决策、会议纪要、函复意见、备忘录等方式将依法必须招标的项目转为采用谈判、询比、竞价或者直接采购等非招标方式。对于涉及应急抢险救灾、疫情防控等紧急情况，以及重大工程建设项目经批准增加的少量建设内容，可以按照招标投标法第六十六条和《招标投标法实施条例》第九条规定不进行招标，同时强化项目单位在资金使用、质量安全等方面责任。不得随意改变法定招标程序；不得采用抽签、摇号、抓阄等违规方式直接选择投标人、中标候选人或中标人。除交易平台暂不具备条件等特殊情形外，依法必须招标的项目应当实行全流程电子化交易。

（三）规范招标文件编制和发布

招标人应当高质量编制招标文件，鼓励通过市场调研、专家咨询论证等方式，明确招标需求，优化招标方案；对于委托招标代理机构编制的招标文件，应当认真组织审查，确保合法合规、科学合理、符合需求；对于涉及公共利益、社会关注度较高的项目，以及技术复杂、专业性强的项目，鼓励就招标文件征求社会公众或行业意见。依法必须招标项目的招标文件，应当使用国家规定的标准文本，根据项目的具体特点与实际需要编制。

（四）规范招标人代表条件和行为

招标人应当选派或者委托责任心强、熟悉业务、公道正派的人员作为招标人代表参加评标，并遵守利益冲突回避原则。严禁招标人代表私下接触投标人、潜在投标人、评标专家或相关利害关系人；严禁在评标过程中发表带有倾向性、误导性的言论或者暗示性的意见建议，干扰或影响其他评标委员会成员公正独立评标。招标人代表发现其他评标委员会成员不按照招标文件规定的评标标准和方法评标的，应当及时提醒、劝阻并向有关招标投标行政监督部门（以下简称行政监督部门）报告。

（五）加强评标报告审查

招标人应当在中标候选人公示前认真审查评标委员会提交的书面评标报告，发现异常情形的，依照法定程序进行复核，确认存在问题的，依照法定程序予以纠正。重点关注评标委员会是否按照招标文件规定的评标标准和方法进行评标；是否存在对客观评审因素评分不一致，或者评分畸高、畸低现象；是否对可能低于成本或者影响履约的异常低价投标和严重不平衡报价进行分析研判；是否依法通知投标人进行澄清、说明；是否存在随意否决投标的情况。加大评标情况公开力度，积极推进评分情况向社会公开、投标文件被否决原因向投标人公开。

（六）畅通异议渠道

招标人是异议处理的责任主体，应当畅通异议渠道，在招标公告和公示信息中公布受理异议的联系人和联系方式，在法定时限内答复和处理异议，积极引导招标投标活动当事人和利害关系人按照法定程序维护自身权益。实行电子招标投标的，应当支持系统在线提出异议、跟踪处理进程、接收异议答复，不得故意拖延、敷衍，无故回避实质性答复，或者在作出答复前继续进行招标投标活动。

（七）落实合同履约管理责任

招标人应当高度重视合同履约管理，健全管理机制，落实管理责任。依法必须招标项目的招标人应当按照《公共资源交易领域基层政务公开标准指引》要求，及时主动公开合同订立信息，并积极推进合同履行及变更信息公开。加强对依法必须招标项目合同订立、履行及变更的行政监督，强化信用管理，防止"阴阳合同""低中高结"等违法违规行为发生，及时依法查处违法违规行为。

（八）加强招标档案管理

招标人应当按照有关规定加强招标档案管理，及时收集、整理、归档招标投标交易和合同履行过程中产生的各种文件资料和信息数据，并采取有效措施确保档案的完整和安全，不得篡改、损毁、伪造或者擅自销毁招标档案。加快推进招标档案电子化、数字化。招标人未按照规定进行归档，篡改、损毁、伪造、擅自销毁招标档案，或者在依法开展的监督检查中不如实提供招标档案的，由行政监督部门责令改正。

（九）强化内部控制管理

招标人应当建立健全招标投标事项集体研究、合法合规性审查等议事决策机制，积极发挥内部监督作用；对招标投标事项管理集中的部门和岗位实行分事行权、分岗设权、分级授权，强化内部控制。依法必须招标项目应当在组织招标前，按照权责匹配原则落实主要负责人和相关负责人。鼓励招标人建立招标项目绩效评价机制和招标采购专业化队伍，加大对招标项目管理人员的问责问效力度，将招标投标活动合法合规性、交易结果和履约绩效与履职评定、奖励惩处挂钩。

二、坚决打击遏制违法投标和不诚信履约行为

（一）严格规范投标和履约行为

投标人应当严格遵守有关法律法规和行业标准规范，依法诚信参加投标，自觉维护公平竞争秩序。不得通过受让、租借或者挂靠资质投标；不得伪造、变造资质、资格证书或者其他许可证件，提供虚假业绩、奖项、项目负责人等材料，或者以其他方式弄虚作假投标；不得与招标人、招标代理机构或其他投标人串通投标；不得与评标委员会成员私下接触，或向招标人、招标代理机构、交易平台运行服务机构、评标委员会成员、行政监督部门人员等行贿谋取中标；不得恶意提出异议、投诉或者举报，干扰正常的招标投标活动。中标人不得无正当理由不与招标人订立合同，在签订合同时向招标人提出附加条件，不按照招标文件要求提交履约保证金或履约保函，或者将中标项目转包、违法分包。

（二）加大违法投标行为打击力度

密切关注中标率异常低、不以中标为目的投标的"陪标专业户"。重点关注投标人之间存在关联关系、不同投标人高级管理人员之间存在交叉任职、人员混用或者亲属关系、经常性"抱团"投标等围标串标高风险迹象。严厉打击操纵投标或出借资质等行为导致中标率异常高的"标王"及其背后的违法犯罪团伙。经查实存在违法行为的，行政监督部门严格依法实施行政处罚，并按照规定纳入信用记录；对其中负有责任的领导人员和直接责任人员，需要给予党纪、政务处分或组织处理的，移交

有关机关、单位依规依纪依法处理；涉嫌犯罪的，及时向有关机关移送。不得以行政约谈、内部处理等代替行政处罚，不得以行政处罚代替刑事处罚。

三、加强评标专家管理

（一）严肃评标纪律

评标专家应当认真、公正、诚实、廉洁、勤勉地履行专家职责，按时参加评标，严格遵守评标纪律。评标专家与投标人有利害关系的，应当主动提出回避；不得对其他评标委员会成员的独立评审施加不当影响；不得私下接触投标人，不得收受投标人、中介人、其他利害关系人的财物或者其他好处，不得接受任何单位或者个人明示或者暗示提出的倾向或者排斥特定投标人的要求；不得透露评标委员会成员身份和评标项目；不得透露对投标文件的评审和比较、中标候选人的推荐情况、在评标过程中知悉的国家秘密和商业秘密以及与评标有关的其他情况；不得故意拖延评标时间，或者敷衍塞责随意评标；不得在合法的评标劳务费之外额外索取、接受报酬或者其他好处；严禁组建或者加入可能影响公正评标的微信群、QQ群等网络通信群组等。

（二）提高评标质量

评标委员会成员应当遵循公平、公正、科学、择优的原则，认真研究招标文件，根据招标文件规定的评标标准和方法，对投标文件进行系统的评审和比较。

（三）强化评标专家动态管理

充分依托省级人民政府组建的综合评标专家库和国务院有关部门组建的评标专家库，建立健全对评标专家的入库审查、岗前培训、继续教育、考核评价和廉洁教育等管理制度。加强专家库及评标专家信息保密管理，除依法配合有关部门调查外，任何单位和个人不得泄露相关信息。严格规范评标专家抽取工作，做到全程留痕、可追溯。评标专家库管理单位应当建立评标专家动态考核机制，将专家依法客观公正履职情况作为主要考核内容，根据考核情况及时清退不合格专家。

（四）严格规范和优化评标组织方式

积极推广网络远程异地评标，打破本地评标专家"小圈子"，推动优质专家资源跨省市、跨行业互联共享。评标场所应当封闭运行，配备专门装置设备，严禁评标期间评标委员会成员与外界的一切非正常接触和联系，实现所有人员的语言、行为、活动轨迹全过程可跟踪、可回溯。有关部门应当规范隔夜评标管理，落实行政监督责任；评标场所应当为隔夜评标提供便利条件，做好配套服务保障。

四、规范招标代理服务行为

（一）规范招标代理行为

招标代理机构及其从业人员应当依法依规、诚信自律经营，严禁采取行贿、提供回扣或者输送不正当利益等非法手段承揽业务；对于招标人、投标人、评标专家等提出的违法要求应当坚决抵制、及时劝阻，不得背离职业道德无原则附和；不得泄露应当保密的与招标投标活动有关的情况和资料；不得以营利为目的收取高额的招标文件等资料费用；招标代理活动结束后，及时向招标人提交全套招标档案资料，不得篡改、损毁、伪造或擅自销毁；不得与招标人、投标人、评标专家、交易平台运行服务机构等串通损害国家利益、社会公共利益和招标投标活动当事人合法权益。

（二）加强招标代理机构及从业人员管理

行政监督部门应当加强对在本地区执业的招标代理机构及从业人员的动态监管，将招标代理行为作为"双随机、一公开"监管的重点内容，纳入跨部门联合抽查范围，对参与围标串标等扰乱市场秩序的行为严格依法实施行政处罚，并按照规定纳入信用记录。加强招标代理行业自律建设，鼓励行业协会完善招标代理服务标准规范，开展招标代理机构信用评价和从业人员专业技术能力评价，为招标人选择招标代理机构提供参考，推动提升招标代理服务能力。

五、进一步落实监督管理职责

（一）健全监管机制

各地行政监督部门要按照职责分工，畅通投诉渠道，依法处理招标投标违法行为投诉，投诉处理结果反馈给当事人的同时按规定向社会公开，接受社会监督；合理利用信访举报及时发现违法问题线索，鼓励建立内部举报人制度，对举报严重违法行为和提供重要线索的有功人员予以奖励和保护;建立投诉举报案件定期统计分析制度,聚焦突出问题,开展专项整治。积极适应招标投标全流程电子化新形势,加快推进"互联网＋监管",充分依托行政监督平台在线获取交易信息、履行监管职责;健全各行政监督部门协同监管和信息共享机制,监管执法过程中涉及其他部门职责的,及时移交有关部门处理或联合处理,着力解决多头处理、职责交叉、不同行业间行政处罚裁量权标准不一致等问题,提高执法水平和效率。

(二)加大监管力度

各地行政监督部门要进一步深化"放管服"改革,切实将监管重心从事前审批核准向事中事后全程监管转移。全面推行"双随机一公开"监管,提升监管主动性和覆盖面。坚决克服监管执法中的地方保护、行业保护,以零容忍态度打击招标投标违法行为,对影响恶劣的案件依法从严从重处罚并通报曝光。招标人发生违法行为的,依法严肃追究负有责任的主管人员和直接责任人员的法律责任,不得以他人插手干预招标投标活动为由减轻或免除责任。与公安机关建立有效的协调联动机制,加大对围标串标等违法犯罪行为的打击力度。加强与纪检监察机关、审计机关协作配合,按照规定做好招标投标领域违规违纪违法问题线索移交,对收到的问题线索认真核查处理。加强地方监管执法力量建设,鼓励监管体制改革创新,推动人财物更多投入到监管一线,加强监管的技术保障和资源保障。

(三)健全信用体系

加快推进招标投标领域信用体系建设,构建以信用为基础、衔接标前标中标后各环节的新型监管机制。严格执行具有一定社会影响的行政处罚决定依法公开的规定,并及时推送至全国信用信息共享平台和公共资源交易平台,同步通过"信用中国"网站依法公示。坚持行政监督、社会监督和行业自律相结合,科学建立招标投标市场主体信用评价指标和标准,推动信用信息在招标投标活动中的合理规范应用。对违法失信主体依法依规实施失信惩戒,情节严重的依法实施市场禁入措施。

第二节　招标与采购概述

一、采购概述

采购是指个人或单位在一定的条件下从供应市场获取产品或服务作为自己的资源，为满足自身需要或保证生产、经营活动正常开展的一项经营活动。

（一）采购分类

采购的分类一般包括：（1）按照支付对价的方式，分为购买、租赁、委托、雇佣、交换等；（2）按照选择交易主体的方式，分为招标、询价、比选、磋商、竞买、订单；（3）按照采购主体，分为公共采购、企业采购和个人采购；（4）按照采购标的物的来源地，分为国内采购和国际采购；（5）按照采购标的物的属性，分为工程采购、货物采购和服务采购。

世行和亚行把采购方式划分为国际竞争性招标、有限国际招标、国内竞争性招标、询价采购、直接签订合同等方式。

区别于通常的采购，这些采购方式都具有特定的含义和专门的程序，适用于特殊资金和特定部门的采购行为，也可适用于一般资金和主体的采购行为。

（二）采购方式

采购有多种方式，经常采用的采购方式主要有招标采购和非招标采购。

1. 招标采购

招标采购是由需方提出招标条件和合同条件，有许多供应商同时投标报价。通过招标，需方能够获得价格更合理，条件更为优惠的物资供应。招标分为公开招标和邀请招标两种方式。

2. 非招标采购

非招标采购是指以公开招标和邀请招标之外的方式取得货物、工程、服务所采用的采购方式。非招标方式分为询价、比价、议价等方式。

《中华人民共和国政府采购法》（简称《采购法》）中提到的政府采购的方式如下：（1）

公开招标;(2)邀请招标;(3)竞争性谈判;(4)单一来源采购;(5)询价;(6)国务院政府采购监督管理部门认定的其他采购方式。

3. 集中采购

集中采购是将集中采购目录内的货物、工程、服务集中进行采购,集中采购包括集中采购机构采购和部门集中采购。目录内属于通用的采购项目,应当委托集中采购机构代理采购;属于本部门、本系统有特殊要求的项目,应当实行部门集中采购。

(三)采购对象

采购对象包括货物、工程和服务等,采购主要依据《民法典》,当采购需要以招标方式进行时,同时适用《中华人民共和国招标投标法》(简称《招标投标法》)。两个法既密切联系,又有较大的区别,两法并行但不矛盾。采购适用《招标投标法》,仅仅是招标投标活动(或程序)上的适用,但在招标投标程序之外的其他活动及管理,还应当适用《民法典》;《采购法》属于实体法,《招标投标法》属于程序法。

(四)招标采购的好处

招标采购对供需双方都有好处。

1. 择优采购

采购方可以在更大范围内选择最佳的潜在供应商,以更合理的价格、更稳定的质量进行采购;有利于控制工程和采购的成本、质量、进度,实现资源的优化配置。

2. 公平竞争

招标采购有利于鼓励企业公平竞争,促进企业转变经营机制,提高企业的创新活力,积极引进先进技术和管理方法,提高企业生产、服务的质量和效率,不断提升企业市场信誉和竞争力,不断降低社会平均劳动消耗水平,节约资源。

3. 提高供应商经营管理的综合质量

供应商可以在公开、公平、公正的条件下参与竞争,不断自律自强、降低成本、提高经营管理的综合质量。招标采购有利于维护和规范市场竞争秩序,保护当事人的合法权益,提高市场交易的公平、满意和可信度,促进社会和企业的法治、信用建设，促进政府转变职能，提高行政效率，建立健全现代市场经济体系。

4.保护国家和社会公共利益

招标采购有利于保护国家和社会公共利益，保障合理、有效使用国有资金和其他公共资金，防止其浪费和流失，构建从源头预防腐败交易的社会监督制约体系。有利于预防职务犯罪和商业犯罪。

二、招标方式

《招标投标法》明确规定招标分为公开招标和邀请招标两种方式。

（一）公开招标

公开招标又称无限竞争性招标，是指招标人以招标公告的方式邀请不特定的法人或者其他组织投标。凡国有资金（含企事业单位）投资或国有资金投资占控股或者占主导地位的建设项目必须公开招标。

（二）邀请招标

邀请招标又称有限竞争性招标，是指招标人以投标邀请书的方式邀请特定的法人或其他组织投标。非国有资金（含民营、私营、外商投资）投资或非国有资金投资占控股或占主导地位且关系社会公共利益、公众安全的建设项目可以邀请招标，任招标人要求公开招标的可以公开招标。

三、招标组织形式

招标分为招标人自行组织招标和招标人委托招标代理机构代理招标两种组织形式。

（一）自行组织招标

自行组织招标是指具有编制招标文件和组织评标能力的招标人，自行办理招标事宜，组织招标投标活动。

（二）招标人委托招标代理机构代理招标

招标人自行选择具有相应资质的招标代理机构，委托其办理招标事宜，开展招标投标活动；不具有编制招标文件和组织评标能力的招标人，必须委托具有相应资质的招标代理机构办理招标事宜。

第三节　招标基本程序

一、制订招标方案

招标方案是指招标人通过分析和掌握招标项目的技术、经济、管理的特征，以及招标项目的功能、规模、质量、价格、进度、服务等需求目标，依据有关法律法规、技术标准，结合市场竞争状况，针对一次招标组织实施工作的总体策划。招标方案包括合理确定招标组织形式、依法确定项目招标内容范围和选择招标方式等，是科学、规范、有效地组织实施招标采购工作的必要基础和主要依据。

二、组织资格预审（招投标资格审查）

为了保证潜在投标人能够公平获取公开招标项目的投标竞争机会，并确保投标人满足招标项目的资格条件，避免招标人和投标人的资源浪费，招标人可以对潜在投标人组织资格预审。

三、编制发售招标文件

招标人应结合招标项目需求的技术经济特点和招标方案确定要素、市场竞争状况，根据有关法律法规、标准文本编制招标文件。依法必须进行招标的项目的招标文件，应当使用国家发展改革部门会同有关行政监督部门制定的标准文本。招标文件应按照投标邀请书或招标公告规定的时间、地点发售。

四、踏勘现场

招标人可以根据招标项目的特点和招标文件的规定，集体组织潜在投标人实地踏勘了解项目现场的地形地质、项目周边交通环境等并介绍有关情况。潜在投标人应自行负责据此踏勘作出的分析判断和投标决策。工程设计、监理、施工和工程总承包以及特许经营等项目招标一般需要组织踏勘现场。

五、投标

(一) 投标预备会

投标预备会是招标人为了澄清、解答潜在投标人在阅读招标文件或现场踏勘后提出的疑问，按照招标文件规定的时间组织的投标答疑会。所有的澄清、解答均应当以书面方式发给所有获取招标文件的潜在投标人，并属于招标文件的组成部分。招标人同时可以利用投标预备会对招标文件中有关重点、难点等内容主动作出说明。

(二) 编制提交投标文件

潜在投标人在阅读招标文件时产生疑问和异议的，可以按照招标文件规定的时间以书面形式提出澄清要求，招标人应当及时书面答复。潜在投标人或其他利害关系人如果对招标文件的内容有异议，应当在投标截止时间10天前向招标人提出。

潜在投标人应依据招标文件要求的格式和内容，编制、签署、装订、密封、标识投标文件，按照规定的时间、地点、方式提交投标文件，并根据招标文件的要求提交投标保证金。

投标截止时间之前，投标人可以撤回、补充或者修改已提交的投标文件。投标人撤回已提交的投标文件，应当以书面形式通知招标人。

六、开标

招标人或其招标代理机构应按招标文件规定的时间、地点组织开标，邀请所有投标人代表参加，并通知监督部门，如实记录开标情况。除招标文件特别规定或相关法律法规有规定外，投标人不参加开标会议不影响其投标文件的有效性。

投标人少于3个的，招标人不得开标。依法必须进行招标的项目，招标人应分析失败原因并采取相应措施，按照有关法律法规要求重新招标。重新招标后投标人仍不足3个的，按国家有关规定需要履行审批、核准手续的依法必须进行招标的项目，报项目审批、核准部门审批及核准后可以不再进行招标。

七、评标

(一) 组建评标委员会

招标人一般应当在开标前依法组建评标委员会。依法必须进行招标的项目的评标委员会由招标人代表和不少于成员总数 2/3 的技术经济专家，且 5 人以上成员单数组成。依法必须进行招标的项目的评标专家从依法组建的评标专家库内相关专业的专家名单中以随机抽取方式确定；技术复杂、专业性强或者国家有特殊要求的招标项目，采取随机抽取方式确定的专家如果难以保证胜任评标工作，可以由招标人直接确定。

(二) 中标

1. 中标候选人公示
2. 履约能力审查
3. 确定中标人
4. 发出中标通知书
5. 提交招标投标情况书面报告

依法必须招标的项目，招标人在确定中标人的 15 日内应该将项目招标投标情况书面报告提交招标投标有关行政监督部门。

八、签订合同

招标人和中标人应当自中标通知书发出之日起 30 日内，按照中标通知书、招标文件和中标人的投标文件签订合同。签订合同时，中标人应按招标文件要求向招标人提交履约保证金，并依法进行合同备案。

第四节 招标投标风险识别与合规管理

招标和投标是一种商品交易行为，是交易过程的两个方面。招投标是一种国际惯例，是商品经济高度发展的产物，是应用技术、经济的方法和市场经济的竞争机制的作用，有组织开展的一种择优成交的方式。这种方式是在货物、工程和服务的采购行为中，招标人通过事先公布的采购要求，吸引众多的投标人按照同等条件进行平等竞争，按照规定程序并组织技术、经济和法律等方面专家对众多的投标人进行综合评审，从中择优选定项目的中标人的行为过程。其实质是以较低的价格获得最优的货物、工程和服务。

一、招投标风险

招标文件及投标文件是工程实施的纲领性文件，是建设工程实施过程中的依据，风险分析是业主和承包商在招投标阶段工作的核心内容。

（一）必须招标的项目

根据《招标投标法》第三条规定，在中华人民共和国境内进行下列工程建设项目包括项目的勘察、设计、施工、监理以及与工程建设有关的重要设备、材料等的采购，必须进行招标：（1）大型基础设施、公用事业等关系社会公共利益、公众安全的项目；（2）全部或者部分使用国有资金投资或者国家融资的项目；（3）使用国际组织或者外国政府贷款、援助资金的项目。同时，《招标投标法》还规定，任何单位和个人不得将依法必须进行招标的项目化整为零或者以其他任何方式规避招标。

其中，国家融资项目的范围包括：（1）使用国家发行债券所筹资金的项目；（2）使用国家对外借款或者担保所筹资金的项目；（3）使用国家政策性贷款的项目；（4）国家授权投资主体融资的项目；（5）国家特许的融资项目。

使用国际组织或者外国政府资金的项目的范围包括：（1）使用世界银行、亚洲开发银行等国际组织贷款资金的项目；（2）使用外国政府及其机构贷款资金的项目；（3）使用国际组织或者外国政府援助资金的项目。

（二）可以不招标的项目

《招标投标法》第六十六条规定："涉及国家安全、国家秘密、抢险救灾或者属于利用扶贫资金实行以工代赈、需要使用农民工等特殊情况，不适宜进行招标的项目，按照国家有关规定可以不进行招标。"

(三) 风险识别

1. 必须进行招标的项目而不招标的

法律之所以要求有些项目必须进行招标，一是因为这些项目的资金来源于纳税人或国际金融组织、外国政府的贷款或援助资金；二是因为这些项目涉及公共利益和公众安全。通过招标的方式进行采购，可以达到保护国家利益、社会公共利益和招标投标活动当事人的合法权益，提高经济效益，保证项目质量的立法目的。项目单位如果对必须进行招标的项目不招标，即构成违法。

2. 将进行招标的项目化整为零以规避招标的

《招标投标法》第三条规定了强制招标的范围，但这并不意味着在此范围内的所有项目都必须进行招标。对于法律规定范围内的招标项目，必须达到一定的限额才需要进行强制招标，法律并不要求限额以下的项目必须进行招标。所谓招标限额，是指招标的项目需要达到的规模、标准或者价值。如果采购项目的单项合同价值低于招标限额，即使该项目在种类上属于法律规定的必须招标的项目，但由于其低于强制招标限额标准而不需招标。所以在现实生活中往往会发生这样的现象：某些项目单位为了达到规避招标的目的，采取拆分、肢解等方式将合同项目化整为零，使被拆分、肢解后的单项合同项目低于招标限额，从而规避招标。

3. 采取其他方法规避招标的

其他规避招标的行为如隐瞒事实真相、故意混淆资金和建设项目性质，或者利用各种手段，提供虚假信息，以项目技术复杂、供应商和承包商有限为借口等以达到规避公开招标的项目的，由于立法难以将现实生活中可以再现的规避招标的方法囊括无遗，有必要规定"采取其他方法规避招标的"这样的"兜底"条款，以避免出现法律的漏洞。

(四) 行政责任

《招标投标法》规定，违反本法规定，必须进行招标的项目而不招标的，将必须进行招标的项目化整为零，或者以其他方式规避招标的，责令限期改正，可以处项目合同金额千分之五以上千分之十以下的罚款；对全部或者部分使用国有资产的项目，可以暂停项目执行或者暂停资金拨付，对单位直接负责的主管人员和其他直接责任人员依法给予处分。

（五）民事责任

1. 应招标而未招标或者中标无效的建设工程施工合同应当认定无效；

2. 建设工程施工合同无效时，承包人请求参照约定支付工程价款的，当建设工程竣工后经验收合格的，应予支持；不合格的，经修复后验收合格的，有权要求发包人支付工程价款，承包人承担修复费用，修复后仍验收不合格的，不予支持支付工程价款的请求。

二、串通投标的主要情形

《招标投标法》第三十二条原则性规定投标人不得相互串通投标报价，投标人不得与招标人串通投标。《招标投标法实施条例》第三十九条、第四十条、第四十一条分别对"属于投标人相互串通投标""视为投标人相互串通投标""属于招标人与投标人串通投标"的情形予以细化，作出列举式规定。

（一）属于投标人相互串通投标的情形

《招标投标法实施条例》第三十九条规定，禁止投标人相互串通投标。有下列情形之一的，属于投标人相互串通投标：（1）投标人之间协商投标报价等投标文件的实质性内容；（2）投标人之间约定中标人；（3）投标人之间约定部分投标人放弃投标或者中标；（4）属于同一集团、协会、商会等组织成员的投标人按照该组织要求协同投标；（5）投标人之间为谋取中标或者排斥特定投标人而采取的其他联合行动。该条不仅明确列举了属于投标人相互串通投标的四类常见情形，而且作出了兜底性规定。

（二）视为投标人相互串通投标的情形

串通投标隐蔽性强，取证难，认定难，查处难。为有效打击串通投标行为，《招标投标法实施条例》第四十条采用了"视为"这一法律上拟制的立法技术。对于有某种客观外在表现形式的行为，评标委员会、行政监督部门、司法机关和仲裁机构可以直接认定投标人之间存在串通。该条列举了六种表现形式：（1）不同投标人的投标文件由同一单位或者个人编制；（2）不同投标人委托同一单位或者个人办理投标事宜；（3）

不同投标人的投标文件载明的项目管理成员为同一人；（4）不同投标人的投标文件异常一致或者投标报价呈规律性差异；（5）不同投标人的投标文件相互混装；（6）不同投标人的投标保证金从同一单位或者个人的账户转出。需要指出的是，"视为"属于法律上的推定，可以通过反证进行推翻或纠正。为避免认定错误，评标过程中评标委员会可以视情况书面通知投标人作出必要的澄清、说明，进行行政救济，投标人可以在知道认定后10日内向行政监督部门投诉，由行政监督部门作出认定。

（三）属于招标人与投标人串通投标的情形

《招标投标法实施条例》第四十一条列举了"属于招标人与投标人串通投标"的六种情形：（1）招标人在开标前开启投标文件并将有关信息泄露给其他投标人；（2）招标人直接或者间接向投标人泄露标底、评标委员会成员等信息；（3）招标人明示或者暗示投标人压低或者抬高投标报价；（4）招标人授意投标人撤换、修改投标文件；（5）招标人明示或者暗示投标人为特定投标人中标提供方便；（6）招标人与投标人为谋求特定投标人中标而采取的其他串通行为。

（四）串通投标行为的法律责任

串通投标行为的法律责任，根据个案情节轻重程度，可以包括民事责任、行政责任和刑事责任。

1. 民事责任

串通投标情形下的法律后果，若相关法律规范或招标文件规定，投标人被认定为串通投标，不予退还（没收）投标保证金的，则可以不予退还，但招标人与投标人串通投标的除外。

此外，根据《招标投标法》第五十三条、《民法典》第一百五十四条及第一百五十七条、《最高人民法院关于审理建设工程施工合同纠纷案件适用法律问题的解释（一）》（法释〔2020〕25号）第一条第（三）项等规定，建设工程必须进行招标或者中标无效的，中标无效或符合"行为人与相对人恶意串通，损害他人合法权益的"，将导致中标合同（实践中被认定的大多是建设工程施工合同）无效。合同无效后，行为人因该行为取得的财产，应当予以返还；不能返还或没有必要返还的，应当折价补偿。有过错的一方应当赔偿对方由此所受到的损失；各方都有过错的，应当各自承担相应的责任。故投标人相互串通投标，或招标人与投标人串通投标，给他人造成损失的，招标人或投标人可以提起民事诉讼，要求串通投标行为的当事人承担赔偿责任。

2. 行政责任

根据《招标投标法》第五十三条、《招标投标法实施条例》第六十七条规定，投标人相互串通投标或者与招标人串通投标的，尚不构成犯罪的，按照情节轻重，可能承担的行政责任包括：①处中标项目金额千分之五以上千分之十以下的罚款，对单位直接负责的主管人员和其他直接责任人员处单位罚款数额百分之五以上百分之十以下的罚款。投标人未中标的，对单位的罚款金额按照招标项目合同金额依照招标投标法规定的比例计算。②有违法所得的，并处没收违法所得。③投标人存在"以行贿谋取中标""3年内2次以上串通投标""串通投标行为损害招标人、其他投标人或者国家、集体、公民的合法利益，造成直接经济损失30万元以上"等串通投标情节严重的行为，取消其一年至二年内参加依法必须进行招标的项目的投标资格并予以公告。④投标人因串通投标情节严重行为的处罚执行期限届满之日起3年内又有该类违法行为之一的，或串通投标、以行贿谋取中标情节特别严重的，由工商行政管理机关吊销营业执照。

3. 刑事责任

由于串通投标罪的构成要件与串通投标行政违法行为的构成要件不完全一致，犯罪行为的构成要件更加严格，在事实认定、证明标准等方面也更为严格，因此，即便构成串通投标行为，也不一定构成串通投标罪。

根据《刑法》第二百二十三条、第二百三十一条，《最高人民检察院公安部关于公安机关管辖的刑事案件立案追诉标准的规定（二）》第六十八条规定，投标人相互串通投标报价，损害招标人或者其他投标人利益，情节严重的，处三年以下有期徒刑或者拘役，并处或者单处罚金。投标人与招标人串通投标，损害国家、集体、公民的合法利益的，依照前款的规定处罚。单位犯串通投标罪的，对单位判处罚金，并对其直接负责的主管人员和其他直接责任人员，依照第二百二十三条的规定处罚。

其中情节严重的情形包括：（1）损害招标人、投标人或者国家、集体、公民的合法利益，造成直接经济损失数额在五十万元以上的；（2）违法所得数额在二十万元以上的；（3）中标项目金额在四百万元以上的；（4）采取威胁、欺骗或者贿赂等非法手段的;(5)虽未达到上述数额标准,但二年内因串通投标受过二次以上行政处罚,又串通投标的;(6)其他情节严重的情形。

(五)防范招投标法律风险的措施

招标人在招标时应当放宽资格审查制度,使用低价评标方法,防止串标抬高价格;严格限制评标委员会的评标权,尽可能放宽废标条件和标准,让更多合格投标人参与。

企业应当结合国家及当地相关法律、法规、规章、规范性文件及执法动态等,主动进行风险识别、定期更新和隐患排查,在业务开展过程中注重加强重点环节和重点人员的合规管理。

三、工程担保及工程保险

(一)工程担保

工程担保是最基本、最有效的风险防范手段,对于招标人来说,担保需要分阶段设置实施:招标投标阶段的投标担保;工程实施初期的预付款担保;合同执行过程中的履约担保;工程保修期保修担保。作为投标人,政府为保证解决拖欠工程款问题而设立的业主支付担保无疑给处于买方市场激烈竞争中的施工企业吃了一颗定心丸。这些担保作为建设工程承包合同的从属合同在招投标阶段必须精心设置。

1. 投标担保

投标担保可采用银行保函或担保公司担保书、投标保证金等方式,具体方式可由招标人在招标文件中规定。采用投标保证金的,在确定中标人后,招标人应当及时向没有中标的投标人退回其投标保证金;除不可抗拒因素外,中标人拒绝与招标人签订工程合同的,招标人可以将其投标保证金予以没收,实行合理低价中标的,也可以要求按照与第二标投标报价的差额进行赔偿;除不可抗拒因素外,招标人不与中标人签订工程合同的,招标人应当按照投标保证金的两倍返还中标人。

2. 预付款担保

预付款担保是为了避免承包人因经营状况不良或某些原因挪用、转移预付款无法按合同规定完成相应工程内容而采取的措施。预付款担保在发包人支付预付款之日至发包人按合同规定向承包人收回全部工程预付款之日有效，担保额可根据预付款扣回情况而递减。

3. 承包商履约担保

履约担保可以采用银行保函或担保公司担保书、履约保证金的方式，也可以引入承包商的同业担保，即由实力强、信誉好的承包商为其他承包商提供履约担保。

对于履约担保，如果是非业主的原因，承包商没有履行合同义务，担保人应承担其担保责任：（1）向该承包商提供资金、设备、技术援助，使其能继续履行合同义务；（2）直接接管该工程或另觅经业主同意的其他承包商，负责完成合同的剩余部分，业主只按原合同支付工程款；（3）按合同约定，对业主蒙受的损失进行补偿。

实行履约保证金的，应当按照《招标投标法》的规定执行。《招标投标法》第四十六条规定："招标文件要求中标人提供履约保证金的，中标人应当提交。"第六十条规定："中标人不履行与招标人订立的合同的，履约保证金不予退还，给招标人造成的损失超过履约保证金数额的，还应当对超过部分予以赔偿"。

（二）中标人转包、违法分包的法律风险

根据国务院《建设工程质量管理条例》第七十八条之规定，中标人违法分包是指下列行为：总承包单位将建设工程分包给不具备相应资质条件的单位的；建设工程总承包合同中未有约定，又未经建设单位认可，承包单位将其承包的部分建设工程交由其他单位完成的；施工总承包单位将建设工程主体结构的施工分包给其他单位的；分包单位将其承包的建设工程再分包的。转包是指承包单位承包建设工程后，不履行合同约定的责任和义务，将其承包的全部建设工程转给他人或者将其承包的全部建设工程肢解以后以分包的名义分别转给其他单位承包的行为。

另根据《招标投标法》第四十八条之规定："中标人应当按照合同约定履行义务，完成中标项目。中标人不得向他人转让中标项目，也不得将中标项目肢解后分别向他人转让。中标人按照合同约定或者经招标人同意，可以将中标项目的部分非主体、非关键性工作分包给他人完成。接受分包的人应当具备相应的资格条件，并不得再次分包……"中标人在中标后转包、违法分包都是法律所禁止的行为，此类违法行为通常在招标人和中标人签订的合同中也会加以限制。但中标人为了谋取利益，往往违背

法律规定及合同约定，采取转包、违法分包行为。

防范措施：招标人应当在制定招标文件和签订合同时明确禁止转包和违法分包，并就此设定严格的违约责任；如有需要，可以将专业分包项目在总包时明确规定并做单独招标；在合同履行过程中，可以将分包管理和查处工作交由监理单位，要求监理单位严格执行，并明确惩罚措施。

（三）黑白合同的法律风险

所谓"黑白合同"，业内亦称为"阴阳合同"，是指合同当事人就同一事项订立两份以上内容不相同的合同。对外的合同并不是双方真实的意思表示，而是以逃避国家税收及监管等为目的而进行报批或备案；对内的则是双方真实的意思表示，可以是书面或口头形式。

招标投标领域内，"黑白合同"主要表现为：招标人向中标人提出压价、增加工作内容等违背中标人意愿的要求，以此作为发出中标通知书或签订合同的条件；招标人与中标人不按照招标文件和中标人的投标文件订立合同；招标人、中标人订立背离合同实质性内容的协议；招标人与中标人按照招投标文件签订合同后，又签订与中标合同实质内容不一致的合同等。

根据《最高人民法院关于审理建设工程施工合同纠纷案件适用法律问题的解释（一）》第二条："招标人和中标人另行签订的建设工程施工合同约定的工程范围、建设工期、工程质量、工程价款等实质性内容，与中标合同不一致，乙方当事人请求按照中标合同确定权利义务的，人民法院应予以支持。"因此"黑白合同"成立后，招标人将面临因签署的"黑合同"为无效合同，仍需按"白合同"支付工程价款并履行合同义务的法律风险。此外，"黑白合同"签订双方还会面临被监管部门责令改正并罚款的法律风险。

防范措施：为了避免法律风险，合同双方应当按照招标文件和中标人的投标文件签订合同，避免签订"黑白合同"。如在履行合同过程中发生项目范围调整、工程变更等情况，应当在专业人士的帮助下及时规范并签署补充协议，并将补充协议作为主合同的组成部分。

（四）违法挂靠的法律风险

挂靠行为在实践中形式多种多样，往往较为隐蔽。根据住建部《建筑工程施工转包违法分包等违法行为认定查处管理办法（试行）》第十一条规定，存在下列情形之一的，属于挂靠：（1）没有资质的单位或个人借用其他施工单位的资质承揽工程的；（2）有资质的施工单位相互借用资质承揽工程的，包括资质等级低的借用资质等级高的，资质等级高的借用资质等级低的，相同资质等级相互借用的；（3）专业分包的发包单位不是该工程的施工总承包或专业承包单位的，但建设单位依约作为发包单位的除外；（4）劳务分包的发包单位不是该工程的施工总承包、专业承包单位或专业分包单位的；（5）施工单位在施工现场派驻的项目负责人、技术负责人、质量管理负责人、安全管理负责人中一人以上与施工单位没有订立劳动合同，或没有建立劳动工资或社会养老保险关系的；（6）实际施工总承包单位或专业承包单位与建设单位之间没有工程款收付关系，或者工程款支付凭证上载明的单位与施工合同中载明的承包单位不一致，又不能进行合理解释并提供材料证明的；（7）合同约定由施工总承包单位或专业承包单位负责采购或租赁的主要建筑材料、构配件及工程设备或租赁的施工机械设备，由其他单位或个人采购、租赁，或者施工单位不能提供有关采购、租赁合同及发票等证明，又不能进行合理解释并提供材料证明的；（8）法律法规规定的其他挂靠行为。另根据《最高人民法院关于审理建设工程施工合同纠纷案件适用法律问题的解释》第四条关于"没有资质的实际施工人借用有资质的建筑施工企业名义与他人签订建设工程施工合同的行为无效"的规定，挂靠行为将被认定无效。

"挂靠"不仅会导致承包人与挂靠人之间的挂靠合同无效，还会导致承包人与发包人之间的施工合同无效。严重时，易导致工程项目发生安全事故。

防范措施：在招投标时，招标人可要求投标人的履约保证金由其基本账户汇出；招标人及评标委员会应当严格审查有关人员资质证书、劳动合同及社保缴纳凭证等原件；招标人应当在合同中与中标人约定中标人不得更换项目经理及主要技术人员，并约定违反该义务的违约责任及合同解除权。

第十六章 合规运行机制

《中央企业合规管理办法》对合规运行机制进行了高度概括总结,以合规风险为中心,要求中央企业建立合规风险识别评估预警机制、合规审查机制、合规风险应对与报告机制、违规问题整改机制、责任追究机制、合规管理评价机制等关于合规风险防控的具体机制,实现合规风险闭环管理。

第一节 合规审查

一、合规审查的依据

合规审查是指对企业的经营管理活动的合规性进行审核与检查,对违规行为进行及时整改纠正,并持续监督,保障企业经营管理的合规性。合法合规性审查就是合法地进行合规性审查。合规审查是企业合规管理的重要内容。

合法合规性的审查依据类似于法院裁判中的法律渊源,是企业进行合规审查的规范基础,主要包括以下内容:

第一,外部和内部的合规规范、国际条约、国际标准、国际惯例,国际组织的条约、决议,以及企业与第三方间的合同或协议。

第二,国内外的法律法规、部门规章、行政监管规定、司法判例、党纪和党规、企业所在行业的自律性准则。

第三,交易习惯与道德规范,以及企业选择遵守的非强制性国家标准、行业标准、企业标准。

第四,行政许可与授权。

二、合规审查具备的特征

（一）合规审查的全面性

企业应当从长足发展的角度来具体实施合规审查，将其融入企业的各项具体业务流程以及管理工作之中，从企业制度、业务模式、经营行为等各个方面开展全方位的合规审查，不断寻找和发现新的合规风险点，并提出有针对性的合规建议或者意见，从而最大限度地防范和化解企业合规风险，护航企业发展。

（二）合规审查的独立性

合规审查的独立性是保障企业合规审查意见客观公正的重要前提。这要求企业合规团队以及合规人员独立地开展合规审查工作，不受企业其他部门及人员干涉。此外，还要求企业各部门保证向合规部门提供的信息资料真实、准确、完整，不得随意伪造、变造或者隐瞒相关信息资料或证据。

（三）合规审查的专业性

企业合规审查的顺利有效开展不仅需要运用科学的合规审查手段，而且需要借助专业的合规能力，综合使用法学、管理学、经济学等专业学科知识，从而保障企业合规审查的相关意见的客观公正，并具有公信力，真正服务于企业的科学决策以及可持续发展。

（四）合规审查的强制性

合规审查是由合规专业团队根据企业的合规义务、合规目标和合规风险对具体事务涉及合规的问题进行审查，这是合规措施中高强度的一种措施。与合规咨询不同，合规审查具有强制性的特征。

合规审查的强制性体现在以下两个方面：

一是合规审查的范围由企业制度规定，参与方不能自行选择是否将相关事务提交合规审查。

二是未能通过合规审查可能导致一定后果，该后果应由企业制度规定。有些企业规定未能通过合规审查的业务不能开展，也有的企业规定需要更高的管理层级对相关业务决策进行评估。

(五) 合规审查的适当性

合规审查作为一种高强度的合规措施应当适度使用,审查并非越多越好。有的企业倾向于在大量业务流程中置入合规审查,这种合规审查泛滥的情况实际上不会提升企业合规管理体系的有效性,反而会因为不分重点地投入合规管理资源而降低合规管理体系整体的有效性。

此外,合规审查的适度性还要求企业合规审查的适用范围具有限定性,不能强制要求业务伙伴等利益相关方接受本企业的合规审查。

三、合规审查的分类

合规审查是企业法务部和合规部日常的、专业的合规管理活动,包括全面合规审查、重点领域合规审查、专项领域合规审查、重大事项合规审查及专业性合规审查。

(一) 全面合规审查

全面合法合规审查是企业合规审查的基本要求和内容,是合规管理全面性原则的重要体现。其要求对企业经营管理的各个方面是否符合合规规范进行全面审查,这能有效防控合规风险,保障企业的经营管理依法合规。

企业的内部规章制度既是企业进行自我审查的合规依据,也是外部监管机构对企业进行合规审查的对象。对企业内部制度进行审查,除了审查该制度是否符合外部的监管规范,还要审查该制度是否符合企业内部具有更高效力层次的内部规章制度,以及与企业内部其他规章制度是否协调一致,避免相互矛盾或功能重叠。

(二) 重点领域合规审查

我国国资委发布的《中央企业合规管理指引(试行)》中就发布了一些重点领域,包括市场交易、安全环保、产品质量、劳动用工、财务税收、知识产权、商业伙伴等方面,但《中央企业合规管理办法》中将重点领域取消,企业自主选择重点领域,对企业自行选择的重点领域进行审查。

(三) 专项领域合规审查

除了对企业合规进行全面审查与热点领域审查,还需要对一些专项领域进行合规审查，比如反垄断、消费者权益保护、广告发布、关联交易、反腐败、反欺诈、数据安全、出口管制等。在这些领域往往存在较为密集的政府监管法规，企业有较大可能因为违反合规义务而遭受外部监管机构的处罚。

不同企业基于自身的行业、商业模式、业务形式、权属性质、行业监管情况等，其合规审查的重点领域和对象也会存在差别。如在华投资的跨国公司，主要侧重外商投资领域的合规审查，国有企业需注意国有资产管理的相关监管要求。金融、证券、保险行业会更加侧重于行业监管规则的合规性审查。

（四）重大事项合规审查

我国银保监会、国资委都要求合规管理部门对重大合规事项进行审查，但对于构成重大合规事项的要件或评定方法不一，重大合规事项在不同监管规则下的定义和范围不一致。企业应当根据自身的规模、业务形式、合规风险现状等情况，来确定自身的合规审查范围。

（五）专业性合规审查

专业性合法合规审查是对合规审查对象的专业性内容的审查，如对决策、人事、财务、安全环保、合同、信息安全等专业领域的合规性进行审查。

四、合规审查的对象及事项

合规审查的对象一般包括新的企业制度的制定、已有企业制度的调整、业务模式的重大调整和变化、敏感业务活动、高风险交易、外包业务六方面。

（一）企业管理制度合规审查

企业管理制度是企业管理中的重要工具，主要审查制度内容和合规性、制度之间的一致性、制度制定程序合法性、制度对企业合规管理体系的影响等方面。

企业制度主要是指涉及企业设立、经营、管理等各个方面的规范之和。企业制度涵盖了企业生存和发展的方方面面，既涉及企业宏观建设方面的内容，也涉及企业微观经营方面的内容。既涉及产品和服务管理方面的内容，也涉及人员管理和财务管理方面的内容。

因此，对于企业制度的合规审查是整个合规审查措施的重中之重。对于企业制度的合规审查可分为两个层面内容：一是针对企业制度实体层面的合规审查；二是针对企业制度程序层面的合规审查。

1. 企业制度实体层面的合规审查

第一，从企业合规义务角度出发，对某项企业制度的主要内容进行审查，从而不断发现、修改和完善有可能导致企业违反合规义务的内容条款。

第二，从企业运行的角度出发，全面审查不同制度之间是否存在衔接不一致或者相互冲突的问题，针对其内在矛盾冲突，提出科学合理化的建议。

第三，从企业发展的目标、内容合规性角度出发，重点审查整个企业制度对于所在企业合规管理体系可能造成的各种影响是否主要为不利影响，从而及时提出修改和完善的合规建议。

2. 企业制度程序层面的合规审查

企业制度程序方面的合规审查主要围绕企业制度的制定、执行、反馈等各个环节是否符合企业合规的相关要求和标准。通过对企业制度的程序层面进行一系列合规审查，可以有效地确保企业制度制定与实施程序的科学性、合理性和正当性。以企业制度的"程序合规"来促进和保障企业制度的"实体合规"。

第一，注意合规审查的全面性，既要从实体的角度对企业制度进行全面的合规审查，也要从程序的角度对企业制度开展系统性的合规审查。应结合企业的合规义务和合规风险来科学确定该审查过程中的重点问题和难点问题，不断提升合规审查的针对性和有效性。

第二，注意合规审查的系统性，既要注重对一项企业制度进行单个的程序性审查，也要对整个企业制度体系开展系统的程序性审查，确保企业制度在制定与实施的程序层面上实现良好的无缝衔接，从而有效地避免企业制度在程序层面的内在冲突和不协调问题，确保企业制度实现所谓的"程序正义"。

(二) 业务模式合规审查

业务模式的调整和变化会影响企业承担的合规义务，并带来合规风险的变化。业务模式在这里可以作广义理解，包括：新的主营或者兼营业务；在新的地域内开展业务，尤其是在新的司法辖区内开展业务；以新的形式开展业务，如实体店经营转为网店经营；设立新的子公司或者分公司；与其他企业进行并购活动；与其他企业开展战略合作、联合研发、联合市场活动等；采取新的销售模式，如渠道销售、直销、特许加盟销售等；其他关系到企业价值链形成模式的业务活动。

对业务模式的合规审查集中于两个方面：一是确定业务模式变化对合规风险的影响，尤其是其中导致合规风险增加的影响；二是确定企业现有的合规管理体系是否足以应对上述影响，如果现有合规管理体系存在不足，需要如何调整。

(三) 敏感业务活动合规审查

敏感业务活动应当根据合规风险评估结论中高合规风险业务活动的范围确定，随着合规话题领域而不同。

对敏感业务活动进行合规审查要注意三个问题：

第一，审查的适度性，接受合规审查的敏感业务活动范围不宜过大。范围过大会导致业务活动效率下降，而且造成合规专业团队在工作中力量分散，重点不清。企业可以尝试选取少数高合规风险业务活动进行尝试，并逐步调整至合理的范围。

第二，合规审查的精准性，在审查中聚焦已有措施不足以防范合规风险的业务活动。例如，某企业最初确定费用超过500万元人民币的市场推广活动需要接受合规审查，但之后发现费用达到500万元人民币的市场推广活动极少，而且在活动举办时已经受到管理层和各部门的需密切关注，基本属于在聚光灯下的活动，发生舞弊风险的可能性很低。反之，企业有大量金额在20万元至50万元的市场推广活动，虽然已经有内部控制体系管理，但管理流于形式，于是将这个金额范围的市场推广活动纳入合规审查范围。

第三，合规审查的时效性，审查内容的设计要针对可能出现的违规模式。以前述企业为例、合规专业团队最初对市场推广活动进行事前审查，但很少发现问题，相关业务活动的执行人员能够很恰当地回答合规专业团队的问题并完整地提供要求的资料。根据有关违规行为的举报，企业调整了合规专业团队审查的方式，改为在市场推广活动中随机地派出专人进行现场临检，在临检中发现了一些较为严重的问题。合规专业团队又注意到，这些市场推广活动大部分由企业委托外部会务公司组织，会务公司又将部分工作内容分包给第三方。

随着合规审查的开展，企业内部对于敏感业务活动的风险意识加强，敏感业务可能不再敏感，会被纳入正常合规审查业务当中。

(四) 高风险交易合规审查

高风险交易是指有较大可能性存在违规风险的交易，一般出现在企业对外销售产品或者服务的交易中。高风险交易可以基于交易方、交易结构、交易规模等因素确定。但在实践中，有的企业把有中介方参与的所有交易都定义为高风险交易，因为中介的参与降低了这些交易的透明度，给违规行为创造了隐藏的机会。

常见的高风险信号有：交易对方未经过企业的合规尽职调查（如果企业规定在交易前要进行合规尽职调查）；企业在对交易对方进行合规尽职调查时，发现合规疑虑而未得到合理的澄清；交易对方位于就相关的合规话题经常发生违规事件的地理区域；交易的交货地点位于就相关的合规话题经常发生违规事件的地理区域；交易中存在无明显价值的第三方；单笔交易超过一定金额；同一客户在一个财务年度内累计交易金额超过一定金额或者在企业总交易额中的一定百分比。

高风险交易的合规审查涉及对具体交易的全面审查。在审查中，合规专业团队与相关业务团队要密切配合，就疑点问题获得进一步的信息并充分排除疑虑。

(五) 外包业务合规审查

外包是企业把本应由内部团队执行的业务交给外部第三方。首先，外包只能转移企业的合规义务，但不能消除风险；其次，第三方应对合规风险的能力可能低于本企业；最后，发生合规风险的危机实际上是增加了，所以对外包业务进行合规审查是必要的。

(六) 我国刑事合规计划书审查要素

1. 审查涉罪企业对行为性质的认识

在目前检察机关开展的企业合规改革试点中，强调要将企业合规试点工作与依法适用认罪认罚从宽制度结合起来。适用企业合规制度是涉罪企业自愿选择的，其前提就是涉罪企业认识到其行为已经涉嫌犯罪，并愿意通过合规建设防控法律风险，弥补、减轻其行为造成的损失。合规计划书应当包括涉罪企业对其行为违法性和有责性认知（涉罪企业当然也可以对其行为进行合理辩解），并有具体的损失弥补方案，如采取退赃、赔偿损失、补缴税款、修复环境等措施。

2.审查涉罪企业对犯罪原因的认知

涉罪企业对犯罪原因的分析，是其对经营行为和经济活动的反思，也是企业法律风险自查的过程。只有深入剖析犯罪原因，找到问题的"症结"，才能"对症下药"，最后"药到病除"。合规计划书中的犯罪原因分析应当全面、具体、可整治，既要"一针见血"，又要"药石可医"，不能泛泛而谈。

3.审查涉罪企业制定的合规方案

合规方案是合规计划书的主体内容，是企业犯罪治理的"药方"，是检察机关审查合规计划书的核心部件，也是企业合规能否取得实效的关键所在。检察机关对合规方案的审查需要注意两个方面：一方面，合规方案是否做到了"对症下药"，即合规方案的措施是否与查找的犯罪原因相对应，是否能够有效解决和防控企业犯罪的风险；另一方面，合规方案是否具有可行性，即在规定的考察期内，在当前企业的条件下，企业能否完整执行合规方案，取得实效，实现企业合规的目的。

4.审查涉罪企业的合规文化培育

之所以将合规文化独立于合规方案进行审查，是因为合规文化在企业文化建设中占据重要地位。只有将合规的观念和意识渗透到每个员工的日常行为中，形成普众性的合规文化，把坚持合规操作和管理当作每个部门、每个员工日常工作的重要职责，自觉形成按章办事、遵纪守法的良好习惯，才能有效控制风险，确保企业经营行为和经济活动不偏离目标，实现企业利益最大化。

5.审查涉罪企业的合规保障措施

涉罪企业对企业合规制度适用的保障措施是合规计划有效执行、取得预期实效的重要基石。检察机关对合规保障的审查主要分为两个方面：一方面，涉罪企业如何保障合规计划有效执行；另一方面，在合规计划执行的过程中，涉罪企业如何保障第三方监管人员对合规计划执行效果的监督考察。就如何保障合规计划有效执行来说，为防止合规计划沦为"纸面合规"的尴尬，企业应当为合规计划执行提供必要的条件，检察机关重点审查的内容应当包括合规人员及其分工、经费拨付、组织结构以及制度机制建设等；第三方监管人履行监督考察职责，在监督考察期限届满前对企业执行合规计划情况进行评估。涉罪企业应当对第三方监管人监督考察提供必要的便利条件，配合监督考察工作，并定期汇报合规计划执行情况等，保障考察评估工作的顺利进行。

检察机关在审查合规计划书的同时应当将企业的合规计划书同步抄送给本案的第三方监管人，征求第三方监管人意见，在作出审查决定之前应当听取第三方监管人、辩护人、涉罪企业以及被害人的意见，必要时也应当听取有关行政部门的意见。

五、合规审查的意见

审查部门在审查完规章草案后，应当提出审查意见。审查意见可以用审查意见书的形式告知送审人。审查意见书的内容包括：规章名称；规章存在的问题及需要修改的内容；审查人或者审查负责人签名；审查意见制作日期；督促修改。

六、合规审查的结论

第一，无合规疑虑。

第二，有合规疑虑，建议中止。

第三，有合规疑虑，建议采取措施消除合规疑虑后继续。

合规团队应当保持中立。此种中立的表现方式为：只能提出合规疑虑，没有审批权；避免就如何消除合规疑虑提供建议。

第二节　合规措施

一、违规举报

建立鼓励违规举报的制度，提供违规举报的方式和途径，如设立违规举报热线电话，提供不同语种的接听服务；提供接受违规举报的电子邮件和信箱地址；公开接受违规举报的部门、人员、电话、电子邮件等。合规措施应当做到有报必查、违规必究，并建立举报保密和反打击报复机制，向举报人员提供可靠保护，鼓励员工和第三方（如供应商、经销商、服务提供者、工程承包商等）进行违规举报。企业违规举报、违规调查和违规处置机制，以及对举报人员的保护机制，有利于引导员工自觉合规，促进员工相互约束和监督，及时预警和识别合规风险，促进企业合规文化建设。

（一）建立举报机制

企业应建立、实施和维护一个鼓励报告违反合规方针或合规义务的机制，并保证：在整个企业中可知可用；对举报保密；接受匿名举报；保护举报人免于遭受打击报复；使员工能够获得建议。

企业应确保所有人员都了解举报程序，了解自身的权利和保障机制，并能够运用相关程序。在适当的情况下，应将举报反馈机制升级至最高管理层和董事会，包括有关委员会，即使在当地法律法规或其他规定没有要求的情况下，企业也应建立举报人保护机制，允许匿名或保密举报，以便企业的员工和代理商可以举报不合规行为，而不必担心受到报复。

保持合规问题汇报渠道的畅通和建立合规调查的程序是企业识别和预防合规风险、改进合规体系的有效方法。合规方针中要求企业倡导提出合规问题的行为，并禁止任何形式的报复；在沟通条款中增加了员工提出合规问题的沟通流程要求；制定了合规问题汇报的方法和程序，以鼓励和帮助员工能够对可疑的或实际违反合规方针或合规义务的不合规情况进行报告，同时要求企业要保障该程序的保密性，使提出合规问题者免遭报复。

健全合规举报制度，设立违规举报平台，对外公布首席合规官及职责、举报电话、邮箱和信箱。合规管理部门按照职责受理违规举报，并就举报问题进行调查和处理，涉嫌违纪违法的，及时移交相关纪检监察机构处理。进行调查的部门和相关人员应当对举报人的身份和举报事项严格保密，任何单位和个人不得采取任何形式对举报人进行打击报复。

企业应建立、实施、保持和持续改进举报管理体系。企业应识别、运用和维护可见的、可访问的和安全的报告渠道。在可能的情况下，至少应该有一个渠道有别于管理层次结构，报告渠道可以是可选的内部报告渠道，也可以是由外包举报服务提供商运营的报告渠道。

(二) 接收报告的常用方法

接收报告的常用方法,包括面对面交谈、设置专用的免费电话、使用内部或外部举报信箱。

1. 面对面交谈

个人渠道,包括向不同的管理职能部门人员报告(如直线经理、高层管理人员、理事机构、数据保护官员,或健康安全官员、合规官员或申诉专员)。要确保谈话在能够保密的地方进行,澄清事实并从举报人那里获取更多有用的信息,同时建立信任和融洽关系。

2. 设置专用的免费电话

设置专用的免费电话,就电话频道而言,下列因素可增加可及性和可信度:具备多语言功能;在机构的正常办公时间以外提供服务,具备24小时随时接听电话的条件;未经举报人的同意,对话不会被录音;对运营商来说,物理上安全的位置可以增加保密性;基于网络的在线、数字或移动应用程序报告渠道;促进双向安全的匿名或保密通信;能够上传举报信息文件。

3. 举报信箱

在举报管理系统中,信箱是一个重要渠道,企业应该确保它们能够匿名或保密。例如,它们不在任何安全摄像头的范围内,信件可以被定向送到一个安全的专用地址。

(三) 举报信息的收集与处理

1. 建立正确的举报信息收集理念

在举报信息收集工作中,只关注信息本身,不考虑举报人的动机,在处理信息中应排除其他因素干扰,只就信息所涉及的问题和线索进行调查核实。

2. 拟定举报信息的规范格式

举报信息资料尽量规范化,以提高信息收集整理和展开调查的效率。企业可根据自身情况拟定举报信息的规范格式,内容应当客观翔实,主要包括被举报人基本信息、涉及项目信息、客户情况、违规情况及分析,涉及的金额以及造成的经济损失、证据资料、其他知情人等。但不应禁止举报人根据自己所掌握的情况自行编写举报信息内容。

3. 举报信息收集人员的配置

为保证举报网络的监控效能，应结合企业规模配置举报收集岗位人员，根据具体情况，岗位人员可以是兼职或是专职、岗位人员应及时告知投诉方已收到相关投诉并在积极改进。

4. 对举报信息的限制

举报信息要全部登记在案。收到举报信息后，企业应有专人对举报信息进行评估分析，并决定进一步的行动。

5. 举报信息的分类和分享

对于举报信息要按风险类别整理编辑，并按照企业制定的分享渠道和范围，按照职责仅仅分送给"需要知道的人"，分享信息者应承担保密义务。对泄密者进行处罚，企业应当建立规避制度，严格限定或监督企业领导及具有相应权利的人员调取举报信息。

（四）合规举报的基本要求

1. "首举不究"的原则

鼓励参与违规活动的员工知错就改、无则加勉，对于参与违规案件人员的举报，应提倡"首举不究"的原则。

2. 给予举报人奖励

举报信息使企业避免、减少或者挽回了经济损失，或者避免、减少或挽回了企业的信息损失，如果维护了企业的商誉，保障了企业在市场竞争中的份额或保护，增加了企业的交易机会等，企业应根据具体情况给予举报人员奖励，并根据实际情况公开或不公开表彰或奖励。

3. 鼓励客户或第三方投诉

应将鼓励和要求客户或第三方配合企业的合规管理纳入企业交易规范之中。在与客户或第三方进行商业谈判时，应向其明示商业贿赂或其他违规行为的性质，并告知其一旦发现其违规行为将根据情况予以惩罚，包括终止合同、取消交易机会；如果客户或第三方能举报员工违规或企图违规行为,也将给予适当奖励,包括延续或扩大交易规模和交易机会等。以上相关内容要求客户或第三方予以承诺并出具承诺函,可以拟定成相关条款列入交易合同中。

4. 严禁打击报复举报人

企业应严格保护举报人的安全,严禁任何人对举报人进行任何形式的打击报复,不论是公开的或秘密的、明示或隐性的以及其他任何经济方面或声誉方面的报复行为,一经发现,应对事实打击报复者予以严厉处罚。

除上述内容外,企业还应当根据相关法律法规、政策性规定,根据企业自身特点和实际情况建立和完善本企业的合规管理体系。

(五) 保密

流程应到位,以确保所有涉众(包括举报人和报告的任何主体)的信息都得到保密。在未经举报人同意的情况下,举报人和利益相关者的身份披露不应超出必要的范围。很可能一个告密者的身份是已知的(因为他们曾公开表示担忧或信息的性质意味着他们很容易被识别)或需要揭示。根据有关规定,应事先通知举报人,或采取潜在的其他方式保护他们免受损害。

对举报人和其他涉及举报过程的利益相关者,包括报告的任何主体,企业应考虑以下事项,以确保保密性:

第一,可能通过姓名、声音、性别、工作描述、部门等识别一个人。

第二,被举报的不法行为的情况可能在无意中识别举报人的身份。

第三,企业调查的不当行为,报告的方式可能识别出举报人。

第四,报告结果的方式可以识别举报人。

第五,让举报人意识到,当允许保密或匿名举报时,可以要求在调查期间披露身份以进一步进行调查。

第六,让举报人意识到,当允许匿名举报时,匿名举报会限制调查和保护个人的能力。

第七,当允许匿名时,组织可以定义与举报人通信的机制。程序应包括如何处理违反保密规定或试图确定举报人或相关利益相关者的情况,这包括提供支持和采取纪律措施。

(六) 合规举报的保护

企业合规举报保护主要是企业、监管机关等采取相应措施和方法等对举报人以及相关人员等进行保护。企业应当建立健全合规举报保护机制，有效地激发员工依法依规开展合规举报工作的积极性，使企业免除合规举报工作的后顾之忧。企业合规举报保护主要包括以下三方面内容：

第一，保护举报人及其相关人员的人身权利免遭侵害，可以建立与公安机关等及时沟通的渠道，对其进行有效保护。

第二，保护举报人及相关人员正当职业权利免遭侵害，可以通过调离原工作岗位或者工作地区、安排职务升迁等方式进行有效保护。

第三，对于举报人及相关人员名誉保护，即注意保护其合法的名誉权利免遭侵害，可以采取诸如在一定范围内澄清事实真相等方式加以有效保护。

企业内部合规举报人揭发企业的事件屡见不鲜。通过揭露、纠正公共和私营部门的腐败、欺诈和其他类型的不法行为，可使企业、个人违法违规行为受到应有的处罚，维护社会公共利益、企业利益，故举报被视为公司治理的一个组成部分。但由于当前我国相关制度相对缺乏，对内部举报人的保护制度立法尚未完善，致使内部举报人权益受到侵害的事件频频发生，给政府部门的监管和执法增加不必要的难度，最终难以对内部举报人进行有效保护。对企业内部举报人保护的不足，会使掌握企业违法或违规证据的潜在内部举报人不敢告发或者被迫妥协，这不仅对企业的发展不利，也不利于社会经济稳定发展。内部举报人保护制度是促进金融市场的稳定，提高金融体系的透明度的一种制度，该制度能为举报违反企业经营行为的个人提供保护。

担心打击报复是员工不愿举报或者不愿实名举报的主要原因。因此，企业鼓励违规举报，需要对举报者提供有力保护，严厉惩处报复行为。有关企业合规管理的国际标准、指南，我国国家标准、办法和指引在鼓励员工进行违规举报的同时，都要求企业充分保护举报人。

反打击报复的基本措施包括：

第一，对举报人严格保密。

第二，对实施打击报复的被举报人给予严厉惩处。

第三，将反打击报复作为企业违规管理制度的重要组成部分加以规定，使之制度化。

第四，合规宣传与培训中鼓励违规举报，并阐明企业保护举报人、严惩打击报复行为的政策和决心，在精神思想和舆论上给打击报复者以严厉警示。

（七）违规调查

任何部门或个人收到违规举报以后，企业都应当展开违规调查，做到有报必查。在欧美跨国公司违规调查一般由合规管理部门负责。我国国资委《中央企业合规管理指引（试行）》第二十一条规定，强化违规问责，完善违规行为处罚机制，明晰违规责任范围，细化惩处标准。畅通举报渠道，针对反映的问题和线索，及时开展调查，严肃追究违规人员责任。当然，一般非党员的违规、以企业为主体的商业贿赂的调查和处置等，是否也由纪检监察部门负责调查和处置，仍值得探讨；其他类型人员应当由合规管理部门负责为宜。违规调查可能涉及专业技术和知识，必要时，还需要企业法务部门、内审部门、财务部门、人力资源部门、技术部门等参与违规调查以及聘请调查机构或者律师提供专业性调查服务。违规调查应独立地、秘密地开展，不受其他部门或者管理层的干涉。违规调查一般先从企业外围展开，再缩小到企业内部，最后与被举报员工约谈和质证。

（八）违规处置

违规调查结束后，须向企业合规委员会或其他决策机构提出调查报告和处置建议，由其作出违规处置决定，人力资源部门负责具体执行。反打击报复机制对违规举报提供有力保护，需要严厉惩处打击报复行为，但同时不能姑息利用违规举报污蔑诽谤他人的行为。企业需要制定专门的反打击报复办法，作为企业合规管理制度的一部分。

二、合规调查

（一）合规调查概述

1. 定义

合规调查分为内部合规调查和外部合规调查。外部合规调查一般指由监管机构、司法机关、纪检监察机关发起实施的监督；内部合规调查由企业自行发起实施。我们平常所说的合规调查是指内部合规调查。内部合规调查是企业构建完善合规管理体系的重要部分。

企业内部合规调查是指企业为了维护商业利益和品牌形象，加强企业内部治理和控制，根据相关法律法规以及企业内部制定的员工守则或商业道德准则，由独立和专业的部门实施，采用有限度和合法的手段，以公开或者秘密的方式，查明案件真相，收集各类证据的综合措施，以达到防止舞弊现象的发生或查明企业内部的舞弊情况等目标。

内部合规调查一般由企业内部合规管理部门或内部审计部门实施。在面临检察机关或监管机构调查时，企业可以委托律师作为"外部法律专家"，与外部审计专家一起对企业进行合规调查，帮助企业诊断合规风险，提出合规管理的具体方案。在很多情况下这种由外聘律师独立完成的合规调查报告，还可以成为检察机关或监管机构对企业做出宽大处理，或者检察机关与企业达成暂缓起诉协议的依据。

2. 合规调查的意义

有利于维护企业的商业利益和合法权益。例如商业贿赂、职务侵占、利益冲突等方面的调查。

有利于保护企业的声誉。企业接到投诉人或举报人的信息以后，应当积极调查情况是否属实，是否将影响企业的声誉和良好形象。良好的合规调查可以化解危机，给大众合理的解释或说明，能够消除企业不合规行为所造成的不良影响。

有利于化解企业的经营风险。根据举报信息展开调查，能防范合规风险，保护企业的利益不受损害。在经营过程中出现不合规行为或不利于企业经营的问题后，应当对合规风险展开调查，这有利于保护企业的利益不受损失。

3. 合规调查的对象

第一，人员。主要是内部员工。

第二，企业。包括与企业有经济往来的企业，以及企业内部高管或员工违反竞业限制设立的同类企业。

第三，现金流。包括企业内部资金管理、外部应收应付账款管理。

第四，供应链。包括采购渠道、经销商的合规性调查及反商业贿赂调查。

第五，活动。根据需要对企业各类活动合规性进行调查。

4. 合规调查团队、外部机构组成及工作内容

企业调查团队的组建，不仅需要考虑调查是否能高效、顺利地开展，同时也需要考虑防控调查本身的风险，以有效实现调查目标。调查团队通常由企业内部人员和外部专业机构组成。调查团队的人员通常由如下人员组成。

企业内部人员。包括企业高级管理人员，企业其他熟悉企业运营、管理、财务、审计、法律和日常事务的内部人员。

外部专业机构人员。包括律师事务所律师、会计师事务所审计师、其他调查机构人员。

企业内部调查的一般工作。包括获取并保存证据、文件准备、针对企业员工的面谈、第三方访谈。

5. 企业员工常见的舞弊手段

企业员工舞弊的形式多种多样，常见的舞弊手段包括：

第一，内部员工伪造费用支出，套取企业现金报销。

第二，员工收取供应商等第三方贿赂，为其谋得交易机会。

第三，内部员工伙同供应商等第三方通过虚构交易、虚增交易金额等，套取企业资金。

第四，内部高级管理人员利用其实际控制的公司通过资本运作获利（例如让其受聘公司投资其实际控制的公司）。

舞弊对于企业的危害：侵害企业资产、损害企业商誉、扰乱企业决策和管理秩序，最终导致企业资产流失、利润减少、亏损、经营秩序混乱，直至企业倒闭破产。

（二）合规调查程序

合规调查主要有9个程序，分别为接受案件、初步评估、确定案件优先级、即行保护措施、分派调查团队、制定调查方案、实施调查、编写调查报告、结案。

以下将依次介绍合规调查各程序。

1. 接受案件

案件的来源一般包括：

第一，举报。

第二，合规审计发现。审计发现是企业的内部或外部审计部门在审计过程中发现的异常现象。

第三，管理层疑虑。管理层疑虑是企业的管理层在日常工作中发现特定领域存在异常现象，出于审慎原则，在没有确凿证据的情况下将疑虑交由举报机制处理。通常情况下，管理层疑虑也可能被管理层交由内部或外部审计部门按照审计的工作方式进行检查。

第四，对于媒体上披露的涉及本企业的违规事件，合规专业团队也可以主动纳入调查流程。

不论案件的来源如何，负责管理调查的合规专业团队对于所有收到的案件线索都必须进行初步评估。

2. 初步评估和确定案件优先级

初步评估一般由案件管理团队执行。初步评估的依据是：是否属于合规调查的范围；是否有明确的调查对象；是否有明确的违规事件；调查对象与违规事件之间是否有明确的关联关系；是否已经有证据或者有可能收集到证据。

初步评估的结论有四种：A类，有调查价值，启动调查；B类，属于合规调查范围，但无调查价值，关闭案件；C类，不属于合规调查范围，转交相关部门处理；D类，存疑，进一步收集信息后再做出决定。

如果初步评估的结论是A类，则案件管理团队要对潜在违规行为的严重程度进行二次评估。二次评估要回答，如果涉嫌的违规行为属实：第一，是否证明了企业管理中存在严重漏洞；第二，是否会导致企业遭到执法机关处罚；第三，是否会导致企业因为第三方违规而承担责任（包括客户、经销商、供应商、知识产权拥有方等）；第四，是否有某一管理层级（如总监级别）以上的员工直接或者间接卷入案件；第五，对企业是否造成直接经济损失及其大致的范围；第六，违规行为调查对象是否会被追究刑事责任；第七，是否会对企业造成负面的媒体影响及其影响的严重程度。

二次评估的结果决定着企业要对案件在多大程度上投入调查资源以及是否开始启动前置保护程序。企业不能对所有案件平均使用调查资源，因为调查资源在大多数情况下是有限的。企业可以采取案件分级的方式决定投入调查资源的优先等级。按照对二次评估问题回答的结果，企业可以制定矩阵模型，以决定案件的高、中和低优先级。案件分级矩阵模型一般应事先设定，并在执行中保持一致性。

3. 即行保护措施

在确定案件的优先等级后，除决定投入的调查资源外，案件管理团队还应当决定是否启动即行保护措施。即行保护措施包括：

第一，立即采取措施保存有形证据，如保存相关电子设备的硬盘、存储卡，保存相关文件。

第二，安排成为调查对象的员工（即当事员工）立即停职。这仅仅是保护措施，并非对调查对象的处罚，所以应当由调查对象的经理和人力资源部门负责人与当事员工说明情况并进行必要的安抚。停职期间薪酬待遇正常发放。出于保护当事员工的目的，可以进行适当的安排以免引起其他员工的猜疑。例如，安排当事员工临时从事不会影响案件调查的工作。

第三，暂停向第三方付款，如供应商或其他业务伙伴，暂停发货。

第四，暂停相关业务决策。

第五，暂停人事决定，如晋升、解除劳动合同或内部转岗。

第六，向法律事务部、公共关系部、政府关系部等内部部门和管理层通报情况。立即弥补已经发现的企业管理漏洞。

需要注意的是，采取即行保护措施措施会对后面的调查造成时间压力，也可能造成信息泄露，所以在决定采取即行保护措施措施的时候要进行慎重考虑，不宜过激。而且，在调查的过程中随着事实的逐步浮现，案件管理团队可以随时决定采取尚未采取的即行保护措施措施。

4. 分派调查团队

在完成以上步骤后，案件管理团队应当开始为案件分派调查团队。

案件调查团队包括内部团队和外部团队。除少部分企业外，企业内部的案件调查团队一般是兼职团队,包括内部审计部、安全保卫部、内部控制部、人力资源部、法律事务部等。来自这些内部部门的调查人员执行调查任务的有效性很大程度上取决于个人能力,但也受到相关部门工作经验和工作方式的影响。选择调查人员应当考虑案件复杂程度、评查人员的个人能力、调查人员的专业知识背景和时间分配等。不建议合规专业团队承担案件调查工作,因为这与合规专业团队主要承担的案件管理目标相冲突。从另外一个角度来看,案件调查过程中,调查人员与案件调查对象之间不可避免地存在对抗式的紧张关系。如有合规专业化团队在案件调查工作中成为调查人员,则可能损害合规专业团队作为企务部门可以信赖的专业伙伴的角色,从而更深远地影响到合规专业团队的工作有效性。

同一个案件中可能有不同的被指控的违规行为,因此,案件管理团队可以在综合考虑如下因素的情况下,以有利于查清案件事实为原则分派调查人员:案件中涉嫌违规行为的类别、次数和关联性;案件中调查对象的人数及相互关系。

当前有一些专业服务机构提供外包的企业内部调查服务,企业可以慎重选用。企业在选择专业服务机构时,应当首先考察该服务机构本身的合规状况,其次再比较服务能力和价格。由于调查工作本身的特殊性和敏感性,企业如果错误地选择了服务机构,可能导致对服务机构在调查中的违规行为承担责任,或者造成企业自身的声誉损失。这些违规行为包括在调查过程中使用非法的调查手段,侵害调查对象的合法权益,对调查对象进行恐吓、威胁等。

尽管如此,与企业内部调查团队相比,专业服务机构也具有一定优势,如更富有调查经验,掌握最新的调查工具,这些调查工具包括数据挖掘工具、证据固定工具等。企业在选择服务机构时一方面要关注服务机构过去的服务经历,另一方面要考虑服务机构在本次委托中实际提供服务的团队的能力和经验。专业服务机构的收费一般有计时服务和费用包干两种,这与其他专业服务并无实质性区别,在此不做赘述。

合规调查组应当包括:(1)合规调查项目负责人。合规调查项目负责人主要负责制定调查项目的总体方案、整体沟通机制和管理、决定相关违规处理方案。(2)合规调查专员。合规调查专员的主要职责是制定具体的调查方案,展开调查、取证,询问相关人员,编写调查报告。(3)审计人员。审计人员对违规事务的制度的审计、执行情况的审计和专项事务的审计。(4)人事专员。人事专员主要进行人事访谈、处理意见、心理疏导。(5)法务专员。法务专员主要配合合规调查专员在被调查人员行为及事件上，对于是否违法违规做出合理合法的判断。

5. 制定调查方案

案件调查团队接受调查任务后，应当了解案件信息并制订调查方案。制定调查方案要遵循适度的原则，即在调查资源分配和调查手段选择方面要参照违规行为的严重程度，因为企业内部调查能够使用的资源和手段都是有限的，不可能在所有案件调查中都采用最高的强度。

调查过程的当事人应当包括案件管理团队、案件调查团队、线索提供人（如举报人）、调查对象、内部知情人或证人、外部知情人或证人、专家。其中，案件管理团队一般以合规专业团队为骨干，根据具体的案件情况可能包括其他内部团队的成员，如内部法律顾问、人力资源团队等。内部知情人和外部知情人是在调查开始后被引入案件中的相关方，可能是违规行为参与人，也可能是由于其他原因掌握与案件相关信息的人。专家是对违规行为的发生并不知情但掌握某些案件相关信息的第三方。例如，流程专家可以判断与案件相关的某些行为是否符合流程，供应商的财务专家可以提供企业之间往来的票据。调查对象一般为企业员工，也可以是违规事件涉及的外部组织或外部组织的成员。

调查方案一般包括如下内容：

第一，需要查证哪些关键事实。

第二，需要收集哪些证据材料，如文件、物理证据、电子邮件等。

第三，需要跟线索提供人、知情人、专家、调查对象中的哪些人进行面谈，如何安排面谈的顺序（面谈一般由两名调查人员同时参加）。

第四，整体调查活动的时间顺序。

第五，把调查活动分配给具体的团队成员。

为了保证分权原则，案件管理团队应当避免介入调查方案的制订过程，但是在方案成形后，案件管理团队可以审阅方案并提出调整意见。案件管理团队和案件调查团队意见不一致的，应提交共同的上级裁决。调查过程中可能需要对调查方案进行调整。

6. 实施调查

实施调查是一个技术性非常强的工作，需要遵守专业性的原则，且调查人员应具备专业技能和专业经验。

在调查中应当遵守如下原则：

第一，除经案件管理团队授权的调查团队外，任何人不得自行实施调查。这包括管理层、经理和其他员工。

第二，调查以查明事实为唯一目的，不需要考虑一旦违规事实被查证属实对企业或者个人可能造成的影响。

第三，对调查对象进行无过错推定，即在违规行为被查证属实前，对调查对象保持信任，且不报以任何歧视或偏见。

第四，对涉嫌的违规行为进行属实推定，即在调查开始前假定涉嫌的违规行为确实发生了，在此基础上收集其确实发生的证据，并对收集到的证明违规行为未发生的证据持怀疑态度。

第五，在调查过程中对证据材料要妥善保管，形成的记录要清晰、完整。

有些调查对象会为自己聘请律师，参与到调查过程中，以保护自己在调查过程中的权益。对此，企业有不同的态度。企业应当预见到员工会提出这样的要求，并在调查制度中作出规定。

有的企业会使用书面文件告知被调查的员工其权利和义务，同时也向员工说明调查本身是中立的查明事实的过程。

调查结束后，案件调查团队应对收集的所有信息进行评估，并确认以下问题。

第一，收集到的信息。

收集到的信息要做以下分析判断：①是不是第一手信息；②是不是基于谣传或者猜测；③本身是否可信；④与其他证据综合考虑是否可信；⑤提供信息的人是否可能存在偏见；⑥提供信息的人是否处于有利害冲突的地位；⑦信息之间是否有冲突。

第二，信息冲突的解决。

如果信息有冲突，冲突是否有合理的解释，如果没有合理的解释，哪些信息与其他信息一致。例如，针对举报人，除了获取其提供的信息外，还应当考察举报人是不是企业员工；是否参与到违规事件中；举报的动机是什么；如何得知违规事件信息的；是否有可能隐藏重要信息。

调查开始前，首先要了解要调查的案件的相关情况，熟悉相关的法律法规和政策性文件，审查有关的文件和证据，包括与举报案件相关的所有文档、记录，还包括被举报人的个人档案，以便于了解其是否曾经被调查过，是否受过处罚或处分等。

调查期间，为了防止被调查人员销毁证据和串供，管理层需要采取必要的措施，防止被举报的人销毁证据或破坏企业财产。措施包括暂停进入工作场所、暂停进入企业内部网络、暂停接触企业的文件或资金、收回工作邮箱等，直到调查结束。在采取前述措施时，应当由企业的法务部门等相关部门配合执行。

为了避免串供，对于有利害关系的人员在必要的时候要采取措施防止他们以任何方式接触，应当同时分别进行访谈。

访谈和询问应当注意：

第一，访谈询问准备。

①访谈对象。调查人员应该对所有与案件相关的人员进行访谈，包括举报人、被举报人以及了解事件情况的其他人员。这些人员可能是本企业现有员工、前员工、客户、商业伙伴或供应商。

②访谈顺序。访谈的顺序首先是向举报人了解情况，其次是了解情况的其他人员，最后是约谈被举报人。

③访谈场所。访谈的场所最好是密闭的、单独的隔音的房间。

④访谈方式。访谈的方式一般选择面对面访谈。尽量避免电话访谈，如果条件不允许，电话访谈也是有效的访谈手段之一。电话访谈要求调查人员具备更丰富的访谈经验。

⑤访谈记录。所有的访谈都应当做好详尽的记录。通常这些记录是文字形式的，在有些情况下，记录也可以是音频或视频形式的。

第二，访谈技巧。

一般来说，访谈的目的是获取越多越准确的信息。因此，访谈的技巧是要让访谈对象能够详尽地陈述事件的起因、经过、结果，这样获取信息的可能性就越大。在访谈时，要避免封闭式的问话方式，避免被访谈对象简单地回答"是"或"不是"，同时要避免采取指责式的强势的问话方式，应该以了解情况的形式问话。在访谈中，调查人员应该控制好自己的情绪，尽量不打断访谈对象的陈述，如果对访谈对象陈述的信息有疑惑，可以要求对方继续详细解释。

开始提问的时候，一般先询问对方的基本情况，如工作经历等内容。

在对被举报的事件有一定了解的时候，调查人员提问时要记住以下原则要素，即什么时间、什么地点、人物、起因、经过、结果。

即使是经验丰富的调查人员也未必能在每个案件调查后得出明确的结论。鉴于内部调查手段的局限性，在很多情况下由于缺乏充足的证据，不能对所调查的事件得出明确的结论。此时，调查人员需要向管理层说明不能得出最终结论的原因，还应该向举报人和受害人说明情况，鼓励他们继续关注事态发展并及时报告，提供新的线索，同时告诫访谈对象要遵守企业有关规定，严禁任何形式的打击报复。

企业应制定、建立、实施并保持合规调查过程以评估、评价、调查有关涉嫌或实际的不合规的情形，并做出结论。这些过程应确保能公平、公正地做出决定。

调查过程应由具备相应能力的人员独立进行，且避免利益冲突。适当时，企业应利用调查结果改进合规管理体系。

企业应定期向治理机构或最高管理者报告调查的次数和结果。企业应保留有关调查的文件化信息。

7. 调查报告

调查结束以后，无论是否得出结论，调查后调查人员都要及时地写出书面的调查报告，书面调查报告一般包括：案件的基础信息、调查过程、发现的主要事实和证据、调查结论等。

书面调查报告的书写原则是要在调查了解情况、掌握证据的基础上客观陈述事实，调查人员不得在报告中掺杂个人情感，避免使用带有感情色彩和偏见的叙述方式和文字。尽量详细描述事件的时间、地点、人物、事件的起因和发展过程，调查报告的结论应该是建立在所掌握的事实和证据基础上的。报告不应作出法律性质上和建议管理层如何处理有关涉嫌违规人员的结论，但可以提出处理分析意见。

事件调查应当保密，调查报告只发送给需要或应当知道的人员。比如与事件有关的业务部门的直接或上级领导、人事部、道德与合规部以及法务部等。举报人、受害人和调查对象不属于调查报告的知悉主体。

由于调查人员具有在调查了解事件的过程中掌握较为全面情况的优越条件，其应当具备发现问题漏洞的职业敏感性。因此，在调查结束后应该及时地向管理层提出漏洞所在，并尽可能提出改进、预防措施的建议以利于企业今后的良性和可持续发展。

8. 结案

收到调查报告后，案件管理团队要从以下几个方面进行审查：

第一，审查范围是否完整；调查过程是否公正。

第二，审查发现是否具有逻辑性；调查结论是否可靠；证据材料是否充分。

第三，审查报告中是否有其他疑点。

案件管理团队审查调查报告后应当作出结论：存在违规行为、不存在违规行为和无法确认违规行为的具体实施，但行为具有高度的违规可能性的，应当予以持续关注。

三、合规审计

（一）合规审计概述

国资委《中央企业合规管理指引（试行）》第四条中规定，推动合规管理与法律风险防范、监察、审计、内控、风险管理等工作相统筹、相衔接，确保合规管理体系有效运行。以及第十一条第二款规定，监察、审计、法律、内控、风险管理、安全生产、质量环保等相关部门，在职权范围内履行合规管理职责。

对企业经营管理的合规性开展审计，在于对企业合规管理体系运营的结果及企业守法合规状况作全面的、专项的或者重点的审核与评价，发现存在违规问题，提出整改要求和建议。对合规管理的有效性开展审计，重点在于对合规管理体系其他十一大构成要素运行的有效性进行审核监督。合规审计与合规评审的内容和范畴趋同，但合规评审是合规管理部门内部的自我监督与评价，合规审计则是企业审计部门对企业合规管理实施独立的外部监督。企业防范合规风险要筑牢"三道防线"：业务部门是"第一道防线"；合规部门也叫牵头部门，是"第二道防线"；监督部门是"第三道防线"。企业合规管理是内部审计的对象和内容，同时又向内部审计提供支持，包括提供审计所依据的合规规范，提供法律意见及合规意见等。

1. 合规审计的定义

合规审计是审计机构和审计人员依据国家法律、法规和财经制度对被审计单位的生产经营管理活动及其有关资料是否合规所进行的一种监督活动。

2. 合规审计的对象

有关企业合规管理的国际组织的标准、指引以及我国国家标准、指引和办法都确定合规管理是合规审计的对象和范围。

巴塞尔委员会《合规与银行内部合规部门》原则八规定，合规部门应与审计部门分离，以确保合规部门的各项工作受到独立的复查。

我国银行业监督管理委员会《商业银行合规风险管理指引》第二十二条规定，合规管理职能的履行情况应受到内部审计部门定期的独立评价。内部审计方案应包括合规管理职能适当性和有效性的审计评价，内部审计的风险评估方法应包括对合规风险的评估。

我国国家发展改革委等七部委《企业境外经营合规管理指引》第二十六条规定，企业审计部门应对企业合规管理的执行情况、合规管理体系的适当性和有效性等进行独立审计。

按合规审计标准性质内容分类，合规审计对象包括：规章制度、预算、计划、合同、业务规范、技术经济标准等。

3. 合规审计的目标

最高管理者应确保审计方案的目标得到确立，以指导审计的策划和实施，并确保审计方案的有效实施。审计方案的目标应与合规管理体系的方针和目标相一致并予以支持。

审计目标可以基于以下方面考虑：（1）合规管理的优先事项；（2）商业意图和其他的业务意图；（3）过程、产品和项目的特性及其变化；（4）合规管理体系要求；（5）法律法规和合同要求，以及企业承诺遵守的其他要求；（6）供方评价和需要；（7）相关方（包括顾客）的需求和期望；（8）发生失效、风险事件和顾客投诉时所反映出的被审计方的绩效水平；（9）被审计方所面临的风险；（10）以往审计的结果；（11）被审计的管理体系的成熟度。

4. 合规管理的意义

（1）合规管理评估为合规审计奠定基础

企业合规管理评估是企业合规组织（主要是企业治理机构和企业合规管理部门）对企业合规管理体系的适当性、有效性和充分性进行自我评估。合规审计是对企业合规管理体系运行的适当性和有效性进行的内部审计。就合规组织而言，合规审计是来自外部的审查和监督，而合规管理评估是合规组织内部自我监督、纠错与持续改进的制度。

企业合规管理评估与合规审计除了分属不同部门的职责外，两者在工作程序、方法、内容等方面都趋于一致，是对合规管理体系的适当性、充分性和有效性进行评估或者审计。合规管理评估一般先于合规审计，并为合规审计奠定基础。

（2）合规管理与内部审计的协作联动

协同性原则是企业合规管理的基本原则之一，它同样适用于合规管理与内部审计。

首先，我国国资委《中央企业合规管理指引（试行）》第四条要求推动合规管理与法律风险防范、监察、审计、内控、风险管理等工作相统筹、相衔接，确保合规管理体系有效运行。国家发展改革委等七部委《企业境外经营合规管理指引》第十二条对合规管理协调作了专门规定，第二款要求合规管理部门与其他监督部门分工协作，合规管理部门与其他具有合规管理职能的监督部门（如审计部门、监察部门等）应建立明确的合作和信息交流机制，加强协调配合，形成管理合力。

其次，有关合规管理的国际组织标准、指南以及我国国家标准、办法和指引都要求，合规管理部门应与审计部门相互沟通信息：审计部门应该将与合规有关的任何审计情况和调查结果通报合规管理部门；合规管理部门也可以根据合规风险的监测情况主动向内部审计部门提出开展审计工作的建议。

5. 合规审计原则

我国《中央企业内部审计管理暂行办法》（国务院国资委 2004 年 8 月 23 日）和《中国内部审计准则》（中国内部审计协会 2013 年 8 月 20 日）都规定了内部审计的独立性原则、客观性原则和公正性原则。这些原则同样适用于合规审计。

（1）独立性原则

独立性是企业内部审计的首要和最基本的原则，要求企业内部审计部门独立开展内部审计，不受其他部门或个人干预。有关企业合规管理的国际组织标准、指南以及我国国家标准、办法和指引，如《中央企业内部审计管理暂行办法》和《中国内部审计准则》都确认了合规审计的独立性原则。

（2）客观性原则

《中国内部审计准则》第四章对审计的客观性作了专章规定，同样适用于合规审计。

第一，企业内部审计人员实施内部审计业务时，应当实事求是，不得由于偏见、利益冲突而影响职业判断。

第二，企业内部审计人员实施内部审计业务，应当采取步骤对客观性进行评估，识别可能影响客观性的因素，并采取措施保障内部审计的客观性。

第三，当内部审计人员的客观性受到严重影响，且无法采取适当措施降低影响时，应停止实施有关业务，并及时向董事会或者最高管理层报告。

（3）公正性原则

企业内部审计的公正性原则要求：企业内部审计人员应公正、不偏不倚地作出审计职业判断，出具客观、公正的审计报告，不得滥用职权、徇私舞弊、泄露秘密、玩忽职守；企业内部审计人员与审计事项有利害关系的，应当回避。

6. 合规审计分类

（1）全面合规审计与专项合规审计

中国内部审计协会于 2013 年 8 月 20 日发布的《第 2201 号内部审计具体准则——内部控制审计》将内部控制审计从范围上划分为全面内部控制审计和专项内部控制审计。同样，合规审计可以划分为全面合规审计与专项合规审计。全面合规审计是对企业全面合规管理体系的建立和运行的适当性和有效性进行全面审计。专项合规审计是针对企业合规管理体系的某个构成要素、某一业务领域或者某一业务部门（包括合规管理部门）的合规管理所进行的审计。

（2）定期合规审计、临时合规审计和后续合规审计

按照合规审计的频率，可以划分为定期、临时和后续合规审计。定期合规审计主

要是指年度合规审计,由企业内部审计部门按照年度审计计划开展年度合规审计。而对某一突发合规风险事件,或者按照治理机构的指示,或者依照企业决定,企业内部审计部门可以进行临时合规审计。中国内部审计协会印发的、于2014年1月1日起施行的《第2107号内部审计具体准则——后续审计》对后续审计作了专门规定,这同样适用于合规审计的后续审计。后续审计是指内部审计机构为跟踪检查被审计单位针对审计发现的问题所采取的纠正措施及其改进效果而进行的后续审查和评价活动。

7. 合规审计的程序

2013年8月20日,中国内部审计协会发布《中国内部审计准则》的公告,其中《第2201号内部审计具体准则——内部控制审计》第十六条规定,内部控制审计主要包括下列程序:第一,编制项目审计方案;第二,组成审计组;第三,实施现场审查;第四,认定控制缺陷;第五,汇总审计结果;第六,编制审计报告。

以下将依据以上程序逐一讲解。

(二) 合规审计方案

需要实施审计的企业应制定审计方案,以便确定被审计方管理体系的有效性。审计方案可以包括针对一个或多个管理体系标准的审计,可单独实施,也可合并实施。

审计方案的范围与程度应基于被审计企业的规模和性质,以及受审计管理体系的性质、功能、复杂程度以及成熟度水平的影响,应优先配置审计方案的资源,以确定审计管理体系的重大事项。这些重大事项可能包括产品质量的关键特性、健康和安全的相关危险源或重大环境因素及其控制措施。

1. 审计方案具体列项

审计方案的目标可以包括下列各项:促进管理体系及其绩效的改进;满足外部要求,例如管理体系标准认证;验证与合同要求的符合性;获得和保持对供方能力的信心;确定管理体系的有效性;评价管理体系的目标与管理体系方针、企业的总体目标的兼容性和一致性。

2. 审计方案的内容

审计方案应包括在规定的期限内有效和高效地组织和实施审计所需的信息和

资源，并可以包括以下内容：审计目标，包括总体和每次审计的目标；审计范围，包括被审计的组织单元、职能单元以及过程；审计准则和引用文件；审计方案的程序。

3. 审计程序

审计程序应当包括：(1) 实施审计活动的地点、日期、预期的时间和期限，包括与被审计方管理者的会议；(2) 使用的审计方法，包括所需的审计抽样的范围，抽样方案的设计；(3) 审计组的选择，包括审计组成员、向导和观察员的作用和职责；(4) 为审计的关键区域配置适当的资源；(5) 处理保密性、信息安全、健康和安全，以及其他类似事宜的过程。

4. 审计计划

必要时，可以制订更具体的审计计划，内容包括：(1) 明确被审计方本次审计的代表；(2) 当审计工作和审计报告所用语言与审计员和（或）被审计方的语言不同时，审计工作和审计报告所要用的语言；(3) 审计报告的主题；后勤和沟通安排，包括被审计现场的特定安排；(4) 针对实现审计目标的不确定因素而采取的特定措施；(5) 保密和信息安全的相关事宜；(6) 来自以往审计的后续措施；(7) 所策划审计的后续活动；(8) 在联合审计的情况下，与其他审计活动的协调。

审计方案可由审计委托方评审和接收，并应提交被审计方。被审计方对审计方案的反对意见应由审计组长、被审计方和审计委托方共同处理。

5. 审计方法

审计方案管理人员应根据规定的审计目标、范围和准则，选择和确定审计方法以有效地实施审计。

当两个或多个审计组织对同一受审计方进行联合审计时，管理不同审计方案的人员应就审计方法达成一致，并考虑对审计资源和审计策划的影响。如果受审计方运行两个或多个领域的管理体系，审计方案也应包括结合审计的情况。

《第2201号内部审计具体准则——内部控制审计》第十九条规定，内部审计人员应当综合运用访谈、问卷调查、专题讨论、穿行测试、实地查验、抽样和比较分析等方法，充分收集组织内部控制设计和运行是否有效的证据。这条规定与中国证券业协会发布的《证券公司合规管理有效性评估指引》中关于合规管理评估方法的规定相类似。

关于穿行测试：评估小组可以对具体业务处理流程开展穿行测试，检查与其相关的原始文件，并根据文件上的业务处理踪迹追踪流程，对相关管理制度与操作流程的实际运行情况进行验证。

关于抽样测试：评估小组可以根据合规审计所关注的重点，对业务与管理事项进行抽样分析，按照业务发生频率、重要性及合规风险的高低，从确定的抽样总体中抽取一定比例的样本，并对样本的符合性作出判断。

6. 识别和评估审计方案

在建立、实施、监视、评审和改进审计方案过程中存在多种风险，这些风险可能影响审计方案目标的实现，审计方案管理人员在制定审计方案时应考虑这些风险。

审计风险可能与下列事项相关：（1）策划，例如未能设定合适的审计目标和未能确定审计方案范围及详略程度；（2）资源，例如没有足够的时间制订审计方案或实施审计；（3）审计组的选择，例如审计组不具备有效地实施审计的整体能力；（4）实施，例如没有有效地沟通审计方案；（5）记录及其控制，例如未能适宜地保护用于证明审计方案有效性的审计记录；（6）监视、评审和改进审计方案，例如没有有效地监视审计方案的结果。

识别审计方案资源时，审计方案管理人员应考虑：（1）开发、实施、管理和改进审计活动所必需的财务资源；（2）审计方法；（3）能够胜任特定审计方案目标的审计员和技术专家；（4）审计方案范围和程度以及风险；（5）差旅时间和费用、食宿和其他审计需要；（6）信息和沟通技术的可获得性。

7. 审计方案管理

最高管理者应确保设立审计方案的目标，并指定一个或多个能胜任这项工作的人员负责管理审计方案。审计方案管理人应监视审计方案的实施以确保达到审计目标，应评审审计方案以识别可能的改进。

（1）审计方案流程管理

审计方案的管理流程：①确立审计方案的目标；②制订审计方案；③实施审计方案；④监视审计方案；⑤评审和改进审计方案。

（2）审计方案管理人员的职责和能力

审计方案管理人员的职责包括：①明确审计方案的范围和程度；②识别和评估审计方案的风险；③明确审计的责任；④确立审计方案的程序；⑤确定所需的资源；⑥确保审计方案的实施，包括明确每次审计的目标、范围和准则，确定审计方法，选择审计组和评价审计员；⑦确保管理和保持适当的审计方案记录；⑧监视、评审和改进审计方案。

审计方案管理人员应将审计方案内容报告最高管理者，并在必要时获得批准。

审计方案管理人员应具备有效地和高效地管理审计方案的必要的能力，并具备以下方面的知识和技能：①知道审计原则、程序和方法；②熟悉管理体系标准和引用的文件；③了解被审计方的活动、产品和过程；④熟悉与被审计方活动、产品有关的适用的法律法规要求和其他要求；⑤了解被审计方的顾客、供方和其他相关方（适用时）。

审计方案管理人员应参加适当的持续的专业发展活动，以掌握管理审计方案所需的知识和技能。

（3）确定审计方案的范围和详略程度

审计方案管理人员应确定审计方案的范围和详略程度，审计方案范围取决于被审计方的规模和性质。

注：考察被审计方的规模和性质时应当考虑被审计的管理体系的性质、功能、复杂程度和成熟度以及其他重要事项。

注：在某些情况下，根据企业（被审计方）的结构或活动，审计方案可能只包括一次审计（例如一个小型项目活动）。

影响审计方案范围和详略程度的其他因素包括：①每次审计的范围、目标、持续时间和审计次数，适用时，还包括审计后续活动；②审计活动的数量、重要性、复杂性、相似性和地点；③影响管理体系有效性的因素；④适用的审计准则，例如有关管理标准的安排、法律法规要求、监管要求、合同要求以及被审计方承诺的其他要求等；⑤以往的内部或外部审计的结论；⑥以往的审计方案的评审结果；⑦语言、文化和社会因素；⑧相关方的关注点，例如顾客抱怨或不符合法律法规要求；⑨被审计方或其运作的重大变化；⑩支持审计活动的信息和沟通技术的可获得性，尤其是使用远程审计方式的情况；内部和外部事件的发生，如产品故障、信息安全泄密事件、健康和安全事件、犯罪行为或环境事件。

每次审计应基于形成文件的审计目标、范围和准则。这些应由审计方案管理人员加以规定，并与总体审计方案的目标相一致。

审计目标规定每次审计应完成什么，可以包括下列内容：确定所审计的管理体系或其一部分与审计准则的符合程度；确定活动、过程和产品与相关要求和管理体系程序的符合程度；评价管理体系的功能，以确保满足法律法规和合同要求以及受审计方所承诺的其他要求；评价管理体系在实现特定目标方面的有效性；识别管理体系的潜在改进之处。

审计范围应与审计方案和审计目标相一致，包括诸如地址、组织单元、被审计的活动和过程以及审计覆盖的时期等内容。

审计准则作为确定合格的依据，可能包括适用的方针、程序、标准、法律法规要求、管理体系要求、合同要求、行业行为规范或其他策划的安排。

如果审计目标、范围或准则发生变化，应根据需要修改审计方案。

当对两个或更多的管理体系同时进行审计（结合审计）时，审计目标、范围和准则与相关审计方案的目标保持一致是非常重要的。

（4）审计的完成

当所有策划的审计活动已经执行或出现与审计委托方约定的情形时（例如出现了妨碍完成审计计划的非预期情形），审计即告结束。审计的相关文件应根据参与各方的协议，按照审计方案的程序或适用要求予以保存或销毁。除非法律法规要求，审计组和审计方案管理人员若没有得到审计委托方和被审计方（适当时）的明确批准，不应向任何其他方泄露相关文件报告的内容以及审计中获得的其他信息。如果需要披露审计文件的内容，应尽快通知审计委托方和被审计方。从审计中获得的经验教训可促进被审计企业持续改进管理体系。

审计后续活动的实施根据审计目标、审计结论的需要采取纠正、预防或改进措施。此类措施通常由被审计方确定并在商定的期限内实施，适当时，被审计方应将这些措施的实施状况告知审计方案管理人员和审计组，并对措施的完成情况及有效性进行验证，验证可以是后续审计活动的一部分。

(三) 审计组成员和规模

1. 选择审计成员

审计方案管理人员应指定审核组成员，包括审计组长和特定审计所需要的技术专家。

应在考虑实现规定范围内每次审计目标所需要的能力的基础上，选择审计组。如果只有一名审计员，该审计员应承担审计组长的全部职责。

2. 确定审计组的规模和组成

确定审计组的规模和组成，应考虑的因素包括：（1）考虑审计范围和准则，实现审计目标所需要的审计组的整体能力；（2）审计的复杂程度以及是不是结合审计或联合审计；（3）所选定的审计方法；（4）法律法规要求、合同要求和受审计方所承诺的其他要求；（5）确保审计组成员独立于被审计活动以及避免任何利害冲突的需要（独立性的原则）；（6）审计组成员共同工作的能力以及与受审计方的代表有效协作的能力；（7）审计所用语言以及受审计方特定的社会和文化特性。这些方面可以通过审计员自身的技能或通过技术专家的支持予以解决。

为了保证审计组的整体能力，应采取下列步骤：（1）识别达到审计目标所需要的知识和技能；（2）选择审计组成员以使审计组具备所有必要的知识和技能。

如果审计组的审计员没有具备所有必要的能力，审计组应包含具备相应能力的技术专家。技术专家应在审计员的指导下工作，但不能作为审计员实施审计。

审计组可以包括实习审计员，但实习审计员应在审计员的指导和帮助下参与审计。

在审计过程中，出现了利益冲突和能力方面的问题，审计组的规模和组成可能有必要加以调整。如果出现这种情况，在调整前，有关方面（例如审计组长、审计方案管理人员、审计委托方或受审计方）应在调整前进行讨论。

审计组长应分配每次的审计职责，审计方案管理人员应向审计组长分配每次审计的职责。

应在审计实施前的足够时间内分配职责，以确保有效地策划审计工作。

为确保有效地实施每次审计，应向审计组长提供下列信息：审计目标；审计准则和引用文件；审计范围，包括需审计的组织单元、职能单元以及过程；审计方法和程序；审计组的组成；受审计方的联系方式；审计活动的地点、日期和持续时间；为实施审计所配置的适当资源；评价和关注已识别达到审计目标的风险所需的信息。

审计时，提供的信息还应包括下列内容：在审计员和（或）受审计方的语言不同的情况下，审计工作和报告的语言；审计方案要求的审计报告内容和分发范围；如果审计方案有所要求，与保密和信息安全有关的事宜；审计员的健康和安全要求；安全和授权要求；后续活动，例如来自以往的审计（适用时）；在联合审计的情况下与其他审计活动的协调。

当进行联合审计时，重要的是实施审计的各组织在开始审计前，就各自的职责，特别是对被指定为本次审计的审计组长的权限达成一致。

（四）实施现场审查

全面合规审计的内容是涵盖企业全面合规管理体系的建立和运行的适当性和有效性的全面审计，专项合规审计限于对企业合规管理体系的某个构成要素、某一业务领域或者某一业务部门（包括合规管理部门）的合规管理的适当性和有效性进行合规审计。因此在审查时应当注意以下几方面。

1. 审计合规管理的适当性

我国《企业境外经营合规管理指引》将适用性确立为企业合规管理的一项基本原则，要求确保企业合规管理的适当性。合规管理的适当性包括合规规范的适用性、兼顾成本和效率、可操作性和持续适用等。

（1）合规规范的适用性

企业根据其经营所在国家和地区、经营范围、行业、产品等确定适用的外部合规规范，跟踪适用的外部合规规范的修改、补充，以及更新。

企业根据其经营范围、组织结构、业务规模的内部环境因素以及外部合规规范，制定企业内部合规规范，并根据前述因素的变更等，调整、修改、补充企业内部合规规范并确保其适用性。

（2）兼顾成本和效率

企业合规管理要根据企业的实际情况，在保障合规的前提下，节约成本，保证效率。

（3）可操作性

企业合规管理体系，尤其是合规管理制度应当具有可操作性，切忌好高骛远，避免因没有实际操作性而成为鸡肋，从而影响企业合规的积极性和有效性。

（4）持续适用

企业应随着内外部环境的变化持续调整和改进合规管理体系，保证其持续适用性。

2. 审计合规管理的有效性

合规管理的有效性，是指合规管理体系得到有效运行，合规风险得到有效防范和应对，企业经营管理的稳健和安全性得到有效保障。

（1）合规管理的有效性表现

综合我国有关企业合规管理的国家标准、指引和办法的规定以及中国证券业协会《证券公司合规管理有效性评估指引》，合规管理的有效性表现在以下几个方面：企业治理机构的高级管理人员等（即企业领导）作出合规承诺，并作出合规表率，这是有效合规管理的前提；合规组织建设、合规管理人员配备情况，其履行合规管理职责情况；合规管理制度和流程的制定及运行状况；企业合规风险三道防线各司其职、协调配合，有效参与合规管理，形成合规管理合力，是有效合规管理的保障；实施有效的合规风险管理，包括合规风险评估、应对、监测和预警以及持续改进；向企业所有员工提供有效的合规培训；建立全面有效的合规问责制度，明晰合规责任范围，细化违规惩处标准，严格认定和追究违规行为责任；建立有效的信息系统，是有效合规管理的工具保障。

（2）合规管理评估有效性审计应涵盖的内容

参考中国证券业协会《证券公司合规管理有效性评估指引》，对合规管理评估的有效性进行审计，应涵盖三个方面的内容：合规管理环境审计，重点关注企业高层是否重视合规管理、合规文化建设是否到位、合规管理制度是否健全、合规管理的履职保障是否充分等；对合规管理职责履行情况进行审计，重点关注合规咨询、合规审查、合规检查、合规监测、合规培训、合规报告、监管沟通与配合、信息隔离墙管理、反洗钱等合规管理职能是否能够有效履行；对经营管理制度与机制的建设及运行情况的审计，重点关注各项经营管理制度和操作流程是否健全，是否与外部法律、法规和准则相一致，是否能够根据外部法律、法规和准则的变化及时修订、完善，以及是否能够严格执行经营管理制度和操作流程，是否能够及时发现并纠正有章不循、违规操作等问题。

3. 管理审计方案结果

审计方案管理人员应确保下列活动得到实施：（1）评审和批准审计报告，包括评价审计发现的适宜性和充分性；（2）评审根本原因分析以及纠正措施和预防措施的有效性；（3）将审计报告提交给最高管理者和其他有关方面；（4）确定后续审计的必要性。

4. 监视审计方案

审计方案管理人员应监视审计方案的实施并关注下列需求：（1）评价与审计方案、日程安排和审计目标的符合性；（2）评价审计组成员的绩效；（3）评价审计组实施审计计划的能力；（4）评价来自最高管理者、受审计方、审计员和其他相关方的反馈。

下列因素可能决定是否需要修改审计方案，例如：（1）审计发现；（2）经证实的管理体系有效性水平；（3）审计委托方或受审计方的管理体系的变化；（4）标准要求、法律法规要求、合同要求和受审计方所承诺的其他要求的变化；（5）供方的变更。

（五）认定控制缺陷

1. 合规管理缺陷的认定

《第2201号内部审计具体准则——内部控制审计》第五章对内部控制缺陷的认定作了具体规定，同样适用于合规审计。

（1）设计缺陷和运行缺陷

该准则第二十一条规定，内部控制缺陷包括设计缺陷和运行缺陷。内部审计人员应当根据内部控制审计结果，结合相关管理层的自我评估，综合分析后提出内部控制缺陷认定意见，按照规定的权限和程序进行审核后予以认定。

（2）合规管理缺陷登记

该准则第二十二条规定，内部审计人员应当根据获取的证据，对内部控制缺陷进行初步认定，并按照其性质和影响程度分为重大缺陷、重要缺陷和一般缺陷。

重大缺陷，是指一个或者多个控制缺陷的组合，可能导致组织严重偏离控制目标。重要缺陷，是指一个或者多个控制缺陷的组合，其严重程度和经济后果低于重大缺陷，但仍有可能导致组织偏离控制目标。一般缺陷，是指除重大缺陷、重要缺陷之外的其他缺陷。

重大缺陷、重要缺陷和一般缺陷的认定标准，由内部审计机构根据上述要求，结合本组织具体情况确定。

（3）合规管理缺陷报告

该准则第二十三条规定，内部审计人员应当编制内部控制缺陷认定汇总表，对内部控制缺陷及其成因、表现形式和影响程度进行综合分析和全面复核，提出认定意见，并以适当的形式向组织适当管理层报告。重大缺陷应当及时向组织董事会或者最高管理层报告。

2. 评审和改进审计方案

审计方案管理人员应评审审计方案，以评定是否达到目标。从审计方案评审中得到的经验教训可应用于审计方案的持续改进。

审计方案评审应考虑下列各项：审计方案监测的结果和趋势；与审计方案程序的符合性；相关方进一步的需求和期望；审计方案记录；可替代的或新的审计方法；解决与审计方案相关风险的措施的有效性；与审计方案有关的保密和信息安全事宜。

审计方案管理人员应评审审计方案的总体实施情况，识别改进区域，必要时修改审计方案，并应根据评审审计员的持续专业发展活动进行安排，向最高管理者报告审计方案的评审结果。

（六）汇总审计结果，编制审计报告

《第2201号内部审计具体准则——内部控制审计》第六章对内部控制审计报告进行了规定，同样适用于企业合规审计报告。

1. 审计报告的内容

按照准则第二十四条,内部控制审计报告的内容,应当包括审计目标、依据、范围、程序与方法、内部控制缺陷认定及整改情况,以及内部控制设计和运行有效性的审计结论、意见、建议等相关内容。

2. 审计报告的报批

按照准则第二十五条,内部审计机构应当向组织适当管理层报告审计结果。一般情况下,全面内部控制审计报告应当报送组织董事会或者最高管理层。包含有重大缺陷认定的专项内部控制审计报告在报送企业适当管理层的同时,也应当报送董事会或者最高管理层。

3. 审计报告的披露

按照准则第二十六条,经董事会或者最高管理层批准,合规审计报告可以作为《企业内部控制评价指引》中要求的内部控制评价报告对外披露。

4. 审计报告的编制

(1) 审计报告内容

审计组长应根据审计方案规定的程序报告审计结果,审计报告应提供完整、准确、简明和清晰的审计记录,并包括或引用以下内容:审计目标;审计范围,尤其是应明确被审计的组织单元和职能单元或过程;明确审计委托方;明确审计组和被审计方在审计中的参与人员;进行审计活动的日期和地点;审计准则;审计发现和相关证据;审计结论;关于对审计准则遵守程度的陈述。

(2) 审计日程安排

必要时,审计报告还可以包括或引用以下内容,包括按日程安排的审计计划:审计过程综述,包括遇到可能降低审计结论可靠性的障碍;确认在审计范围内,已按审计计划达到审计目标;尽管在审计范围内,但没有覆盖到的区域;审计结论综述及支持审计结论的主要审计发现;审计组和被审计方没有解决的分歧意见;改进的机会(如果审计计划有规定);识别的良好实践;商定的后续行动计划(如果有);关于内容保密性质的声明;对审计方案或后续审计的影响;审计报告的分发清单。

注意:审计报告可以在末次会议之前编制。

5. 审计报告的分发

审计报告应在商定的时间期限内提交，如果延迟，应向被审计方和审计方案管理人员通告原因。审计报告应按审计方案或程序的规定注明日期，并经适当的评审和批准，审计报告应分发至审计程序或审计计划规定的接收人。

(七) 其他文件信息

管理和保持审计方案记录，审计方案管理人员应确保审计记录的形成、管理和保持，以证明审计方案的实施。应建立与审计记录相关的保密制度。

记录应包括下列各项内容：

第一，与审计方案相关的记录，如形成文件的审计方案的目标、范围和程度；阐述审计方案风险的记录；审计方案有效性的评审记录。

第二，与每次审计相关的记录，如审计计划和审计报告；不符合报告；纠正措施和预防措施报告；审计后续活动报告（适用时）。

第三，与审计人员相关的记录，如审计组成员的能力和绩效评价；审计组和审计组成员的选择，以及他们能力的保持和提高。

应证明记录的形式和详细程度达到了审计方案的目标。

第三节 合规整改和追责

一、不符合和纠正措施

(一) 对不符合的情形进行分析

1. 不符合

不符合是指没有满足企业某个规定的要求（包括一个或多个质量特性或质量体系要素，偏离规定要求或缺陷）。

2. 不符合情形分析

当不符合情形出现时,企业需要通过对不合规的原因进行分析,采取必要的措施,防止不合规情形的发生或再发生,以及在产品和过程特性、成本及服务等方面采取措施进行持续改进,从而不断提高产品、服务质量水平和顾客满意度。

(二) 初步的纠正措施

纠正措施是为防止已出现的不合规、缺陷或其他不希望的情况再次发生,消除其出现的原因所采取的措施。

1. 纠正措施提出的时机

当出现下列情况时,相关部门应填写纠正和预防措施单并发给责任部门处理:①当第三方反馈信息的统计分析中已表明产品质量或服务质量有下降趋势;②当企业生产、销售、服务过程不合格信息的统计分析中已表明产品、服务质量有下降趋势时;③当合规管理体系运行中出现不合规时;④当内审或外审不合规时;⑤当管理评审要求时。

2. 纠正措施的制定

责任部门应当根据不合规原因制定纠正措施,措施应包括短期的和长期的,并规定责任人及完成期限,然后交给责任部门进行跟踪、验证确认。

3. 纠正措施的执行

纠正措施经管理者或治理机构确认后,由责任部门遵照执行并进行记录,对纠正措施的执行需全流程记录。

(三) 不符合时的纠正措施

发生不符合或不合规时,组织应采取下列措施:

第一,对不符合或不合规做出反应,并视情况采取控制和纠正措施,处理后果。

第二,通过以下活动评估采取避免其再次发生或在其他地方发生的措施的需求,以消除造成不符合和(或)不合规的原因:

一是评审不符合和(或)不合规;

二是确定造成不符合和(或)不合规的原因;

三是确定是否存在或可能发生类似的不符合和(或)不合规。

第三,实施任何必要的措施。

第四,评审所采取的任何纠正措施的有效性。

第五,如必要,修改合规管理体系。

纠正措施应与不符合和(或)不合规的影响相适应,文件化信息应作为可获取的证据。

(四) 纠正措施验证

企业的合规管理部门应对纠正措施执行情况进行监控和验证。纠正措施执行后,合规管理部门负责对措施的效果进行评价。如未达到预期的效果,须重新分析原因并制定新的措施,直到达到预期的效果为止。

纠正措施所引起的文件更改应当按照企业的《文件化信息控制规范》的规定执行,培训按照企业关于合规培训的管理规范执行。各相关部门可通过因果图、排列图、直方图、数据分析等方法分析不合规产生的原因,根据分析的结果,采取预防缺陷纠正措施,并对事实情况予以验证。必要时,责任部门应当成立专项工作组,对纠正措施的实施情况进行统计分析。

重大的预防措施(涉及体系调整或涉及投资)应当经最高管理者或治理机构批准(或通过)后方可实施。涉及多个部门的预防措施应提交管理者代表批准。纠正措施的执行达到预期效果后,必须及时更新控制计划及相应的作业指导书。

(五) 分析不符合或不合规的信息

第一,评估产品和服务性能。

第二,改进或新设计产品和服务。

第三,变更组织惯例和程序。

第四,再培训雇员。

第五,重新评估通知利益相关方的必要性。

第六,对潜在不合规问题做出早期预警。

第七,重新设计或审查控制。

第八,加强通知和逐级报告步骤(内部和外部)。

第九,沟通有关不合规的事实和组织对不合规的立场。

企业应识别导致不遵守方针或程序或两者皆不遵守之行为发生的根本原因，并根据所吸取的经验教训更新方针和程序。

二、持续改进的环节控制

合规管理体系的有效性的特点是它具有持续改进和发展的能力。企业的内部、外部环境以及业务随着时间的推移而变化，其顾客的性质和适用的合规义务也随之变化。合规管理体系的充分性和有效性应通过多种方法进行持续和定期的评估，例如评审组织或内部审计组织宜制定措施以评审企业合规管理体系，并确保其保持最新状态且适合实现相应目标。在确定支持持续改进的行动的程度和时间尺度时，企业应考虑环境、经济因素和其他相关情况。

一些企业对雇员进行调查，以评测合规文化，评价控制的强度。持续改进的进一步信息来源可以是顾客调查的结果、报告疑虑、定期的监视、定期的审计或管理评审。企业应考虑此类评估的结果和输出，以确定是否有必要或有机会改变合规管理体系。为了确保合规管理体系的完整性及有效性的存续，管理体系各个要素的变化应考虑这类变化对整个管理体系有效性的依赖和影响。当对合规管理体系做出改变时，企业应考虑这些变化对合规管理体系、运行、资源可用性、合规风险评估、组织的合规义务及其持续改进过程的影响。

（一）有效性管理系统的措施

合规管理系统的有效性需要在企业经营发展过程中，通过合规调查等反馈信息，不断地对合规管理体系的各个环节进行修正，持续改进，方能实现其与企业的目标相符，达到企业的目标。企业领导者应当通过宣传教育，贯彻持续改进的思想。当过程稳定，产品和服务质量符合规范要求，产品特性和服务效果可以接受时，应当进行持续改进，以防止变差，降低成本，提高效率和改善服务，最终达到企业的合规目标。

1. 改进计划的时机

合规部负责收集管理评审中提出的，内部审计或外部审计中提出的改进要求及在过程测量、产品测量、服务质量、外部合规义务遵守情况的数据分析基础上提出的持续改进要求。落实归口部门，负责收集监管机构对企业的要求；顾客对产品、服务持续改进的要求或建议及通过对顾客满意度的测量分析提出持续的改进建议，交合规部汇总，管理者代表审计，报治理机构或最高领导者批准。其他各部门收集本部门在工作自查过程中针对出现的问题提出的改进建议交合规部汇总。

2. 改进计划的制定

企业相关部门，对需要改进的项目进行分析并制订改进计划，呈报管理者或治理机构审计、批准。持续改进应根据数据分析结果，实施有限减少计划。计划中应包括项目、目标及指标、改进方法、责任部门、进度要求等。

3. 改进计划的实施

重大系统性的持续改进由合规部在分管领导的领导下，按照管理者或治理机构批准的《持续改进计划》实施持续改进，并编制《持续改进报告》。

管理评审提出的持续改进要求由各合规部、企业各有关部门实施持续改进。内部审计、外部审计提出的持续改进要求由企业各责任部门进行分析，制定措施并负责实施，合规部负责跟踪和验证并编写《持续改进报告》。合规部将收集到的第三方提出的改进要求或建议传递到相关部门，各有关部门负责人、企业本部门人员进行分析并制定措施，由品质部汇总，管理者代表审计、总经理批准，企业相关部门负责实施。各部门在自查后对项目、过程、产品测量中收集的数据进行整理，并在进行数据分析的基础上提出改进建议或措施，由部门负责人实施，并编制《持续改进报告》。

4. 改进效果的验证

管理者代表负责重大及系统性的项目、产品、服务质量改进的验证。非重大及系统性的项目、产品、服务质量改进由活动的实施部门负责人实施验证。经过验证证明不能满足要求的原活动的实施部门重新制定措施，并由企业实施。企业一般应当每年组织全体职工开展合理化建议活动，由合规部门负责收集，相关部门落实改进建议。

（二）合规风险再识别和合规制度再制定的持续改进

合规调查是发现合规管理缺点并改进的机会。当确定某一员工违反内部政策规定时，企业应当查明导致其违规行为的根源，如是制度设计的缺陷还是执行的问题。

出现问题，对员工有没有进行足够的培训和沟通交流，还是由于违规者故意为之，又或者是上述情况的合力导致。

一旦查明根本原因，企业需要根据已经发现的不合规行为和不合规事件，对合规风险进行再次识别，重新查找风险源，更改合规义务，然后根据再次识别的风险以及合规义务，审视、改进、重新设计以及监督其合规和管控方案，以防范类似的情况再次发生。企业对发现的根本原因的反应，表明企业对合规方案的重视程度。知道其合规管理存在漏洞但是没有采取适当的措施的企业，可能会比对此不知情的企业受到更严厉的处罚，特别是在涉及政府调查时。

企业发现的问题到何种程度才算足够，方可再制定合规管理制度，一般来说，可以从以下几个方面来考虑问题对应的程度：

1. 企业的规模

企业应当采取行动来对已经出现的不合规事件和发现的不合规行为进行管控，重新识别风险并确定风险源，以此为依据调整合规管理制度，解决发现的问题。小型企业可能受资源限制不能全面管理风险，而大型企业有能力在合规项目和人员中做更多投入，因此可以做的更多，也应该采取更有效、更快速的行动去审查、改进、重新设计其合规管理体系以及利用在调查、审查和审计中发现的相关信息为持续监管服务。

2. 企业的业务性质

业务性质之所以与合规管理的持续改进相关是因为其会呈现某些独特且可预见的问题。因为相关业务的性质，可能会发生某些类型的严重问题，企业应采取足够的措施来发现并预防这些问题。如一个提供云服务的供应商在其服务器上储存了他人或其他企业的数据。数据安全就是与这个业务性质相关的独特问题，云服务提供商应采取特别的保护措施避免数据被泄漏。企业也应该预见到其数据库可能经常被外部攻击导致信息泄漏。因此，企业应该建立防火墙，还需制定明确的流程来管理数据库的访问权限。此外，企业还应当对相关员工进行培训，对所有授权审批、数据库的访问数据采取书面方式全流程记录并进行持续监控。

3. 类似不当行为是否会再次发生

如果类似不当行为多次发生，则是这个领域或岗位的管控没有达到效果。当采取行动改进管控时，企业需要考虑"类似不当行为是否会再次发生"的问题。企业应当对多次发生不当行为的情况进行深入调查，进行风险再识别，根据识别结果，更改义务清单，调整合规管理体系。

持续改进对企业来说是合规管理的重要组成部分。改进可以将存在缺陷或不足的管控措施转化成对风险识别、流程优化、风险管控有益的机会，为合规管理中的预防和监督部分提供有价值的内容，为合规培训提供鲜活的案例，并助力提升企业的合规文化建设。

三、违规管理与问责

企业应完善违规行为追责问责机制，进一步明确违规责任范围，细化惩处标准，针对反映的问题和线索，及时开展调查，按照有关规定严肃追究违规人员责任。对于符合企业尽职合规免责事项清单内情形的行为，可以按照相关规定免予责任追究。相关部门和人员在合法合规性审查中，存在应当发现而未发现的违规问题或发现后敷衍不究、隐匿不报、查处不力等失职渎职行为的，应当承担相应责任。企业应建立个人违规行为记录制度，根据行为性质、发生次数、危害程度等，将其作为个人年度考评、评优评先的依据。

（一）合规奖惩与问责机制

1. 合规奖励

合规奖励不仅是对合规举报的员工进行奖励和激励，还应对积极传播合规文化、认真执行合规要求的员工进行奖励。奖励的方式除了口头嘉奖，还应与员工的福利、薪资升职等相关联。领导者提倡"倡言行动"以鼓励员工在工作和决策过程中注重道德规范。

企业应制作一套明确的评价员工表现的奖惩机制。企业的高级管理者的年度目标应包括与"诚信和合规"相关的各种具体的目标，而且诚信合规部的管理者必须明确定义其在督促企业合规方面的责任。

2. 违规处置

《国务院办公厅关于建立国有企业违规经营投资责任追究制度的意见》与《中央企业违规经营投资责任追究实施办法（试行）》同时要求，以国家法律法规为准绳，严格执行企业内部管理规定，对违反规定、未履行或未正确履行职责造成国有资产损失以及其他严重不良后果的国有企业经营管理有关人员，严格界定违规经营投资责任，严肃追究问责，实行重大决策终身责任追究制度。

国务院国资委印发的《中央企业合规管理指引（试行）》第二十一条规定，强化违规问责，完善违规行为处罚机制，明晰违规责任范围，细化惩处标准。畅通举报渠道，针对反映的问题和线索，及时开展调查，严肃追究违规人员责任。

《商业银行合规风险管理指引》第十六条规定，商业银行应建立有效的合规问责制度，严格对违规行为的责任认定与追究，并采取有效的纠正措施，及时改进经营管理流程，适时修订相关政策、程序和操作指南。

《中华人民共和国监察法》（以下简称《监察法》）第六条规定，国家监察工作坚持标本兼治、综合治理，强化监督问责，严厉惩治腐败；深化改革、健全法治，有效制约和监督权力；加强法治教育和道德教育，弘扬中华优秀传统文化，构建不敢腐、不能腐、不想腐的长效机制。

违规处置与问责措施如下：

（1）违规经营投资责任追究

根据《国务院办公厅关于建立国有企业违规经营投资责任追究制度的意见》和国务院国资委《中央企业违规经营投资责任追究实施办法（试行）》的规定，对相关责任人的处理方式包括：

①企业处理。包括批评教育、责令书面检查、通报批评、诫勉、停职、调离工作岗位、降职、改任非领导职务、责令辞职、免职等。

②扣减薪酬。扣减和追索绩效年薪或任期激励收入，终止或收回其他中长期激励收益，取消参加中长期激励资格等。

③禁入限制。五年直至终身不得担任国有企业董事、监事、高级管理人员；

④纪律处分。由相应的纪检监察机构查处。

⑤移送国家监察机关或司法机关处理。依据国家有关法律规定，移送国家监察机关或司法机关查处。

以上处理方式可以单独使用，也可以合并使用。

（2）国有企业纪律处分

根据《中国共产党纪律处分条例》第八条的规定，对党员的纪律处分种类包括警告、严重警告、撤销党内职务、留党察看和开除党籍。对于受到纪律处分的党员在党外组织担任职务的,应当建议党外组织依照规定作出相应处理。在纪律审查中发现党员严重违纪涉嫌违法犯罪的,原则上先作出党纪处分决定,并按照规定给予政务处分后,再移送有关国家机关依法处理。党员依法受到刑事责任追究的,党组织应当根据司法机关的生效判决、裁定、决定及其认定的事实、性质和情节,依照条例规定给予党纪处分,是公职人员的由监察机关给予相应政务处分。

(3)国有企业监察处置

根据《监察法》第四十五条和第四十六条的规定,监察机关根据监督、调查结果,依法对监察对象作出如下处置:①对有职务违法行为但情节较轻的公职人员,按照管理权限,直接或者委托有关机关、人员,进行谈话提醒、批评教育、责令检查,或者予以诫勉;②对违法的公职人员依照法定程序作出警告、记过、记大过、降级、撤职、开除等政务处分决定;③对不履行或者不正确履行职责负有责任的领导人员,按照管理权限对其直接作出问责决定,或者向有权作出问责决定的机关提出问责建议;④对涉嫌职务犯罪的,监察机关经调查认为犯罪事实清楚,证据确实、充分的,制作起诉意见书,连同案卷材料、证据一并移送人民检察院依法审查、提起公诉;⑤对监察对象所在单位廉政建设和履行职责存在的问题等提出监察建议;⑥监察机关经调查,对违法取得的财物,依法予以没收、追缴或者责令退赔;对涉嫌犯罪取得的财物,应当随案移送人民检察院。

(4)对纪检监察对象以外违规人员的违规问责

国有企业对纪检监察对象以外违规人员的违规问责,主要依据企业内部规章制度(如奖惩条例、员工手册等)来实施,包括警告、降薪、降职、调职、罚款、解除劳动合同等;情节严重的,依法移送司法机关处理。

(5)非国有企业、境外分(子)公司违规处置

非国有企业、境外分(子)公司对违规人员的违规处置,主要依据企业内部规章制度(如奖惩条例、员工手册等)来实施,包括警告、降薪、降职、调岗、罚款、解除劳动合同等;情节严重的,依法移送司法机关处理。

3. 违规处置问责决定的实施

根据《国务院办公厅关于建立国有企业违规经营投资责任追究制度的意见》规定,根据调查事实,依照管辖规定移送有关部门,按照管理权限和相关程序

对相关责任人追究责任。相关责任人对处理决定有异议的，有权提出申诉，但申诉期间不停止原处理决定的执行，责任追究调查情况及处理结果在一定范围内公开。

按照《中国共产党纪律处分条例》的规定，国有企业对党员的纪律处分，由党组织作出决定，由纪检监察部门实施。

按照《监察法》的规定，监察机关根据监督、调查结果，依法作出处置。

国有企业对纪检监察对象以外违规人员的违规处置，以及非国有企业、企业境外违规人员的违规处置，按照企业内部规章制度，由企业人力资源部门具体实施，企业合规管理部门提供支持，给予监督。

（二）合规问责决议

合规问责是指对企业高管和员工的违法、违规、违纪行为进行责任追究的活动。涉及违犯刑法或其他国家层面的法律法规的，应按规定将相关人员移交司法部门或有关行政机关。合规问责应坚持实事求是、有错必纠、问责与整改相结合等原则。

合规问责的信息来源一般是合规检查或监测过程中发现的问题，或者是收到的举报控告或申诉等。在实践中，要特别注意合规问责措施的合法性和合规性，问责程序要有相关的法律和内部制度做支撑。

对合规风险应对及合法合规性审查中暴露的问题及时进行整改，通过健全制度机制、优化业务流程等方式，堵塞管理漏洞，形成长效机制。定期对合规整改情况进行检查，根据需要将其纳入对部门及分（子）公司的考核。

企业对问责事项进行处理后，一般应形成合规问责决议，合规问责决议一般包括：违规事件违规责任人或责任部门、违规事实、违规后果及影响、违规责任分析、问责依据、问责措施、问责处置等。

（三）违规行为处理

企业拥有完善的风控体系、内控体系和合规管理体系，可以大大降低员工违规的风险，但是无法完全消除风险。内部控制是一种"合理保证"，而不是"绝对保证"，不管企业风险控制、内部控制和合规管理做得多么完善，也无法完全杜绝员工违规违纪的情况。

很多企业对违反企业政策的违规行为和非法活动持坚决的零容忍态度，但实际上员工的违规行为多种多样，很大一部分是因为过失。因此，在处理违规行为人时要特别注意以下事项：

第一，对违规行为人或未能对违规行为采取防范措施的人应该进行纪律处分。违规行为一经查实，企业应立即对违规行为人采取纪律处分。处理方式包括训诫、口头或书面警告、降级、调职或解雇，企业还可向执法部门报告违法情况，以及向违规者提起民事诉讼，构成犯罪的移交纪检监察机关或司法机关处理。

第二，企业应以一致的方式执行纪律处分结果，若员工发现在纪律处分时出现区别或歧视对待的情况，这对于维持合规公平损害极大。

第三，当违规行为人的不当行为影响其主管的业绩表现时，要注意处理方式公平合理。

（四）违规调查报告

1.违规调查报告的撰写与提交

我国国有企业由纪检监察部门负责调查违规事件，由纪检监察部门向企业党组织和企业治理机构汇报违规调查结果，并提出纪律处分或监察处置建议。

我国国有企业由企业合规管理部门负责调查违规事件，由合规管理部门向合规委员会提交违规调查报告，提出违规问责建议，并由合规委员会审批违规问责措施。对于重大违规事件，还应及时向高级管理人员和治理机构汇报，并由其审批违规问责措施。

非国有企业和企业境外分支机构的违规调查，由合规管理部门向合规委员会提交违规调查报告，提出违规处置建议，并由合规委员会审批违规处置措施。对于重大违规事件，还应及时向高级管理人员和治理机构汇报，并由其审批违规处置措施。

2.违规调查报告的内容

违规调查报告应包括以下内容：（1）违规信息、线索的来源以及违规线索的分类处置情况；（2）违规调查小组的组成与职责；（3）违规调查内容、计划与方案；（4）违规调查过程、方法，采取强制措施的情况；（5）配合调查的单位、人员及其提供的线索、证据；（6）获得证据情况，以及证据所能证明的事实；（7）违规调查结果以及违规行为违反的合规规范；（8）违规问责（处置）措施建议。

第十七章 合规保障体系建设

合规管理工作的顺利开展通常需要从上而下地贯穿全部机构、人员、流程等，企业全部机构和全体成员都或多或少地承担着合规职责。只有在企业的各个职能部门、人员、定位、流程等方面均满足合规工作要求，部门间协作机制和沟通路径顺畅的前提下，才能构建一个科学的组织架构，更好地明确不同层级、部门的管理职责，企业的合规工作才能顺利开展。

第一节 合规人才和组织保障体系

一、合规人员的引进

（一）合规人才的基本要求

人才是合规管理的关键，人才兴则合规兴，人才强则合规强。企业应重视合规人才引进工作，吸引优秀人才，建设一支高素质的合规人才队伍。基于"大合规"理念，合规人才需要有较高的政治思想素质和业务水平，要求如下。

1. 要有正确的人生观

（1）荣辱观：以热爱祖国为荣，以危害祖国为耻；以维护单位（客户）利益为荣，以损害单位（客户）利益为耻。

（2）苦乐观：天降将大任于斯人也，必先苦其心志，劳其筋骨，饿其体肤……不经历风雨怎能见彩虹。

（3）逆境观：失败是成功之母，每一次成功背后，都有千百次失败，经历住黑暗煎熬和人生低谷，必将迎来光明的明天。

（4）幸福观：幸福是奋斗出来的，奋斗者是精神最为富足的人，也是最懂幸福、最享受幸福的人。

2. 要有明确的价值观

爱岗敬业，诚实守信，举止文明，道德高尚，廉洁自律，以事实为根据，以法律为准绳。

（1）爱岗敬业：合规人员应信仰法律、坚守法律，这是合规从业人员必备的品质。

（2）公平正义：它是法律合规人员永远的追求。合规人员应坚持正义原则，忠于法律，忠于当事人，确保行为的独立性。失去行为独立性就不能确保始终保持中立、超然的姿态。在执业活动中，合规人员要充分做到以事实为根据，以法律为准绳。

（3）廉洁诚信。廉洁诚信是实现司法公正的前提和保证，合规人员通过执业行为展现其责任感和道德感能够赢得尊重和信赖，提升司法的公信力。合规人员应努力培养高尚的品德，精深的修养，注重个人和行业自律，突显法律职业共同体成员的优秀形象和良好声誉。

3. 要有开阔的世界观

合规人才应具有宽广的国际化视野，熟悉、掌握合规有关的国际化知识，熟悉掌握国际惯例和具有较强的跨文化沟通能力。境外合规人员需要熟练掌握一门外语。

其他要求，如一般应具有大学本科及以上学历；取得法律职业资格证；有类似工作经历（应届毕业生除外）；身体健康；认同企业文化，具备团队精神等。

合规人员的主要职责：（1）拟订合规管理工作计划，起草、实施合规管理制度；（2）组织撰写企业年度合规管理报告并履行相应审核、批准程序；（3）审核决策会议案，出具合规意见书；（4）审核合同，出具合规意见书；（5）组织并协调合规检查、合规有效性评价工作；（6）召集、主持合规联席会议；（7）向董事会及其合规委员会报告重大违规事项；按照全面风险管理工作要求，组织识别、分析、评价和应对本业务系统涉及的合规风险，向合规部门提交本部门合规风险管理报告；（8）受理内外部合规咨询、举报，对不合规行为线索进行调查并提出处理意见或整改建议；（9）组织本业务系统员工开展合规培训；（10）培育合规文化；（11）建立合规工作档案；（12）指导本级及下属单位合规管理工作。

（二）合规人才的引进

人才引进的对象主要包括毕业生和社会成熟合规人才，引进程序如下。

1. 毕业生引进程序

（1）制定招聘计划

每年上半年企业各单位应开展岗位需求调查，结合本单位实际，将下年度毕业生招聘计划表报给企业人力资源部。

（2）发布招聘信息

企业根据审批计划，对外公开发布招聘信息，发布内容包括招聘单位、招聘岗位、招聘数量、招聘条件、联系方式等内容。

（3）组织招聘工作

毕业生招聘由企业人力资源部统一组织。根据实际情况，安排工作人员前往校园开展毕业生招聘工作。

（4）确定招聘人选

对综合素质好、专业对口、学习成绩良好、身体健康、仪表端庄、服从工作安排的毕业生，经招聘工作人员严格审查相关材料后进行面试。招聘视具体情况亦可增加笔试环节。

（5）接收毕业生

企业人力资源部统一办理毕业生报到手续。办理报到手续时，应认真审查毕业生报到证、毕业证、学位证和学生档案等相关资料，并进行户口、组织关系、档案关系的接转工作和入职体检。凡未能正常毕业者（未获得毕业证或学位证人员）、提供虚假材料者或不服从工作安排者、入职体检不合格者，不予接收，退回学校。

（6）公示招聘结果

招聘工作结束后，企业可在网站上进行公示，公示信息包括招聘人员姓名、性别、毕业院校、学历、专业及具体签约单位。

（7）正式录用

毕业生到达工作岗位后，应按规定及时签订劳动合同，并根据企业有关规定做好考核、管理工作。

2. 社会成熟合规人才引进程序

（1）制定引进计划

企业应组织缺员补充调研，所属各单位进行人力资源供需情况分析，将岗位空缺和需求情况报给企业人力资源部。

（2）发布招聘信息

企业根据招聘计划适时在官网、微信公众号，各类人才招聘网站等媒体或其他正规渠道上发布招聘信息，发布内容包括招聘单位、招聘岗位、招聘数量、任职资格及要求、报名方式、联系方式等内容。

（3）组织公开招聘

公开招聘工作由企业人力资源部牵头组织开展，合规部门负责人参加。公开招聘工作必须要有笔试、面试环节。

（4）确定招聘人选

人力资源部根据公开招聘情况提交招聘录用人员的请示报告，报告应包括拟招聘人员的基本情况、资格审查情况、笔试面试情况、录取理由等内容。

（5）办理入职手续

最终人选确定后，要严格按照企业相关程序办理入职手续，约定试用期，签订劳动合同。试用期满，考核不合格的，应及时解除劳动合同。

二、合规人员的培养

（一）对毕业生的培养

1. 坚持一线培养

毕业生引进后，应将他们安排至一线锻炼，可以根据其意愿安排在不同的岗位上工作，增加其工作难度。

2. 推进导师带徒

企业应推进导师带徒制度，为引进的毕业生配备道德品行好、工作经验丰富、专业素质强的老员工作为指导老师。指导老师要对毕业生在思想上引导、工作上指导、心理上辅导、生活中帮扶，让毕业生尽快熟悉业务、融入企业。基层单位应明确指导老师的责、权、利，进一步明确见习生的见习内容、见习考核及表彰奖励等事宜，规范见习培养管理行为。指导老师要讲究工作方式方法，及时掌握毕业生的思想动态，经常和他们谈心交心，有针对性地及时疏解他们心中的困惑。

3. 加强青年调研

企业应定期开展青年人才调研，一方面利用互联网直接对毕业生进行调研，了解毕业生的实际需要，及时发现他们思想上、工作上和生活上存在的各种困难。对个别员工提出的合理需求，予以协调解决。另一方面通过培养报告、工作汇报等对基层单位进行调研，了解基层单位对毕业生的培养现状，发现培养中的问题，督促基层单位爱护忠诚于企业、踏实干事的毕业生。在政策准许的情况下，薪酬福利尽量向一线倾斜。鼓励基层单位通过集中文体活动、集体生日聚会等方式不断丰富"家文化"内涵，发挥文化的引领导向激励作用，稳定青年员工队伍。

4. 选树先进典型

要引导基层单位关注毕业生的状况，安排专人定期了解毕业生的思想动态和工作进展，对踏实肯干、表现优秀、业绩突出的毕业生要及时发现、及时鼓励。同时要在见习评优等评比活动中予以表彰奖励，树立正面典型。特别优秀的，可推荐参加集团公司的评优活动。

5. 加大培训力度

为推动合规体系的长期有效运行，要加大对合规人才的培训力度，促进合规培训工作科学化、规范化、标准化、常态化，提升全体合规人才的业务水平。

（二）对合规人才的培训

1. 合规培训计划

为了统筹协调并有效开展合规培训工作，企业合规部门应与人力资源部门相互配合，制定年度合规培训计划。

年度合规工作宣贯计划应包含合规培训计划宣贯，每年年末开展下一年度合规培训需求调查，编制下一年度合规培训计划，并于年初进行宣贯。

合规部门应于年底向各业务部门及所属单位征集下年度合规培训需求、建议和计划。各业务部门和所属各单位要结合自身业务中的合规风险及员工的合规意识和管理水平进行认真分析、评价，拟定并提交合规培训需求、建议和计划。

2. 合规培训实施

企业合规部门与合规培训专项管理部门共同组织实施合规培训计划，协同企业所属各单位开展定期和不定期培训。

合规培训分为现场培训和线上培训。

合规培训专项管理部门应当按照年度培训计划提前制定培训方案，对培训的目的及要求、培训对象及人数、培训内容及方法、培训时间及地点、培训师资及课件（教材）、培训经费等进行具体策划。

合规培训以内部培训和委托外部培训相结合的形式开展，各单位应注重依靠自身力量研发内部案例，对员工采取课堂授课、情境教学、案例教学、专题研讨、视频影像及信息化教学等灵活多样方式进行培训，注重培训效果，不断提高员工的合规管理水平。

合规培训具体内容应密切联系企业合规风险管理实践，结合合规管理的难点、重点和痛点设计培训课程。研发内部案例应实事求是，要敢于深刻分析发生合规风险的原因，客观总结经验教训，避免内容空洞、华而不实。课程内容要贴近员工的需求，通俗易懂，以保证达到培训目的。

高风险岗位员工必须接受专业合规培训，并经考核合格后方可从事高风险工作。高风险岗位员工每年应至少参加一次现场培训。企业及所属单位合规管理部门需确定本单位高风险岗位员工的数量。

为督促参加集中培训人员认真学习，保证培训质量，充分利用培训资源，集中培训结束后，参加培训的人员须将培训内容向本单位合规部门和管理机构报告，并在本单位和所属单位范围内汇报宣贯培训内容。

若发生下列特殊情况，企业应当考虑开展合规再培训：(1)职位或职责的变化；(2)内部方针、过程和程序的变更；(3)组织结构的变化；(4)合规义务的变更，特别是法律要求和相关方的需求的变化；(5)活动、产品或服务的变化；(6)产生监视、审核、评审、投诉和不合规的问题，包括相关方反馈。

3. 合规培训考核

合规培训考核是指合规培训结束后的双向考核，分别为学员对本次培训内容、组织、形式、授课水平等方面的客观评价，以及培训组织者对学员接受合规培训的成绩考核。

企业在开展合规培训后应适时开展年度合规培训考核。

考核的方式可以采用线下或线上方式。考试成绩记录在个人培训合规信息库中，并纳入个人年度合规绩效考核。

学员对合规培训的考核评价，由培训组织者向学员发放培训效果评估表，学员可根据评估表的内容，对课程内容、讲师授课质量等进行打分，提出自己的改进意见和建议。

4. 合规培训档案

合规培训档案分为企业的合规培训档案以及员工个人的合规培训档案。

企业的合规培训档案主要包括年度合规培训计划、年度合规培训总结、合规培训记录、考核评价结果等内容。

员工个人合规培训档案主要包括参加合规培训情况以及考核结果等内容。

合规培训组织者应该记录培训的全过程并存档，包括但不限于录像、录音、书面记录等方式，为日后应对行政监管调查和刑事调查留存证据。

三、合规组织保障

(一)合规组织管理

创建独立的合规组织是合规管理体系有效运作的重要保障。有关企业合规管理的GB/T 35770—2022《合规管理体系要求及使用指南》、《中央企业合规管理办法》、《中央企业合规管理指引（试行）》、《企业境外经营合规管理指引》等规章、规范性文件、

国家标准对合规组织构成的划分各不相同。（详见第二章）

表 14 合规管理组织体系对照表

《合规管理体系要求及使用指南》	《中央企业合规管理法》	《中央企业合规管理指引（试行）》	《企业境外经营合规管理指引》	《保险公司合规管理办法》
治理机构、最高管理者	中央企业主要负责人	中央企业党委（党组）	合规治理结构（决策、管理、执行）	—
		董事会		董事会
		—		监事会
		监事会		
		经理层		总经理
		经理层		
合规委员会	合规委员会	合规委员会	合规委员会	专业委员会（经董事会授权）
—	首席合规官	合规管理负责人	合规管理机构	合规负责人
			合规负责人	
合规团队	合规管理部门	合规管理部门	合规管理部门	合规管理部门
各级管理者	业务及职能部门（应设置合规管理员）	业务部门	业务部门和分支机构	各部门和分支机构
人员	其他相关部门（中央企业纪检监察机构和审计、巡视巡察、监督追责等监督部门）	其他相关部门（监察、审计、法律、内控、风险管理、安全生产、质量环保等部门）	合规管理协调	分支机构的合规管理部门、合规岗位
			其他监督部门（审计、监察等部门）	

（二）合规管理的协调

在合规管理制度建设中，实现各部门、各人员在企业经营管理的各领域、各环节、全过程协同联动，对于确保合规管理体系有效运作具有重要意义，这也是《中央企业合规管理办法》确立的"全面覆盖"这一基本原则的要求。为实现合规管理协调，《中央企业合规管理办法》第四章分别从如下的角度论述如何确保合规管理制度在企业内部实现有效运行，包括建立合规风险识别评估预警机制、合规审查、应对合规风险、整改违规问题、违规行为追责问责、建立健全协同运作机制、开展合规管理体系有效性评价等。而《企业境外经营合规管理指引》第十二条除了关注企业内部协作，还注意到企业与外部监督机构以及第三方的有效沟通协调对于合规管理有效实施的积极意义,对于实现我国企业境内合规经营有着借鉴作用。基于此,本文从企业各部门的内部协作、企业与外部监督机构和第三方的外部协作的角度分析如何实现企业合规管理的协调运作。

1. 合规管理部门与业务及职能部门、监督部门的分工协作

正确定位合规管理部门与业务及职能部门、监督部门之间的关系是实现各部门间相互配合、分工协作的一个重要前提,也是实现合规管理工作有序开展的重要保障。从"决策—管理—执行—监督"的角度来看,三部门的关系如下:党委(党组)、董事会、监事会、经理层、中央企业负责人这一高级管理层为决策机构,对企业合规负有最终责任;业务及职能部门为执行机构,对合规负有直接的责任;合规管理部门不是合规的责任部门或者责任主体,而是支持企业高级管理层做好合规风险管理、为业务及职能部门及企业员工提供合规咨询和帮助、确保执行机构能够贯彻执行高级管理层战略决策的管理部门;监督部门履行监督职责,负责对包括合规管理部门在内的企业合规管理的执行情况、合规管理体系的适当性和有效性独立地进行定期检查、监督。

业务部门为第一道防线,对其职责范围内的合规管理负有直接和第一位的责任。在日常工作中,业务及职能部门应主动进行日常的合规管控,定期进行合规自查,并向合规管理部门提供合规风险信息或风险点,支持并配合合规管理部门进行风险监测和评估,同时对于日常工作中遇到的问题或阻碍,应当主动寻求合规管理部门的支持和帮助。

合规管理部门为第二道防线。合规管理部门及合规委员会能否衔接好业务及职能部门和高级管理层,关键取决于企业高级管理层对其职责的界定以及重视程度。这一方面表现在高级管理层能否授予合规管理部门足够的权限,保证其有权限向高级管理层直线汇报、定期提交报告以及参加会议,并有能力在业务及职能部门中推行合规管理制度、年度计划等;另一方面表现在合规管理部门能否具有不受任何不当干扰和压力的独立性,例如合规管理部门可以不被其他部门否决或修改报告和信息,享有申明和提出合规疑虑的发言权且不会遭受任何形式的报复等。

中央企业纪检监察机构和审计、巡视巡察、监督追责等监督部门为第三道防线。由

于监督部门检查的依据之一是各部门提交的材料，为确保检查结论的准确性，合规管理部门应当与监督部门建立明确的合作机制，如合规管理部门指导各职能及业务部门合理留存工作底稿，监督部门及时将监察结论及建议反馈给合规管理部门，支持合规管理部门准确且快速地识别、收集、跟踪合规风险信息和风险点，完善合规管理工作。

2. 企业与外部监管机构的沟通协调

企业开展合规管理体系建设的首要目的是识别和评估企业经营过程中出现的合规风险，及时化解风险，避免企业遭受重大监管处罚和经济损失等。在此过程中，企业与境内外监管机构保持良好沟通至关重要。在事前风险防范阶段，企业既要及时了解最新的法律法规及政策变化、及时更新各项规章制度，也应当积极与各监管机构建立沟通渠道，及时把握监管机构的最新动态以及工作重心，了解监管机构期望的合规流程，制定符合监管机构要求的企业合规管理体系，降低因缺乏了解行业动态而遭受处罚的风险。在事中应对风险阶段，企业需要积极了解各监管机构的需要，配合监管机构的工作，及时提供监管机构需要的企业内部相关信息与文件资料，建立监管机构对企业实现合规经营能力的信任。

3. 企业与第三方的沟通协调

在企业经营中，确保第三方合规经营是企业合规管理中隐蔽性最强、管理难度最大的一个环节。《中央企业合规管理办法》与《中央企业合规管理指引（试行）》中没有关于第三方的相关规定。结合《企业境外经营合规管理指引》第十一条第三款第五项的规定，我们认为第三方是指与企业在生产、销售、运营等各个环节中进行合作的业务伙伴，包括但不限于供应商、代理商、分销商、咨询顾问、承包商和非政府组织等。

在实践中，由于第三方的不当行为导致企业被卷入违规行为、承担法律风险、名誉受损等不利结果的风险非常大。例如在最高人民检察院印发的《企业合规典型案例（第二批）》的案例六中，海南省文昌市S科技开发有限公司的厂长翁某在明知出卖人张某某存在非法采矿的情况下，仍然购买张某某非法采挖的石英砂，最终文昌市公安局在侦查张某某涉恶犯罪团伙案件时发现了翁某某的犯罪行为，翁某某和S公司被检察机关以涉嫌掩饰、隐瞒犯罪所得罪列为被告。

为降低企业因第三方的不合规行为而违规的风险,企业应当加强与第三方的沟通协调,提升企业对第三方的风险管理工作。在与第三方合作前,企业应做好相应的国别风险研究和项目尽职调查,深入了解第三方合规管理情况。在签署战略合作协议或合同时,企业应当在商务条款中明确约定自身的合规要求以及对第三方的合规要求。在合作过程中,对第三方的市场经营和财务状况、双方的合作成果等进行监控,第一时间发现风险点,并对其进行评估,确定是否终止合作、将第三方列入企业经营黑名单中。

第二节 合规资金保障

一、资金预算

企业应对合规资金进行预算管理,确保资金拨付到位。

合规资金包括职工薪酬、办公费、培训费、水电费、租赁费、业务招待费、差旅费、聘请中介机构费、车辆费、日常交通费、固定资产折旧、使用权资产折旧、低值易耗品摊销等。

企业应于每年下半年启动下一年度合规预算编制工作。合规部门应将预算及说明,按规定时间提交预算管理办公室。

企业实施合规资金预算管理应遵循以下原则:

第一,稳健谨慎原则。编制预算时要综合考虑各方面的有利、不利因素,既要考虑各种机遇,又要保持一定的谨慎,以应对市场的变化。

第二,坚持实事求是原则。企业在确定合规资金预算目标时,必须坚持实事求是的原则。

第三,全员参与原则。预算工作要做到组织有序,全员参与,把经济活动预算分解到每个环节,做到层层落实。

二、预算的审批、执行、控制与调整

企业应当充分发挥预算的指导和控制作用,将各项预算指标按业务流程与责任重心进行分解，并明确预算内、预算外支出及借款等的审批程序，以加强预算的刚性约束。

相关职能部门及预算管理办公室应定期对预算执行情况进行检查、督促，确保各项预算执行到位。内审部门应定期对预算的执行情况进行审计，及时发现并纠正预算执行中存在的问题，以充分发挥内部审计的监督作用。

企业的预算一经批复，即具有严格的约束力，原则上不予调整。如果由于市场环境、经营条件、政策法规等预算前提发生重大变化，致使预算的编制基础不成立，或者将导致预算执行结果产生重大偏差的，企业可按规定的程序进行调整。

预算调整的审批权限及流程：提出预算调整申请，说明具体原因，由各级预算管理办公室讨论提出意见后，提交预算委员会等相关决策机构审批后执行，需报上级审批的，报上级审批后执行。

第三节　合规信息化保障

一、合规信息化的优点

信息化建设是加强企业内控体系刚性约束、推动企业建设合规管理体系、驱动企业合法经营的重要手段。合规信息化建设是中国特色的合规管理方式，体现了合规管理的先进水平。《中央企业合规管理办法》第三十三条明确提出："中央企业应当加强合规管理信息化建设，结合实际将合规制度、典型案例、合规培训、违规行为记录等纳入信息系统。"

合规信息化的优点如下：

（一）系统智能化

传统管理存在管理效率较低、审核资料和记录完整留存的难度较大等明显弊端，系统智能化的重要性日益凸显。创建智能化的系统，实现线上合规管理能够有效弥补管理跨度大、地域覆盖面广等因素对企业管理产生的不利影响，通过固化流程、简化程序、明确分工、整合功能，开展智能化作业，提高工作效率，实现信息共享和管理联动，实现自动统计合规、自动生成合同编号、自动保存合规记录，跨国家、跨地区、跨时区进行合规管理。

(二) 工作标准化

传统管理手段存在较强的主观性和片面性。进行信息化合规管理，实现工作标准化（如合规承诺书标准化模板、商业合作伙伴或第三方尽调表格及第三方合作协议、采购协议、捐赠赞助协议标准模板等），是汇集提炼个人经验，形成较为稳定的企业产品和组织知识的过程，能够尽可能地弱化人的作用，减少因人员流动及合同人员本身知识和能力不足对合规管理工作造成的不利影响。

(三) 数据可视化

实现数据可视化，可以将合规管理以图形化手段进行数据拆解、比对、筛选和分析，并以更加清晰、直观的形式呈现出来，协助决策人员更加清晰地做出决策分析和判断。合规制度体系庞杂，文件太多，如何落地，应制作电子化流程将任务分配到手机等可视化工具，完成整个合规流程。

(四) 资源整合化

合规管理需要在汇集、整合现有零散资源的基础上，深入挖掘资源内涵，扩大资源种类，集人员、平台、工具的合力，形成全方位、系统性、综合性的解决方案。全球合规资源共享，汇编案例经验教训，起到警示教育作用，提高整个企业的合规管理能力。

二、合规信息化的基本原则

(一) 坚持统筹规划、总规总控的原则

紧密围绕企业发展规划，配合完善顶层设计，以打造全产业链生态为目标，统筹合规业务板块信息化建设，重大软硬件项目做到总规总控，确保在满足企业信息化规划布局的前提下做好信息化建设。

(二) 坚持自主可控、共享共建的原则

企业可以以实现自主可控为纲领，统筹知识产权布局，持续培育具有自主知识产权和核心竞争力的创新型合规产品。企业所属各单位要形成共建合力，打造共建共投和利益共享的信息化共同体。

（三）坚持信息安全的原则

企业应保护计算机硬件、软件、数据不因偶然和恶意的原因而遭到破坏、更改和泄露。

（四）坚持全面覆盖的原则

信息化管理应当覆盖所有国家或地区的业务领域，贯彻于决策、执行、监督、反馈等各个环节；无论是决策会议评审，还是第三方合规、市场开发和投标合规、财务管理合规、物资设备招标采购与工程分包合规、出口管制与制裁和国际贸易合规、礼品与招待合规、捐赠与赞助合规、反垄断和反不正当竞争合规、安全质量环境合规、数据信息网络合规、知识产权合规，均应设置信息化流程。

下表为某企业合规信息化平台及投标合规审查的案例：

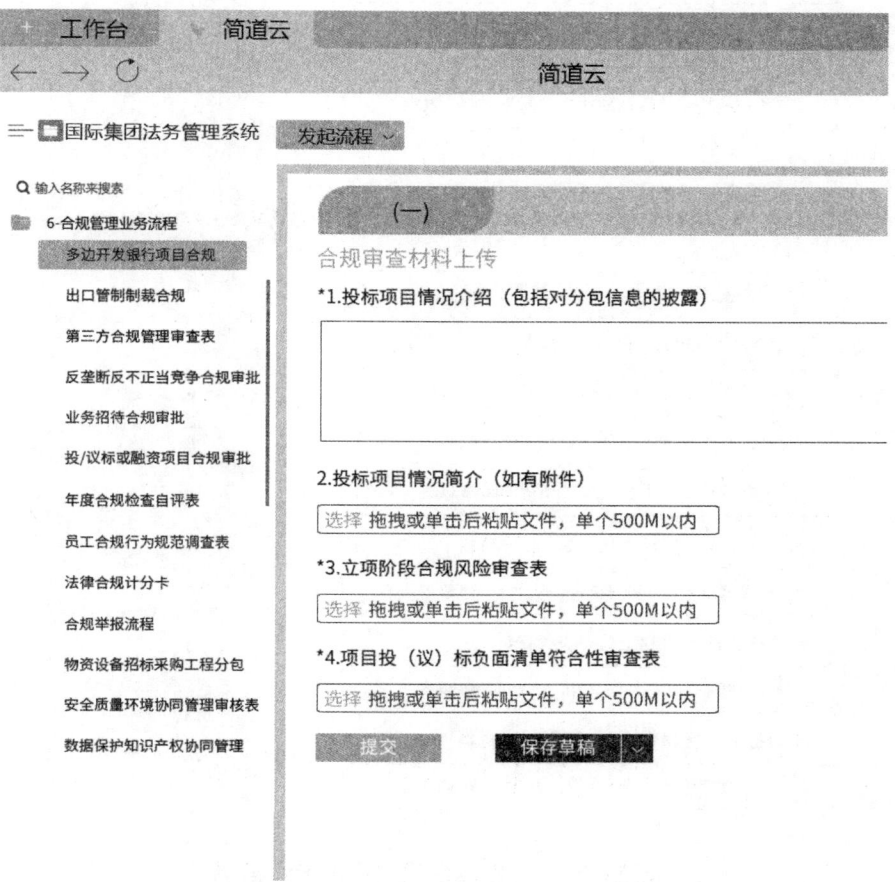

图 10　合规信息化工作台界面

发起流程

（一）

合规审查材料上传

*1. 投标项目情况介绍（包括对分包信息的披露）

[   ]

2. 投标项目情况简介（如有附件）

[选择 拖拽或单击后粘贴文件，单个 500MB 以内]

*3. 立项阶段合规风险审查表

[选择 拖拽或单击后粘贴文件，单个 500MB 以内]

*4. 项目投（议）标负面清单符合性审查表

[选择 拖拽或单击后粘贴文件，单个 500MB 以内]

*5. 境外工程承包项目投（议）标合规承诺书
请在此处上传投标单位合规承诺书并由单位负责人签字

[选择 拖拽或单击后粘贴文件，单个 500MB 以内]

*6. 合作单位未受多边银行制裁声明
请在此处上传合作单位未受多边银行制裁声明（由合作单位负责人签字盖章），或其他可证明其未受制裁的证据

[选择 拖拽或单击后粘贴文件，单个 500MB 以内]

*7.1 拟提交投标材料上传-财务材料

[选择 拖拽或单击后粘贴文件，单个 500MB 以内]

*7.2 拟提交投标材料上传-人力资源材料

[选择 拖拽或单击后粘贴文件，单个 500MB 以内]

*7.3 拟提交投标材料上传-资质业绩材料

[选择 拖拽或单击后粘贴文件，单个 500MB 以内]

*7.4 拟提交投标材料上传-HSE 材料

[选择 拖拽或单击后粘贴文件，单个 500MB 以内]

*7.5 拟提交投标材料上传-既有纠纷材料

[选择 拖拽或单击后粘贴文件，单个 500MB 以内]

图 11（a） 投标合规信息化流程案例

（二）

1. 财务与金融管理部审查意见

	是否通过审查	具体审查意见	申请人反馈
1			

评审人签名

2. 人力资源部审查意见

	是否通过审查	具体审查意见	申请人反馈
1			

评审人签名

3. 市场营销中心审查意见

	是否通过审查	具体审查意见	申请人反馈
1			

评审人签名

4. 安全质量环保监督部审查意见

	是否通过审查	具体审查意见	申请人反馈
1			

评审人签名

5. 法律合规部审查意见

	是否通过审查	具体审查意见	申请人反馈
1			

评审人签名

图 11（b） 投标合规审查信息化流程案例

三、合规信息化的主要任务

（一）夯实信息化根基，保障基础信息化设施建设

一是优化硬件配置。企业应结合实际需要，做好数据中心机房设备情况监控和维护工作，及时更换不满足要求的设备，以满足不断增加的信息化业务需求，保障各信息系统正常运转。二是提高网络质量。企业应做好网络质量监测，积极收集用户反馈，不断优化网络策略配置，提升网络办公体验。三是落实信息安全。依法实施网络安全等级保护制度，深化网络安全等级保护政策和标准落实，健全完善网络安全保护工作机制。

（二）推动信息化体系建设，落实企业信息化规范

一是推进信息化标准体系建设。信息化标准体系由总体标准、基础设施标准、业务标准、数据标准、应用标准、安全标准和管理标准七个子体系构成，企业需积极应用统一的信息化标准体系，为所属各单位提供统一、高效、便捷的信息化服务，促进企业信息化生态健康发展。二是推进信息化共享服务体系建设，积极推动信息化资源共享，将数据资源转化为优质产业力量，降低信息化建设和运行成本。三是推进信息安全体系建设，要按照信息安全"实战化、体系化、常态化"和"动态防御、主动防御、纵深防御、精准防护、整体防控、联防联控"的"三化六防"要求，做好单位内部信息安全防护系统的实施建设，建成"全面防护、精确感知、动态治理、管理精益"的信息安全体系。企业合规管理应实现"管理模式信息化，流程数据标准化，业务管控合规化"。

第十八章　合规文化体系建设

随着我国全面依法治国战略以及近年我国企业因境外经营不符合当地国的合规监管要求被"掐脖子"的事例屡见不鲜,"合规"已成为我国政府工作和企业经营的重要议题。近年来,国际社会和各国政府都在致力于建立和维护公平、开放、透明的市场秩序。与此同时,中国也正在推进全面依法治国战略的实施落地,对企业合规管理提出了更高的要求。

第一节　合规文化体系概述

当今世界,无论从国际形势还是国内发展来说,企业合规管理已经成为企业发展的基石,是企业管理的重要组成部分,是经营活动和可持续发展的必备管理工具,也是市场全球化的必然选择,合规文化体系建设迫在眉睫。

一、合规文化的内涵

(一) 培育企业合规文化

企业合规文化是企业合规管理体系的基本构成要素,也是企业文化的重要组成部分。企业合规文化依靠企业各层组织的共同培育。

合规文化是组织成员在长期发展过程中形成、传承、积淀的依法合规和遵章守纪的思想观念、价值标准、道德追求和行为方式的集合,是贯穿整个组织的价值观、道德规范、信仰和行为,并与组织结构和控制系统相互作用,产生有利于合规的行为规范。其本质是规章制度与人的意识的结合,是合规的"灵魂"。

(二) 发展、维持和促进合规文化

企业应在各层面上发展、维持和促进合规文化。决策层和管理层应对整个组织所

需要的共同行为和行为标准，作出积极可见、一致和持续的承诺。最高管理者应鼓励和支持合规行为。

企业合规管理的最终目的是建立企业合规文化，确保企业安全、健康、持续经营，达成企业经营目标。建立合规文化，要求合规从领导做起，应建立企业合规的政策、组织、制度与流程，建立企业合规管理体系，开展合规宣传与培训，确保全体员工树立合规意识并熟悉支持和执行企业的合规政策目标制度和流程，履行企业社会责任。

（三）合规文化的特点

第一，合规文化的源头是合规意识。合规意识是人们关于法律现象的思想、观念、知识、心理的总称，它是公民主动遵规守法的心理基础。

第二，合规文化是企业的内在需求。根据国内外企业的经营实践与监管经验，合规风险是产生其他风险的重要诱因，更是导致企业操作风险的主要和直接诱因。

第三，合规文化体现了价值取向。合规文化是企业在业务发展和经营管理中形成的遵规守法的价值取向。

第四，合规文化通过制度来表达。合规文化理念应通过一系列制度体现出来并传达给每一位员工，也就是说企业进行制度建设时，就应引导员工理解合规文化、认同企业所倡导和鼓励的价值取向。

第五，合规文化包含了边界意识。如孟德斯鸠所言："一切有权力的人都容易滥用权力，这是一条万古不易的经验。有权力的人们使用权力一直遇到界限的地方才休止。"企业的经营管理亦是如此。

第六，合规文化有一定的脆弱性。管理层对违规行为的无原则宽容，随意解释、破坏或变相规避法规制度，都会使合规边界变得模糊，进而导致整个公平环境和良好风尚的损毁。

（四）企业合规的规则适用

规则适用的范围即合规规范的范围，合规规范是企业合规义务的来源。依据我国国家标准《合规管理体系指南》（GB/T 35770—2017）的规定，合规规范包括合规要求和合规承诺。根据该指南中所列举的例子，我们可以判断合规要求即企业外部合规规范,如国际条约、国际规则、法律法规、司法判例、监管政策、商业惯例、道德规范、行业准则等;合规承诺即企业内部合规规范,如内部规章制度、自愿性承诺、合同约定、企业章程等。

以国有企业为例,国有企业作为特殊所有权性质的企业,相对于一般企业的合规规范,还应当包括以下特殊合规规范:

1. 党内法规

党内法规应当是我国国有企业党员干部和党员员工在经营管理国有企业时应当遵守的重要合规规范。

2. 职责文件以及"三重一大"议事规则

根据《国务院办公厅关于建立国有企业违规经营投资责任追究制度的意见》的规定,是否正确履行职责、是否遵守"三重一大"议事规则属于追究违规经营投资责任的重要依据。

3. 项目所在国的政治、文化、宗教因素

基于国有企业的特殊性质,国有企业在"走出去"的过程中需要全面分析可能影响国有资产安全和稳定的所有因素,因此政治动荡、文化障碍、宗教分歧等因素也是国有企业必须考虑的外部合规规范。

企业进行合规体系建设的前提和基础即选择合规规范、识别合规义务,企业应当结合自身经营所在区域、所属行业、业务范围以及所有权性质等内容,全面、动态、规范化地选择适用于自身的合规规范。

二、合规文化建设的背景

(一)企业提升核心竞争力的必然要求

一方面,近年来,随着我国经济市场化改革不断深化、营商环境的持续优化,国内企业迎来了黄金发展的四十年,大量实力雄厚的国有企业和充满活力的优质民营企业的崛起为我国 GDP 跃居全球第二打下了坚实的基础。经历了高速发展后的国内企业,逐渐意识到需要建立相应的合规管理体系与制度,以升级、完善其内部管控,实现企业的现代化管理,以换取更加长期、稳定、高质量的企业发展。换而言之,国内企业合规体系建设已经成为现阶段国有企业自我约束、主动升级迭代的迫切需求，这也是我国市场化、法治化发展的必然结果。

另一方面，随着国家"一带一路"倡议的实施推进，中国企业走出国门，拓展海外市场的步伐越来越频繁。国内企业将会应对从未经历过的复杂国际政治形势，不仅要了解所在国的各项法律、政策、宗教、习俗规定，还要应对来自欧美发达国家跨国公司强有力的竞争和挑战，而这些大型跨国公司都已建立起成熟、有效的合规体系。

（二）"依法治国"推动合规文化体系建设

2014年10月，党的十八届四中全会作出了"全面推进依法治国"的重大战略部署。在此背景下，国务院国资委采取了一系列措施来推进法治央企建设，并于同年12月颁布了《关于推动落实中央企业法制工作新五年规划有关事项的通知》，将"大力加强企业合规管理体系建设"作为"十三五"时期中央企业法治工作的重要着力点。

此后，2015年12月，国资委发布了《关于全面推进法治央企建设的意见》。该意见明确要求加快提升合规管理能力，建立合规管理工作体系，制定合规制度准则，加强合规教育培训，形成全员合规的良性机制。

2018年11月，国资委正式颁布了《中央企业合规管理指引（试行）》，全面加强中央企业的合规管理，要求中央企业加快建立健全合规管理体系，并在合规管理的职责、重点、运行以及保障等方面作出了规定。

2021年10月17日，国资委印发了《关于进一步深化法治央企建设的意见》（国资发法规规〔2021〕80号），作为中央企业"持续深化法治央企建设"的又一重要指导性文件，明确了落实中央全面依法治国工作会议部署的行动方案，强调了推进中央企业法治建设，提升依法治企能力水平，助力"十四五"时期深化改革、高质量发展，细化了深化工作体系和能力建设的各项举措，剖析了中央企业法治工作新阶段的关注重点和工作安排。

2022年8月23日，国资委发布《中央企业合规管理办法》，自2022年10月1日起施行，该办法从合规管理的组织与职责、制度建设、运行机制、评价与追责、合规文化建设、信息化建设等角度作出了较为详尽的规定，相较于2018年《中央企业合规管理指引（试行）》,《中央企业合规管理办法》对合规管理工作提出了更为具体的要求。

（三）海外贸易中经营风险的增加

近年来，响应国家"一带一路"倡议号召，越来越多实力雄厚的国有企业"走出去"的进程显著加快，不断开拓海外市场，海外投资、经营日益活跃，取得明显成效。我国企业逐步从资源开发、基础设施建设拓展到更多元的产业合作，带动了当地经济发展，促进了社会就业，推动了我国与项目所在国的互利共赢、融合发展、共同繁荣。2018 年 8 月，习近平总书记在推进"一带一路"建设五周年座谈会上强调，要规范企业投资经营行为，合法合规经营。

然而各国家、地区之间法律环境、监管政策存在显著差异，尤其是近几年来，个别国家的反全球化倾向以及单边主义政治风险加剧，导致中资企业在"走出去"的过程中面临比往年更加严峻的合规挑战，加之部分国有企业自身缺乏基本的合规意识和完善的合规体系，使得合规风险转化为实际损失的事件屡屡发生。其中较为典型的包括：部分国内企业因在境外参加招投标的过程中存在欺诈、腐败等不合规、不诚信的行为，而受到制裁或处罚；部分国有银行在境外的分支机构因为没有履行反洗钱合规义务，而被处以巨额罚款；部分企业因违反当地规定而在出口管制合规方面付出沉重代价等。

三、合规文化体系建设的必要性

（一）合规创造价值已成为国际普遍共识

"合规创造价值"已成为全球企业发展的共识，并逐步被越来越多国家政府所接受，我国相关部门规章文件规定中也有具体体现。合规体系的建设不仅可以帮助提升企业的管理能力和效率，节省管理成本，树立企业良好信誉和形象，还能够为企业带来更多的商业机会和业务，增强商业稳定性和持续性。

因此，企业合规已成为企业软实力的重要体现，这是国家法律法规层面的要求，更是企业自身发展的内在需要，也是企业现代管理、现代治理体系和能力的具体表现。从某种意义上而言，合规能力正在逐渐成为继经济实力和科技水平之后，企业发展的又一大核心竞争力，合规经营是全球范围内现代企业发展的潮流，合规问题更是关乎企业的生死存亡。

（二）合规管理是国家战略导向所在

自 2014 年提出"全面推进法治央企建设"后，我国企业的合规建设取得了一定的成果，但是仍在职责划分、资源配置、合规有效性等方面存在着明显的不足。我国企业独立设置合规管理部门和首席合规官的比例并不高，究其原因主要是在我国企业现有的法务部、审计部、内控部、风控部、纪委等部门的基础上，合规管理部门的定位与职责一直属于合规管理开展的首要难点。由于企业合规体系的建设需要大量的人力、财力成本，且合规的效果往往无法量化，甚至会对企业的经济效益产生一定的影响，因此在未建立合规体系或合规体系不完善的企业内部，存在着合规不被重视继而合规资源配置不足的问题，因此我国企业大部分的合规往往局限于合规宣传、合规培训、合规规范制定等基础层面，尚未向合规审查、合规评估、合规考核等有效合规、实质合规以及合规创造价值的层面进化。

2016 年国务院发布了《国务院关于建立完善守信联合激励和失信联合惩戒制度加快推进社会诚信建设的指导意见》，2017 年国家发改委、中国人民银行联合印发了《关于加强和规范守信联合激励和失信联合惩戒对象名单管理工作的指导意见》，上述文件均将贿赂、欺诈、串通等不合规行为、不诚信行为列入惩戒名单。2018 年国资委颁布的《中央企业违规经营投资责任追究实施办法（试行）》规定，对于中央企业经营管理有关人员违反规定，未履行或未正确履行职责，在经营投资中造成国有资产损失或其他严重不良后果，经调查核实和责任认定，对相关责任人进行处理。

2017 年 12 月，国家质量监督检验检疫总局和国家标准化管理委员会在国际标准化组织发布的 ISO 19600：2014《合规管理体系指南》的基础上，联合发布了国家推荐性标准《合规管理体系指南》（GB/T 35770—2017），为我国企业建立合规管理体系提供了方向和建议。

2018 年 12 月，国家发展改革委、外交部、商务部、人民银行、国资委、外汇局、全国工商联印发了《企业境外经营合规管理指引》，为我国企业境外经营管理提供了基础性指导和可操作的具体方法。

自《合规管理体系指南》以及《企业境外经营合规管理指引》的颁发实施以来，"大合规"的概念正式进入到我国企业的视野中，"大合规"时代正式到来。企业合规实现从银行、保险公司、证券公司和证券投资基金管理公司等金融行业到全行业合规、从中央企业等国有性质企业向所有性质企业的转变。

（三）合规管理是我国企业海外发展行稳致远的保障

我国企业在践行"走出去""一带一路"倡议的过程中，往往因为缺乏基本的合规意识而触犯当地法律、政策或规范，遭受经济制裁或巨额罚款，甚至面临刑事调查和处罚，也常常因为企业合规管理不力或合规体系不完善而出现内部腐败、舞弊、欺诈等行为，导致企业正常经营受限或遭受经济损失，因此我国企业想要角逐国际市场竞争，避免在竞争开始前即被淘汰或被设置障碍的不利情况，建立健全合规管理体系，从快速、创新发展转型为全面合规、诚信合规发展已迫在眉睫。

我国企业在"走出去"过程中需要全面识别与企业自身有关的合规规范和合规义务，并予以遵守和履行。此外，以下国际组织的合规指引也为国有企业合规管理提供了方向：

（1）《合规与银行内部合规部门》。巴塞尔银行监管委员会的《合规与银行内部合规部门》规定了银行所必须遵循的合规政策和程序，其中不仅包括基本的市场行为准则，还包括反洗钱和反恐怖融资等特定领域以及与银行有关的税收方面的法律。

（2）《内控、道德与合规，最佳实践指南》。2010年经合组织成员国发布的《内控、道德与合规，最佳实践指南》主要为企业诚信合规提供了实践指南。

（3）《诚信合规指南》。世界银行集团的《诚信合规指南》适用于使用世界银行集团贷款的企业和项目，包含了企业合规治理的实践措施以及诚信合规的主要内容。

（4）《亚太经合组织高效率公司合规项目基本要素》。2014年亚太经合组织发布的《亚太经合组织高效率公司合规项目基本要素》是第一个明确提出公司合规管理11个基本要素的国际组织文件。

上市公司是我国企业的领头军，在参与"一带一路"建设中发挥着示范引领作用。建立符合中国企业上市公司实际和适应国际规则的合规管理体系，不仅能够夯实上市公司合规管理的基础，还能够积极防范政治风险、经济风险以及社会风险。

2018年5月，国资委、财政部、证监会颁布《上市公司国有股权监督管理办法》，规范上市公司国有股权变动行为的合规要求，推动国有资源优化配置，平等保护各类投资者合法权益，防止国有资产流失。

2018年9月，证监会颁布新修订的《上市公司治理准则》，进一步规范上市公司合规运作，提升上市公司治理水平，保护投资者合法权益，促进我国资本市场稳定健康发展。

国有上市公司（指政府或国有企业拥有50%以上股份，以及持有股份的比例虽然不足50%，但拥有实际控制权、能够支配企业的经营决策和资产财务状况或依其持有的股份已足以对股东会、股东大会的决议产生重大影响）在合规文化体系建设道路中更应作出表率。

第二节　合规文化建设与培育

一、合规文化的形成

合规文化的形成不是一蹴而就的，是一个长期的、潜移默化的过程，更是一个上下一致、同心协力的过程。第一，企业应当听取并吸收基层声音，将其融入管理者意图，定义一个上下认同的企业合规文化，将合规文化融入企业文化中，成为企业文化不可或缺的部分；第二，要充分宣贯企业合规文化和理念，利用各类媒介，大力宣传"合规成就价值"的观念，将之灌输到每位员工的内心，以期形成浓厚的合规文化氛围；第三，通过构建完备的合规制度体系，形成合规文化的内涵固化、形式统一和实效延伸；第四，通过培训、积极引导等方式消除对合规文化不满者的抵抗情绪，而对于明知故犯的员工则应当采取严肃的处置手段，避免企业广大员工形成"合规可有可无，业务仍然第一"的错误认知；第五，对于新并购企业，应将企业合规文化延伸至新并购企业，新并购企业需认同和遵守企业合规文化，这也是新企业融入并接受企业管理的关键。

《中央企业合规管理指引（试行）》第二十七条对中央企业合规文化作了规定：积极培育合规文化，通过制定发放合规手册、签订合规承诺书等方式，强化全员安全、质量、诚信和廉洁等意识，树立依法合规、守法诚信的价值观，筑牢合规经营的思想基础。总结中央企业合规文化应包括以下内容——合规意识：强化全员安全、质量、诚信和廉洁；价值观：树立依法合规、守法诚信；合规理念：全员合规、领导带头合规。特别提到合规意识的重要性，培养合规意识、弘扬合规文化是企业合规必不可少的一个环节。

二、合规文化培育的必要性

（一）培育合规文化、强化合规经营是对企业的必然要求

企业自身工作性质、经营产品以及服务的特殊性，决定了它的风险性大、规范性强，对合规经营、合规管理的要求比较高。企业一旦因不合规发生问题，就可能对企业声誉造成不良影响，遭受巨大的经济损失，可以说，合规是企业的根本所在，没有合规作保障，企业就无法生存和发展。近年来，人们对企业的合规问题越来越关注、越来越重视。我国很多金融机构相继成立了合规部门，制定了合规文化建设的规划、规章与制度，进行了合规文化建设的深入实践，已取得了明显成效，走在了同行业的前列。我国很多企业由于历史的、体制的原因，合规意识、合规经营、合规管理相比其他全球性企业还有较大差距，以人情、经验和习惯代替制度的问题比较普遍，合规文化建设任重而道远。我们要实现"资本充足、内控严密、运营安全、服务优质、效益良好，具有创新能力和竞争能力的区域性现代企业"的奋斗目标，就必须在合规文化建设上采取实质性的行动，取得突破性的进展。

（二）培育合规文化、强化合规经营是企业良好运营发展的有力保证

我国正处于改革发展的关键阶段，面对日新月异的新形势，改革发展面临着难得的历史机遇。但是，我们的改革发展必须是科学的发展、稳健的发展、持续的发展，说到底必须是依法合规的发展，否则今天的"发展"，可能就是明天的包袱、明天的隐患，甚至是明天的涉诉案件。强化合规理念，完善规章制度，熟悉法律规定，让每个人都自觉养成依法办事、合规经营的良好习惯，营造规范、谨慎、诚信、严格的良好氛围，尽最大可能避免盲目经营、违规操作等问题的发生。培育合规文化、强化合规管理，也有利于在社会上和公众中树立良好形象。

(三)培育合规文化是预防案件风险和经营风险的根本举措

开展合规文化建设活动,就是要紧密配合案件防范长效机制建设,变堵为疏,变被动为主动,将检查处理与正面引导相结合,着眼源头,综合治理,从根本上扭转案件高发、损失巨大的局面,真正让企业走上安全、稳健、快速的发展轨道。

三、合规文化培育的方法

合规文化是合规管理体系的重要组成部分,具有举足轻重的地位和作用。合规文化有效性是可以评价的。合规文化建设是一项重要工作,是合规管理的灵魂,它贯穿于合规管理体系整个过程,可以规范人的意识和行为,是合规之"道"。说到底,合规管理是对合规义务合规风险进行评价管控,是对责任人行为的具体管理,是一门系统性的管理科学。而以道德、诚信、价值观、信仰等要素组成的合规文化与合规管理体系各要素相辅相成,相得益彰。可以以文化人,从价值观、道德层面规范约束人的合规意识和行为。

有关合规管理的国际组织标准、指南以及我国国家标准、办法和指引提出了企业合规文化培育方法。

第一,领导承诺。发展合规文化要求治理机构、最高管理者和中级管理层,对企业的各个领域所要求的共同的、已发布的行为标准作出积极的、可见的、一致的和持久的承诺。

第二,领导层(董事会和高级管理人员)率先力行,积极推动。

第三,制定和发放合规手册、签订合规承诺书。

第四,促进企业自身合规与外部监管的有效互动。

第五,培训。治理机构、管理层和具有合规义务的所有员工都宜具备有效履行合规义务的能力,确保能通过多种方式获得能力,包括通过教育、培训或工作经历获取必需的技能和知识。培训目标是确保所有员工有能力与合规文化和合规承诺相匹配。

四、合规文化建设与培育的途径

(一)培育合规文化,强化合规经营

员工是合规文化培育的关键,要让全体员工意识到合规管理和合规文化建设是

经营管理的一件大事，不是监管者要我做，而应是我们自己要做，而且要自觉地做。因为合规与内部控制、风险控制等的核心要素具有正相关的关系，合规能为企业创造价值，有效的合规文化将有助于企业消除合规风险。合规管理和合规文化建设是规范操作行为，遏制违规违纪问题和防范案件发生，全面防范风险，提升经营管理水平的需要，是完善制度管理体系，从源头上预防风险的迫切需要，是落实科学发展观，实现企业新一轮发展目标的重要保证。必须让合规的观念和意识渗透到全体员工的血液中，渗透到每个岗位、每个业务操作环节中，促使所有员工在开展经营管理工作时能够遵循法律、规则和标准。企业应努力培育员工的合规意识，在全企业上下推行"合规人人有责""主动合规""合规创造价值"等合规理念，倡导诚实、守信、正直的道德价值标准或行为操守准则和企业文化。

（二）建立健全合规管理组织机制

企业一定要充分认识设立合规部门的重要性，努力克服人少、任务重和时间紧等困难，设置独立的、专业的合规部门，并高度重视合规部门的建设。

合规专业人员既要具有较强的专业素质，又要具有较强的个人素质，要选派那些具有高度的敬业精神、相应的技术资格和业务能力的人员充实到合规经营管理队伍中，培养和造就一支高素质的专业化队伍。合规管理组织机制必须实行一把手负责制，层层落实责任，明确合规部门在本企业的枢纽地位，界定好合规部门与业务部门的关系：业务部门是实施有效自我合规控制的第一道防线，合规部门是在事前与事中实施专业化合规管理的第二道防线。合规部门作为企业内部管理和外部监管规则连接的主要渠道，应将监管规则、风险提示以及监管意见等分解给各业务部门或其他后台支持部门，各个业务部门应主动寻求合规部门的支持和帮助，主动提供合规风险信息或风险点，并配合合规部门的风险监测和评估；合规部门要通过提供建设性意见，帮助业务部门管理好合规风险，为企业业务与产品创新提供合规支持，最大限度地减少业务创新带来的法律风险。

（三）制定一套具有较强执行力的好制度

长期以来，很多企业内部缺乏一个统一完整、全面科学的合规风险管理法规制度及操作规则，不少制度规定存在粗略化、大致化、模糊化问题，缺乏可操作性，制度执行时存在"以信任代替管理、以习惯代替制度、以情面代替纪律"等不良现象。

合规经营呼唤科学合理的、完善的规章制度和操作流程，需要强化规章制度的执行力，以扭转长期职责不清、责任落实难的状况。

在识别、量化、评估、化解等方面，都要对过去的规章制度和操作办法进行及时必要和科学合理的改进。规章制度不应该是多年一成不变的，在制定规章制度时，一定要有针对性，要具体化，操作性要强。

在业务规章和操作规程的制定上，要明确内部制度梳理、整合和修订的规范要求，新的制度要有必要的合规预估，在源头上筑牢合规风险管理的制度基础。必须改变一直以来沿用行政机构规章制度的制定方式，不能再笼统地规定业务经营的相关操作标准，要按照金融企业的稳健做法，制定可供各个岗位人员使用的业务政策、行为手册和操作程序，规章制度一定要覆盖到所有客户、产品和服务，一定要涵盖所有从业人员的行为操守和道德规范。通过从制度层面不断修订与完善，形成事事都有明确合规守法的工作标准，处处都有严格的合规经营纪律约束，使依法合规经营成为全体员工的自觉行为。

（四）强化员工的合规培训

高层管理者、合规管理人员和其他人员是合规文化建设中的三个层次。应通过企业开发持续有效的合规风险培训和教育项目，将所适用的法律、规则和准则、合规政策、合规意识和合规职责等字面要求及其精神实质，贯穿于业务政策、行为手册和操作程序。按照全员参与的原则，开展针对合规管理人员和其他人员的教育和培训，培训要注重系统性、针对性、专业性、实用性和多样性。

对合规管理人员要加强新法律法规的培训，坚持"实事求是、客观公正、廉洁奉公"的职业情操的培养，确保从业人员具备应有的专业素养；对其他员工负责提供关于操作执行中相关的法律、监管规定、行业准则的培训，包括新入职人员的合规培训和测试；要针对适用法律、规则和准则的变化，与时俱进地开展相应的培训和教育；要加强正反两方面的教育，大力宣传遵纪守法、恪尽职守、勤政廉政的先进典型，弘扬正气，同时剖析典型案例，公开处理典型案件和违规违纪责任人，对员工进行警示教育。通过多层次的合规培训，逐步形成合规文化的氛围，确保内外部的相关规定得到贯彻落实。

（五）加强对合规经营的监督监管

从持续发展的角度看，企业合规经营必须实现内部控制和外部监管的有效结合。一方面，加强信息披露，提高透明度，利用社会力量来监督经营行为；另一方面，加强现场检查和非现场监管，进一步推进自律建设。在履行检查和自律监管职能时，各部门职责分工要明确，要密切配合，形成合力，由合规部门负责牵头组织对违纪违规问题及案件线索的核查、处理。

业务部门负责经营机构操作风险检查、业务专项检查、操作风险专项治理，应落实本部门负责的各项业务整改措施，强化制度梳理和完善；人事部门负责检查重要岗位人员的交流、轮岗情况，落实"强制休假"制度。要有针对性地对重点业务、重点环节和重点部门进行重点整治，要对企业业务、个人业务、财务会计、税务、法律事务、人事等部门进行重点治理。

（六）建立有效的合规经营激励约束机制

以往，由于对合规风险管理的重视不足，激励约束机制相对比较欠缺，褒奖力度较小，惩罚措施较轻。一般情况下，只要没有损失或酿成案件，对违规人员往往只采取教育和限期整改等措施，很少进行严厉处分，对于造成损失或酿成案件的人员，处罚也不够严厉，惩戒作用有限。合规文化要求，企业内部必须具有清晰的责任制和问责制以及相应的激励约束机制，形成所有员工理所当然要为其从事的职业和所在岗位的工作负责任的氛围，充分体现企业倡导合规和惩处违规的价值观念。

一要建立并落实合规经营的定期评估机制和重大违规行为的报告制度。对重大、突发合规事件应报未报或迟报、谎报、瞒报、漏报的，根据有关情节、不良影响程度等，按照法律法规或规章制度有关规定严肃处理，对于责任人主动报告违规行为或减少风险隐患的，可酌情减轻或免除处罚。

二要建立合规问责制，落实合规责任。对合规工作做得好或对举报、抵制违规有贡献者要给予保护、表扬或奖励；加大违规处罚力度，提高违规成本，对存在或隐瞒违规问题、造成资金损失和酿成经济案件的，严格追究各级管理者的责任。

三是要建立检查人员的再监督制度。对各级管理人员、合规部门人员、监管人员在日常的合规风险管理工作中该发现的问题未发现，该处罚的未处罚，该提出整改意见未提出的，要追究连带责任，一并予以从严处罚。

五、合规文化建设的意义

随着"一带一路"建设的开展，中国企业全球化转型的过程中必须要适应合规管理这一新规矩。无规矩，不成方圆，面对当下日新月异的国内外新形势，企业的发展必须是科学、健康、稳健、高质量的发展，换言之必须是依法合规的发展，否则今天的"发展"，可能就会成为明天的"包袱"甚或"隐患"。

合规文化是合规管理的基石，是保障合规管理体系有效运行的重要支撑，合规文化建设将使中国企业通过对自身的调整，在更大范围内、更高层次上直接参与国际竞争，寻找在全球发展的新机遇。中国企业需要强化合规管理，建设合规文化，这对于促进中国企业走向海外，向产业链高端升级和可持续发展，具有重要意义。

第十九章 合规管理体系有效性评价

在运营环境和风险挑战日趋复杂的背景下,大部分中国企业已建立了合规管理体系,但实际发挥的效用如何,需要企业定期进行有效性评价。企业建立合规管理体系并经过一段时间的实际运行后应进行有效性评价,旨在提升企业依法合规经营水平,促进合规管理体系改进优化。

第一节 合规有效性评价概论

企业目前运行的合规管理体系是否仍具备高效的适用性需要进行审查和评估,评估分为专项评估和阶段性评估,专项评估是指企业内外部环境发生变化时(外部环境变化如监管政策的调整,内部环境的变化如增加新的业务),梳理新环境下的合规义务和合规风险,分析相关的变化和影响,经过评估判断是否需要制定风险防控措施,相关措施是否需要纳入管理制度,然后进入合规管理体系建设的循环过程,以此持续推进合规管理体系保持适用性;阶段性评估是指企业不合规事件发生、应对和处置之后对合规管理体系做的审查评估,比如,企业管理部门应对不合规事件分析评估不合规的成因、后果、应对效果以及责罚匹配度,针对具体问题形成不合规事件处理报告,厘清不合规事件的原因是人为故意违反管理制度或者内外部环境发生变化,还是合规管理制度存在漏洞。合规管理机构根据该报告决定是否启动评估,作为合规管理体系持续改进的内生动力。

一、合规管理体系有效性的主要体现

合规管理体系要有效落地,必须拒绝形式主义。合规管理体系的有效落地,主要

体现在以下几个方面：

第一，组织体系：合规管理组织体系健全，合规职责明晰。

第二，全员合规责任制：各层级、各部门、各岗位合规管理责任全面落实，合规管理成为各部门和员工日常工作的一部分，做到人人、事事、时时、处处合规。

第三，制度体系：制度体系完善，业务流程规范，并充分符合合规要求。

第四，合规风险管理：各部门领域识别合规风险，采取应对整改措施，建立日常监测预警和持续改进机制，合规风险发生概率明显降低，重大合规风险得到有效防控。

第五，违规管理：违规追责机制、激励约束机制、合规考核机制等有效运行并发挥作用。

第六，合规管理队伍：专职、兼职合规管理人员配备到位并具备专业合规管理能力，各部门业务人员的日常合规管理意识与能力得到有效提升。

第七，合规监督：合规管理评估、合规检查、合规审计等联合监督机制有效运行并切实发挥作用。

第八，一体化管理平台与信息化：法律、合规、风险、内控一体化管理平台建立并有效运行，并实现信息化管理。

第九，合规文化：企业合规文化气氛浓厚，合规成为全员共识及其日常工作中的行为自觉和习惯。

二、有效性的内涵

自 2015 年中央企业开始启动合规管理体系建设以来，经过合规试点、出台指引、总结推广，很多中央企业已经完成了合规管理体系基本框架和制度的建立工作，目前随着合规管理工作的不断深入，如何确保已经建立起的合规体系有效运作，从而实现合规体系的"实效落地"已经成为各企业急需解决的最新问题。

企业合规管理体系的运行是企业合规管理理念的具象化，是企业合规管理理论的动态展示。合规管理体系的运行不仅仅要反映出企业合规制度的价值理念，更应当实现企业合规管理的价值目标，即预防企业合规风险，实现防控合规风险效果的最大化。这意味着企业合规管理体系能够随时对企业所面临的合规风险进行识别及预警，并能够对提前发现的潜在的企业合规风险进行有效管控，最大程度地降低企业合规风险事故发生的可能性，并且能够及时有效地对已经发生的合规风险事故进行补救。这就要求企业合规管理体系不能仅仅停留于纸面上，还需要能够通过规范制度设计、风险识别及预警、实施保障机制对企业合规风险进行"全过程""可操作""及时""有效"的规制。

合规管理体系的有效运行是合规计划从"纸面合规"走向"实效合规"的关键环节。企业需要有效执行各项合规制度并将其内化，将书面的制度有效转化为管理层和员工的实际行动，保障合规管理体系能够有效运行、防控风险，从而落实合规方针，实现合规目标。

企业应当建立合规管理评价机制，合规管理部门应定期对合规管理体系运行情况进行全面评价，针对重点业务合规情况可以适时开展专项评价，对合规风险和违规问题组织整改。

三、有效性评价范围及内容

合规管理体系的有效性评价是对合规管理体系能否有效运行的综合性判断。对企业运行管理制度是否得到了认真贯彻执行、合规义务履行情况、合规风险识别及预警、合规目标的阶段性完成情况、合规文化现状及合规绩效等，均需要开展监视、测量与分析，以及时发现并解决问题。合规管理体系的有效性评价重点关注以下几个方面：

（一）从计划的角度

从计划的角度，应关注合规计划是否覆盖了企业的主要风险点，即企业所在行业和日常经营中可能遇到的或者潜在的主要风险。有效的合规计划要针对企业所在行业、经营范围可能面临的法律风险做一个精确的梳理，根据梳理情况制订适用于本企业的合规计划，而不能直接照搬其他企业的合规制度。如果制订的合规计划存在很多漏洞，完全不能规制和约束企业和员工普遍的违法行为，则这个合规计划不是有效计划。

（二）从管理的角度

从管理的角度，应关注企业合规管理框架里是否设置独立的合规管理部门，是否配备专业合规人员等必要的资源,针对合规事项是否享有独立的决策权。而且因为企业的战略、阶段、规模、业务领域等随着企业发展不断在进行调整和改进,所以企业经营中可能会产生各种各样新发的法律风险漏洞,因此要求企业合规管理应是常态化、动态化、持续有效运行的,要随着市场变化和法律法规变化对合规计划进行实时调整而非一成不变。

(三)从机制健全的角度

从机制健全的角度,企业应建立对违反合规行为的举报机制以维护合规管理体系的长期有效运行。具体而言,企业可以通过设置专人专岗负责接收和处理对违反合规行为人员的举报工作,并且需要对举报人包括企业员工、合作伙伴等采取保护措施和予以一定形式的奖励。另外企业还需积极配合外部监管部门、司法部门等的监督检查工作,及时发现、核实、处置违法犯罪行为或按要求对企业合规制度进行整改完善。

1. 评价范围

企业应将合规管理有效性评价纳入内部控制评价,其合规管理有效性评价工作应当符合相关管理要求,并单独出具合规管理有效性评估报告。

企业开展合规管理有效性评估,应当以合规风险为导向,覆盖合规管理各环节,重点关注可能存在合规管理缺失、遗漏或薄弱的环节,全面、客观反映合规管理存在的问题,充分揭示合规风险。企业应当将各类子公司的合规管理统一纳入企业合规管理有效性评估,企业合规管理有效性评估分为全面评估和专项评估。

2. 评价内容

(1)企业开展合规管理有效性评估

应当涵盖合规管理环境、合规管理职责履行情况、合规管理保障、经营管理制度与机制的建设及运行状况等方面。

(2)企业对合规管理环境的评估

应当重点关注合规文化建设是否到位、合规管理制度是否健全、合规经营基本要求是否能被遵循等。

(3)企业对合规管理职责履行情况的评估

应当重点关注各层级合规管理职责履行情况,关注合规审计、合规检查、合规咨询、合规培训、合规监测、合规考核、合规问责、合规报告、监管沟通与配合、信息隔离墙管理等合规管理职能，评价合规管理体系是否有效运行。

（4）企业对合规管理保障的评估

应当重点关注合规总监任免及缺位代行、合规部门设立和职责、合规人员配备、子公司合规管理、合规人员履职保障等机制是否健全。

（5）企业对经营管理制度与机制建设情况的评估

应当重点关注各项经营管理制度和操作流程是否健全，是否与外部法律、法规和准则相一致，是否能够根据外部法律、法规和准则的变化及时修订、完善。如外部法律、法规和准则实施超过半年未修订完善的，企业应当详细说明理由和修订的进展程度。

（6）企业对经营管理制度与机制运行状况的评估

应当重点关注是否能够严格执行经营管理制度和操作流程，是否能够及时发现并纠正有章不循、违规操作等问题。

企业可以根据合规管理有效性专项评估的目的和需要，确定专项评估的内容，监管机构或自律组织另有要求的，从其要求。

四、有效性评价原则

合规管理体系有效性评价应遵循的原则：

（一）全面性原则

建立、实施、运行、维护、持续改进等过程，应依托或者包含于一套具有持续改进和自我强化能力的合规管理体系中，且与企业内的其他管理体系协同。

（二）差异性原则

针对不同行业、不同合规重点领域等的特点，设定不同的评价内容、指标以及指标权重，权重的设置根据企业的合规风险、经营规模、业务范围、行业特点、所在地等因素决定。

（三）明确性原则

对于每项评价内容和指标确立明确的评价准则，给出一致的评价方法，以确保评价结果的相对稳定且具有可比性。

(四) 可证实性原则

所设置的评价机制和评价指标便于理解和采集，能够通过客观的追溯方法或溯源材料得到证实，且评价的过程和结论也能够得到客观证实。

(五) 引导性原则

坚持缺陷查找与合规价值观引领相结合，评价结果既能反映中小企业合规管理取得的成效和存在的不足，又能引导中小企业树立良好的合规价值观，持续改进合规管理体系。

五、有效性评价方式

企业应对合规管理效果进行评价，目标是为实现所有经营目标提供合理的保证。应依据企业合规管理评价的目标、内容、原则，分别采取不同的评价方式。合规管理体系有效性评价可以根据评价内容和指标的具体情况，采用文件审阅、问卷调查、访谈调研、飞行检查、穿行测试、感知测试、模拟运行等评价方法。

(一) 自我评价

合规管理部门主导评价工作，由合规部门配合协助各业务部门、职能部门识别各种风险、收集相关资料、梳理各评价指标等。

第一，合规管理部门确定合规管理评价的范围，以风险评价为基础，选择进行合规管理评估的内容板块、业务对应的相关流程，然后从流程出发确定合规管理体系评价的具体范围并开展评价指标和关键控制点的设计和自我评价工作。

第二，业务及职能管理部门定期确认合规管理评价指标的准确性，并根据最新的业务活动情况，提出新的评价指标建议，报合规管理部门。合规管理部门协助各业务及职能管理部门汇总其在合规管理评价指标体系中更新的信息内容，并及时汇报给企业管理层。

第三，合规管理部门可以在此过程中作为牵头部门与业务及职能管理部门就重要的指标变化进行穿行测试，确保评估活动指标设计的有效性。适时监督及审查企业业务及职能管理部门填写的自我评估表，确保填写内容的质量及准确性。

第四，业务及职能管理部门对于确认需要进一步改进的合规管理缺陷，自行提出整改方案和计划,并向合规管理部门汇总。合规管理部门将控制点执行结果的确认情况、控制点整改情况、运行有效性测试情况及时汇报给企业管理层。

(二) 成立合规评价工作组

由合规管理部门从企业各个业务部门和职能部门抽调具有相关知识及能力的人员或者聘请、联合第三方成立评价工作组,开展合规管理有效性评价工作,主要步骤如下:

第一,评估工作组对企业包括合规管理部门在内的各业务及管理部门开展合规管理评估工作,审查合规管理体系评价指标中的关键控制点、自我评估的过程文件和自评结果,包括合规管理体系设计和执行的指标评价表、缺陷汇总整改表、部门自查声明等。

第二,评估工作组审查在关键控制点评估中的项目管理和推进监督的相关记录,评估合规管理部门对企业合规管理工作的监督情况,审阅合规管理部门负责的合规管理运行有效性测试的工作底稿。

第三,评估工作组根据情况选择一定比例的关键控制点进行有效性测试并记录结果,同时也可以抽检合规管理部、业务及其他职能管理部门穿行测试记录及支持文档,通过检查和必要的抽样测试等手段确认管理层是否如实作答。

第四,跟踪整改方案的实施,确认整改是否有效落实,形成合规管理体系有效性评价工作报告。

第二节 合规管理体系有效性评价程序和方法

一、评价程序

合规管理有效性评估的程序一般包括评估准备、评估实施、评估报告和后续整改四个阶段。

企业组织开展合规管理有效性评估的,应当成立评估小组,确保评估小组具备独立开展合规管理有效性评估的权力、评估小组成员具备相应的胜任能力，并对参与评估的人员开展必要的培训。评估小组应当制定评估实施方案，明确评估目的、范围、内容、分工、进程和要求，制作评估底稿等评估工作文件。

评估小组应当组织各部门开展合规管理有效性自评，各部门应当如实填写评估底稿，提交评估相关材料。合规管理环境评估底稿、合规管理职责履行情况评估底稿、合规管理保障评估底稿应当由公司董事长或经营管理主要负责人签署确认，经营管理制度与机制的建设及运行状况评估底稿应当由自评部门负责人和分管自评部门的高级管理人员签署确认。

评估小组应当收集评估期内外部监管和自律检查意见、审计报告、合规报告、投诉、举报、媒体报道等资料，根据业务重要性、风险发生频率、媒体关注度、新业务、新产品开展情况等确定评估重点。

评估小组应当对自评底稿进行复核，并针对评估期内发生的合规风险事项开展重点评估，查找合规管理缺陷，分析问题产生原因，提出整改建议。

评估小组成员对其所在部门或者分管部门的评估底稿的复核应当实行回避制度。

二、评价方法

合规管理有效性评估应当采取多种评估方法，包括但不限于访谈、文本审阅、问卷调查、知识测试、抽样分析、穿行测试、系统及数据测试等。

（一）抽样分析法

抽样分析法：评估小组可以根据关注重点，对业务与管理事项进行抽样分析，按照业务发生频率、重要性及合规风险的高低，从确定的抽样总体中抽取一定比例的样本，并对样本的符合性作出判断。

（二）穿行测试法

穿行测试法：评估小组可以对具体业务处理流程开展穿行测试，检查与其相关的原始文件，并根据文件上的业务处理踪迹，追踪流程，对相关管理制度与操作流程的实际运行情况进行验证。

（三）数据测试法

数据测试法：评估小组可以对涉及的业务进行系统及数据测试，重点检查相关业务系统中权限、参数设置的合规性，并调取相关交易数据，将其与相应的业务凭证或其他工作记录相比对，以验证相关业务是否按规则运行。

评估小组应当在评估工作结束前，与被评估部门就合规管理有效性评估的结果进行必要沟通，就评估发现的问题进行核实。被评估部门应当及时反馈意见。

三、评估报告

评估小组应当根据评价实施情况及评估反馈意见撰写合规管理有效性评估报告。

合规管理有效性评估报告至少应包括：评估依据、评估范围和对象、评估程序和方法、评估内容、发现的问题及改进建议、前次评估中发现问题的整改情况等。

合规管理有效性评估报告应当按照企业内部规定履行内部报批程序。企业应当将合规管理有效性评估报告提交董事会审阅，董事会应当督促解决合规管理中存在的问题，监管机构或自律组织要求报送的，从其要求。

企业应当针对合规管理有效性评估发现的问题，制定整改方案，明确整改责任部门和整改期限，整改责任部门应当及时向企业管理层报告整改进展情况。管理层应当对评估发现问题的整改情况进行持续关注和跟踪，指导并监督相关部门全面、及时完成整改。

四、外部评价机构

企业聘请符合条件的外部专业机构开展合规管理有效性评估的，应当指定一名高级管理人员配合开展相关工作，评估程序和方法按本企业相关规定执行。

企业应当要求外部专业机构提供相关材料，证明其具备开展评估所需的专业能力，相关材料应当作为有效性评估报告的附件，存档备查。

企业应当要求外部专业机构遵守企业评价机制的相关规定，勤勉尽责，认真开展评估工作，出具包含明确评估意见的评估报告，评估意见应当形式规范，内容完整，结论明确。

第三节 涉案企业合规第三方监督评估机制

自2020年以来,最高人民检察院先后启动了两期企业合规改革试点工作并取得显著成效。2022年4月2日,最高人民检察院会同全国工商联专门召开会议正式官宣涉案企业合规改革试点在全国检察机关全面推开。企业合规改革试点工作开展以来,最高人民检察院联合各相关单位先后颁布了《关于开展企业合规试点工作方案》《关于建立涉案企业合规第三方监督评估机制的指导意见(试行)》《关于建立涉案企业合规第三方监督评估机制的指导意见(试行)实施细则》《涉案企业合规建设、评估和审查办法》等若干规范性文件。此外,最高检根据各地试点情况,制发了四批共20个涉案企业合规典型案例,为其他试点改革实践提供了指导。

一、什么是第三方监督评估机制

《关于建立涉案企业合规第三方监督评估机制的指导意见(试行)》将"第三方监督评估机制"定义为:"人民检察院在办理涉企犯罪案件时,对符合企业合规改革试点适用条件的,交由第三方监督评估机制管理委员会(以下简称第三方机制管委会)选任组成的第三方监督评估组织,对涉案企业的合规承诺进行调查、评估、监督和考察。考察结果作为人民检察院依法处理案件的重要参考。"

二、企业合规与涉案企业合规

企业合规与涉案企业合规虽然在表述上相似,但对两者的内涵做实质对比分析发现,两者实现的功能是不同的。

学界和实务界对企业合规的理解是广义的,即企业合规是包含企业日常运营、财务、营销、劳动用工等在内的"企业大合规"。而《关于建立涉案企业合规第三方监督评估机制的指导意见(试行)》表述为"涉案企业合规",可以理解为企业在经营管理中与刑事法律风险相关的合规管理和风险防控,实务界也称为企业专项合规或"企业小合规"。

这里的涉案指的是涉嫌刑事犯罪而不是仅仅涉及民商事纠纷。

表述为"企业合规",可以理解为企业要建立一整套完整的合规管理体系,明确的是企业合规管理是什么、谁来负责实施、如何实施这一体系性问题,而且涵盖了企业合规管理的各个方面。《中央企业合规管理指引(试行)》将企业"合规管理"定义为:"以有效防控合规风险为目的,以企业和员工经营管理行为为对象,开展包括制度制定、风险识别、合规审查、风险应对、责任追究、考核评价、合规培训等有组织、有计划的管理活动。"从这一定义不难看出,合规管理是企业内部的一种特殊企业管理活动。

而"涉案企业合规"这一表述形式,应该从人民检察院办理涉企犯罪案件的角度来理解。当第三方组织在对涉案企业的合规承诺进行调查、评估、监督和考察后,形成的考察结果将作为人民检察院依法处理案件的重要参考。指导意见是司法机关办理案件所遵循或者说所参考的程序性和实体性的指导文件,上升到了涉企犯罪的司法监管层面。

三、涉案企业合规计划

涉案企业提交的合规计划,主要围绕与企业涉嫌犯罪有密切联系的企业内部治理结构、规章制度、人员管理等方面存在的问题,制定可行的合规管理规范,构建有效的合规组织体系,健全合规风险防范报告机制,弥补企业制度建设和监督管理漏洞,防止再次发生相同或者类似的违法犯罪。根据相关规范性文件及目前的实际情况,涉案企业合规工作流程一般分为三个阶段,即前期准备阶段及中期考察、监督工作阶段和后期工作验收阶段,具体内容如下。

(一)前期准备工作阶段

主管检察机关经综合考察各方因素依职权或依申请决定对涉案企业适用合规整改;涉案企业起草并提交《自查自纠报告》,提交主管检察机关/第三方监督评估机构审查;涉案企业听取主管检察机关/第三方监督评估机构对《自查自纠报告》的反馈意见并进行修改完善;涉案企业起草并提交《合规整改计划书》,提交主管检察机关/第三方监督评估机构审查;主管检察机关/第三方监督评估机构针对涉案企业提交的《合规整改计划书》提出修改意见并确定合规整改期限。

(二) 中期考察、监督阶段

涉案企业根据《合规整改计划书》对企业合规内控、流程、制度等方面的缺陷或漏洞进行修改完善；涉案企业配合主管检察机关／第三方监督评估机构完成考察、监督工作，并提出意见或建议；涉案企业针对主管检察机关／第三方监督评估机构提出的检察监督建议，再次进行合规完善。

(三) 后期工作验收阶段

涉案企业向主管检察机关／第三方监督评估机构提交《合规计划执行情况报告》，并申请对合规整改成果进行验收；主管检察机关／第三方监督评估机构针对涉案企业提交的《合规计划执行情况报告》及检察监督情况出具验收报告；主管检察机关参照涉案企业及第三方监督评估机构提交的相关材料，依法作出刑事处理决定。

考虑到案件自身特性及各地检察院工作开展情况的差异，涉案企业合规整改工作的具体开展可能存在一定差异，但总体上应与上述流程存在高度相似性。

(四) 涉案企业合规整改成果验收

主管检察机关或第三方监督评估机构考察涉案企业是否实现有效合规整改时，主要关注的是涉案企业是否认真履行了向检察机关作出的合规承诺，是否执行了合规计划，是否通过合规整改工作建立了与企业特点相适应的合规管理体系并得到有效运行，是否完善了企业治理结构，是否建设了企业合规文化等。

1. 审查重点

第三方组织应当对涉案企业合规计划的可行性、有效性与全面性进行审查，重点审查以下内容：（1）涉案企业完成合规计划的可能性以及合规计划本身的可操作性；（2）合规计划对涉案企业预防治理涉嫌的犯罪行为或者类似违法犯罪行为的实效性；（3）合规计划是否覆盖涉案企业在合规领域的薄弱环节和明显漏洞；（4）其他根据涉案企业实际情况需要重点审查的内容。

2. 提出修改完善意见

第三方组织应当就合规计划向负责办理案件的人民检察院征求意见，综合审查情况一并向涉案企业提出修改完善的意见。

3. 无效合规整改情形

在绝大多数试点案件中，涉案企业通过合规整改工作成立了合规组织，建立了保障企业运行的规章制度和运行机制，并将合规文化顺利植入企业，进而顺利通过合规验收并获得相应的不予起诉或从轻量处的结果。但也有不少涉案企业在合规整改过程中没有"真合规、真整改"，合规整改不具有针对性、可行性和真实性，进而发展为无效整改。陈瑞华教授发表在《民主与法制》周刊上的《什么是无效的合规整改》一文中也明确列出了10种无效合规整改情形，具体包括：（1）企业没有认罪认罚，没有采取必要的补救挽损措施；（2）企业没有对治理结构作出实质性的改变，致使合规整改没有任何制度基础；（3）企业不针对被指控的犯罪类型采取整改措施，而是动辄进行全方位的合规风险评估，建立大而全的合规计划；（4）对于存在重大隐患的决策、经营、人事、财务、薪酬管理方式，企业没有作出任何改变；（5）企业没有建立起最起码的合规组织体系，没有确立针对经营活动的合规审查机制；（6）企业没有发布专项合规政策和员工手册，没有为合规体系运行确立基本标准；（7）企业没有建立相关合规风险评估机制，无法预防合规风险的发生；（8）企业只是在外部引入合规体系的要素，没有将合规管理渗透到管理过程之中，无法建立针对合规风险的监控体系；（9）企业没有对其可能发生的违法违规行为，建立必要的应对体系；（10）企业提出了过于理想、宏观和空洞的合规计划，不具有可行性，所作的合规承诺，在有限的合规考察期内无法实现。

4. 整改成效

自开展两期合规改革试点到今天全国铺开，我国的涉案企业合规整改制度已有了长足的发展，最高检联合相关单位部门发布的一系列规范性文件和典型案例为我国的涉案企业合规整改工作的开展提供了相应的规范指引。若企业因生产经营活动导致犯罪并进入刑事程序，可充分利用合规整改制度以避免因刑事责任对企业造成的毁灭性打击。

参考文献

〔1〕企业合规师职业技能技能考试指导教材编委会.企业合规师职业技术技能考试指导教材[M].北京：中国民主法制出版，2022.

〔2〕郭青红.企业合规管理体系实务指南（第2版）[M].北京：人民法院出版社，2020.

〔3〕陈瑞华.企业合规基本理论[M].北京.法律出版社，2020.

〔4〕华东师范大学合规研究中心.企业合规讲义[M].北京：中国法制出版社 2018.

〔5〕李素鹏，叶一珺，李昕原.合规管理体系标准解读及建设指南[M].北京：人民邮电出版社，2021.

〔6〕李明燕，洪麒.企业大合规[M].北京：中国经济出版社，2021.

〔7〕黄胜忠，郭建军.合规管理理论与实务[M].北京：知识产权出版社，2020.

〔8〕李素鹏.企业风控体系建设全流程操作指南[M].北京：人民邮电出版社，2020.

〔9〕最高人民检察院涉案企业合规研究指导组.涉案企业合规办案手册[M].北京：中国检察出版社，2022.

〔10〕李健.风险管理和内部控制理论与实践[M].北京：经济科学出版社，2019.

〔11〕张志华，王灿林.企业合规建设全指引[M].北京：中国检察出版社，2021.

〔12〕平准.企业内部控制基本规范详解与实务[M].北京：人民邮电出版社，2021.

〔13〕美国 COSO 制定发布.企业风险管理——整合框架应用技术 [M].张宜霞,译.大连:东北财经大学出版社,2017.

〔14〕鲍玉成.流程让管理更高效 [M].北京:化学工业出版社,2021.

〔15〕胡国辉.企业合规概论 [M].北京:电子工业出版社,2018.

〔16〕侯其锋.企业内部控制基本规范操作指南 [M].北京:人民邮电出版社,2016.

〔17〕王志乐等.企业合规管理操作指南 [M].北京:中国法制出版社,2017.